観光地日光
その整備充実の歴史

手嶋潤一

随想舎

本文中に誤りがありましたので訂正いたします。
第二刷の際は修正いたします。

・118ページ　図1-7-17 日光市道1002号線位置図は下記になります

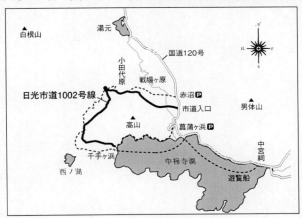

・158ページ　本文10行目
　　（誤）予算を流用して欲しい　→　（正）予算の流用を認めて欲しい
・159ページ　本文5行目
　　（誤）予算でたてかえろという　→　（正）予算で立て替えるという
・160ページ　本文下から3行目
　　（誤）569人で全員西洋人である　→　（正）573人で全員西洋人である
・188〜189ページ　表2-3-2の別荘有無
　　（誤）グロブナー　有　→　（正）グロブナー　無　カークウッド夫妻　有
・192ページ　本文6行目
　　（誤）宿泊者は85名で　→　（正）宿泊者は84名で
・201ページ　本文12行目
　　（誤）中国およびシンガポール在住　→　（正）中国在住
・202ページ　表2-3-4、番号30の官職名等
　　（誤）新喜坡　→　（正）上海
・202ページ　表2-3-4のキャプション　4行目
　　（誤）新喜坡はシンガポール　→　（正）削除
・204ページ　本文2行目
　　（誤）勝郎型ヨットのことである　→　（正）削除
・206ページ　表2-3-6の開催年
　　（誤）1937　→　（正）1938

図1-7-11　旧イタリア大使館別荘遠景

図1-7-12
旧イタリア大使館別荘内部

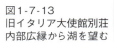

図1-7-13
旧イタリア大使館別荘
内部広縁から湖を望む

図1-7-14
旧イタリア大使館別荘内部からみた桟橋と湖水

図1-7-15
旧イタリア大使館別荘桟橋から男体山を望む

図1-7-16
西六番園地
（写真提供　栃木県立博物館委員飯野達央氏）

図1-7-8 日光自然博物館整備前（上），整備後（下） バス停の奥の建物が日光自然博物館。建物前の広場が建物と車道の間に見える

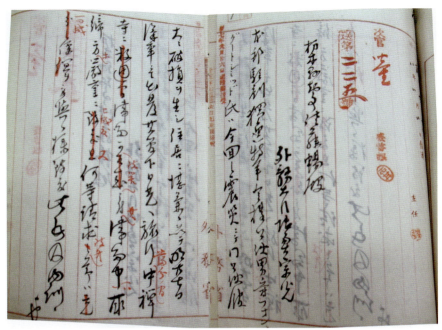

図2-3-1　外務大臣から栃木県知事あての内訓の起案文（外交資料館所蔵）

図2-3-3　遊覧飛行案内

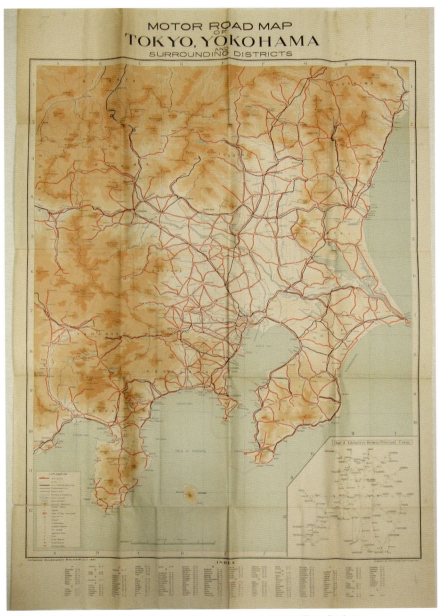

図3-3-5　Motor Road Map of Tokyo, Yokohama and surrounding districts

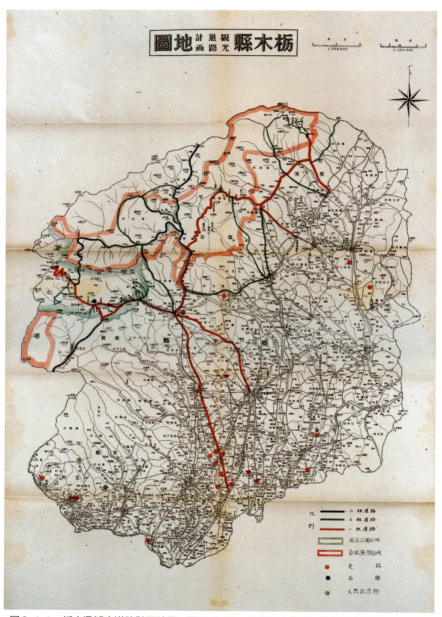

図3-4-1　栃木県観光道路計画地図　図5-3-28　日光国立公園の拡張予定地域

図3-5-2　半月山展望台からの俯瞰景（写真提供　日光自然博物館森田孝道氏）

図3-5-5　日光街道桜並木

RECEIVED from MR _____
the sum of _____ contributed for the preservation
fund of Nikko Temples in the province of Shimotsuke, which sum
will be deposited with the banks according to the rules of the
Society, and will be added to the fund for repairs and mainte-
nance of the said Temples.

ON BEHALF OF CENTRAL COMMITTEE
of
NIKKO PRESERVATION SOCIETY.

Day of _____ month of _____ year Meiji.
(_____ 188_.)

図4-1-3　外国人の醵金に対する領収書

図5-3-24　日光田母沢御用邸記念公園（写真提供栃木県公園福祉協会）

観光地日光
その整備充実の歴史

はじめに

　本書は、「観光地日光」の歴史を明らかにしようとする試みである。
　観光という事象は多面的である。多くの分野の集合体と言えよう。全体が相互に関連し、それぞれに影響しあう。その結果が観光地を充実に導く。もちろん一分野の一側面だけを論じることも出来る。しかし観光の現場では、多面的総合的な対応が求められる。本書は、筆者が観光行政の現場で経験したさまざまな出来事とそこで出会った資料、また渉猟を重ねて巡り会った過去の資料からまとめたものである。限られた地域の限られた経験に過ぎない。観光全体を論ずるものでも無く、その全分野を取り上げてもいない。内容は限定的であり、偏っていることも否めない。考察も甘く拙速であることも否定できない。分を超えたチャレンジであると言う批判も甘受せざるを得ない。ただし、ドキュメントに基づいて書かれていることだけは間違いない。
　観光地の魅力向上を図るには、観光資源の保護と利用の具体策が重要となる。それぞれに計画が検討され、さまざまな事業が実施される。当然ながら「観光地日光」でも同様であった。
　しかしながら、常に体系的な計画に基づいてその充実が図られてきたわけではない。単発の事業の積み重ねが地域全体に大きく貢献することもある。筆者は拙著『日光の風景地計画とその変遷』において明治前期から昭和中期までの日光の風景地計画の発展過程を明らかにした。風景地計画は風景をどのように保護し、またどのように利用するかの具体策である。観光の振興を図るもの、自然の保護を目的とするもの、自然を保護しつつ観光の振興を図ろうとするものなど多様である。当然ながらそれぞれの計画は、その時代の影響を受け、また人々の期待を反映しつつ検討される。成果を挙げた事例を見ると、そこには行政の努力、先駆的なプランナーやプロモーターの存在、先導的事業の展開、地元の熱意など様々な固有の要因が存在している。

本書は、観光に関わるさまざまな出来事を分析整理し考察を加え、そこから「観光地日光」の歴史を繙こうとするものである。観光の諸相を「観光行政」、「国際観光」、「交通運輸」、「地元の熱意」、「風景地計画家の足跡」の五つの分野に整理して記述した。五つの分野はそれぞれ視点がことなる。そのため一つの出来事でも複数の分野で整理が必要なものはそれぞれの分野でも取り上げた。本書は6部構成である。

　第1部では、観光行政
　第2部では、国際観光の観点で見た避暑地中禅寺と昭和期の日光
　第3部では、日光へのアクセスと域内移動
　第4部では、日光の風景の保全・開発に対する地元の熱意
　第5部では、日光に遺る風景地計画家の足跡
　を取り上げる。
　第6部では、以上の結論をまとめ、筆者の所感を述べる。
　本研究は資料分析による。日光に触れている資料（末尾【補注、引用・参考文献】参照）に分析考察を加え、その結果を整理した。
　個々の出来事の発生年および期間の表記は元号に西暦を併記した。ただし、読みやすさを考慮して文脈によっては二度目の出現からは元号のみとした。元号に拠ったのは時代の雰囲気を理解しやすいと考えたからである。引用・参考文献にある漢数字は読みやすさを考慮して算用数字に変えた。

■ 目 次 ■

観光地日光
その整備充実の歴史

はじめに　*2*

第1部　観光行政

第1章　明治期 …………………………………………………… *14*

第2章　大正期 …………………………………………………… *24*

第3章　昭和戦前 ………………………………………………… *31*
第1節　日光国立公園誕生以前　*31*
第2節　日光国立公園誕生以降　*34*
第3節　本章のまとめ　*47*

第4章　戦時中（昭和16〜20年）………………………………… *48*

第5章　戦後復興期（昭和20〜29年）…………………………… *57*
第1節　日光を取り巻く状況　*57*
第2節　栃木縣観光綜合計畫（以下「栃木県観光総合計画」という）　*58*
第3節　日光国立公園の拡張　*69*
第4節　観光行政所管部の変更　*72*
第5節　本章のまとめ　*74*

第6章　経済成長期（昭和30〜47年）…………………………… *75*
第1節　本期の観光行政　*75*
第2節　本章のまとめ　*81*

第7章　安定成長期以降（昭和48年〜）………………………… *82*
第1節　誘客宣伝　*82*
第2節　渋滞対策　*82*
第3節　観光の基本方針　*87*

第4節　観光の新たな位置づけ　*95*
第5節　国際観光の新たな視点　*95*
第6節　料理の観光資源化　*102*
第7節　国際観光地日光の復活　*104*
第8節　中禅寺湖周辺の事業　*116*
第9節　本章のまとめ　*123*

第8章　観光行政のまとめ……………………………………………*126*

第2部　国際観光

第1章　西洋人避暑地日光中禅寺の幕開き……………………………*140*
　第1節　本章の目的と研究の方法　*140*
　第2節　日光を訪れた西洋人　*141*
　第3節　本章のまとめ　*161*

第2章　避暑地中禅寺が外国人に認知・認識されてゆく過程…………*163*
　第1節　本章の目的と研究の方法　*163*
　第2節　情報の提供　*164*
　第3節　日本駐箚外交官の中禅寺に対する認識の深まる過程　*172*
　第4節　本章のまとめ　*177*

第3章　国際的避暑地中禅寺の実相……………………………………*181*
　第1節　本章の目的と研究の方法　*181*
　第2節　明治期の避暑地中禅寺　*182*
　第3節　大正期の避暑地中禅寺　*195*
　第4節　昭和戦前の避暑地中禅寺　*196*
　第5節　本章のまとめ　*206*

第4章　戦中・戦後・経済成長期の日光に見る国際観光 ……………… 208
第1節　本章の目的と研究の方法　208
第2節　戦　中　208
第3節　戦後復興期　217
第4節　経済成長期　230
第5節　本章のまとめ　234

第5章　国際観光のまとめ ……………………………………………… 235

第3部　交通運輸

第1章　交通機関整備以前 …………………………………………………… 252

第2章　鉄道開設以降 ………………………………………………………… 255
第1節　日光鉄道　255
第2節　日光電気軌道　257
第3節　日光登山鉄道　267
第4節　本章のまとめ　268

第3章　自動車輸送開始以降 ………………………………………………… 269
第1節　大正期　269
第2節　昭和戦前期　275
第3節　本章のまとめ　291

第4章　戦後復興からマイカー普及期（昭和20〜45年） ………………… 292
第1節　いろは坂改良以前　292
第2節　いろは坂改良　293
第3節　改良以降のいろは坂　297
第4節　本章のまとめ　301

第5章　マイカー普及以降 …………………………………………… *303*

第6章　交通運輸のまとめ …………………………………………… *310*

第4部　地元の熱意

第1章　保晃会の活動 …………………………………………… *318*
　第1節　保晃会　　*318*
　第2節　活動の内容　　*322*
　第3節　本章のまとめ　　*330*

第2章　国立公園設置運動 …………………………………………… *331*
　第1節　当時の日光　　*331*
　第2節　日光山ヲ帝國公園ト為スノ請願　　*334*
　第3節　その他の請願　　*336*
　第4節　本章のまとめ　　*338*

第3章　地元の熱意のまとめ …………………………………………… *340*

第5部　風景地計画家の足跡　日光を舞台に活躍した風景地計画家の系譜

第1章　本多静六 …………………………………………… *346*
　第1節　日光一帯の山水風景利用策　　*347*
　第2節　『日光一帯の山水風景利用策』が日光に与えた影響　　*352*
　第3節　本章のまとめ　　*354*

第2章　田村剛 …………………………………………… *355*
　第1節　日光国立公園誕生　　*355*
　第2節　日光国立公園誕生以降　　*371*
　第3節　本章のまとめ　　*377*

第3章　千家齊麿 ……………………………………………… *378*
　第1節　内務省時代　*378*
　第2節　栃木県時代　*384*
　第3節　本章のまとめ　*426*

第4章　風景地計画家の足跡のまとめ ………………………… *428*

第6部　本書のまとめ

第1章　本書のまとめ ……………………………………………… *436*

第2章　筆者の所感 ………………………………………………… *440*

　あとがき　*446*

■ 第1部 ■

観光行政

観光客の満足と地元の発展を担うさまざまな施策は観光地をさらなる充実へと導く。第1部では「観光地日光」の歴史を行政の面から見てゆく。地方の行政は国の施策の実行の場と見てよい。全国同一の内容と言ってよいだろう。ただし観光行政は観光地ごとにその内容が異なる。観光資源は個々に独立個性的であり，観光地の魅力はそれぞれに異なる。当然観光の姿も異なる。それらを対象とする観光行政の具体的内容，つまり観光の施策は観光地ごとに異なる。それは観光地充実のための行政の挑戦と言ってよい。ここでは日光で取り上げられた各種施策を整理分析して観光行政の流れを追い，その挑戦の歴史を探る。

　地域の魅力に立脚するという点では国立公園と観光に違いはない。どちらも魅力の保護なくしては成り立たない。国立公園が第一義に唱える風景保護もその利用を前提とした保護であろう。利用なくして国立公園はない。国を代表する風景地国立公園は観光資源としても第一級である。地域の振興に大きく寄与することは間違いない。特に日光では国立公園が唯一無二の観光資源である。「国立公園日光」と「観光地日光」は同意語と見てよい。地元にとって国立公園日光と観光地日光の間に大きな違いはない。

　本書では，観光行政を大きく捉える。国立公園も観光も一つにくくって観光行政として整理する。考察の対象は日光という地方の一地域だが，そこで展開される施策は国の政策の延長線上に位置するものも多い。そのため，栃木県と日光町だけでなく国の施策も見てみる。その折の「県」と言う表記は「栃木県」のことである。以降の各部でも同様である。

　第1部では，観光行政に進展が見られなかった明治および大正の時代はそれぞれ一つの章でまとめた。昭和は戦前そして戦中，その後は時々の社会の姿から戦後復興，経済成長，安定経済以降の三つに区分しそれぞれに章を設けた。

　第1章で取り上げる日光鉄道は，日光鉄道会社が計画した宇都宮今市間の鉄道だが事業着手前に会社が解散した。日本鉄道株式会社が事業を引き継ぎ，終点を日光まで延伸し日本鉄道の支線として完成した。本書では，路線の位置のわかりやすさを重視し日本鉄道支線ではなく当初の計画名である日光鉄道として表記した。

　なお、登場する人物については敬称を省略した。以後の各部でも同様とした。

第1章　明治期

　新政府のもと明治2(1869)年に日光県が誕生した。庁舎は日光に置かれた。その後廃藩置県を経て、明治4(1871)年栃木県が誕生し庁舎を栃木に移した。当時の県治条例には「県庁ノ事務分テ四課トナス」とある。そこには庶務、聴訟、租税、出納の四つの課名が記載されている。各課の分掌事務の詳細は残されていないが、課名からは「観光」は読み取れない。

　では当時の日光の状況はどうであったのだろうか。明治2(1869)年の文書に「(日光では)全廟参之旅人散財之余沢ニテ活計相営居候処、去夏以来更ニ参詣人モ無之、活計方必至差支一同難渋罷在候ニ付」という記述がある。ここでは、「地元の生活は社寺参拝者の消費に頼っていた。しかし、去年の夏から参拝者が少なくなり生活の困窮は免れない」と言っている。明治維新の影響であろう。参拝人は減った。地元が困っていればなんらかの手を打つのが行政であろうが、誕生したばかりの明治政府にはその余裕はなかった。

　明治8(1875)年には、県治条例が廃止され府県職制並事務章程が制定された。そこには「属史生ノ職務ヲ分チ六課トナス」とある。県庁は6課制であった。課名と分掌事務が記載されているが、直接的に「観光」を読み取れるものはない。

　明治11(1878)年に、郡区町村編成法が制定され、町村が郡の下に統括された。栃木県では八つの郡役所が配置され、それぞれ郡長が選出された。同年郡長に委任される事務が明らかになる。そこにも「観光」を思わせる記述はない。

　明治12(1879)年に、栃木県事務規定が制定される。県の組織として庶務、勧業、租税、地理、土木、警保、学務、出納の8課と地租係が設置された。これらの中で「観光」を所管するとすれば勧業課か地理課であろう。勧業課の分掌する事務のなかには「観光」は出てこない。一方、地理課の事務は、「本課ハ疆域ヲ正シ経緯ヲ定メ幅員及ヒ地勢ヲ明瞭ニシテ山嶽ノ高紅河ノ深浅原野ノ広狭

14

等ヲ量定シ地種ヲ区別シ所属ヲ了判シ山林ヲ保護シ水源ヲ涵養シ地図ヲ製シ地籍ヲ編ミ土地ノ売買官地ノ貸附地券ノ授与ヨリ以テ勝地ノ保存ニ至ルマデ総之ヲ管理スルヲ掌ル」と説明されている。水源涵養や山林保護まで含む土地に関する一切の業務である。注目したいのは，「勝地ノ保存ニ至ルマデ」である。保存の目的はわからない。風景の保護だけか，遊覧、言い換えれば「観光」を見据えていたのかはわからない。ただし，「勧業課」でなく「地理課」である。「観光」を取り上げているとは理解しにくい。観光は行政の対象に取り上げられていなかったと見るのが順当であろう。

　一方，「観光」を意識した人たちもいた。保晃会(5)の関係者である。明治維新以降保護者を失った二社一寺は，荒廃の状況にあった。そのような状況のなか明治12（1879）年に山内建築物の修繕を目的とした保晃会が設立された。その設立を願う文書に下記の記載がある。

　「日光山ハ山水清秀東照宮ニ荒山神社等アリ其社宇宏麗無双世ニ鳴ル既ニ久シク且東京ニ距ル甚タ遠カラス尤避暑ニ便ナル故ニ近来外客ノ渡来スルモ亦競フテ此勝地ヲ踏以テ郷国ニ齎ラス談柄トス実ニ皇国ノ美観ニシテ海外ニ誇輝スヘク所謂殊世ニ存スヘキ偉跡彼方ニ伝フヘキノ国光ト奉存候(6)」

　日光を保全したいという保晃会の意志の背景には，海外に伝えるべき国の光・国の誇りを護りたいという思いがあった。当時どのようにして海外と比較する知見を得たかはわからないが，海外に誇り得る風景という考え方は，興味深い。ナショナリズムとも理解されるが，国際観光を意識しているとも受け取れる。地元にはこのような考え方があった。

　では県ではどうであったか。

　興味深い資料がある。印南丈作(7)の自書記録などをもとに旧西那須野村役場が作成した「印南丈作翁履歴及事跡調(8)」に「(明治12〈1879〉年伊藤内務卿に日光保存の請願をした後)県令鍋島公ニ謁シ山内荒レ果テタル地ニ一大公園ヲ開キタレバ，木石ニモ乏シカラズ，各寺院ノ庭中ニ自ラ庭ノ形ヲ存シ在ルアリ，之ヲ併用スレバ格別ノ費用要セスシテ事速カニナラント，令公ノ曰ク，日光保存ノ事ハ白石勧業課長常憂慮シ居レル事ニテ，滝沢，鈴木両氏ニ会ヒ，公園設立ノ

事ヲ談ズ。両氏多ニ賛成事ナラバ百円宛ヲ寄付スベシト，依テ白石勧業課長ニ談ス。課長曰ク，公園モヨケレド，美観ヲ保存スルニアラザレバ完満ナラスト」という記述がある。

　ここからわかるように，印南は，山内（二社一寺境内）の公園化構想を持っていた。公園の詳細は書き残されていないが，明治6（1873）年の太政官布達にある公園と同様のコンセプトのものと見てよいだろう。多数の人の集まる遊覧の場所と捉えていたに違いない。ここでの白石勧業課長の発言は示唆に富む。遊覧の場所も大切だがその保全が伴わなければ意味がない，と言っている。白石は日光の保存に熱心であったという。県の勧業課長でありながら保晃会の委員でもあり栃木支所長を務めていた。幹部と言ってよい。彼は東京府出身の士族の身分である。徳川幕府となんらかの縁があり，それが熱心さの背景にあったのかもしれない。白石は，まず山内の美観，つまり自然と人工の美を保護すべきであると言っている。美観の保護と公園は同時並行であるというニュアンスであろう。公園つまり観光を否定しているわけではない。勧業課長という立場を考えると，観光の意識も持っていたと見てよいだろう。

　この意識は勧業課長白石個人だけのものではなかった。保晃会副会長の安生順四郎[10]は明治16（1883）年の総会の席上で「我国無比ノ壮観即チ文物ヲ保存スルハ興業起業ト共ニ文明ノ盛時観光ノ要擧ニシテ[11]」と述べている。

　安生は，国を代表する風景を保護することは，産業振興と同様に国家繁栄の証しであり，それは観光の要であると言っている。ここでの観光は国の光を示すだけではなく，地域振興の意味もあったと見てよいだろう。なぜなら彼は，「其祖廟ノ在ル所ヲ以テ一般ノ人民鴻益ヲ冥々ノ中ニ受クル亦甚多シトス[12]」とも言っている。東照宮あるがゆえに地元は利益を受けてきたという認識である。その中には当然参拝者遊覧者に由来するものもあったと見て間違いない。

　このような考え方は，保晃会が共通して持っていたのかもしれない。宇都宮日光間を結ぶ日光鉄道会社[13]の筆頭株主は保晃会であった。また個人的に株主になっている会員も多い。日光鉄道は宇都宮で日本鉄道の路線と連絡する。日光と東京が直結するのである。保晃会は観光を意識して株主になったと見てよい

だろう。保晃会の委員でもある勧業課長の白石も観光振興の考えを持っていたに違いない。

　白石が関与したのかどうかはわからないが、明治16(1883)年の勧業課の分掌事務には明治12(1879)年にはなかった「古跡，旧跡ノ保存」(14)が入っている。保存の目的の記載はないが、産業振興を担う勧業課であれば「古跡，旧跡」を観光資源として捉えていたと見ることもできる。

　しかしながら、明治17(1884)年に開催された産業振興策検討のための第一回勧業諮問委員会では、観光に関連する議題は取り上げられていない。殖産の施策が第一で、観光は喫緊の課題としては位置づけられていなかったのであろう。

　明治19(1886)年(15)および24(1891)年(16)の県の組織にも観光を読み取れる名称の記載はない。しかしながら観光に対して冷淡であったわけではない。明治24(1891)年に『晃山實記全』(図1-1-1)が発刊された。

　218ページにわたる印刷物である。日光および周辺地域が詳細に記述されている。県の内務部第一課記録係が編集し、地元の下野新聞の発刊であった。明治24(1891)年の内務部第一課の事務分掌は不明だが、「晃山實記全」のまえがきには、「若しこの書を携さえずに日光に臨めば後悔するであろう。遠近の人、あるいは再び遊覧する人たちにも同じことが言える」と漢文で書かれている。こ

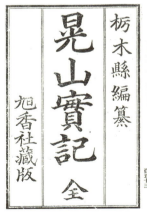

図1-1-1　晃山實記全

第1部　観光行政　17

こでは旅行者にも役立つと言っている。県は観光客の便に供するという意識を持っていた。日光鉄道開通の翌年7月に出版され，栃木県内七か所，福島県福島町一か所，宮城県仙台市一か所，東京は新橋，京橋，神田，本郷など七か所で販売された。鉄道で日光と直結する地域にある。日光の周知と誘客を目論んだ出版と見てもよいだろう。日光鉄道の開通は，遊覧者の便の向上のみならず，県に誘客を発意させたと見ることができる。しかし，明治31（1898）年の各部各課の事務分掌を定めた栃木県中庶務細則には観光を窺わせる記述はない。まだ行政の分野としてオーソライズされていないと見ることができる。

ではあるものの明治26（1893）年には，日光駅から湯元までの道路の修繕費が県の予算に計上される[17]。明治23（1890）年の日光鉄道の開通に伴い増加した来訪者の便を図るための予算と考えられる。観光振興の施策と位置づけることができよう。明治33（1900）年には日光から中宮祠まで3,240間の道路に幅9尺，厚さ2尺の敷砂利の予算が計上された。人力車走行のための工事であろう。観光振興の施策と見ることができる。

このように鉄道開通以降は観光客の利便向上の施策が取り上げられるようになる。それだけでなく明治30年代には，観光地としての内容を整える施策も取り上げられる。一つは明治36（1903）年の案内業者取締規則，二つは明治37（1904）年の駕籠舁取締規則である。

前者は外国人案内業に対する規則で，下記の五つが定められている。

① 案内業を営むものは，県が実施する試験の合格者もしくは中学校の卒業者に限る
② 報酬額は事前に県に届け出る
③ 理由の如何に問わず認可された報酬額以上の請求は禁止
④ 強引な勧誘禁止
⑤ 案内報酬およびその他の費用は日本語および外国語で記載し事前に手渡すこと

後者は日光町のみの施行だが，駕籠舁，つまり駕籠を使っての運搬業に対する規制で，

①免許鑑札が必要
　②駕籠は構造堅固で清潔なもの
　③法被，筒袖，股引の着用
　④乗用希望の拒否を禁ず
　⑤客が指定しない宿舎飲食店への昇入れ禁止
などが定められている。駕籠は外国人の利用者も多かった。⁽¹⁸⁾

　また明治37年には，日光市街地と中宮祠に芸妓営業者の居住禁止を定めた県令が制定される⁽¹⁹⁾。以前がどのようであったかはわからないが，遊興性の排除であろう。外国人を意識していると見てよいだろう。第2部国際観光で詳しく見るが，日光は外国人の遊覧者や避暑客が多かった。特に中宮祠には日本駐箚の西洋諸国の外交官が避暑に訪れた。それら外国人の目を意識したに違いない。日本を代表する国際的な観光地日光の品位の保持は，近代国家として西洋諸国と対等たらんと願う明治日本の一つのアピールであったのかもしれない。このように日光では，外国人を意識してその体裁を整えるための施策が実施されたのである。これらの規則と県令はいずれも観光客の不快感の排除を狙ったものであった。しかし，まだ体系だったものではなく，対症療法的な感はぬぐえない。

　明治39(1906)年に開催された地方長官会議の議題に観光はない。国も観光を行政の場にはまだ置いていないと見てよいだろう。明治43(1910)年の栃木県処務細則にも観光を読み取れる組織名はない。

　しかし，観光を意識しているのではないかと思われる出来事もあった。明治44(1911)年4月広告物取締法が制定された。美観・風致の保全を図るため広告物の設置を禁止・制限するものであった。同年6月県は広告物取締法施行規則を定める。そこには，公益目的以外の広告物の設置が制限される地域が明示されている。それらは，唐沢山神社，足利学校，神橋と付近一帯，山内と付近一帯，裏見滝と付近一帯，霧降滝と付近一帯，華厳滝・竜頭滝・剣が峰・中の茶屋と付近一帯，湯本・湯ノ湖・湯滝と付近一帯，下塩原付近一帯などであった。また，市街地および鉄道・軌道・公園から見える場所，それだけでなく日光か

ら湯元並びに田母沢から寂光滝に至る道路とそれら道路から見える範囲では広告物の設置は許可制であった。視対象と移動視点，要するに道路からの眺めの保護である。国立公園の計画思想の先取りと言ってよい。この規則にある対象地を見ると，遊覧の場所が多い。観光資源の保全，つまりは観光振興を見据えていると見ることができよう。少なくともその意識はあったと見てよいだろう。

以上見てきたように，明治期には，観光地日光の充実を図るためのいくつかの取り組みはあるものの，行政における観光の位置づけは低かったと言わざるを得ない。独立した組織や予算科目は持たず，道路などの基盤的施設は，土木の予算で対応していたのである。

一方民間では積極的に事業に取り組む姿を見ることができる。明治23（1890）年宇都宮と日光を結ぶ日光鉄道が開通した。東京と宇都宮が鉄路で直結したのである。また，明治43（1910）年に日光駅と馬返手前2kmの地点まで電気軌道が敷設される[20]。いずれもアクセスを改善するものである。来訪者の利便の向上は図られた。このように明治期においては，行政よりも民間の事業が観光を支えていたと言ってよい。

ただし，行政側にも，後の国の制度に大きく影響を与える動きがあった。明治44（1911）年帝国議会に提出された日光町長西山慎平の請願である。直接的には，建造物など山内の荒廃と降雨による被災地の復旧を取り上げた内容だが，それだけでなく帝国公園の創設を訴えている[21]。国立公園制度検討の動機と位置づけられるものであり，それゆえ後の観光行政の枠組みに大きく影響を与えることになる出来事として重要である。

では当時の日光の状況はどのようであったか。「江戸・明治の風俗諸相をさまざまな視座から，絵画，写真をふんだんに挿入した解説や記事を施したエンサイクロペディアである[22]」と評価される風俗画報の大正2（1913）年発刊臨時増刊第436号『日光大観』は，日光の特集号である（図1-1-2）。[23]

そこには明治末の日光の諸相が描かれている。それらを観光の観点から整理してみる。

鉄道は開通済みである。観光客の大半は汽車利用であったと見てよいだろう。

 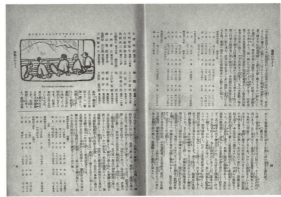

図1-1-2　日光大観

　明治44年の日光駅降車数は23万7,073人（表1-1-1）であった。当然観光客以外の乗客もいた。この統計からは観光客の人数はわからない。
　推定する以外はない。大正元（1912）年の日光町の産業別戸数と人口を見てみる（表1-1-2）。
(24)
　人口は1万850人であった。産業は工業，発電，交通（軌道），麻糸，漆器・木工，商業は旅館，物産販売，飲食が中心で，職工は古河精銅所の従業員であろう。いずれも土地に定着し地域内で完結する業種が多い。従事する人は頻繁に鉄道を利用するとは考えにくい。また，
　①日光鉄道の終点は観光地日光である。目的の地と見てよい
　②新緑の5月，避暑の8月および9月，紅葉の10月は特に降車数が多い
などから日光駅降車人員の大半は観

表1-1-1　日光駅降車人員　明治44年

月	降車数	割合%
1	6,877	3
2	11,390	5
3	18,091	8
4	25,085	11
5	25,895	11
6	14,220	6
7	17,827	7
8	25,269	11
9	22,462	10
10	41,457	17
11	17,832	7
12	10,667	4
計	237,072	100

表1-1-2　日光町の産業別の戸数・人口　大正元年12月末現在

	農業	工業	商業	漁業	職工	力役	雑業	官公吏	計
戸数	590	450	820	67	310	20	50	72	2,379
人口	3,070	215	4,150	280	1,590	570	690	285	10,850

註・本表は上都賀郡役所が作成した統計資料に基づく
　・工業は，発電，電気軌道，製材，製麻，漆器・細工物など木工が中心であろう
　・商業は，物品販売，旅館，飲食店が中心であろう
　・職工は足尾銅山日光電気精銅所従業員が中心である
　・力役，雑業では戸数に対して人口が多いが，理由は不明

光客と見て間違いはないだろう。

　訪れる観光客は多かった。そのうえ世界的な風景地と目されていた。しかし，殖産興業中心の明治期においては観光が行政に取り上げられることはなかった。行政は他の課題に追われていたと見てよい。ただし，何らかの施策を必要とする状況は顕在化しつつあった。それを見てみる。

　明治44年の日光町の宿泊者数を見る（表1-1-3）。

　年間の宿泊者数は邦人が15万8,535人，外国人が1万9,248人で全体の11％を占める。日本人は秋に集中し，外国人は夏に集中している。前者は観楓，後者は避暑であろう。

　これら観光客を収容する旅館を見ると日光市街には旅館が18軒，ホテルが1軒，中宮祠には旅館9軒，ホテル1軒，湯元には旅館が6軒あった。物産店や飲食店の数は不明だが，日光では観光が大きな産業であったと見て間違いない。風景の魅力は言うまでもない。ただし観光地として十分整っていたわけではない

表1-1-3　日光町宿泊者　明治44年

月	邦　人		外国人	
	人員	割合％	人員	割合％
1	2,057	1	192	1
2	4,177	3	69	1
3	9,483	6	430	2
4	14,658	9	1,614	8
5	18,616	12	2,757	14
6	8,418	5	1,777	9
7	13,206	8	2,636	14
8	23,459	15	4,287	22
9	17,540	11	2,213	11
10	35,693	23	1,852	10
11	8,229	5	1,118	6
12	2,999	2	303	2
計	158,535	100	19,248	100

註：1％に満たない場合は1％として計上

だろう。利便や魅力を高める必要があった。行政にはまだその答えはなかった。もちろん地元にもなかった。ただし行政サイドでは看過できない状況と認識していたと見て間違いないだろう。

　これまで明治期の県の施策と日光の状況を見てきた。

　日光は江戸期から参拝者が多かった。明治期には鉄道も整備された。来訪者も増え観光地としての実態が整った。課題は内在していた。観光を意識したと思われる対症療法的な個別の施策はあった。ただし体系的な観光行政と呼ばれるものはまだなかったとまとめられる。

第2章　大正期

　明治が終わり大正の時代になると，行政も観光に注目するようになる。その具体的な内容を見る前に，地元日光の様子を見てみたい。明治43（1910）年日光電気軌道が日光駅から馬返手前2kmの岩鼻まで開通した。大正2（1913）年には馬返まで延伸された。中宮祠への登攀口馬返が日光駅と軌道で結ばれたのである。奥日光への到達性が改善された。その大正2年に日光町が属す上都賀郡の郡長から知事あてに報告があった。そこには，

　「日光町ニ於テモ足尾鉄道ノ開通ハ一大打撃ニシテ善後策対策中ニアリ同町ニ於ケル精銅所ハ目下職工千百余人之力係累等算スルトキハ無慮弐千ニ達スル人数ヲ吸収スルヲ以テ遊覧地タルト同時ニ工業地タルニ至リ町民ハ自然ノ風光ヲ利用シ顧客ノ吸収ニ努メ電気軌道ヲ延長シ並ニ適当ノ娯楽場ヲ設置セントスル等目下計画中ニシテ一般ニ進取的気風ヲ助長セルガ如シ」

と書かれている。

　当時足尾銅山への物資は，日光鉄道で日光駅まで運ばれ，その先は牛車鉄道と索道で足尾まで運搬されていた。日光は足尾銅山への資材運搬の中継地点であった。ところが大正2年には足尾鉄道が開通し，物資は桐生を経て直接足尾に運ばれるようになった。日光の資材運搬業務がなくなったのである。地元はその打撃を克服する方策を模索しているとこの報告文は伝えている。そのうえで，明治39（1906）年に開所した足尾銅山日光電気精銅所関係の住民は2,000人に達したと述べ，遊覧だけでなく工業の地でもあると現状を分析している。しかしながら足尾への物資中継地としての役割を失った今，さらなる観光客の誘致を図るため，電気軌道の馬返までの延長および観光施設の整備に積極的に取り組んでいると述べている。

　このように，大正の初期には，行政に先行する形で地元が観光に取り組んで

いた。一方，日光町も観光を重視していた。大正4(1915)年に町の振興策と言える町是(3)が制定された。そこには「風致の維持」と「来遊客の招致方法及待遇改善」が謳われ，荒廃した名所の復旧や接遇方法の改善などが取り上げられている。

　県も観光に注目するようになる。大正2(1913)年の県議会における翌大正3(1914)年度の予算原案の説明を見ると，知事は以下のように述べている。

　「本年8月聖上陛下，皇后陛下に於かれました，本県日光に行幸啓あらせられ，而して其還御に際し，特に両陛下の御思召に依り金1万円を恩賜あらせられたり，聖恩優渥定に感激に耐えず，而して其の使途に就いて種々講究せるが，今回行幸啓に最縁故を有する日光，塩原は既に世界的のものなれどもその設備に至りては不充分なるを免れず，希くはこれを完成して外人を誘致し，之れを日本国中遊ばしむ時は2億乃至2億の正貨を流入を得べしと信ず(4)」

　知事は，世界的名勝地日光・塩原の設備を整えて外国人の誘致を図り，その後日本中を遊覧させると巨額の外貨を獲得できると言っている。これまで知事が県議会で観光に触れたことはなかった。ここで初めて観光を取り上げた。行政課題に観光を位置づけたのである。画期的発言と言えよう。それも日光・塩原は世界的であると断じている。世界的風景地という評価の起端と位置づけられる。振り返ってみると保晃会は明治13(1880)年の段階で「広壮ナル美観ハ実ニ海外ノナキ所(5)」と認識していた。ただし，建造物が中心の山内という限られた地区に対する評価である。日光全体に対する評価ではない。明治19(1886)年の栃木県令から内務卿あての日光鉄道敷設に関する意見書には「日光ハ著名ノ勝地ニシテ内外人ノ来遊スルモノ絡繹蹤ヲ絶タス(6)」とある。有名な観光地という評価であろう。明治35年に水害で被害を受けた大谷川・稲荷川の復旧を国に願った明治39年の県議会の意見書には「日光ノ美観ハ唯ニ我帝国ノ美観ニ非スシテ実ニ東洋ノ最大美観ナリト嘆称セラルルニイタレリ(7)」と書かれている。東洋最大という評価である。翌明治40(1907)年に日光町長から栃木県知事に提出された災害復旧を願う請願書には「(日光は経営次第では)本邦ノ小京都トモナリ或ハ欧州ノ瑞西国ニモ恥チサル世界ノ楽園トナルヘキハ確信シテ疑ヲ容レス(8)」

第1部　観光行政　25

とある。京都やスイスに例えて世界の楽園になる資質があると述べている。そして大正2年に，知事が日光塩原は世界的な風景地であると述べた。これらの発言からは，「世界の日光」という認識は明治の末から大正の始めにかけて地元に定着したと見てよいだろう。

日露戦争以降国際収支は常に赤字であった。外貨獲得が課題でありそのため国際観光が着目された。日本を代表する風景地日光を擁する栃木県の知事は，その風景に外貨獲得を期待した。

知事は，恩賜金1万円を原資に大正2年9月14日特別会計栃木県名勝地経営資金を起こした。資金の目的は，「晃塩（日光と塩原）その他の風景地に対し人工的施設を加え，以って内外人誘致の策を施さんとする趣旨なり[9]」であった。要するに，観光施設の整備である。その規模はともかくとして，ここで初めて観光振興施策の財政基盤が整った。

翌大正3年には，観光振興の考え方がより具体的に示される。岡田文治知事名でまとめられた「日光経営に関する意見　附塩原経営[10]」（図1-2-1）においてである。

ここでは観光の振興には施設の整備が重要であるという考え方が述べられている。そのうえで日光と塩原の計画を示している。ただし県が直接実施するものではなく民間の参加を促すためのものであった。観光地の整備計画はこれまでにない。初めてそのあるべき姿を示した意味は大きい。

観光計画は資源の保護と利用，そして宣伝接遇など総合的な事業の計画である。その実現のためには官民一体の取り組みが必要となる。そのような観点で見ると，事業実施までは至らなかったが「日光経営に関する意見　附塩原経営」は，県が計画を担当し，民間が事業を実施するという役割の分担を示したという意味で先駆的な取り組みと言うことができる。行政の役割は，計画立案と事業実施の体制づくりであることを知事は理解していたと見てよい。

知事が事業家に計画を説明している頃県の行政に大きく影響を与える事件があった。本多靜六[11]の『日光一帯の山水風景利用策[12]』である。本多は東照宮から神苑設計の依頼を受けた。大正3年5月現地に入った。その折独自に調査を行い，

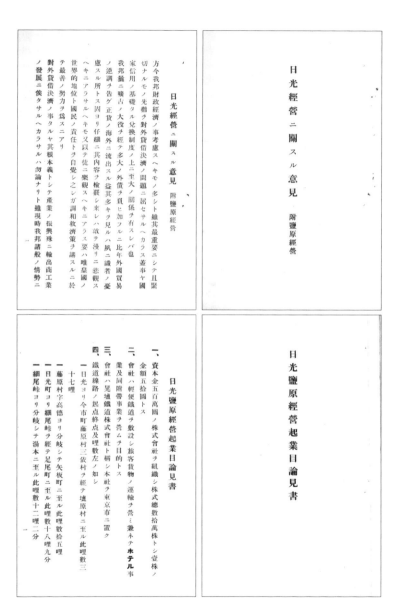

図1-2-1　日光経営に関する意見　附塩原経営

風景の利用策をまとめた。そして、講演を行いその内容を示した。出席者には日光警察署長、日光町助役など地元の有力者をはじめ50有余人が参加した。県からは所属は不明だが属官の保田なる人物が出席していた。

本多の利用策は、日光全域を対象としているが、特に山内地域は道路の計画図（日光山内自動車道路予定図）を用意するなど具体的である（図1-2-2）。

そこでは地区外周を巡る車道とそれに接続する車道の計画があった。この計画には異論が出た。東京大学植物園長理学博士松村任三(13)の自然保護の観点から

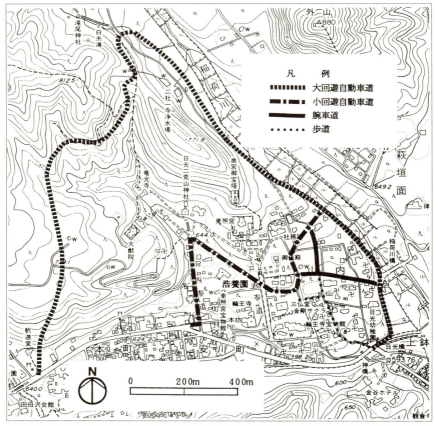

図1-2-2　自動車道計画図（「日光山内自動車道路予定図」を日光都市計画図に落としたもの）

の反対である。意見が異なる本多と松村の間で論争があった。

　著名な学者の論争の板ばさみになり県も苦慮した。そこで，県独自の計画の策定を企て，その検討のため大正4(1915)年栃木県名勝地経営委員会を設けた。日光や塩原など名勝地の経営方法を検討するものである。(14) 観光客の誘致だけでなく高山植物の保護や本多が提案する道路などが当面の調査の内容であった。しかし本音は本多の提案に対する善後策の検討と見てよい。林学，建築，農学，文学など多方面の専門家が委員に委嘱された。(15) 委員会の運営経費は，昭和11(1936)年まで継続的に計上される。ただし，大正4年の調査以降しばらくの間は具体的な活動を示す資料は残されていない。調査の結果が行政にどう反映したかもわからない。大正8(1919)年に各郡長に伝えられた県政全般に対する県の指示には工業，農業，水産，林業はあるが観光はない。(16) この時点では名勝地経営委員会の活動の結果は具体的施策に反映してなかったと見ることができる。要するに県ではまだ観光を具体的には取り上げていないのである。

　一方，この時期国では，国立公園設置の機運が高まる。大正10(1921)年には田村剛が日光の調査を行う。(17) 地元にとって国立公園を身近に感じる出来事であった。同年県議会で以下の答弁があった。

　「(名勝地経営に関しては)今日までの調査の経過を申し上げますと，第一に日光の方をやって居りますが，今の所の調査に依りまして日光を国立公園にして貰ふ，或いは国立公園に出来なければ少なくとも名勝地として内務省から指定されて，そうして其の指定地として若干の保護経営に関する補助して貰ふと云うような手配にして」(18)

　ここからは名勝地経営委員会が，大正4年以来日光の調査を継続していたことがわかる。タイミングよく国立公園制度が提唱された。県は日光や塩原などの指定に強い期待を持った。そして，国立公園の運営管理に補助を期待した。

　日光の調査の折，田村は，国立公園には施設が必要だと述べている。(19) 翌大正11(1922)年知事から名勝地経営委員会に「どのようにすれば社会の遊覧地として観光客を誘致する設備が出来るか」という諮問があり，日光の調査が行われた。大正4年の名勝地経営委員会の調査は，田村と松村の議論に県はどのよう

に対応するかという対症療法的な意味合いが強いが大正11年の調査は，積極的な観光施策の樹立を前提としていると見ることができよう。しかしながら，その具体を残す資料は残っていない。

　振り返って大正11年以前の県議会の活動を見ると，大正8(1919)年には遊覧客が多いという理由で「宇都宮日光間の道路の改修を求める意見書」、また大正10年には日光に国立公園の設置を求めた「国立公園に関する建議」(20)が提出されている。継続的に行われていたであろう名勝地経営委員会の調査はこれら県議会の活動に何らかの影響を与えていると推断したくなる。時を同じくして大正9(1920)年，日光と塩原を連絡する道路の建設を求めた「日光塩原間の道路連絡に関する建議」(22)が採択される。翌大正10年には，この建議を受けた形で名勝地経営委員会が日光と塩原を結ぶ道路の調査を行う。このように大正11年の知事の諮問以前も，委員会の活動が行われていた。

　そのような動きはあるものの大正11年以降，県の観光行政には特段の進展と呼べるものはない。県議会では，国立公園に関する質疑があった(23)。しかし，県は具体的な答弁はせず，施策の検討は国立公園指定後と答えている。国立公園制度の実現を待ち続けていると言えよう。

　以上大正期の観光の施策を見てきた。大正期は，観光行政の台頭期と位置づけることができる。またその施策の模索の時でもあった。大正2年の名勝地経営資金の創設が県の観光施策の起端と位置づけられる。その後何度かの調査を経て認識も高まり，その結果，観光行政に取り組みたいという意欲が強まった。その一つが大正11年の知事の諮問であろう。しかしながら，観光を所管する独立の組織はまだない。観光資源の配置の状況から推測すると実務は林務課の担当であったと思われる。

第3章　昭和戦前

第1節　日光国立公園誕生以前

　大正の後期から昭和の初期にかけて観光を取り巻く環境は大きく変化する。ヨーロッパを主戦場とする第一次世界大戦の影響で，日本の商品輸出が急増した。好景気が訪れ経済は急成長を遂げた。日露戦争以来の国際収支の赤字は改善された。しかし大戦終了後ヨーロッパ列強の生産力が回復すると輸出は減少し，景気は悪化して恐慌となった。特に，大正12（1923）年の関東大震災以後は輸入超過の傾向が顕著になった。

　国際収支改善が課題であった。そのため政府は昭和4（1929）年に国際貸借審議会を設置した。審議会の答申には，輸出増進や船舶金融など四つの項目が取り上げられている。その一つに「外客誘致」がある。「国際貸借改善の一方策として外客誘致の必要なることは諸外国の実例に徴するも疑いを入れざる所」と述べ，政府が取り組むべき施策を示している。そこには，海外宣伝，風景保護，遊覧地の開発改善，宿泊施設・交通機関の充実，旅館業者の支援の具体策が述べられている。要約すると，

①観光局を設置し外客誘致業務の一元化
②観光局の業務の執行のため中央および地方に委員会を設置
③海外（特に米国）に旅行案内宣伝を担当する事務所を設置
④「ホテル」助成制度を設け外客が宿泊できる「ホテル」の新設及び，拡張改善・維持
⑤国立公園を設置し外国人を誘致
⑥外客誘致に関する国際知識の涵養普及

である。

国立公園については,「天然風光を資本化し外客の誘致に便せしむる」と述べている。当初リゾートか天然記念物保護区かという議論(1)もあった国立公園は, 昭和に入ると外客誘致の役割も期待されるようになった。

　これら答申と建議を受けた形で昭和5(1930)年鉄道省に国際観光局が設置された。海外宣伝, 観光地整備, 旅館業支援, 案内業指導など外国人観光客の誘致と受け入れ態勢の施策を所管するものであった。

　時を経ずして翌昭和6(1931)年日光町議会に観光課設置の議案が上程された。それを見てみる。

「議案第1号　観光課設置の件
　当町に観光課を設置し内外観光客誘致を宣伝すると共に関係業者の助長改善を図り町の発展を期せんとす

　上程理由
　第1号議案観光課設置の件でありますが, 従来遊覧地として内外客多数登晃するも観光客に対し何等適切なる設備なく客に不満を与える点多々ありたる事は遺憾として居りました。愈々に国立公園候補地ともなり其実現も近きにありと信ぜられます。観光客を多数誘致すると共に客に対し満足を与えたり, 社寺・接客業者等とも協力し町の発展を図るため役場内に観光課を設ける事を提案いたします」

　議案第1号は議決され観光課が誕生した。以降の観光課の業務を見ると, 宣伝誘致, 宿泊人調査, 外人避暑客調査, 自動車利用客調査, 第5回冬季オリンピックの招致運動(2)など幅広いものであった。

　一方, 県の観光行政に目を転じると, そこには日光国立公園の実現に対する熱意が垣間見える。当時国では, 国立公園制度検討のため現地の情報を必要としていた。昭和2(1927)年国から県に文書が入る。

　文書は冒頭「日光を中心とする国立公園候補地に関し(3)」で始まる。車道・軌道など交通の状況, 土地所有の状況および土地の現状を照会するものであった。この文書で県は日光が候補地に挙がっていることを確認した。詳細な回答をしている。期待は高まったと見て間違いない。しかしその後国から進展の情報は

伝えられてはいない。

　昭和5(1930)年国に「国立公園調査会」が設置された。制度と箇所を審議する組織であった。国立公園制度創設という国の方針が明らかにされたのである。間髪をいれず県にも「栃木県国立公園協会」が組織された。日光，那須，塩原などの町村だけでなく東武鉄道などの民間の事業者も参加していた。会長に知事，2人の副会長の1人に県の内務部長，理事に林務課長が就任した。事務局を林務課内に置いた県主導の組織であった。誘客宣伝，山小屋・登山道の整備などの事業を行った。日光の周知を図りそして国立公園としての態様を整えようとするものであった。国立公園が誕生し正式に行政の対象となるまでの行政の代行機関と言えるものである。

　このような地元の活動が功を奏したのか，昭和7(1932)年日光は候補地にとして取り上げられた。昭和9(1934)年12月に指定を受けることになる。候補地に選ばれた後の県の取り組みは意欲的かつ積極的と評価できる。まず昭和8(1933)年から「国立公園調査及保存費」を予算化する。指定作業のバックアップのための予算であろう。また同年「名勝地調査会」を設ける。大正から続く「名勝地経営委員会」は外部の有識者が中心であったが，今回は知事，内務部長，社寺兵事課長など県の職員が構成メンバーであった。具体的施策立案に備えた布陣と言ってよい。また施設の整備，宣伝，取り締まりの充実を図るため，特別会計名勝地経営資金を2,294円積み増すとともに栃木県国立公園協会に専任の職員1名を増員した。

　同時に観光客誘致対策も検討される。10月には知事をはじめ県の林務・土木・衛生などの課長と関係者50余名で構成される「遊覧施設改善座談会」が県の主催で開催された（図1-3-1）。

　そこでは，①自動車汽車その他交通機関の施設改善，②旅館休憩所等の施設改善，③運動娯楽等の施設，④衛生施設の改善，⑤紹介および宣伝，⑥土産品の改善，⑦観光客の足止策遊覧系統の統制，といった課題が議論された。国立公園指定を契機に地域の振興を図ろうとする県の意欲を見ることができる。

　昭和9(1934)年4月には日光国立公園に関する重要事項の調査審議を担当す

図1-3-1　遊覧施設改善座談会

る「日光国立公園委員会」(8)が設置された。県の内務部長が会長を務めた。指定後の日光国立公園の管理運営方策を検討する組織と見てよい。

第2節　日光国立公園誕生以降

　昭和10(1935)年には，より積極的意欲的な取り組みが見られる。国に先立ち施設の計画を策定した。「日光国立公園施設計画案」である。「日光国立公園委員会」の審議を経た計画と見てよい。県の要望として国へ提出され，正式な国立公園計画に影響を与えるものであった(9)。この施設計画案には昭和12年に着手し13年に改良舗装工事の完成を見た「神橋久次郎間」の道路や同じく昭和13年から整備が始まる湯元スキー場も，そして昭和15年に竣工を見た日光観光ホテルも取り上げられている。

　それだけでなく，観光客の誘致策も検討されるようになる。昭和10年11月の県議会で知事は，

　「本県は風光絶景の景勝地及幾多の温泉地を有して居り，また日光国立公園と相まって各種の観光施設及紹介等に努め益々県外観光客の誘致方策を講ずるの必要あるのである。幸い観光協会の設立を見ますので，是が助成金を新たに

計上した。

　　(中略)

　本県には日光国立公園を始め鬼怒川，那須，塩原等所謂観光地が甚だ多いが，是等の観光地における施設経営は，年々観光客の増加する点から考えても非常に重要な事項である。そう云う観点から11年度に於いて是等観光地の施設経営に関する調査機関を設置する事に致し，これに必要なる経費を新たに計上いたしました」と述べている。

　観光協会の設立は観光振興に官民一体で臨もうという決意と見ることができよう。これまで国立公園設置運動を担ってきた「栃木県国立公園協会」の事務は，昭和11（1936）年4月に「栃木県観光協会」に吸収された。以上見るように観光協会には幅広い活動が期待されたが，その詳細を伝える資料は残っていない。

　知事が観光協会の次に触れている「施設経営に関する調査機関」は昭和11年10月に設置された「栃木県観光地計画委員会」のことである。観光地の計画検討の組織であった。県の部長全員と関係課長，県議会議長，日光町など関係町村，東武鉄道など事業者，二社一寺代表，東京営林局，内務省の田村剛と小坂立夫，宇都宮高等農林学校の谷村鉄三郎教授が委員会のメンバーに名を連ねている。産学官各界からの人選である。幅広く具体的な議論が持たれたと見てよい。

　委員会での審議を経たのであろう。翌12（1937）年には霧降高原の開発計画がスタートした。後に詳述する栃木県日光国立公園施設経営資金，神橋田母沢久治郎間道路，湯元スキー場，日光駐車場（現西参道駐車場），日光観光ホテルなどのさまざまな施策も「栃木県観光計画委員会」の審議を経て決定されたと見て間違いない。このように日光国立公園の指定を契機に具体的な事業が取り上げられるようになる。

　なお，「栃木県観光計画委員会」設置と同時に「日光国立公園委員会」は廃止された。県では，国立公園だけでなく観光地全体の振興を重視していたと見て間違いない。発展的解消である。

昭和11年には，観光協会への補助金および観光計画委員会の運営経費が予算化された。注目すべき新規の予算も組まれている。観光地調査費である。「日光国立公園をはじめとし塩原，鬼怒川，那須など観光名所の発展を図ることは，本県としては極めて緊要と認め，宣伝紹介と相俟って諸施設の改善を図るためこれが施設経営に関する調査費3,000円を計上した」(14)と説明している。県内の観光地全体を行政対象として取り上げたのである。
　さらに日光国立公園にとって記念すべき事業が実施された。神橋から田母沢まで2kmの道路の改良舗装工事がはじめての国立公園事業として着工された。当時この道路は外来の自動車で輻輳の状態であったという。道路だけではなかった。3月31日に特別会計栃木県日光国立公園施設経営資金が創設された。その管理規程を見る。

「特別会計栃木県日光国立公園施設経営資金管理規程
　第1条　日光国立公園ノ施設経営ノタメ栃木県施設経営資金ヲ設ケ特別会計トス
　第2条　本資金ハ寄付金納付金及一般会計ノ補充金ヲ以テ之ガ造成ヲ図ルモノトス
　第3条　本資金ハ予算ノ範囲内ニ於テ日光国立公園施設経営費ニ充テルモノトス
　第4条　本資金ハ大蔵省又ハ確実ナル銀行ニ預ケ入レ利殖ヲ図ルモノトス
　第5条　本資金ノ歳入歳出ハ毎年度予算ヲ以テ之ヲ定ム」

　日光公立公園の施設の整備のため，県の一般会計だけでなく寄付金や納付金を充当し資金を造成するものであった。資金の運用状況を見てみる。湯元のスキー場の整備費には資金から3,000円を充当し，湯元旅館組合の納付金1,000円をその償還にあてた。また，東武鉄道(株)から5,000円，日光市から1,000円，湯元温泉組合から1,500円の寄付を受け入れ支障木の伐採や山小屋3棟を建設した。受益者も負担してスキー場の整備が進んだ。地域の魅力を高めるために地元も積極的に参加した。
　日光駐車場（現西参道駐車場）もこの資金で整備された。有料駐車場であった。

日光の有料駐車場の嚆矢となるものである。このように受益者に応分の負担を課す制度も採用されていた。国立公園の運営管理を経営という視点で捉えていたようである。

　昭和13(1938)年には，宇都宮日光間道路と国立公園地内の道路の改修予算が組まれる。前年，知事は議会で以下のように述べている。

　「宇都宮日光線の道路並に日光国立公園内道路の改修は13年度に於いても引き続き施工の必要を認めますので，宇都宮日光線の改修費20万円及び日光国立公園道路の改修費21万5,500円を計上いたしました。これが財源としては国庫補助3分の1，その残りの3分の2の中一部を地元寄付に俟ちその残りを起債に依る(15)」

　観光が主たる目的の道路の財源を起債に求めた。観光が重要視されていたと見てよいだろう。また，霧降高原では整備計画(16)に基づき用地の取得が始まる。さらに，先にも触れたが日光国立公園施設整備資金を活用して湯元のスキー場の整備が進んだ。

　昭和14(1939)年には日光駐車場，昭和15(1940)年には県営の日光観光ホテルが竣工した。霧降高原歩道も整備された(17)。指導標，案内板，園地，便所，山小屋などの施設を備えた日光で初めての本格的な公園の歩道である。昭和15年は紀元2600年にあたる。その記念事業と位置づけられた全長26kmのこの歩道は千家(18)の設計であった。戦争の足音が身近に迫ってはいるものの，この年に日光を訪れた観光客は，これまでで一番多く100万人に迫った。

　以上見たように国立公園指定後の数年間は，満を持したように観光の施策が展開された。昭和9年12月4日，日光国立公園の指定を受けた。10年には日光国立公園施設計画案の作成，11年には観光地計画委員会設置そして霧降公園計画の策定に着手，12年には全国初の国立公園事業に着手，そして特別会計栃木県日光国立公園施設経営資金創設，13年には湯元スキー場の整備，14年日光駐車場竣工，15年日光観光ホテルそして霧降高原歩道が整備された。同年栃木県観光協会が商工課から国立公園担当の土木課へとその所管を変えた。継続的に施策が展開された。それらはすべて国立公園を対象としていた。新規の拠点，

自動車への対策，国際観光の施設などすべて観光客受け入れの施策である。国立公園に寄せる観光振興の期待の大きさを垣間見ることができる。

　しかしこの流れは一変する。昭和16（1941）年になると，日米関係は悪化し，戦争へと進む。戦時体制下では観光行政に見るべきものはない。昭和18（1943）年の明治神宮国民練成大会冬季大会スキー大会が唯一の出来事であった。大会の終了と同時に県の観光行政は休眠状態となった。

　この時期国立公園は，大きく様変わりする。昭和12（1937）年に日中戦争が勃発，そして翌13（1938）年に厚生省が設立された。体力向上の施策を担当する国の機関である。国立公園行政も内務省衛生局から厚生省体育局へとその所管が変わる。国立公園は体力向上の場として位置づけられたのである。そのために何が変わったのであろうか。それを見てみたい。

　県は，国立公園の指定と同時に，新たな保健休養の場の検討に入った。開発が進んでいない霧降高原が選定された。用地買収や賃貸契約で522町歩の用地が確保された。昭和12年には計画がまとまる。貸別荘地区，野営場地区，運動場地区など九つに地割りされた集団施設地区の先例となる計画であった。しかし，翌昭和13年には計画が見直され，そこでは「国立公園は体力向上に資する」という考え方が示された。翌14（1939）年には再度計画が見直され，「青少年の心身の鍛錬」が計画の目的に置かれた。運動広場は団体競技の場，霧降戦場ヶ原間26kmの霧降高原歩道は持久力や忍耐力向上の場，宿舎は軍隊的規律を要求される青少年の団体訓練の場として位置づけられた。[19] 国民の保健休養を目的に設立された国立公園も，体力向上の側面が重要視されるようになる。

　計画の経緯は以上だが，国立公園指定直後から県が意欲的に取り組んだ事業である。県の考えや国立公園を取り巻く状況を理解するのには格好の事例と考えられる。詳しく見てみる。

　国立公園の指定を受けた。日本を代表する風景地としてオーソライズされたのである。県は観光振興を期待した。奥日光の自然風景や二社一寺の文化景観以外の新たな魅力を付加したいと思った。保健休養の新規の利用拠点である。昭和10年に開発適地の検討を始め，霧降高原に決定する。翌11年から計画の

検討を始め，12年に県独自の計画[20]を策定する（図1-3-2）。

そこでは，テニスコート，ゴルフ場，プールなどさまざまなスポーツ施設や野外音楽堂が計画された。県は意欲的であった。計画が決定すると同時にゴルフ場の事業化の検討に入る。芝の権威宮内省内匠寮館粂児技手[21]に調査計画を依頼した。館は工事計画書，工事費見積，コース配置図を残している。工事計画書には，「当ゴルフリンクスは日光町霧降滝から数町の高原にある国際的にして大衆的なるゴルフリンクスの使命を持っている。全長5,500碼(ヤード)起伏緩急自ら興趣に富む山の品格を持っている。クラブハウスは白樺と山ツツジに包まれ，バルコンからはコースの全貌を手にとるが如く，近くは日光の杉並木を超えて，遠く鬼怒川の清流を望む，広芒幾千里下野の平野を一眸の下におさめる眺望と鷹揚なる無砂障害のコースの品位は到底他のコースに求めるべくもあらざるな

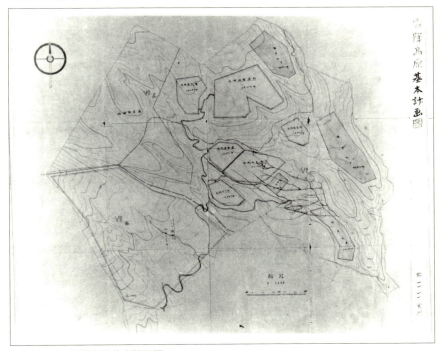

図1-3-2　霧降高原基本計画図

り，クラブハウスは鉄筋コンクリートの基礎をもって木造和式民家風にて敷地の斜面を利用し，食堂，ロッカー，給湯，給水，電燈などの付帯事業は勿論，付属のロッジを備え殊にその近くにはスイミングプールを設けてゴルフの興趣を一人たらしむると共に保健衛生の目的達成に完璧を期したる規模を有する事は本邦唯一と云うべし」と霧降ゴルフ場の魅力を述べ，全体事業費として17万5,000円を積算している。県は昭和12年8月から館技手の指導のもと現地で芝生の育成試験を行い，芝育成の知見を得た。

昭和14(1939)年に最終案がまとめられる。しかし前年4月に公布された国家総動員法により国民生活のすべてが国家の統制下に置かれるようになる。国立公園も例外でなく，霧降高原の計画も変更を余儀なくされた。これまで検討されてきた個人で楽しむ施設は排除され団体行動の施設が取り上げられた。戦争へ向かう時代の影響を強く受け，青少年の体力増強施設が取り上げられたのである。ただし，ゴルフ場は残った。それも「高級なる宿泊，休憩施設を備う」という形で残った。

これまでの日光にはない野外スポーツ施設を取り込んだ計画であったが，昭和15年にはその最終案も変更を強いられる。レクリエーション性が排除され「青少年を大自然にしたしませ志操の涵養を図ると共に集団生活，勤労作業をなさしめ心身の鍛錬を図る」を目的とした登山歩道，青少年道場，集団訓練用運動広場だけの計画に縮小された。日光に新たな魅力を付加するための計画が，戦争準備のための計画に変容した。実行されたのは霧降から戦場ヶ原までの26km歩道ただ一つであった。戦争が国立公園の充実を妨げたと言ってよい。時局には逆らえなかったということであろう。

今にして見ると，残念に思うことがある。昭和48(1973)年，①自然の状況を大幅に改変する，②少数者に排他的に利用される，などの理由でゴルフ場は公園事業となる施設から除かれた。国立公園にふさわしくない施設と位置づけられたのである。一方霧降高原の計画が検討された昭和10年代には大型建設機械はない。スコップ・モッコ・タコを使っての人力による切取・運搬・搗立が土工の基本であった。つまり地形や植生から自然の力を読み取りながら計画と施

工が行われた時代である。このゴルフ場が完成していたら風景の中にどのように溶け込んだのか，技術者としての興味を禁じることはできない。

　ここで観光行政の所属する組織を見てみる。当時観光行政の主要テーマは国立公園であった。その業務は，当初林務課が担当したが後に土木課に変わる。国立公園の指定を受ける昭和9（1934）年までは，その対象地から見て林務課の所管は納得できる。指定後は，その態様を整えることが求められた。先に触れたが昭和10（1935）年には，県が独自に日光国立公園の施設の計画をまとめた。昭和12（1937）年には，神橋から湯元，清滝から細尾峠経由中宮祠までの2本の道路の計画と事業の決定を見た。施設が重視されるようになったのである。当時は施設，つまり基盤の整備が課題であった。このような状況下で所管課が土木課となった。

　施設に重きを置くとはいえ，公園管理もしっかりと行われていた。現存する書類の中に，「栃木県経済部土木課公園係」という名称が印字された「標識柱設置箇所図」（図1-3-3）が残っている。

　特別地域の境界に設置した杭の位置を示す図面である。日光国立公園の保護計画の決定は昭和13（1938）年5月13日であった。そこで特別地域の区域が示された。特別地域は，小字名と地番，御料林の区画班および林相班，国有林の林小班そして道路名で告示されている。例えば「日光町大字日光小字寂光ノ内2,152」，「御料林日光事業区137区画班ノ内い林小班」，「日光町大字日光小字外山原ノ内2,402（県道日光霧降線道路両側各50米）」である。これでは，現地での確認は難しい。管理上現地での境界の明示は，欠かせないと考えたのだろう。特別地域の主要地点に境界柱が設置された。区域を決定するための現地調査の時であろう。境界が確定されなければ計画決定にはならない。戦前，国立公園管理のため内務省から県へ国費支弁の職員が派遣されていた。昭和10年1月島田隆次郎[22]が派遣された。県から日光国立公園管理に関する事務を嘱託され経済部林務課勤務となった。その後国立公園業務が土木課に移った。境界柱設置は島田が嘱託を解かれる昭和13年1月までの間に土木課の職員とともに完成した作業であろう。日光国立公園には道路沿線を含めると10か所の特別地域が

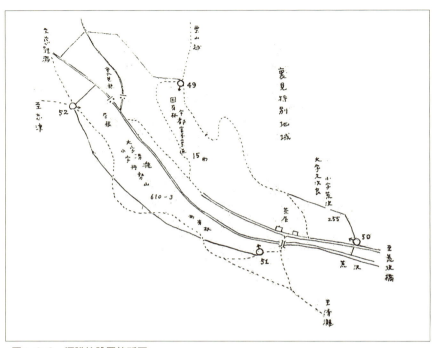

図1-3-3　標識柱設置箇所図

あった。すべての地域を確認はしていないが裏見特別地域には境界柱が設置された。図面（図1-3-3）では50という番号が記載されている位置に12cm角の石柱が残っている。表面には㊩の下に特別地域という文字が2行に彫られている（図1-3-4）。

　一方境界の明示だけでなく，国立公園法に基づく管理もしっかりと行われていた。現存する文書の中には，当時の公園行政の確かさを示すものも少なくない。例えば，昭和14（1939）年11月4日に伐採許可願いが提出された。知事は11月28日の日付で「本件ニ関シ実査定セル所出願地ハ主要観光道路タル日光足尾線ヨリ全ク望見セラレザル位置ニアリ，且ツ地方的名勝タル素麺滝東部帯状約50米ノ地帯ハ伐採セザルヲ以テ風致維持上支障ナキト認ム」という意見を付して進達している。12月23日には厚生大臣名の許可が下りる。また，昭和15

(1940)年には、県が行ういろは坂の改修工事や湯元の売店改装工事も国立公園法に基づく手続きが取られている。戦争直前ではあるものの国立公園行政はしっかりと行われていたと見ることができる。

一方、日光国立公園にとって危機とも呼べる事態が起きようとしていた。東京オリンピックである。昭和11(1936)年IOCは、昭和15年のオリンピックの開催地を東京に決定した。昭和15年は、紀元2600年にあたり、その区切りのよさからことさら国民的熱狂のもとで歓迎された。

図1-3-4　裏見特別地域の標識柱

その経緯を見てみる。昭和7(1932)年東京が第12回国際オリンピック開催候補地に立候補した。昭和10(1935)年のIOC総会では、開催国が決定されず、東京、ローマ、ヘルシンキの争いとなった。この頃から第5回冬季オリンピックの日光への誘致運動が開始される。昭和10年の県議会では「昨年3月から誘致運動を開始したが、札幌も立候補しているので県議会を挙げて応援して欲しい」という答弁がある。当時細尾のスケートリンクは東洋一と言われていた。県議会では「スケートは札幌に勝つが、スキーは札幌に劣るかもしれない」との危惧も述べられている。

翌昭和11年には、県議会で「冬季国際オリンピック競技大会開催に関する意見」の決議がなされる。「景勝の地でかつ帝都東京に近く交通の便もよい日光で第5回冬季国際オリンピック競技大会を開催すべし」という意見である。県会の意見はまとまったが、札幌が積雪データを持っているという理由で候補合戦に敗れる。

では、県はどのような計画を持っていたのであろうか。日光市立図書館に一

冊の印刷物が所蔵されている。表紙には『参考附図　栃木県』(図1-3-5)と印刷されている。恐らく他に印刷物があって，その内容を説明するための図面であろう。目次には，附図第一から附図第十二まで12の項目が記載されている。

　附図第一は第一案鳥瞰図，以下400m基準平面図，400m平面設計図，スケート場設計図，ジャンプ台(図1-3-6)，デスタンスコース，ボブスレーコース平面図，補助リンク，補助ジャンプ台，ジャンプ台ケーブルカー，ダウンヒル空中ケーブル(図1-3-7)，ヒュッテ参考写真と続く。

　附図第一には，日光全域の鳥瞰図が，以下それぞれの図面が綴じられている。附図第五にはジャンプ台の図面が載っているが，図面のタイトルは「日光オリンピック大飛躍台」と記載されている。ここからは，『参考附図』は第5回冬季オリンピックを日光に招致するためにまとめられた書類に添付された図面であることがわかる。ダウンヒルのコースは，太郎山から光徳までの山腹に計画されている。出発点の太郎山お花畑までは，山王峠から空中ケーブルを設置するという。

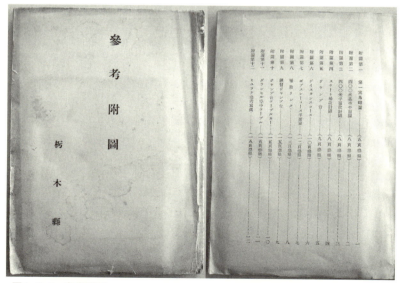

図1-3-5　参考附図

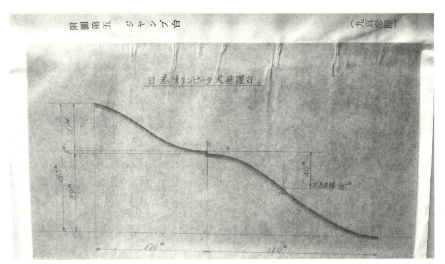

図1-3-6　ジャンプ台

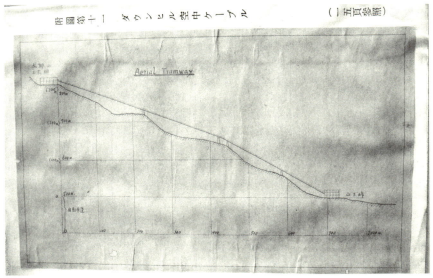

図1-3-7　ダウンヒル空中ケーブル

山王峠まで自動車道を作りそれから先太郎山お花畑まで標高差300mをロープウェイで運ぶ計画であった。この印刷物は冬季オリンピック招致のため，県が策定した書類に添付された図面と思われる。計画は3案があったという[25]。そのうちの1案であろう。昭和13(1938)年5月の特別地域の決定以前にまとめられた計画と見てよい。県は冬季オリンピック招致に意欲的であった。一方，昭和12(1937)年の盧溝橋事件に端を発する日中戦争は長期化するのではとの懸念が高まった。日本に対する国際社会の厳しい見方が増すなか，昭和13年日本はオリンピックの開催権を返上した。

　もし，冬季オリンピックが日光で開催されることになって，計画どおりに施設の整備が進められたとするならば，指定後間もない日光国立公園にも大きな影響を与えたであろう。スキー場ゆえ大規模な土地の改変はなかったであろうが，伐採は避けられず，奥日光の風景に大きな影響を与えたに違いない。

　東京オリンピック冬季大会招致に関する一連の動きと連動するように県は湯元スキー場の整備に着手する。昭和12年7月帝室林野局あてに「日光国立公園冬季施設ニ関スル件」と題する文書を提出した。そこでは「日光国立公園湯元スキー場整備ハ国立公園利用開発上緊急欠クベカラザルモノ」と述べ土地の借用を願い出ている。12月にスキー場敷地として30,632㎡，休憩舎，山の家の施設敷地として1,772㎡を借り受けた。同時に特別会計日光国立公園施設経営資金を設け財源を確保した。スキー場の整備に着手できる態勢を整えたのである。

　オリンピック誘致運動は湯元スキー場整備事業より先行している。前者は後者に弾みをつけたと見ることもできる。見方を変えればオリンピックに伴う乱開発の防止への思いが湯元スキー場整備を促進させたとも言えよう。観光行政サイドではスキー場を湯元に特定しようと考えていたと見ることもできる。国立公園の利用計画がまだ立てられていないという現実を考えると，湯元スキー場の整備には護るべき地域と利用する地域を明確に示すという意図もあったのかもしれない。意図はともかく他の施設に先駆けて整備が進んだ湯元スキー場は日光国立公園の施設の起端と位置づけられる。

第3節　本章のまとめ

　昭和戦前期は国立公園草創期と重なる。指定後の数年間は，国立公園日光の充実を目指した多くの施策が展開された。環境庁発刊の「自然保護行政のあゆみ」では国立公園法の提案理由を「国立公園ヲ設定シ我ガ国天与ノ大風景ヲ保護開発シ一般ノ利用ニ供スルハ国民ノ保健休養上緊要ナル時務ニシテ且外客誘致ニ資スル所アリト認ム是本案ヲ提出スル所以ナリ」と簡明にまとめている。「国民の保健休養」と「外客誘致」のため「自然の大風景地の保護開発を図る」と読み取れる。軸足をどちらに置くかはともかく，国立公園は「国民の保健休養」と「国際観光」の二面性を持っていた。これまで多くの外国人に愛され，世界的遊覧地と呼称されてきた日光こそ国立公園にふさわしいと考えるのは自然であろう。その考えは指定直後から県の具体的な施策として顕れる。

　その一連の施策からは日光国立公園を完成し保健休養と国際観光を推進しようという関係者の熱意を感じ取ることができる。志と言ってよい。しかしすべては太平洋戦争とともに雲散霧消と化した。いくつかの熱意の痕跡だけが残った。

第4章　戦時中（昭和16～20年）

　本章では，太平洋戦争が始まる昭和16（1941）年から終戦の昭和20（1945）年までの観光行政を見る。本期は特異な時代である。戦争遂行のためすべてが傾注された。当然観光は被圧される。ここでは当時の状況の理解を深めるため観光に相反する国や軍の施策も取り上げる。

　昭和12（1937）年の盧溝橋事件に端を発する日中戦争の長期化は社会の全般にさまざまな負担を課した。生活に必要な物資や食料が欠乏し国民の生活は苦しさを増した。昭和13（1938）年に国家総動員法が公布され政府が国民生活の全分野を統制・運用する権限を持つこととなった。戦争に向けて国民生活のすべてが統制されることとなったのである。そのような状況にあっても昭和15（1940）年に日光を訪れた観光客は100万人に迫る数であった。翌昭和16年には太平洋戦争が始まる。戦局の悪化とともに国民生活はさらに厳しさを増し，「観光地日光」も大きくその影響を受ける。当時の日光を見てみる。

　昭和15年の状況を簡明にまとめた資料がある。『國立公園』の昭和15年7・8月号には「日光だより」というタイトルで日光の状況を伝えている。そこには「本年の日光は狂人景気で，来晃者もひきもきらず各旅館は，土曜，日曜は満員，週日ですら相当の入りを示し，業者はホクホクである。然しながら米に，自動車に夫々悩みが多く，湖上の遊覧船も，湯元行のバスも国策順応のため木炭を使用しているし，旅館は大食漢を歓迎しないと言った形である。また日光土産の王座を占める日光羊羹も砂糖不足から製造不如意となり，湯元では折角のキャンパーが来ても米も分けられぬと言った始末であるが，聖戦下の来晃者はいずれも自粛していて，在来の如き派手な者は見受けられず，国立公園の保健，休養，教化の目的は充分に達せられている」と書かれている。太平洋戦争が始まる前であっても，物資不足で観光客に十分なサービスの提供ができなかっ

たのである。

　そのような状況を加速したのが昭和16年3月に公布された生活必需物資統制令(1)であった。生活必需品の生産・配給・消費・価格などを全面的に統制するもので国民の消費生活の規制が目的であった。切符制度により主食・燃料などが配給割り当てになった。日光市史(2)には当時の状況を伝える言葉が載っている。菓子店主の1人は「昭和17年3月からサトウ，米，大豆，大麦などが店の実績によって配給になった。昭和18年10月頃には原料の配給は全くなくなり菓子類の製造は廃止された。戦前には25軒ほどあった菓子製造小売店は，統制令により3軒のみになった」。また湯波製造者は徴用や出征で営業中止や廃業に追い込まれた店があると述べている。当然ながらガソリンの消費も規制された。当時日光遊覧の利便は乗合自動車(図1-4-1左)，日光電気軌道(3)(図1-4-1右)，日光登山鉄道(4)(図1-4-2)の三つが支えていた。

　電気軌道は国有鉄道(現JR)および東武鉄道の日光駅から馬返まで，また日光登山鉄道は馬返から明智平，そしてその先を大型乗合で中宮祠まで連絡するもので，いずれも限られた区間の輸送であった(図1-4-3)。

図1-4-1　乗合自動車(左)と日光電気軌道(右)(関田克孝所蔵)

第1部　観光行政　49

一方乗合自動車は直行もしくは乗り継ぎで日光駅から湯元，つまり日光の入り口から最奥までを繋いでいた。経営は日光自動車電車株式会社（以下「日光自動車電車（株）」と表記）であった。

　昭和7（1932）年の同社の営業報告(5)を見ると，日光駅馬返間の路線には，ダッチブラザーズ14人乗り6輌，グラハンブラザーズ16人乗り1輌，ファジョウール20人乗り1輌を配車し，1日22本を運行させていた。そのうち19本が西参道止まりで，3本が馬返までの運行であった。日光駅湯元間の路線には湯元直行5本，中宮祠止まり7本でナッシュウ2輌，フォード21輌，シボレー

図1-4-2　日光登山鉄道

図1-4-3　日光町交通路線図

4輌が配車されていた。急峻狭隘ないろは坂の運行ゆえ，いずれも5人乗りの車輌であった。中宮祠湯元間の路線は5本で，フォード16人乗り2輌，ダッチブラザーズ14人乗り8輌を配車されていた。

以上が昭和7年当時の乗合自動車の運行の状況だが，少なくとも国家総動員法が公布された昭和13（1938）年まではこのような運行が続いたと見て間違いないだろう。ただし観光客は全線乗合自動車を利用したわけではない。軌道や登山電車を利用する人も多かった。運行区間はそれぞれ異なるがガソリンを必要とするのは乗合自動車だけである。

昭和13年2月には乗合バス用ガソリンの2割節約の通達が出た。翌3月に日光自動車電車（株）から知事あて運行車輌の変更申請が提出される。これまで日光駅から湯元までの路線で運行していた5人乗りの車輌を14人乗りに変更したいという内容である。理由は「ガソリン消費節約の国策に順応するため」と記載されている。ガソリン節約には代燃車に頼らざるを得ない。ただし代燃車は大型であった。狭隘急坂のいろは坂ではあるが，大型を走行させざるを得なかったということであろう。昭和14（1939）年には認可車輌が50輌以上の運輸会社ではその3割，遊覧車はすべて代燃車[6]（図1-4-4，5，6）に変換するよう指示が出た。

昭和15（1940）年には車輌の7割以上を代燃車に変換するよう指示が出る。先にも触れたが16（1941）年3月生活必需物資統制令が公布された。日常の生活に必要な物資の多くが統制を受けた。7月になるとガソリンはすべて重要物資運搬用トラックの運行に充てられることとなった。乗合自動車は代燃車のみということである。代燃車は馬力も低く故障も多かった。山岳地日光には不向きな車輌であった。そのような状況を訴える文書がある。

日付は読み取れないが昭和19（1944）年に日光自動車電車（株）から運輸通信大臣に提出された運賃変更願いの控えである。そこには「自動車運輸事業は昭和19年9月1日ガソリン使用禁止より代用燃料のみの運転となり当社は殊に代用燃料に最も悪条件の坂道路線が多いために平地に比べ故障車も著しくそれが補修に多大の犠牲を払い尚車輌保存費の高騰，加えて人件費の高騰により経営

は苦しい」と書いてある。坂道路線はいろは坂のことであろう。当然輸送能力は減少したと見てよい。

　しかし馬返中宮祠間には鋼索登山鉄道があった。電力で動く鉄道である。その登山鉄道も問題を抱えていた。鋼索が入手困難になった。鋼索の摩滅損傷防

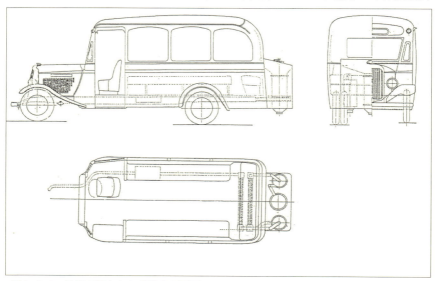

図1-4-4　日光で使われた代燃車の図面

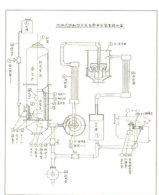

図1-4-5　代燃機関

図1-4-6　代燃装置の外観

止および油脂などの諸資材を節減するため，運行回数をこれまでの1日44回から25回に減らした。利用者数を見ると昭和14年の632,960人が15年には568,230人に減っている。ガソリン節約による乗合自動車の輸送力の低下などが奥日光へ向かう利用者の減少を招いたのであろう。

　この電力で動く鋼索鉄道も存続の危機を迎える。昭和18 (1943) 年8月金属回収令[7]が公布された。主には武器生産に必要な金属資源の不足を補うのが目的であった。昭和19 (1944) 年11月6日運輸通信省鉄道総局長官から日光登山鉄道株式会社社長あてに文書が入る。標題は「昭和19年度地方鉄道軌道等ノ回収転用実施ノ件」である。そこでは

　①馬返・明智平間1.2kmの鋼索鉄道は回収する
　②昭和20年3月20日で営業停止とする
　③回収施設は産業設備営団に譲渡し譲渡物件は他社転用とする

と命じている。そして，施設改修後の代行輸送は自動車路線の整備，営業休止路線の復活，自動車事業の強化等を図り極力確保すること，と付記されている。武器生産のためでなく他社に転用するための回収であった。つまり軍需物資運搬のために移設するという趣旨であろう。

　代用燃料に頼る自動車事業の強化を図れという付記は空論の域を超えた話であろう。しかし会社は請書，つまり承諾書を提出している。文面からは国が作成した文案と読み取ることができる。そこには「退職又ハ転職スル従業員ノ保護ニ付ツイテハ特段ノ考慮ヲ払ウコト，応召又ハ入営中ノ従業員及其ノ家族ニ対シテハ後顧ノ憂ナカラシム如ク特段ノ考慮ヲ払ウコト」という一文もある。会社経営の基本となる資材を取り上げ，そのうえで従業員の保護を図れという言葉は，たとえ国策に沿った命令とはいえ理不尽の極みと言ってよい。戦争に直接関係するもの以外は些事ということであろう。

　当時は混乱の時であった。昭和20 (1945) 年1月15日に海軍大佐が所長を務める関東軍需監理部日光監理事務所長から日光登山鉄道(株)に文書が入る。そこには，

　①奥日光で生産される木材などの軍需物資の搬出はこれまで貨物自動車で

行っていた
　②最近は燃料・潤滑油が逼迫し，また資材不足で車輌の修理もままならない
　③明智平・馬返間の道路が輸送のネックである
　④3月1日から最大長18尺の木材を1日100トン運搬してもらいたい
と書かれている。
　ほぼ同時に国からは施設の廃止命令，軍からは継続的運搬の依頼があったのである。会社は対応に苦慮したことであろう。それだけではなかった。昭和20年2月22日には，東京地方帝室林野局長からも文書が入る。
　標題は「日光登山鉄道施設ニ関スル件」であった。そこには
　①日光御料林の生産材は菖蒲ケ浜の工場で製材しトラックで省線日光駅まで輸送している
　②最近自動車燃料および修理資材の不足によりトラックによる輸送は困難となった
　③日光登山鉄道は3月20日限りで営業停止命令が出ていると聞いた
　④遊覧施設ゆえの撤去命令とも聞いた
　⑤木材輸送に転用可能ならば現状打開策としては最も適当であろうし，戦力増強上重要なる措置となろう
　⑥木材輸送用に改造して存続のための努力をして欲しい
と書かれている。軍も帝室林野局も日光登山鉄道の存続を望んでいた。
　これらの要請を受けて日光登山鉄道（株）は営業停止日の延長願いを出す。控えの文書が残っている。日付は記載されていない。そこには，
　①当初積極的開発に躊躇があった奥日光の資源も今日では万難を排してこれを活用すべき状況となった
　②登山鉄道を物資輸送に転用することは戦争遂行に貢献できる
　③関東軍需監理部および帝室林野局からの要請もあった
とその後の経緯を述べ「当社も輸送用に転用しご奉公を続けたいのでとりあえず営業停止を6か月先送りして欲しい」と結んでいる。
　回収命令に対してはやむなく承諾した。日を経ずして今度は戦争遂行のため

に存続を望まれた。ここには時局に翻弄される一企業の姿が映し出されている。戦時の日本を象徴する出来事と見てよいだろう。この陳情の効果かどうかはわからないが日光登山鉄道は回収されることなく終戦を迎える。

　なお帝室林野局長の言う①は解説を要する。中禅寺湖畔・戦場ヶ原・白根山にわたる地域では風致維持のため禁伐および弱度の択伐を採用するなど積極的な林業経営は行っていなかった。ただし，非常時ゆえにその方針を転換せざるを得なくなった，という現実のことである。

　これら一連の動きと併行した形で昭和20年2月1日中宮祠と湯元二つの町内会の会長副会長4名連名で登山鉄道存続を願う嘆願書が提出された。そこには当時の奥日光の状況が詳しく述べられているので，少し長くなるが箇条書きに整理してみる。

①聖戦完遂に邁進している今，当中禅寺湖畔においても観光都市日光の旧套を完全に脱却し，今や老若を問わず国家の要請に欣然挺身し樅，樺，楢など航空用材の生産のため斧を振るっている

②航空用材の搬出は2，3台の貨物自動車で行っているが1日1往復しかできない，木炭車では力が弱くて運べない

③日光登山鉄道を存続させて航空用材輸送に使えばガソリンを1滴も使わずに現在の数十倍の輸送が可能である

④当地は戸数僅か200戸でその多くは旅館飲食店であった。現在は数百人に及ぶ海洋道場(8)の参加者，古河鉱業株式会社日光精銅所に通う企業戦士の宿舎に充てられている。日光今市には工員の収容能力はない。当地にはまだ余裕がある。また敵機による被害が生じた場合被害者を当地の宿舎で収容できる。このように国家的施設とも呼べる当地の宿舎の生活必需品は登山鉄道に頼っている

　この嘆願書からは，観光の姿を見ることはできない。嘆願書が出された昭和20年以前の状況は詳らかではない。ただし，先に見た物産店主の言葉や交通機関に関わるさまざまな経緯からは，開戦以降観光などを考慮する余裕はなかったという現実が見えてくる。

以上戦時中の日光を見てきた。観光行政は無用のものだった。それにしても「観光都市日光の旧套を完全に脱却し」を地元から聞くのは切ない。観光を信じそれに邁進した今までを捨て去るということである。戦争は地域の誇りも生業もすべて奪ってしまった。戦時の日光には観光行政と呼べるものはない。

第5章　戦後復興期（昭和20～29年）

　ここでは昭和20（1945）年から29（1954）年までの観光行政を振り返る。昭和31（1956）年度の経済白書は「もはや戦後ではない」という宣言を伝えている。戦後の復興は終わったということであろう。一方栃木県を見ると昭和21（1946）年に観光行政が始動，観光地日光の基盤の整備を逐次進めた。戦後経済の復興を観光に頼ったのである。昭和29（1954）年には道路行政がいろは坂の改良整備を完了した。この年日光の観光客は200万人を超え戦前の100万人の倍以上となった。戦前をしのぐ観光地となったのである。本書では観光地日光の戦後復興は昭和29年で終了したと見る。

第1節　日光を取り巻く状況

　終戦直後は日本全体が茫然自失の状態であったという。食料の確保や全国115都市の被災家屋230万戸の復旧など困難な課題に直面していた。復旧を進めるため経済統制が行われた。幸い日光は戦災を免れたが敗戦の痛みは共通であった。それらから立ち上がろうとするとさまざまな現実と向き合わなければならなかった。それらを見てみる。
　一つは「臨時建築物施行規則」である。不要不急の建築物の建設は事実上禁止された。ホテル，旅館，娯楽場などの新築，改築，用途の変更は極めて困難であった。
　二つは「生産資材割当統制規則」である。観光施設に必要な木材，セメント，釘，ガラス，鉄鋼などの主要資材は一部の事業以外割り当てはなかった。
　三つは，戦時中供出に協力したホテルや旅館は，寝具・衣類が不足していてサービスの低下，収容力の低下をきたしていた。

四つは「燃料の不足」である。石炭の配給がないためホテルは11月半ばから4月半ばまで閉鎖せざるを得ず，また和風旅館に対する薪炭の配給もなく，晩秋から早春まで営業は難しい状態であった。
　五つは「ガソリン不足」である。山岳地日光にはガソリンは不可欠であるが，観光バスやハイヤー用としてガソリンを要求することはできなかった。
　以上の五つが戦後しばらくの間続いたのが日光の現実である。満足なサービスを提供することはできなかった。観光は疲弊した。

第2節　栃木縣觀光綜合計畫（以下「栃木県観光総合計画」という）

第1項　策定の背景
　現実はこのようであっても観光の明るい未来を描き，その具体策を立てるのが観光行政の課題である。それを成し遂げたのは千家啓磨であった。戦前の千家の軌跡を見ると，昭和6 (1931) 年東大林学科を卒業後内務省衛生局で国立公園業務を担当，昭和14 (1939) 年厚生省体力局から国立公園専任管理職員として栃木県経済部土木課に転出し，日光国立公園の運営管理業務を担当した。日光観光ホテル，霧降高原歩道，湯元スキー場などの施設の整備に腕を振るう。戦局が一層の厳しさを増す昭和18 (1943) 年に湯元で開催された明治神宮国民練成大会冬季大会スキー大会では，スキーの指導員の資格を持ち，そのうえ全日本スキー連盟発刊の『一般スキー術要項』の著者でもある千家が，運営の中心人物であった。しかし，大会終了と同時に観光行政は休眠の時を迎えた。千家は小山都市建設事務所所長を兼務する。軍需生産拡充のための重工業都市の建設が仕事であったという。
　昭和20 (1945) 年8月戦争が終わった。敗戦に打ちひしがれた日本が残った。それだけでなく米英軍に占領されたのである。OCCUPIED JAPANである。このような苦難の時にありながらも，栃木県ならではの出来事があった。それを見てみる。
　昭和20年度の県議会は，11月22日に開会された。敗戦の茫然自失感から抜

けきってはいかったであろう。そこでは、「日本は将来スイスの如く観光地として外来者を吸収し財政を豊かにすべきことは明らかであるが本県の日光は特別に対策を立てる必要がある」と述べた後、「観光栃木の建設に統一したる指導機関なきは洵に遺憾に堪えぬ、此れに対する知事の構想如何」という質問があった。県当局は「戦時中は商工両全でやって参ったが今後は観光栃木に大いに力を入れ外貨獲得、日本の紹介、国際親善の為に観光面の充実に尽力し、国立公園施設も一時中止になっていたがその復興に財政の許す限り努力したい、道路改修、土産品の振興、或いはゴルフ場の設置、宿泊施設等の充実等に最善を尽くして参りたい」と答弁している。

　今日を生きるのが精一杯の時にありながらも、差し迫った当面の課題だけでなく明日の栃木県の議論が持たれた。そこでは、観光が今後の進むべき方向であるという考えが示されたのである。それだけでなく、21年度予算に事務経費ではあるが国立公園の管理費も計上された。終戦直後の混乱の中にありながらも、観光振興は考えられていた。しかしながら、最優先課題は食料の確保であった。観光は自ずと先送りになる状況にあった。

　現地日光を見ると、金谷ホテル、レークサイドホテル、日光観光ホテル、スキーロッジ、中禅寺湖のボート・ヨット、山の家などさまざまな施設が占領軍に接収され日本人はオフリミットの状況であった。特に金谷ホテルはスペシャルサービスホテルとしての接収であり、監督将校以下数人の米軍人が運営を管理した(1)という。そこでは占領軍将兵がレクリエーションに興じる姿があった。時を同じくして、昭和21(1946)年3月千家が兼務を解かれ、経済部土木課公園係に復帰した。千家は、貧困と荒廃から立ち直り疲弊した経済を再建するには明るい事象の観光が効果的であると考えた。担当組織の新設を訴え、そして観光を県是として取り上げることを提案したのである。

　観光が県の経済にどのような影響を与えてきたかは明らかではない。戦前の観光客数を見ると、日光は100万その他観光地を合計すると県全体で300万人と推計される。観光客の消費額を1人10円と見積もると県全体で3,000万円となる(2)。一方、昭和15(1940)年度の県の歳入総額は、2,247万であった。単純に

比較はできないが，観光の県経済に占める割合は大きかったと言えよう。

このように考えると千家の発想は常識的であるとも言える。しかし，昭和21年という時代を見ると，終戦後の混乱はまだ収まりきってはいない。観光を取り上げるような状況ではなかったと見てよい。東京は焼け野原，宇都宮も同様であった。当時は食料確保が最大の課題であった。米よこせデモ(3)に象徴されるように食べるものが十分ではなかったのである。生きるのが精一杯であった。このような時期に観光を県是として取り上げそして経済の復興を図ろうという千家の熱意からは，国立公園草創期から公園行政に身を置き，後に日光に多くの足跡を残す風景地計画家の志と気概と矜持を感じ取ることができる。

千家は観光の振興を図るためにはまず計画が必要であると考えたようで日光國立公園施設計画（図1-5-1），霧降高原公園計画，観光地開発計画の三つの計画を策定した。ただし，現存するのは日光国立公園施設計画だけである。

千家は，県議会議員を日光に案内し，現地で計画の内容を説明した。理解を求めたのである。その熱意を理解した県議会は昭和21（1946）年9月内務大臣と

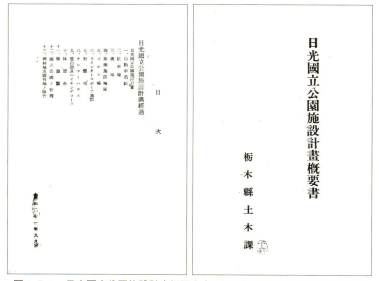

図1-5-1　日光國立公園施設計畫概要書（日光国立公園計画をまとめた文書）

栃木県知事あてに土木部設置を求める意見書を提出した。そこではまず戦後の復興のためには土木行政の充実が急務であると書き、続いて部を新設し、そして観光行政も独立した組織を設けるべきであると意見を述べている。千家だけではなく、県議会も戦後復興の手段として観光を位置づけたのである。画期的出来事と言ってよい。

県議会の決議を受けた形で、12月27日土木部内に観光課が誕生した。所管事項は以下の四つであった。

(1) 国立公園に関する事項
(2) 観光に関する事項
(3) 史跡名勝天然記念物に関する事項
(4) 県営日光観光ホテルと田母沢御用邸に関する事項

具体的には、国立公園、観光全般、史跡名勝地天然記念物保護、県営ホテルおよび三つの御用邸の管理が観光課の業務であった。職員は総勢12名で技術系が8名、事務系が4名であった。千家が課長に就任した。前年まで観光担当は千家1人であったことを考えると隔世の感がある。

観光課設置に見るように県の動きは素早かった。行政だけでなく観光業界も同様であったと見てよい。9月に栃木県観光協会が旅館、交通業などの観光関連業者と市町村、商工会議所などを会員とした団体に改組された。事務局は観光課内に置かれ、専務理事には千家課長が就任した。県主導型の団体であった。

興味深いのは、観光協会との関係である。具体的には、施設の整備、調査計画、法律に基づく事務は観光課が行い、宣伝紹介事務および県営のキャンプ場および日光パレスホテルの経営は協会が行った。県の施設の運営を委託したのである。これらの施設は後に日光国立公園株式会社が運営することになるが、それまでは観光協会が運営を引き受けた。行政をサポートする役割を担ったのである。このように、施設の整備や風景の管理を担当する県と観光宣伝や施設の運営を担当する協会とは相互補完的な関係にあったと言える。千家は両者の関係を「不即不離一体」と言っている。当時は行政と民間の関係にバランスと一体感があったということであろう。

このような経緯を経て，観光行政は一歩踏み出した。ただし，昭和22（1947）年の予算は十分なものでなく，日光国立公園の拡張[9]や御料林の払い下げ運動[10]といった事務的事業と既存県有施設の補修が中心であった。当時は，観光行政推進上の指針となる観光計画と呼べるものはなかった。日光国立公園の計画は，国で検討されてはいたがまとめきったものではなかった[11]。そのうえ，国立公園計画には目標年や実行の担保はなく，また地域振興の視点も希薄である。そこでは，風景を守りそして楽しむため，規制をかける地域と整備すべき施設を示しているだけである。一方，千家がまとめた日光国立公園の施設の計画や観光地開発計画は担当課レベルのもので，県でオーソライズされたものではなかった。要するに，国にも県にも観光振興の計画はなかったのである。

　予算の拡大が急務であった。そのためには，個別の計画ではなく，総合的な観光振興の計画が必要であると千家は考えた。計画策定を上層部に進言した。

　この進言は思わぬ結果を生む。千家の進言を検討する過程で，戦争で荒廃した経済の復興を図るには，観光だけでなく，農業，開拓，林業，工業，商業，水政，交通，金融を網羅した総合計画が必要であるとの判断に至った。そしてこれらを網羅した「栃木県経済総合計画」の策定が決定された。

　審議会が設置された。知事は諮問を行う。

　「終戦後の国状に照らし県内資源の保全及び高度利用開発等に依り県勢の振興及び民生の安定を図り進んでわが国の経済復興及び国民生活の安定に寄与するため必要な総合計画につき其の会の意見を問う」

　審議会は，まず，未利用資源の調査と開発を検討する「山岳地帯開発総合計画」，人口見通しと産業配置を検討する「産業人口配置総合計画」，食生活安定を図る「食生活安定総合計画」の三つを上位の計画として定め，それらを踏まえて農業，開拓，林業，観光，工業，商業，水政，交通，金融の9部門にそれぞれの総合計画を策定すべし，と答申した。県は答申をそのまま受けた形でこれら計画の策定を決定した（図1-5-2）。

　観光総合計画の策定にあたっては専門委員会が設置された。観光総合計画専門委員会の委員長には大正10（1921）年日光の調査を行い，その後も日光と関

係の深い林学博士田村剛が就任し，委員会運営は千家の担当であった。作業は順調に進み，昭和23(1948)年12月に『栃木県観光総合計画書』(図1-5-3)としてまとめられた。

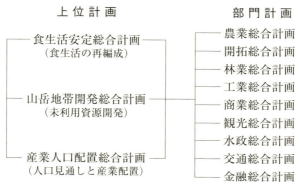

図1-5-2 栃木県経済総合計画の体系

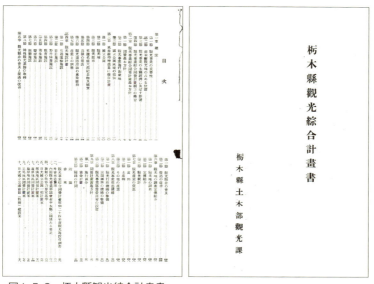

図1-5-3 栃木縣觀光綜合計畫書

『栃木県経済総合計画書』は，敗戦で破壊を見た経済の復興が大目的の計画であった。言い換えれば生活基盤の確立を目的とした計画と言ってよい。足元を固めることが求められていた。ただし観光総合計画は他の計画と若干異なる。当面の課題解決策ではあるものの，時代に欠落していた社会の明るい側面に注目した計画であった。

　県には，国立公園の施設の計画はあったが，総合的な観光の計画はなかった。観光総合計画は栃木県における観光計画の嚆矢となるものである。全国的に見ても，総合的な観光計画は他に例を見ない。国も終戦直後から観光には着目していた。昭和21（1946）年に定められた「復興国土計画要綱」には，「観光地の所要施設の整備は（他の施設と）総合的に調整企画する必要がある[13]」書かれている。その具体策と言っていいのが，観光事業審議会の昭和23（1948）年の答申「観光施設整備5か年計画」であろう。ただし，構想に近く具体性に欠ける。

　　第2項　計画の内容
　栃木県観光総合計画は観光の全分野を網羅し，今後の観光行政の道筋を示すものであった。少し詳しく見てみたい。
　計画は，B5判1ページ29行，1行35字2段刷79ページの印刷物にまとめられている。そこには以下の目次ごとに具体的内容が記述されている。
　第1章　総説
　第2章　観光事業総合開発基本方針
　第3章　風致維持増進ならびに保存計画
　第4章　観光施設計画
　第5章　風致観念の普及と接遇の改善
　第6章　観光地の調査宣伝紹介
　第7章　観光産業の促進
　第8章　観光事業推進機構
　第9章　開発計画実施方針
　目次ごとに，内容を概観する。

第1章では観光事業の重要性と県の経済に与える影響が述べられている。第2章には開発の基本方針および計画の対象地域ならびに日光国立公園の拡張計画，第3章には国立公園や観光地の風致維持の具体策が述べられている。第4章では道路，宿舎，医療機関，スキー場，ゴルフ場などのさまざまな施設が具体的に取り上げられている。第5章には，観光の意義，観光資源愛護思想の普及方法，接遇の改善策，第6章には観光地の調査と宣伝の方法，第7章には観光関連産業育成の具体策，第8章には観光事業推進組織の整備，第9章には計画で取り上げた事業の実施主体と資金計画がまとめられている。

　注目すべきは，第1章である。ここでは計画の目的が述べられている。国際観光を重視し，そこに国際親善，文化の交流，外貨獲得を期待している。戦争の記憶はまだ身近にあった。国際平和に寄与するところの大きい国際親善や文化の交流を取り上げるのは当然であろう。ただしもう一つの外貨獲得が計画の最大の狙いであった。戦後の疲弊した経済を国際観光で立て直そうとしたのである。それゆえ，当初10年間は国際観光振興の施策を中心に取り上げている。

第3項　計画の実行

　重要なのは，この観光総合計画が県の計画として位置づけられたことである。計画発表後の県議会で次のような質問があった。「栃木県総合計画要綱案が，各専門委員により計画され，発表されましたが，これが単なる机上の理想案であり，また計画案でありとすれば，それは描ける牡丹餅で，何等価値なきものであります。私はこれを如何に取り扱われるかも，併せてお尋ねする次第であります」

　ここでは，計画のための計画か，実行のための計画か問うている。知事の答弁は「この法典はわが栃木県の100年の進むべき途を集約いたしました法典でありますから，これを直ちに全部実行に移して参るということは，なかなか経費の点いろいろな点でいかないと思います。先ず以って差し当たり経費を要しないでもできる問題につきましては，此れは直ちに私共は明日から実行に移して参りたいと考えております。尚経費を要する問題につきましては，議員の皆

様に相談いたしまして、本県の財政の許す範囲におきましては、着々此れが実現に邁進して行きたいとこう考えております」(14)であった。要するに計画は実行すると言っているのである。その後の栃木県経済総合計画に基づく予算の状況を見ると表1-5-1となる。県全体としては、戦後復興と経済振興の予算を重点的に獲得したと見てよい。

次に観光を見るとその事業費は表1-5-2となる。

当時はインフレの状況にあり物価の変動が激しく単純に数字の比較はできないが、観光事業費は県の予算額と同様に経年的に増加している。確かに予算全体に占める割合は少ない。しかし観光を所管する独立の組織が設置され、次いで計画が樹立されて目標像が明確になり、その予算が確保されたのである。これらの予算で湯元集団施設地区など施設の整備が進んだ。観光は県行政の中に名実ともに位置づけられたのである。

ここでは観光事業費だけ注目したが、千家は後に「道路、衛生行政も観光総合計画に取り上げられた事業を優先的に実施してくれた」(15)と述べている。県の

表1-5-1 栃木県経済振興総合計画に基づく予算

年　度	一般会計決算額（千円）	計画に基づく予算（千円）	割合
昭和24年	3,904,949	1,852,075	47％
昭和25年	4,832,614	2,185,762	45％
昭和26年	5,703,120	1,935,564	34％
昭和27年	7,341,219	2,250,685	30％
昭和28年	6,546,498	2,624,586	40％
昭和29年	9,811,769	1,969,295	20％

註：一般会計は決算額、計画に基づくものは予算額だが全体の傾向を知ることはできる

表1-5-2 観光事業費と一般会計の状況

年　度	観光事業費（千円）	昭和22年度に対する増加の倍率	一般会計（千円）	昭和22年度に対する増加の倍率	観光事業費の一般会計に対する割合(％)
昭和22年度	2,739	―	1,044,563	―	0.26
昭和25年度	22,630	8.3	4,832,614	4.5	0.49
昭和26年度	11,391	4.2	5,703,120	5.5	0.20
昭和27年度	15,897	5.8	7,341,129	7.0	0.22
昭和29年度	26,963	9.8	9,811,769	9.4	0.27

註：観光事業費、一般会計ともに決算額

計画に位置づけられ，重要度が明白になった。部門を超えてその認識が共有された。観光栃木を盛り上げようとする機運が生まれた。行政の一体感が強くなったのだろう。「計画」の効果である。

　当時の観光行政の特徴は，計画を「つくる人」と「実行する人」が同一であったことである。観光課長千家は栃木県観光総合計画専門委員会の幹事を務めた。事務方の責任者であった。昭和29（1954）年まで観光課長を務めた千家は委員会で練り上げられた計画を行政の場で実行したのである。計画の理念から内容，そしてその重要性まで十分理解していた。「計画」と「実行」の間に乖離はなかった。往々にして「計画する人」と「実行する人」の間にはある距離が存在する。その距離は「設計する人」と「施工する人」の間のそれよりも大きい。距離が大きくなりすぎると「計画」は作っただけのものに追いやられてしまう。そこに計画と実行の関係の難しさがある。それは現実的問題である予算獲得や詳細設計の場にだけあるのではない。「計画の思想」が実行する人に浸透しないことが間々ある。必ずしも「計画」の理念や思想が具体化された形で現場が仕上がるとは限らない。ただし昭和20年代の栃木県の観光行政にはその心配がなかった。

　観光行政は他の行政と若干異なる。その行き着くところは物やお金では計れない「心」の満足であろう。計画の背景・思想，そしてモチベーションなど計画の初期の段階で整理されるさまざまなものが重要な意味を持つ。柔軟かつ臨機応変な対応が求めらる課題もある。「計画の思想」を現実の場で実現することが「実行する人」の責務であろう。

　この時期もう一つ重要な出来事があった。「日光国立公園観光株式会社」の設立である。キャンプ場など県の施設は観光協会に運営を委託していた。しかしながら，施設の円滑な運営のためにも，協会が本来的業務に専念するためにもこれら施設の経営を専門的に行う組織が必要であると判断された。

　行政の力だけでは，観光地の経営はできないと考えた県は，民間企業の参画を考えた。昭和23（1948）年2月の県議会で知事は「（国立公園の整備は国の助成が必要だが，見通しが立たないので）この際内外一般の経済的協力を求め国立公園地帯の本格的施設を充実し，その運営の円滑を期するため，県および県

観光協会を中心として，日光国立公園観光株式会社の創立を目下準備中であります。これに対し，県も相当の出費を必要と存じますので，追って提案いたす予定であります」と述べている。続いて「観光地帯の利用につきましては，県会全員のご承認を得まして現に観光株式会社を建設中であります。本県の観光地帯を有効適切に利用いたしまして，しかも外貨獲得と同時に本県の福利増進を図りたいと考えておるわけであります」と答弁している。

知事は会社の目的を外貨獲得と県民の福利増進の二つに置いている。しかしながら，当時の状況から判断すると，外貨獲得に軸足が置かれていたと見て間違いない。栃木県観光総合計画にも見るように，戦後の栃木県の観光行政は，外貨獲得を第一義に置いて展開されたのである。

第4項　日光国立公園観光株式会社

昭和23（1948）年6月，資本金1000万円の日光国立公園観光株式会社（以下「日光観光（株）」という）が設立された。県が400万円出費した第三セクターであった。定款には，「日光国立公園（日光，鬼怒川，川治，塩原，那須，庚申山を含む区域）地域内における，ホテル，旅館，其他観光客斡旋及観光施設の経営」とある。事業の内容は，旅館の斡旋と観光施設の経営であった。

個別の事業を見ると，昭和23年には栃木県観光協会からパレスホテルの経営を引き継ぐ。また，山内の個人所有の別荘（現明治の館）を借り受け，外国人専用の宿泊施設（ローズマンション）として営業を開始する。昭和23年には湯元および霧降の野営場，昭和24（1949）年には千手ヶ浜および光徳の野営場並びに湯元スキーロッジの営業を開始した。昭和25（1950）年には，駐留軍兵士の利用や来日バイヤーの増加を見越して，日光駐車場（現西参道駐車場）を県から借り受け，日光モータープールとして開業した。さらに事業の対象を広げ，昭和26（1951）年旧田母沢御用邸にスケート場，27年には湯元山の家の営業，29（1954）年には湯元野営場にバンガロー15棟を建設し，そして30（1955）年には田母沢御用邸内の日光国立公園博物館の経営を受託した。

このように日光観光（株）を中心に観光事業が展開された。日光国立公園経営

の中心となる組織と言ってよい。当時は国立公園の経営については模索の状態であったのかもしれない。昭和22（1947）年の県議会で「観光栃木の完成にはいくらかかるか」という質問があり，知事は，「完成には20億かかる，県費ではやりきれない，国にも要望している」と現状を述べ，次いで「ほんとうに理想の公園にするには外資を輸入して根本的な策を立てなければなりませんが，これは講和条約成立後の話であると考えております。理想といたしましてはアメリカ式の大公園地帯をつくりまして，日本と外費の合弁により，入場料をもってこれを償還していく，これは進駐軍方面でもさような意見があります。しかしこれは今必ず実現するとは申しかねますが，そういう理想をもっていることだけは申し上げておきます[19]」と答弁している。

多額の財源の確保は難しい状況下にありながらも知事の発言は前向きではある。意欲を表したものであろう。しかし「国の光」とも称される日光をたとえ合弁とはいえ外資に頼るのは違和感がある。ただし知事が「今後100年の進むべき道を示した計画[20]」と位置づけた「栃木県観光総合計画」でも外資が取り上げられている。そこでは，事業ごとに国費，政府の低利融資，県費，村費，民間資本の導入といった資金計画の方向性が述べられていて，外資導入の計画もある。状況好転してそれが可能になれば積極的に導入を図る，としている。ただし「外国人観光客占用の施設に限り，該施設の利益で返済可能なもの[21]」と枠を設けている。つまり，外資を導入して外国人専用の施設を整備し，そこでの利益で返済を図ろうというものである。国立公園全体に導入するものではない。外国人専用施設のみである。返済が終われば地元の利益となろう。確かに接収を受けている施設[22]とその利用の姿を見ると，外国人専用施設への外貨導入のアイデアは肯くことができる。

第3節　日光国立公園の拡張

昭和18（1943）年以降休眠状態であった国の国立公園行政も復活し，昭和24（1949）年には，日光国立公園の計画が示された。そこには23（1948）年の栃木

県観光総合計画の主要部分が取り込まれていた。ただし，当然ながら昭和9年に指定された区域の計画だけである。

　地元が誇る風景地は日光だけではない。鬼怒川，塩原，那須がある。日光とは資源の特徴が異なる。国立公園検討の初期から，地元はもちろん県もこれらの地域が包括された形での指定を望んでいた。結果は日光に絞られた。しかし，地元の気持ちは変わらなかった。戦後になってこの思いは叶う。昭和25年日光国立公園は拡張され鬼怒川，那須，塩原が取り込まれる（図1-5-4）。

　本書は観光地日光の歴史を紐解く作業である。拡張されたのは日光以外の地域であるが，そこには観光を考えるうえで看過できない計画がある。拡張後の日光国立公園の面積は114,908haで当初の53,500haの約2倍で，日光塩原と那須の二つの団地からなる。それを道路で結んでいる。その県道16.2km（横断道路）の沿線を両側50mにわたって特別地域に指定した。帯状の国立公園であ

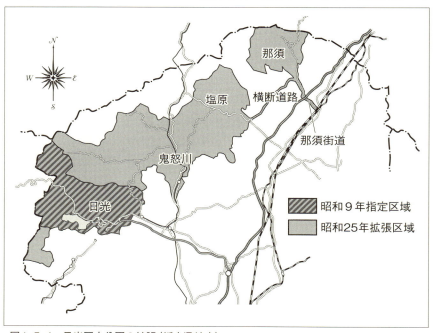

図1-5-4　日光国立公園の拡張（栃木県地内）

る。昭和12(1937)年に内務省が定めた「国立公園計画標準」では「区域内外の主要地点間もしくは区域内の主要地点間を連絡して自動車による観光,交通運輸の用に供すべきものはこれを車道とすること」と定めている。ここでは,区域外であれ,国立公園の主要地点までのドライブの楽しみや,到達利便に資する車道は公園道路として取り上げると言っている。国立公園の道路は単に交通の利便だけでなくドライブの楽しみも狙ったものであった。そのために道路沿線を特別地域に指定した。沿線の保護,つまり移動視点と沿線風致の保護を狙ったものであった。

　それだけでなく,黒磯那須間の県道11km(那須街道)の沿線も同様に特別地域に指定した。これも帯状の国立公園である。沿線の松林が美しい。林間を走る道路である(図1-5-5)。松林が終わりしばらくの走行後目的地那須の山塊が現れる。期待は高まるだろう。

　このように,日光国立公園の拡張計画には移動を楽しむというコンセプトが

図1-5-5　那須街道松並木

垣間見える。観光を重視した計画と見ることもできよう。というよりも国立公園をより楽しむため到達道路の沿線を区域に取り込んだと見るのが適切であろう。

第4節　観光行政所管部の変更

　昭和20年代前半の観光行政の課題は受け入れ体制にあった。施設の整備や国立公園の拡張に力点が置かれた。20年代後半になると観光を産業の側面から捉えるようになる。観光課の所属が議論されるようになった。昭和28年の3月議会では県の機構改革案について下記の内容の質問があった。
　①観光課の予算を見るとほとんどが土木費である
　②それなのになぜ観光課を商工部に移すのか
　県当局は，
　①確かに土木の仕事が多い
　②しかしそれは目的達成の手段である
　③観光課の所管は県によってさまざまだが，本来の使命は商工課と連絡を取ってやる仕事にある
という趣旨の答弁をしている。
　当時，観光行政の中心は国立公園であった。森林地帯が大半を占めるので林務部でもよい。一方，観光事業費の中心は土木工事の経費であった。施設は観光振興の基盤ではある。それを考えると土木部でもよいだろう。しかしながら，直接的に観光を支えるのはサービス業である。それは，商工行政と密接に関係するものであるとここでは言っている。
　昭和28（1953）年4月，観光行政は土木部を離れ，商工部に移る。庶務係，観光宣伝係，自然公園係，施設係の4係で構成された。これまでの観光課にはなかった観光宣伝係と自然公園係が新設された。前者は宣伝および観光業の指導，後者は自然公園の管理を担当した。自然公園係は，今後増加が予想される公園内の開発に備えたものである。観光宣伝係は，「栃木県は，自然の恵みに頼

りまして，景色のよさというものを過信いたし，人の力によって相補っていくという努力が薄いように私共は感じているのでございます」という議会での知事答弁に見るように風景に頼りすぎてきたという行政サイドの反省の結果であろう。

商工部に移管後も観光行政は従来どおり活発な展開を見せる。昭和29（1954）年に，独自のレンジャー制度を創設し，日光で解説・利用指導業務を開始した。国立公園指導員と呼ばれた。この時期の重要な出来事に，いろは坂の改良工事がある。土木行政の成果だが，昭和29年10月にいろは坂が県営の有料道路として完成した。奥日光へのアクセスが飛躍的に改善された。と同時に観光行政が華厳，立木，二荒山神社前，湯滝といった奥日光の主要地点に駐車場の整備を進めた。いろは坂の大型バスの走行が可能となったため，青少年の団体利用が増加した。そのため新たな利用拠点が求められ，光徳が施設地区として整備された。

このように県は観光事業に力を注いだ。その理由に観光客の消費があった。昭和29年の県議会では「本県は非常に観光客が多くて年間32億円以上の収入があるという点はお説の通りでございます。私就任以来観光事業は本県の見えざる産業として，今日まで努力いたしておるのでありまして，近年は相当整備されたと考えております」と知事は述べている。

32億円の計算根拠はわからないが，29年度の県予算107億円と比して見ると無視できる数字ではない。産業として地位が確立していたと見てよい。

しかしながら，観光は生活に密着した行為として位置づけられてはいなかった。国が「もはや戦後ではない」と宣言した昭和31（1956）年の県議会では，「観光と申しますと贅沢なものだ，不要なものだというお叱りを受ける向きもあろうかと思うのでありますが」と断りながら，奥日光の観光開発は進めるべきである，と述べている。当時国民の心の片隅には，観光は贅沢な行為という思いがまだあったのだろう。しかし，県は積極的であった。答弁では，霧降高原を経由して日光と鬼怒川を結ぶ道路を建設したいと述べている。この答弁は昭和51（1976）年に開通を見る霧降高原有料道路によって現実のものとなる。

第5節　本章のまとめ

　昭和20年代の観光行政は極めて意欲的であった。終戦翌年の昭和21（1946）年観光課が創設された。戦後の復興を観光で成し遂げようとしたのである。昭和23年には観光の道筋を示す計画が策定され，県の総合計画の中に位置づけられた。観光が県是となった。計画に基づき湯元やいろは坂の整備が進んだ。利用拠点やアクセスといった観光の基盤が整ったのである。そこには県是に掲げた「観光」のもとで努力する他の行政の積極的な取り組みがあった。

第6章　経済成長期（昭和30～47年）

第1節　本期の観光行政

　昭和34（1959）年に日本に活気をもたらす出来事があった。昭和39（1964）年開催の第18回オリンピックの開催地が東京に決まった。戦災からの復興を遂げ新しく生まれ変わった日本の姿を世界に示すことができるビッグイベントである。外国人観光客も期待された。日本中が活気づいた。日光でも，各種開発が取りざたされるようになる。中宮祠湯元間の道路の舗装，群馬県と連絡する金精道路，第二いろは坂，中宮祠を経由せず直接奥日光へ連絡する裏男体道路[1]などが県議会で議論された。

　中宮祠から湯元までの舗装はオリンピックに間に合う。金精道路と第二いろは坂は若干遅れて昭和40（1965）年に完成を見る。このように30年代後半から40年代初頭にかけてはアクセス改善や他県との連絡などの道路の整備が進んだ。来るべきマイカー時代と広域観光の基盤整備とも位置づけられる。

　ちなみに当時の観光スローガンは，「観光客一千万誘致」であった。1,000万は県全体の数値である。37年を見ると日光国立公園全体で943万であった。スローガン達成にはさらに60万人の誘客が必要である。そのためにも，アクセスは重要な課題であった。

　当時の県の考え方は「県勢振興長期計画」から読み取ることができる。

　「県勢振興長期計画」は，昭和37（1962）年9月にまとめられた県の振興計画である。昭和23（1948）年の「栃木県経済振興総合計画」以来の総合計画である。

　ここでは「県民所得の増大と県民福祉の増大」を目的に置いている。経済成長に主軸を置いた計画と見てよい。観光についても余暇の増大と消費の拡大を前提にまとめられている。観光をレジャー産業の視点で捉えていると言ってよい。

目標となる数値は，観光客1,500万人，観光収入約222億円と見積もっている。しかし，現在の受け入れ態勢では，1,000万人が限度なので新たな拠点が必要であるとし，霧降高原，千手ヶ浜，奥鬼怒，川俣ダム周辺，高原山，八方ヶ原，裏那須，奥那須などの未開発地域の整備を挙げている。そしてこれらを結ぶ道路も取り上げている。新たな拠点とその連絡の計画と言ってよい。開発中心の計画である。社会がそれを望んでいた。そこで掲げられた整備の方針は「大衆化，健全化」であった。

当時の状況を県議会の発言から見てみる。昭和38(1963)年12月20日の県議会では下記の発言があった。

「最近のレジャーブーム，バカンスブームなどによりまして本県の観光地に訪れる旅行客は年々増加の一途にあります。国立公園の利用者は昨年度に943万人で地域別に見ますと日光に約510万人，鬼怒川，川治に約260万人，塩原に約80万人，那須に88万人と年々増加しております。来年10月に行われる東京オリンピックを契機といたしまして，これら旅行者は急速に本県に入ってくることが予想されます」[2]

観光客は増えるであろうと述べている。それは発言者だけではなく関係者共通の認識であった。県の計画が開発に軸足を置いたのも当然と言えよう。

40年代に入ると，本格的なマイカー時代を迎える。広域観光と過剰化する自家用車の対策が観光行政の重要課題として議論されるようになる。また一方的に開発を求めるのではなく，開発と保護が同時に取り上げられるようになる。それらの軌跡を県議会の発言から辿る。

昭和40(1965)年の議会では「戦後日本の産業が軍需産業から平和産業へと切り替えられまして自動車からオートバイなども一般大衆の手に格安で入るようになりましたので，今日では猫も杓子も自動車やオートバイを乗り回しています。

　　　(中略)

本県の自動車の登録数を見ますと，昭和30年には1万9,645台でありましたが，昨年は9万9,100台，約10倍近くになりました。また他県から入ってくる

自動車の数は観光ブームの波に乗りまして，われわれが見当つかないほど入ってきております」と，自動車の増加の状況を述べている。

　昭和41 (1966) 年には，「観光県栃木の未来像は広域観光にある。第二いろは坂，金精道路も開通した今，野岩線で福島と結び，さらに奥日光から裏日光，五十里から裏磐梯のスカイラインに繋がる縦断観光道路の整備を提案する」という発言がある。マイカー時代を目前にした高度経済成長期を象徴するような元気のよい質問と言えよう。県は，「最近におきまする観光は，いずれも広域観光，かようなことでお客さんがお出でになるのではないかと思います。行った道を，また同じ道を帰ってくるという観光は，これからだんだん少なくなってまいると思うのです。でありますから，県といたしましても，周遊道路を設けまして，広く県内を観光していただくように，そういうような道路その他の施設を十分整備いたしてまいらなければならんと思うのであります」と答えている。広域観光を重視し，そのために道路を整備したいと言っているのである。

　昭和43 (1968) 年にも，知事は，「（観光産業の振興については）本県の観光客は，年々増加の一途をたどっております。したがいまして，観光需要の増大に対処するため，自然景観の保護及び観光施設の拡充整備をはかり，あわせて観光開発をはかりたいと存じます。これがため，引き続き日塩道路，八方ヶ原道路などの施設整備をはかり，新たに那須―甲子線，前日光高原線の建設を行うほか，駐車場及び戦場ヶ原の園地等を整備し，積極的に観光客の誘致を行いたいと存じます」と述べている。予算編成の考え方を述べたものだが，引き続き道路に重点を置いている。ただしここでは「自然景観の保護」にも言及している。しかし，脈絡がはっきりしない。開発だけでなく，保護にも留意するというスタンスを示したものであろうが景観の保護であり自然保護という用語はまだ出ていない。

　昭和44 (1969) 年にも，「日光をはじめ，鬼怒川，川治，塩原，那須などを連鎖させて，雄大で変化に富む観光資源の活用を図りたいと存じます。このためには観光道路網の新設整備を重点に自然の保護と諸施設の整備を図ることが重要です」と答弁している。ここでも道路に主軸を置いている。「自然の保護」も

第1部　観光行政　77

取り上げているが，一般的な表現であり，具体的な考え方はわからない。

　昭和45(1970)年になると，課題を浮き彫りにした質問が出てくる。質問者は「119号（日光街道：宇都宮日光間は）秋のシーズンには，2万台の交通量があり，渋滞が著しい。今秋宇都宮日光間で6時間を要した日があった」と渋滞の状況を述べている。

　この質問に対する答弁ではないが，県は「（日光宇都宮バイパスは）日本道路公団施行による有料道路として昭和45年度より着工する事に決定した」[13]と渋滞の解決策を述べている。

　自家用車の普及に伴い，アクセスの手段も変わった。電車やバスといった公共交通機関からマイカーに移行したのである。観光地では渋滞と駐車場不足が発生した。40年代の観光行政の課題は，アクセスや駐車場の確保など交通対策にあった，と言っても過言ではない。

　この質問にはこれからの観光行政の課題を示唆する内容が含まれている。「都市の過密化，公害の発生などの要因とともに，首都圏内に位置する本県への観光需要はさらに増加の一途をたどることは明白であります」[14]と指摘している。ここに言う観光需要は「自然とのふれあい」であろう。都市の過密化，公害など負の遺産から逃れるため人々は自然を求めた。自然とのふれあいを求めたのである。それがその後の観光行政の重要なテーマとなる。

　この時期の県の考え方を知るため，昭和45(1970)年3月にまとめられた「県勢発展長期計画」を見てみる。昭和37(1962)年の計画と同じ名称だが，サブタイトルは「均衡と調和の取れた秩序ある発展を目指して」であった。経済成長第一の計画とは一線を画していると見ることができる。そこでは「人間尊重を基本理念とした県民生活の優先を原則」にまとめられた，と述べている。高度経済成長の終焉を示唆するような表現と見ることができる。

　先の計画のテーマである「県民所得の向上」は達成されたと評価し，情報化社会，国際化，広域化，都市化による高密度社会が訪れるという予測のもとに，これまでにない大きな変化を予想してまとめたと述べている。では，そのような予測のもとでの観光の計画はどのようなものであったのだろうか。

そこでのテーマは,「魅力ある広域観光圏の形成」であった。まず所得水準の向上,余暇時間の増大,モータリゼーションの進展に伴い野外レクリエーションの飛躍的な増大を予測している。そのうえで「見る」から「する」にレジャー活動の内容が変化すると述べ,関東一円を一周する道路や国立公園・県立公園の整備,そして高原地区と那須地区に大規模なスキー場を計画している。3季型からオールシーズン型の観光地を目指しているのである。また渡良瀬遊水地のレクリエーション施設化も取り上げている。新たに水辺の魅力を加え,多様な興味対象を備えた観光地に仕上げようとしている。

　注目すべきは「自然の保護と調和」を観光開発の基本に置いていることである。経済成長に伴う自然破壊や公害など負の効果を認識したうえでの計画と言えよう。観光志向の変化を予測するなど,これまでにはなかった内容もある。ただし,前回同様に継続的な観光需要の増大を前提に考えていると見てよい。中禅寺湖畔1周のドライブコースを取り上げるなど野外レクリエーションの需要増大を前提としている。広域観光圏の形成には道路は欠かせない。日光では昭和47(1972)年に中禅寺湖有料道路と霧降高原有料道路,そして48(1973)年には日光宇都宮道路が整備された。日光以外の地域では昭和43(1968)年から46(1971)年にかけて,八方ヶ原を経由して矢板と塩原を結ぶ八方ヶ原道路,那須と福島を結ぶ那須甲子道路が観光行政で整備された。

　一方,公害や自然破壊など社会環境の悪化に伴い,人々は環境の保全に危機感を感じ始めた。このような危機感が,昭和46年の環境省の設置を促した。時を同じくして,県では「栃木県自然保護条例」が公布された。翌47年には,林務部が改組され林務観光部となり,観光課は環境観光課と名称を変えて商工労働部から林務観光部に移行する。その際,自然保護係が新設された。新たに「自然保護条例の施行に関すること」が所掌事務に加えられた。自然保護時代の幕開けと言ってよい。観光と自然保護を同時に取り上げた組織を,二律背反と見るか調和と見るかは,意見の分かれるところであろうが,実態は,制度の異なる業務が一つの課に同居したということである。しかしながら,自然保護と観光が同じ組織内にあるということは,保護に配慮した開発を行っているという

印象を与える効果はあったのかもしれない。いずれにしても部の名称に「観光」が付いた。画期的と言ってよい。

とはいうものの新たな組織で，未経験の仕事をこなさなければならない。戸惑いはあったのかもしれないが林務観光部は意欲的であった。発足と同時に観光の実態調査を実施した（図1-6-1）。

ここでは，「内外経済情勢および国民生活の態様など観光をめぐる環境は著しい変化を遂げる」との予測のうえで，「誘客，拠点や施設の計画など観光行政全般にわたる長期展望を行い」，もって「今後の観光行政の指針策定に資する」と調査の目的を述べている。具体的には観光客数，交通機関の利用予測，モータリゼーションの影響，宿泊客数，消費金額などの予測を経て観光開発のあり方を論ずるものであった。

「内外経済情勢の変化」という予測は当たった。調査がまとまった半年後の昭

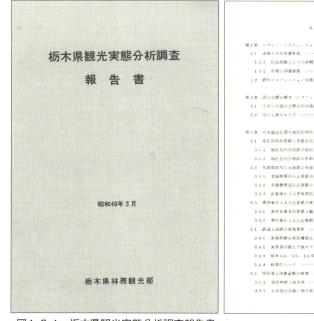

図1-6-1　栃木県観光実態分析調査報告書

和48年10月第4次中東戦争が勃発した。石油価格が高騰し生産量が減少した。総需要が抑制された。消費は低下し，経済成長は終焉を迎えた。オイルショックである。

　部の名称に観光の名を戴いた。意欲を掻き立てられた。将来の予測を行い，観光開発を進めようとした。しかしその成果を挙げることはなかった。どの分野もそうであろうが，特に観光は景気や経済など社会の状況の影響が直接的である。時が悪かった。

第2節　本章のまとめ

　経済成長期，特に昭和40年代の観光行政の基軸は道路に置かれていた。当時観光行政の現場を担当した筆者も山岳観光道路の開設が主要な業務であった。

　道路はアクセスの利便だけでなく広域観光の点からも注目された。当然広域観光は，移動に重点が置かれる。それゆえドライブ旅行で終わる嫌いもある。「風景に浸る」ことなく「新しい風景」へ，「移ろう風景」から「切り取った風景」へ，つまりは「滞留」から「移動」へ，「観る」から「見る」へと観光者を誘導する。「次の風景」を求めるあまり，「今の風景」を楽しむ余裕を失ってしまう。車という利便で，「経験域」は広がる。結果「経験深度」を浅くすると言ってもよい。「表層」のみで満足しがちになる。確かに広域観光道路によって「経験」は増えた。ただし「感動」は豊かになったとは言い難いのではないだろうか。

第7章　安定成長期以降（昭和48年～）

　先にも触れたが昭和48（1973）年，石油危機に襲われた。経済は低迷し，経済成長は終焉を迎える。当然ながら，観光も低迷化は免れなかった。加えて時代の潮流は自然保護である。観光が自然保護の陰に隠れるという印象は拭いきれない。そのような危惧を排除するためにも，県は53（1978）年に林務観光部の出先機関の名称を林業事務所から林務観光事務所に改め所内に観光課を設置した。観光に対する積極的な姿勢を示したのである。当時の県の施策を見てみる。

第1節　誘客宣伝

　組織の充実を図っただけでなく，積極的な誘客活動を展開した。昭和53（1978）年には「やすらぎの栃木路」をキャッチフレーズに，全国的にキャンペーンを実施した。昭和55（1986）年には「栃の葉国体」が控えていたので，宣伝活動に一層の力が注がれた。

　しかしながら，観光の低迷は続き，日光国立公園の観光客数は，昭和48（1973）年の1,810万人をピークに，昭和56（1980）年には1,460万人まで落ち込んだ。そのような状況を打破すべく県はさらに誘客に力を入れる。59（1984）年に「とちぎ博」，60（1985）年に「科学万博つくば」の開催が決まっていて，それらイベントをチャンスと捉えた県は昭和58（1983）年から3年計画で「やすらぎの栃木路特別キャンペーンパートⅡ」を展開した。

第2節　渋滞対策

　観光客を増やそうとする一方，現地では過剰利用の対策に苦慮していた。全

体として低迷化はしているもののピーク時には渋滞と駐車場不足の状況であった。昭和45(1970)年の県議会の質問にあるように、日光街道の渋滞は訪問意欲に影響するほどひどかった。そのため、バイパスとして日光宇都宮道路が取り上げられたのである。この道路で日光までのアクセスは改善される。しかしその先が問題であった。昭和50(1975)年の県議会では、「日光宇都宮道路開通後は、自然保護のため奥日光以奥の地域へはマイカーの乗り入れを禁止してはどうか」という質問がある。日光宇都宮道路の開通とともに交通問題がこれまで以上に大きく浮かび上がった。

交通は、警察行政と道路行政の分野であろう。しかしながら、観光サイドにとっても看過できない問題であった。そのような状況にあるなか、昭和51(1976)年に「栃木県新長期総合計画」が策定された。今後10年間の施策をまとめたものである。ここでは、観光の分野でも交通対策を取り上げている。日光宇都宮道路の開通で増加が予測される自動車の対策として三つの施策を取り上げた。

一つは交通情報の提供、二つは駐車場の増設、三つが総合ビジターセンターである。ただしこの総合計画は基本構想のレベルであり、具体的な計画内容は記載されていない。その後の施策を見ると観光の視点での交通情報提供は完成されていない。駐車場は、中禅寺湖湖畔などにいくつかの整備が進むが問題を解決するには至らなかった。注目すべきは、総合ビジターセンターの計画である。ビジターセンターはこれまでもあった。起端は昭和39年に開所した湯元ビジターセンターである。734㎡の建物で環境省直轄のレクチャールーム、県の施設である休憩所、食堂、売店、郵便局など多様な内容の施設であった。当然ながら、湯元を訪れる観光客へのサービスが中心である。

対して、総合ビジターセンターは、交通管制機能を期待されていた。総合計画を見ると「総合ビジターセンターの検討」という項目で下記の記載がある。

「日光国立公園来訪者が、自然や文化財をより科学的に理解し、さらに興味深く利用することができるよう、公園全般にわたる情報、知識等を提供するための施設設置を検討する。特に、施設の設置については交通管制機能を併せ持つよう検討を進める」

国立公園を楽しむための情報提供がビジターセンターの役割であろう。情報は自然の解説や利用方法に中心が置かれる。しかしながら，日光では，交通管制機能も期待されたのである。苦肉の策と言えよう。観光に頼る地元の生業や居住者の生活という現実を考えると，交通管制，つまりは交通制限の影響は深刻であろう。渋滞発生は流動的である。季節，曜日，時間，天気などさまざまな要因が影響する。渋滞の事前予防システムの構築は複雑な作業となろう。このようにさまざまな課題を持つ交通管制機能が具体的な調査もなしに，「検討」という表現ではあるものの施策に取り上げられたのである。それほどまでに日光の渋滞は深刻な問題であった。

　一方，昭和50年代中期になると，経済社会が大きな変換点を迎える。そこには40年代のような経済成長は望めないという現実と，「もの」から「こころ」を大切にしたいという意識の高まりが背景にあった。そのような変化を受けて総合計画の半ばではあるものの，昭和55（1980）年に新たに「栃木県新長期総合計画」がまとめられた。そこでのビジターセンターに関する記載は，「公園全般にわたる情報・知識等を提供し，併せて交通対策にも寄与するための施設としてビジターセンターの設置を推進する」であった。先の計画では「交通管制機能を併せ持つよう検討を進める」であったが，ここでは「交通対策に寄与する施設として設置を推進する」である。交通に関してはトーンダウンしている。観光行政の限界を示す表現と言ってよい。

　交通手段の変化，つまり公共交通から自家用車への転換は日光駅から神橋までの門前町の衰退を招いただけでなかった。渋滞と駐車場不足の現状は，日光への訪問意欲にも影響するほど深刻であった。土木や警察だけでなく，観光行政にもその解決のための努力が求められた。そこで取り上げられたのが「交通対策に寄与する施設」としての総合ビジターセンターであった。しかしながら，この時点でも，その具体的な内容は定まっていない。

　具体的内容は決まってはいないが，事務レベルでの検討はあった。日光宇都宮道路の延長である日光バイパスが，奥日光へ続く国道120号に接続する細尾の大谷川沿いに6.2haの県有地がある。いろは坂の入り口に位置する。その土

地を利用してパークアンドライドシステムの可能性の議論があった。当然専門家の意見を求めることになる。昭和55（1980）年と56年の2年間にわたり調査が行われた。その内容を見てみる。

昭和55年の調査は，奥日光へのアプローチである国道120号は，利用最盛期には混雑・渋滞が著しい，という状況を踏まえて，
　①総合ビジターセンターはどのような施設にすべきか
　②どこに設置すべきか
を調査するものであった。基礎調査と位置づけられるものである。そこでは，
　①各地区（湯元，三本松，光徳，中宮祠など）にその地区を詳細に解説するビジターセンターを設置する
　②総合ビジターセンターは，公園全体の情報提供など中枢的機能を持つものが望ましく，中宮祠が，その効果を発揮する場所である
と結論づけている。また，もしビジターセンターに渋滞対策機能を課すならば，渋滞の中心は馬返以奥であるという現実と，大面積の駐車場が設置可能な用地のある細尾が候補地であると述べている。

しかしながら，ビジターセンターの基本的機能である案内解説施設という観点からは，細尾での成立はあり得ないと附言している。つまりは，総合ビジターセンターは二律背反の課題を背負った計画であると暗に言っているのである。

昭和56（1981）年の調査は，より具体的である。目的は「観光ハイシーズンにおける，交通対策と国立公園の適正な利用を図るため，細尾の県有地を利用し，ビジターセンターを含む観光施設を設けた場合，交通対策上どのような効果があるのか，またその施設の種類・規模はどの程度のものとなるのか」であった。昭和55（1980）年同様（財）国立公園協会に委託され，八十島義之助を委員長[1]に調査委員会が設置された。[2]

報告書（図1-7-1）では，まず日光市街，清滝・細尾，いろは坂，中宮祠の交通問題の現状を明らかにし，ついでその原因を分析して交通問題緩和の方策を提言している。

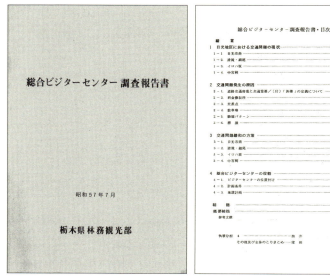

図1-7-1 総合ビジターセンター調査報告書

そこでは,

①公共交通機関およびいろは坂の現状が変わらないとすれば,増大しつつある自動車交通による渋滞発生は,ハイシーズンには避けがたい

②この意味で細尾地区に設けることは,通常の道路計画の範囲外にある過剰交通量を一時的に貯留させる機能が発揮できるとすれば,効果は期待される

③しかし,そこでは,情報提供システムや交通サービスの提供が必要であると述べ,細尾で自家用車からバスに,そして中宮祠でバスから自転車へ乗り換えるといったパークアンドライドアンドサイクルなどいくつかの斬新な提言も盛り込まれている。

しかしながら,大規模土木工事を伴い,またその効果も不確かであるため,実施段階までは進まなかった。計画は進まなかったが,この調査で中宮祠の交通問題が明らかにされた。報告書では下記のように述べている。

「第一いろは坂下りの渋滞と駐車場の出入りのための域内交通が同一車線上に

あり，また点滅信号のため判断不良な車輛による進行妨害も多く，動線分離のための措置が必要である。さらに，湖畔駐車場の私益利用目的の誘導行為や，歩道が狭い区間での歩行者による影響も大きい。日光国立公園の適正利用上からは，動線整理と自転車やバス等へのモード転換を図り，ゆとりのある場所として総合的に環境デザインを考え直すべき地区である」

　湖畔再整備の提言である。困難な事業ではあるが効果が期待されることは間違いない。これまでも観光行政の関係者は湖畔の現状を是認はしていなかった。今ここで改めて指摘された湖畔の課題は，関係者共通の認識として再確認された。再整備に対する意識の萌芽と言ってよい。この昭和56（1981）年の調査は，平成元年から平成12（2000）年までの12年間にわたって湖畔の整理・整備を行った国際観光地「日光」活性化事業の布石と位置づけられるものである。

第3節　観光の基本方針

　オイルショックの影響は大きく，以降の観光は低迷を辿る。その実態を県議会の答弁から見てみる。昭和58（1983）年の議会で，林務観光部長は以下のような答弁を行っている。

　「日光国立公園への観光客入り込み数は，昭和30年代後半から急激に増加し，昭和48年には1,800万人に達しましたが，オイルショック後減少に転じ，昭和56年には1,500万人を割るという事態になっており，経済不況の長期化に伴う観光産業への影響が大きいとはいえ，まことに残念なことと認識しております。新長期総合計画では，昭和60年の目標を当初2,500万人と見込みましたが，昭和54年の中間見直しにおいて，1,700万人に変更いたしたところでございます」

　観光客数は，オイルショック以前の数値には回復しないと言っている。県はこのような状況から脱却するため，観光振興策の検討を始める。観光の計画は，昭和23（1948）年に策定された栃木県観光総合計画だけである。それ以降，道路や利用拠点など個別の計画はあるものの，全体的な観光の姿を具体的に示す計

画や方針はなかった。ただし経済成長後豊かさを増した国民生活の中で観光の志向や行動に変化が見えてきたことは行政も肌で感じていた。これまでの国立公園中心の考え方も修正する必要があるとも思っていた。

確かに日光国立公園に中心が置かれていた。しかし，他の地域もそれぞれに魅力がある。その魅力に着目してそれぞれに観光地づくりを目指すべきだと考えた。そのためには観光の実態，観光地に対する評価や期待そして志向などの確認が不可欠である。そこで昭和56(1981)年に観光客の意識調査が実施された。県独自の意識調査はこれまでない。振興策の根拠を求めたのである。根拠希薄を嫌った。自信を持って仕事をしたかったのであろう。

この意識調査は昭和56年度地域別観光基本方針策定利用者意識調査報告書(図1-7-2)という標題でまとめられた。

その内容を整理すると，
- 目的：「観光基本方針」策定の基礎となるデータ入手
- 対象：首都圏と栃木県の住民

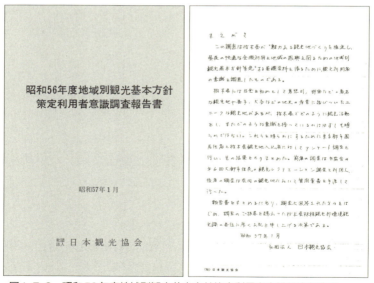

図1-7-2　昭和56年度地域別観光基本方針策定利用者意識調査報告書

ただし首都圏は東京，神奈川，千葉，埼玉に絞ってある
- 調査項目
  ①5年間の観光レクリエーションの実態
  ②栃木県に対する評価・意識そして志向
  ③夏，秋の観光利用の実態
  ④地域ごとの評価と期待
- 調査方法（アンケート）
  ①発地：東京在住18歳以上1,500人
  ②着地：県内主要地点32箇所の利用者5,000人

調査の結果を要約する。
- 来訪者の目的
  「自然風景地を見る」，「名所旧跡を訪ねる」が圧倒的に多く，ついで「ドライブ」，「温泉保養」となる
  なお日帰り客には「ゴルフ」，「スキー」を目的とする観光客も多い
- 訪問回数
  初回2〜3割，複数回7〜8割，4回以上3〜4割
  全体の5割以上が日光を訪れる
- 交通手段
  自家用車利用が6〜7割
- 今後の来訪希望（県全体）
  是非が3割，機会があれば6割

以上が意識調査の概要である。
これらを踏まえて「栃木県観光基本方針」（図1-7-3）が策定された。その内容を見てみる。
前書きに，
「ここ数年来，社会経済情勢や生活意識の変化に伴って，人々の観光活動の内容も大きく変化してきております。県では，こうした観光利用者の動向に応

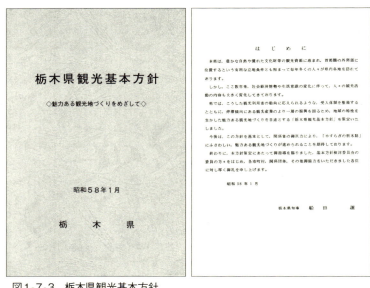

図1-7-3　栃木県観光基本方針

えられるような，受け入れ体制を整備するとともに，停滞傾向にある観光産業のより一層の振興を図るため，地域の特性を生かした魅力ある観光地づくりを目途とする『栃木県観光方針』を策定いたしました」
と書かれている。

ここでは，「観光活動の内容の変化に応える魅力ある観光地づくり」の指針であると言っている。では，「観光活動の内容の変化」とは何であろうか。

本文には「観光を取り巻く諸情勢」として以下の記載がある。

①高度経済成長によって，生活水準が向上し，物質的豊かさは増したが，48年のオイルショック以降安定成長期へ移行した。国民の生活も，量的拡大から生きがいや潤いといった質的充実へとその重点が移ってきた。

②週休2日制の普及などにより自由時間は増加した。そして労働時間の副次的な位置づけから，心の豊かさを求め，生きがいのための主体的な時間として認識されるようになった。

③余暇活動も，単なる気晴らしや休息から明確な目的を持った自然探勝，伝

統文化の探求,野外スポーツ活動といった主体的行動へ,また職場中心から小グループや家族との行動へと変化している。

以上の三つが「観光活動の内容の変化」である。

本文を見ると,最初に観光発展の基本方向を述べている。そこでは,資源の活用と創出,地場産業の活用,施設の整備,接遇サービスの向上,広域観光の振興,地域の景観保護,情報の収集の7項目を挙げている。ここで取り上げた七つの内容は昭和23(1948)年の栃木県観光総合計画を踏襲するものと見てよい。

方針の具体的内容は,県全域を那須,塩原・前高原,日光・鬼怒川,前日光,宇都宮,八溝,那珂川・益子,栃木・小山,両毛の九つの地域に区分し,それぞれ,

(1)現状と特性
(2)地域づくりの目標イメージ
(3)地域づくりのための対応

という三つの項目で整理している。

日光について見ると,(1)では,自然と人工の調和や利用の実態を述べ,(2)では「二社一寺,華厳滝,中禅寺湖等を有する本県の代表的な観光地としてのイメージを一層強めるとともに,二社一寺周辺の歴史探訪,奥日光を中心とした自然研究路等地域の豊かな資源を活用した特色ある活動のできる地域としての性格を併せ持つような,イメージづくりを行っていく」,そして(3)には,以下の九つが挙げられている。

①二社一寺,中宮祠等の代表的拠点の魅力ある街づくり
②奥日光の自然歩道の整備と湯元・光徳の拠点整備
③隠れた史跡を訪ねる史跡探勝コースの設定
④自然や歴史の探勝基地としてふさわしい宿泊施設の整備
⑤日光国立公園の総合的な拠点施設の整備
⑥杉並木観賞歩道の整備
⑦スキー場・スケート場・歩くスキーのコースの整備,冬季イベントの開催

⑧交通混雑の緩和対策の推進
⑨国際観光地としてふさわしい地域づくり
　以上が方針の内容である。
　方針であるがゆえに具体性が乏しい。場所や数値，目標年，手段，さらには財源などの実行の具体策が欠落している。基本的方向を示しただけである。観光振興のプログラムとは言えない。
　ではなぜ今観光基本方針なのであろうか。
　これまで林業行政一筋の林務部に観光が合体した。経験なくして業務を担当することになった。新たな組織に外部も注目していた。県の方針を市町村・関係者に示す必要もあった。8年経過した。改めて観光に対する共通認識の構築が必要と考えられた。観光課の業務は多種多様である。幅広くかつ専門的と言ってよい。エキスパートが必要であった。それゆえこれまで特定の経験豊かな職員が担当してきた。また出先機関もなかったので本庁直轄であった。新たな組織では出先の事務所が業務を行う。職員の観光に対する意識は新鮮で且つ意欲的ではあったが，経験不足は否定できない。意識調査から始まる「観光基本方針」の策定業務は職員の観光に対する理解を深める役割を果たしたことは間違いない。もちろん県の方針として市町村にも浸透した。要するに，この観光基本方針は県内部，また観光行政推進上，県と不可分の関係にある市町村との間で今後の観光の進め方に関する意識の統一を目的としたと見ることができる。
　今後進むべき方向の確認とその共有が最大の目的と見てよい。あるべき姿を抽象的に述べただけであり，基本的な考え方を示したにすぎない。ここからは昭和23（1948）年の栃木県観光総合計画に見る戦争で疲弊した経済社会を観光で復興させるという志・気概・情熱といった精神的な側面を見ることはできない。観光を介して地域の振興を図ろうという気迫も感じられない。あくまでも基本的考え方の域を出ない。安定成長期という満ち足りた時代を象徴する計画と言ってよいだろう。
　このように観光の諸相はその時々の社会の姿を反映する。敏感に反応すると

言ってよい。日光ではないが、土地利用の若干の変化が国立公園を変えた事例がある。この時期の国立公園行政の姿勢を垣間見ることができる事件なのでここで見てみる。第5章で述べたが昭和25(1950)年に日光国立公園が拡張され鬼怒川、塩原、那須が取り込まれた。新しい日光国立公園が誕生した。それは資源の分布状況から日光塩原と那須の二つの団地に分かれていた。その二つの団地を結ぶ16kmの道路沿線が特別地域に指定されていた。帯状の公園である。

　昭和60(1985)年この道路沿線の特別地域が国立公園区域から削除された。昭和54(1979)年に県が国へ要望したのである。理由は二つあった。一つは、特別地域ではあるものの市街化、分譲地化、畜産業の牧野造成などの開発で道路沿いの自然環境が著しく変わった。二つは東北自動車道など周辺の道路が整備され那須と塩原を結ぶ動線が変わった、であった。ここでは開発が進んで沿線の自然環境が変化した、また帯状の公園で結ばれていた二つの団地は新たに造られた東北道で結ばれると言っている。この二つの理由で公園としての要素が失われつつある、と断じている。確かに市街化、分譲地化、畜産業の牧野造成などで道路沿いの自然が変化した場所もある。ただし緑の残っている場所も多い。田園景観も楽しめる。遠望する風景も変わらない。今走っても楽しい道路である。沿線の風景も遠く眺める風景も楽しい道路であることは変わりない。自然の大風景地へ続く道路は沿線の工作物が若干増えようとその大風景が望見できれば国立公園と一体の地域と位置づけてもおかしくない。到達の利便性が高い道路が他にできたといえ、これまでの道路の価値が減じたわけではない。国立公園の二つの団地を結ぶ楽しい道路という位置づけは変わらない。昭和12(1937)年に定められた国立公園計画標準では「観光に供する道路は国立公園の道路」として取り上げると言っている。削除を要望する理由のまとめとして「国立公園としての要素が失われつつある」と述べているが、そうは思えない。確かに都市周辺の農村地帯を通る道路沿線の管理は難しい。開発申請者との煩雑なやりとりも多いだろう。その事実が削除へなんらかの影響を与えているとしたら消極的と言わざるを得ない。

　削除から4年後の平成2年、県は「とちぎふるさと景観条例」を制定した。条

例の目的は「本県の有する優れた自然景観を保全するうえで街道景観の形成が重要であることにかんがみ，街道景観の形成に関する基本的事項を定めるとともに，自然公園法その他の自然景観の保全を目的とする法令と相俟って，緑豊かなふるさとの景観を守り育て，もって県民にとって誇りと愛着を持てる県土の形成に資する」であった。優れた自然景観を守り，後世に伝えるため，それが最も失われやすい街道景観に着目したのである。

3本の路線が条例の適用を受けた。県道那須高原線（那須街道）13.1km，一般県道400号線（塩原街道）8.8km，そして県道矢板那須線（那須塩原横断道路）16.2kmである。県道矢板那須線（那須塩原横断道路）は，昭和60（1985）年に国立公園から削除された路線である。削除は県の要望であった。その県が同じ道路の景観を保護するため条例を制定したのである。

削除からは風景を守ろうという意志は感じられない。風景という視点ではなく自然環境に注目した判断であろう。この時期国立公園は風景よりも自然環境に偏っていた。それゆえに国立公園の本質の風景を見失っていたと言ってよい。条例に基づき策定された「街道景観形成に関する計画」では，この那須塩原横断道路沿線の土地利用の状況を調査している。牧草地を中心とする農用地24.2％，森林地帯46.5％，宅地・道路・その他が29.3％と現状をクールに分析し，「全体として，沿線の樹林と牧場が織りなす景観が美しい」と総括している。

風景地へのアクセスは重要である。そこでは風景地に近づくという実感が生まれ期待感が高まる。楽しいドライブのためにも風景地と一体感を感じるためにもアクセスの道路とその沿線の位置づけは重要となる。沿線の自然環境に変化があったからといってアクセスの道路としての価値が減じるわけではない。国立公園は，国が認めた日本を代表する風景ではある。しかしそれ以前から，地元が慣れ親しんだ日常の風景でもある。国の法律であろうが，県の条例であろうが結果としてその風景が守られ楽しいドライブが担保されればそれでよいのだろう。しかし道路沿線の特別地域を国立公園から削除するという判断からは，昭和25（1950）年の拡張時に見る観光の振興を図ろうとする意欲，また平成2（1990）年の条例に見る郷土の風景を誇り後世に伝えようという情熱を感じ取

ることはできない。

第4節　観光の新たな位置づけ

　観光基本方針が決定された翌年の昭和59（1984）年に，渡辺文雄知事が誕生した。栃木県は全国的に見て十分に認知されていないと考えた知事が，その改善に着手した。イメージアップが重要施策として取り上げられ，観光行政もその一環に組み込まれた。観光を介して栃木のアピールを図ろうとしたのである。「栃木の光」のプレゼンテーションといえよう。イメージアップを図る数々の戦略の中で観光が最も効果的であると考えられた。なかでも世界に誇る日光は，栃木の知名度向上に欠かせない格好の素材であった。以降の施策は栃木のイメージアップの路線上に位置するものが多い。

第5節　国際観光の新たな視点

　日本経済は，オリンピックや大阪万国博覧会を成功させるまでに発展を遂げた。その一方で経済成長が外国との関係に大きな影響を与えるようになる。経済摩擦である。特にアメリカの対日貿易が赤字に転落するとその傾向は顕著となり，貿易だけでなく市場そのものの閉鎖性などが指摘され経済の多くの分野で摩擦が生じるようになった。

　そのような状況の中にあっても，地方では国際交流が活発化の傾向にあった。また日本を訪れる外国人観光客は，昭和52（1977）年には100万人を超え，59（1984）年は200万人を突破した。数が増えただけでなく，興味を示す対象にも変化が見えるようになった。昭和57（1982）年の日本観光振興会の調査によると，日本で印象に残った上位1位，2位は「神社仏閣」や「自然」を凌いで「日本人とその生活」と「日本の近代性」であった。「日常的な日本」に対する興味が大きくなったと見てよい。国際観光を取り巻く状況が変化したのである。

　そのような背景のなか，昭和59年3月観光政策審議会で意見具申があった。

「国際観光モデル地区」制度である。運輸省が地区を指定し，外国人が不自由なく一人歩きできる環境を整備するものであった。日常の日本に触れる旅ができる地区であろう。そこでは相互理解，国際親善，国際感覚の涵養，地方振興が目的に謳われている。ただし相互理解に力点が置かれていると見てよい。我が国を取り巻く厳しい状況を考えた時，国民レベルで対日理解を深めることが重要であると判断された。そのためには国際観光が効果的な手段と考えられた。

　県はモデル地区の指定に積極的に取り組んだ。昭和62(1987)年，当時の市町村名で，日光市・宇都宮市・今市市・黒磯市・那須町・塩原町・益子町・栗山村の8市町村を含む地区(図1-7-4)が，日光宇都宮国際観光モデル地区に指定された。

　当然ながらその内容を整えなければならない。そのため昭和63年「日光・宇都宮国際観光モデル地区整備実施計画」(図1-7-5)を策定し，モデル地区の姿を

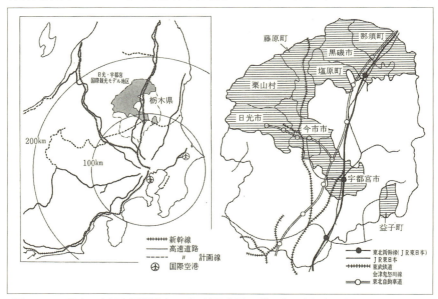

図1-7-4　日光・宇都宮国際観光モデル地区位置図(『日光・宇都宮国際観光モデル地区整備実施計画』より)

図1-7-5 日光・宇都宮国際観光モデル地区整備実施計画

明らかにした。

　国際観光の視点でまとめられた県の計画は昭和23（1948）年の「栃木県観光総合計画」以来である。40年近い時間の経過がある。計画は時代を反映する。二つの計画はともに時代の要求を踏まえた施策を取り上げている。それらを比較してみる。

　まず「栃木県観光総合計画」だが，そこでは

　「国際観光事業は国際親善乃至相互理解及外貨獲得という点において，国内観光に対して優位にあり，特に敗戦日本の現状よりするならば，国際親善と外貨獲得は，平和国家建設のためには極めて重要である」[(5)]

と国際観光の効果を述べている。なかでも国際親善と外貨獲得，要するに「外国人と親しみ仲良くすること」と「外からのお金を得て豊かになる」ことに重点を置いていると見てよい。戦争で生じた敵対の感情の払拭と外貨の獲得を国際観光の目的に置いている。続いて

「昭和11年には国際観光に適する何等十分なる施設を持っていなかったにも係わらず，（日本全体で）宣伝によって誘致し得た外客は42,568人に及び，その収入は1億768万8,000円にあがり，主要輸出品と比ぶれば，綿織物の4億8,300万円，生糸の3億9,200万円，人絹織物の1億4,900万に次いで第四位に位置し，機械類，絹織物を悠に凌ぎ，輸入超過額9,400万円を十分に補うことができたのである」

と述べ，国際観光の外貨獲得効果を具体的に説明している。

国際観光の計画は複数のテーマを持つ。計画ごとにテーマの濃淡が異なる。栃木県観光総合計画は戦後の復興の一翼を国際観光で担おうという思いで生まれた。それゆえ外貨獲得に力点が置かれている。一方，国際観光モデル地区は，日米経済摩擦の激化という時代の局面の打開を狙った計画ゆえ，相互理解に力点が置かれている。40年という時間経過の中で，それぞれにテーマが異なる。

「日光・宇都宮国際観光モデル地区整備計画」は，「栃木県観光総合計画」に比べ，より詳細に資源の分析が行われ，計画の内容も具体的である。それを見ていく。日光だけでなく八つの市町村を網羅した地区である。日光以外の記載もある。計画に対する理解を深めるためそれらにも触れる。

計画の流れを整理すると，まず外国人観光客の実態を把握するための調査を行い，そして日光の位置づけを明確にし，そのうえで観光資源を整理している。次にモデル地区整備の意義・理念・方針を述べ，最後に重点事業をまとめている。

(1) 観光客の実態

モデル地区の外国人観光客の実態を把握するため調査を行った（表1-7-1）。

その結果と既存データ（運輸省，JNTO，日光市の宿泊統計）から日光を訪れる外国人観光客の実態は以下に整理されている。

①秋（10月）がピークで，次いで夏，春に多い。冬は少ない

②アメリカ（実人員ベースで41％）からと台湾（同21％）をはじめとするアジア諸国からの観光客が多い。全国平均から見てアメリカ人の来訪率が高い

表1-7-1 外国人観光客実態調査（昭和62年～63年）

番号	調査目的	時期	調査対象	データ数
1	観光行動の実態・ニーズ把握	62年10月中旬～12月初旬	東武鉄道乗客・宿泊施設利用者・I案内所（日光市郷土センター利用者）	456
2	宿泊施設受入体制の実態	12月中旬～63年1月初旬	宿泊施設	158
3	国際観光への意見聴取	63年1月中旬	県内在住の研修生・留学生	15

③小グループの旅行が増えてはいるが，日本語の話せないフリーの一人旅は少ない。団体旅行は4割弱，家族同伴3割，友人同伴2割，一人旅1割で，個人旅行が過半を占める

④二社一寺，中禅寺湖が来訪の主目的である

⑤アクセスの手段は東武鉄道が多く，域内移動はバスが圧倒的である

⑥日帰り・一泊旅行が多い。東京を拠点とする回遊の中で日帰りおよび一泊する観光地としての性格が強い

ただし，アンケートによると日帰り客の大半は初めての来日であり，来県回数が多いほど多泊する傾向にある。日光は訪れるたびにゆっくり滞在したくなる魅力を有していることがわかる

⑦歴史的建造物，自然景観，伝統工芸に魅力を感じている

以上見るように訪問意欲を刺激する日光の魅力は自然風景と人文景観であった。これはチェンバレンの時代から変わらない。[6]

(2) 日光の位置づけ

以上の整理を踏まえて，

「日光は国際観光のストックが大きく，とりわけ東照宮など二社一寺や中禅寺湖畔は明治維新以来の近代化・欧米化の流れの中で，国づくりに関わった外国人をはじめ東京，横浜に来訪する外国人の観光・リゾートとして人気を集めた。今日では，国際都市東京から手軽に行けるわが国有数の国際観光地として世界的に知られている」

と述べ，世界に知られた観光地と位置づけている。

(3) 観光対象の資質
ここでは外国人観光客が「魅力を感じる観光対象の資質」を下記のように整理している。
　①歴史・文化のストック【伝統・文化のこころ】
　②自然と人間の織りなす景観の美【自然のこころ】
　③技の見せどころ【匠のこころ】
　④暮らしそのもの【日常の暮らし】
①には日光の自然に代表される山水と四季の魅力，②には二社一寺の建造物など日本を代表する歴史文化，そして国際交流の歴史を今に伝える国際的避暑地中禅寺の外国人別荘群の遺構，③には日光彫など伝統的な技，④には地域の日常生活，独特の祭りそして味覚が取り上げられている。

振り返って見ると，明治5(1872)年のアーネスト・サトウの日光旅行記以来継続的に発刊されているガイドブックでも①と②は取り上げられている。明治24(1891)年のチェンバレンの日本案内記でも「There is probably no other place in Japan which combines in so eminent a degree the beauties of art and the beauties of nature」[7]と評価されている。

これまでと違うところは，③と④である。日本人への理解を促すのが目的の計画ゆえ，これまでの風景や伝統文化だけではなく技術や日常の生活を取り上げている。

(4) モデル地区の意義
モデル地区の意義を以下の二つに整理している。
　①国際化時代に相応した地域づくりの契機となる
　②国際観光地づくりと国際性豊かな国内観光地づくりの契機となる
ここでは国際観光を地域づくりの手段と捉えている。国際観光地として整えることは，国内観光地としても整えられることになり，地域の魅力が増すこと

になろう。両者は独立個別的に存在するものではない。国際的にも国内的にも魅力的な地域づくりがモデル地区整備の意義と捉えている。

(5) 基本理念
「国際交流が日常化する中で外国人であることを特に意識しないホスピタリティーに裏打ちされた『ひとりひとりの旅』」を基本理念に置いている。
　観光の原点を「旅」そして「歩くこと」と捉えている。「歩くこと」は，風景が楽しめて，地域が理解でき，そしてその場にひたることができると意義づけている。短時間で目的地に立ち寄り，往々にして表層だけで満足する自動車による観光と一線を画している。

(6) 基本方針
以下の三つを基本的方向に置いている。
①拠点整備とネットワーク化
②心地良く親切な受け入れ態勢整備
③誘致宣伝

(7) 重点事業
　上記②と③はいずれもソフトの事業でモデル地区内各地共通の内容である。①の内容はそれぞれに異なる。
　日光で取り上げられた重点事業とその展開方向（表1-7-2）を見る。
　ここで国際観光の視点で取り上げた事業の展開方向が示された。ただし，国際観光モデル地区は事業実施のための補助の制度がない。つまりは，課題が明らかになり進むべき方向が検討されたにすぎない。
　県は独自に課題解決に取り組んだ。後に詳述するが平成元年から国際観光地「日光」活性化事業に着手した。その事業で表1-7-2の2にある中宮祠のウォーターフロントや街並みの整備が完了した。1については平成7(1995)年から緑のダイヤモンド計画により，奥日光の自然環境の保全，自然体験フィールド整

第1部　観光行政　　101

表1-7-2　重点事業の展開方向

番号	重　点　事　業	展　開　の　方　向
1	奥日光・レイクフロント景観整備事業	自然観光のシンボル拠点として，山野，湿原，レイクフロントの修景保全を図り，まるごと自然のミュージアムとして魅力アップを図る
2	日光・中宮祠街並み環境整備事業	日光の門前町および中宮祠のウォーターフロントや町並みを，そのストックの析出や景観修景によって魅力化し，歴史性豊かな日光地域としてのシンポジュウム拠点化を図る

備，利用拠点整備の事業を実施した。

　またここでは「東照宮建立から明治以降の近代化の流れに沿った日光の歴史，外国人来訪史，日本初の国際リゾートのルーツ性などを含む日光形成史を『日光学』と捉え，日光PRセンターとなる『日光学センター』を整備する」と提案されている。センターとなる建物の検討はされなかった。ただし中禅寺湖畔の旧イタリアと英国の大使館別荘の復元公開，また外国人個人別荘の遺構を園地として整備し公開するなど日本初の国際リゾートの具体的な姿を今に伝えている。ここでは国際的避暑地中禅寺の史実に触れることができる。それだけでなく別荘の中ではくつろぎや眺望など外国人避暑生活の一端を体験することができる。そこでは解説案内が行われ国際的観光地日光の歴史に触れることができる。実質的にはセンターとしての機能を果たしていると言えよう。

　ここで提案されている二つの重点事業は，新たに発掘された課題ではない。それは以前から認識されていた。ここではその解決のための方向性が示された。進むべき方向が明確になったと言ってよい。もちろん事業実施までには，合意形成や予算確保などさまざまな作業があろう。しかし，計画があれば課題解決に向けての共通認識の確立も可能であり，具体化に向けての検討もできる。そこに「計画」の意味がある。

第6節　料理の観光資源化

　前節で見た「モデル地区」はハード，ソフト両面の地域整備の計画であった。内容は多様である。一方，特定の対象を取り上げた観光の事業もあった。「栃木

の味づくり」である。県は昭和61 (1986) 年と62 (1987) 年2か年にわたり，栃木の味づくり運動を展開する。

食の魅力の創造である。県産品中心の料理で栃木のアピールを図ろうとする狙いがあった。当時の県議会の答弁では，
　①最近の観光客はグルメ志向が強い
　②土地独特の味覚による誘客宣伝の効果は大きい
　③本県には食材となる特産品が多い
　④しかし観光客のグルメ志向を満足させる料理は普及していない
と現状を分析し，そして「県といたしましては新たな観光資源の開発の一環といたしまして本県独自の味づくりを推進することとし，本年度から調理師などの専門家によります『とちぎ味づくり研究会』を発足させまして，全国に誇れる栃木の味の改良と開発を進めているところでございます」と述べている。

内陸の観光地の場合食材はおのずと限定され，料理が魅力に欠ける嫌いは否定できない。そのうえ，風景に頼りすぎて魅力作りの努力が十分ではなかったのかもしれない。そこで「グルメ志向を満足させる料理」が求められたのだろう。直接的な味作りは行政とは馴染みにくい。しかしここでは地場産の食材の料理を開発するため県が乗り出した。それは県のイメージアップが目的であった。専門家だけでなく高校生を含む一般人参加のコンクールが開催された（図1-7-6）。女子高校生から

図1-7-6　栃木の味づくり料理コンクール

多くの応募があった。地元産のリンゴで作られたゼリーの作品名は「A Boy meets A Girl」であった。少年が少女に出会った時のときめきと甘酸っぱさを地場産のリンゴで表現したかったのであろう。観光の仕事は楽しい。

　ここで開発された料理が，旅館などでどのように活用されたかは不明だが，啓発啓蒙の効果はあったと見てよい。栃木の味づくりは，林務観光行政が最後に放った観光のソフト施策であった。

第7節　国際観光地日光の復活

　平成元年に，林務観光部が林務部と名称を変え，環境観光課は自然環境課に改組された。観光の企画宣伝は，国立公園と分れ商工労働観光部に移行することになる。戦後平和日本と時を同じくして誕生した栃木県の観光行政では，宣伝と施設，要するに誘客と受け入れ施設は不即不離一体のものと認識されていた。ここで初めて分離して，その所属する部を違えたのである。組織上ではあるものの，国立公園が観光と離れて，自然環境行政の中に位置づけられた。

　ただし所属する部局はともかく，その実態を見ると国立公園は観光とは離れずにあくまでも一体であった。日光は明治の初期から外国人の来訪が多く，国際的な観光地として評価され続けてきた。それは風景に所以するものであった。風景あるがゆえの観光であった。要するに国立公園と観光を別個に考えることはできないのが実情であった。以降の日光の国立公園行政も「国際観光地日光」というテーマのもとでさまざまな施策を講ずることになる。なかでも中禅寺湖畔で集中的に展開された。

　湖畔は道路や施設の配置，および集落の発達の状況などによりそれぞれ特徴が異なる（図1-7-7）。

　湖水の北部に位置し東西に広がる湖岸には，二荒山神社中宮祠に至る参道沿いに発達した集落地がある。そこには江戸期から茶屋や男体山登拝者の宿泊施設があったという。参道とそれに続く道路は，戦場ヶ原・湯元を経由して群馬県沼田市に至る国道120号として整備されている。国道120号は，菖蒲ヶ浜ま

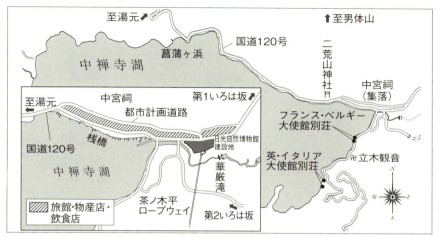

図1-7-7 中禅寺湖湖畔，日光自然博物館建設地

で湖畔に沿って走る。中宮祠の集落付近の湖畔にはボートや桟橋などの施設が集中的に配置されている。一方120号の男体山側一帯は旅館，物産店，飲食店などの建物が軒を並べる。それらの建物のさらに山側には120号のバイパスの機能を果たしている都市計画道路が走っている。つまり街区は2本の車道にはさまれている。

湖水の東に位置し南北方向へ延びる湖岸は中禅寺立木観音の門前町である。北部の湖岸に比べると桟橋などの工作物は少ない。湖畔から湖水越しに男体山の風景を楽しむことができる。今でもフランスとベルギーの大使館別荘があり避暑地の雰囲気漂う地区である。

立木観音から先の湖岸は桟橋などの工作物はほとんどなく，自然の雰囲気がよく保たれている。英国とイタリアの大使館別荘など数軒の別荘が湖畔に点在していた。

昭和9（1934）年に国立公園に指定されて，日光の名声はさらに高まった。しかしながら国立公園のあるべき姿を示す計画が明らかになるのは昭和24（1949）年になってからである。ただし，それは図面上に点と線で落とされたもので地区の詳細の姿を表すものではなかった。そのような状態で中禅寺湖湖畔では，

桟橋などの施設の集積が無統制に進んだ。その状況を今に伝える資料がある。昭和17（1942）年に雑誌『國立公園』に掲載された栃木県観光協会の投稿文がある。そこには

「中禅寺湖沿岸一帯を整備して，歩車道の区分を画然とし，植栽により園地と歩道を作り一帯を変化するの計画は，桟橋の統合と共に中宮祠における最も重要な仕事である」⁽¹²⁾

と記されている。湖畔の整理は戦前からの課題であった。ちなみに当時の観光協会は土木課内に置かれ，千家が担当者であった。この一文の筆者は千家と見て間違いないだろう。

戦後道路の整備が進み，⁽¹³⁾マイカーが普及する。自動車の増加で湖畔の混乱はさらに進んだ。昭和48年山側に都市計画道路が整備された。湖畔を通らずに奥日光へ誘導するためである。しかしながら依然として湖畔道路を通過する車輌が多かった。また，物産店や飲食店も店の前に駐車することを望んだ。加えてシーズンには駐車場が圧倒的に不足した。道路沿いの湖畔園地の一部が駐車スペースとして利用されるようになる。道路・物産店・飲食店・旅館などの施設群と湖畔との間に駐車帯が生まれ，湖と街が車で分断された。そのうえ駐車帯に出入りする車輌が道路上の車の走行を遮断し，しばしば交通渋滞の原因となった。

物産店の経営形態を見ると，多くは食事・土産・貸ボートの3点セットであった。湖岸線は雑然と置かれたボートと老朽化した桟橋が占拠し，眺望，休憩，散策などの湖畔を楽しむ空間がなかった。

そのような状況の中宮祠に日光自然博物館が竣工する。場所は中宮祠地区入り口部に位置する東武バスの中禅寺温泉駅前広場であった。中禅寺温泉駅は湯元方面と日光駅方面への発着所である。バスターミナルと言ってよい。湖と華厳の滝の中間地点に位置する。広場の面積は18,000㎡で，バスターミナルそして公共駐車場として使われていた。かつて中宮祠までのアクセスは現第一いろは坂だけであった。昭和40（1965）年に第二いろは坂が開通した。上り専用であった。第一いろは坂が下り専用となった。動線が変わったのである。加えて

バスターミナルは歩道に接していたので発着時には乗降客と歩道を往来する観光客で輻輳する状態が生じた。施設の配置が原因であった。雑踏と閉塞感があった。それだけでなく施設そのものが老朽化していた。またそのデザインも国立公園の主要地点にふさわしいものとは言えなかった。

第1項　日光自然博物館

　先にも触れたが県は総合ビジターセンターという名称で自然博物館の検討を重ねてきた。昭和61(1986)年には，これまでの検討を収斂する形で基本構想策定調査を実施する。
　「日光を訪れた人が楽しい時を過ごせるように観光レクリエーション資源や施設の周知徹底，観賞や利用の方法を示すなど利用の手助けをする施設」というコンセプトで基本構想を固める調査であった。調査の内容は，
　①場所の選定
　②敷地計画の基本的考え方と施設配置
　③利用予測と施設規模
　であった。
　設置場所は「(中宮祠の)東武バス温泉駅前広場」が最適地という結果であった。調査の結果を踏まえ県は建設場所を東武バス中宮祠温泉駅前広場(図1-7-7)に決定した。
　確かに日光全体を俯瞰して見るとビジターセンター機能を持つ自然博物館の設置場所は中宮祠であろう。バス発着場や公共駐車場などの施設が集積する場所である。ここで車から歩行へと行動形態が変わる。また中禅寺湖の風景が一望できる茶ノ木平へ向かうロープウェイ[14]の駅もある。車，人ともに輻輳の場所でもある。
　翌昭和62(1987)年には基本計画策定調査が実施された。自然博物館だけでなく東武バス温泉駅も取り込んだものであった。博物館単体ではなく地区の再整備である。施設の再配置が提案された。国道120号付帯の歩道に接続して広場があり，その広場の先に自然博物館が配置された。平成元(1989)年事業に着

手，3年に完成を見た。行き交う人々と建物の間に広場が設けられたのである。中宮祠に欠落していた集合離散の空間が誕生した。それだけでなく東武バスの駅舎もセットバックして建てられた。車道付帯の歩道も整備された（口絵　図1-7-8）。

　空間に開放感が生れ見通しも確保された。中禅寺湖から華厳滝まで快適な歩行空間が確保され，歩道上からは男体山や中禅寺湖および華厳滝方向への視認がより確かになった。興味対象間の移動の快適性が確保されたのである。その中間地点に自然博物館が誕生した。日光自然博物館の事業は，情報を提供し利用を促進するだけでなく空間の快適性も提供したのである。

第2項　国際観光地「日光」活性化事業

昭和63（1988）年の県議会で日光に関する質問があった。要点をまとめると，
①日光を訪れる外国人は多い
②資源は第一級だがその魅力を十分生かしてない
③さらにシーズンには渋滞や駐車場不足の状態になる
④また中宮祠や日光市街地街並みも整備されていない
⑤日光は国際的観光地と称されているが実態が伴ってない
⑥国際的観光地と呼ばれているがそれにふさわしい地域として整備し，本県のイメージアップのシンボルとすべきである

知事は，
①世界に通用する高いブランド性を生かして，本県のイメージアップに役立てていきたい
②中禅寺湖湖畔の活性化の核として日光自然博物館の建設を進めている
③バスの大型化等に対応して，第二いろは坂の明智白雲トンネルの整備にも着手した
④国際観光地としてグレードを高めるには，二社一寺の文化遺産と調和のとれた門前町の街並みづくり，奥日光の優れた自然を生かした中禅寺湖畔の景観づくり，ゆとりとうるおいのある湯元，中宮祠温泉街のリフレッシュ

が必要と考える
⑤幸い，日光自然博物館の整備を契機として，地区の若手経営者をはじめ，地元の活性化に取り組む熱意が醸成されつつある
⑦中宮祠活性化対策を推進するほか，国際観光地日光づくりに向けて努力を積み重ねたい(15)

と意欲的に答えている。

　知事は，県のイメージアップを図るには，「日光」に賑わいを取り戻すことが極めて重要であると考えていた。なかでも中禅寺湖畔には強い関心を持っていた。かつて賑わった国際的避暑地にふさわしい姿に整えたいと考えていた。

　答弁どおりに各種事業が実施されることになる。それまでの経緯を見ると，昭和63年中宮祠の若手住民を中心に，奥日光の抱える問題検討の勉強会が開催された。時を同じくして県と市は，日光全域の現況調査を実施し，問題点を明らかにした。それらを踏まえて，平成2(1990)年に，「国際観光地『日光』活

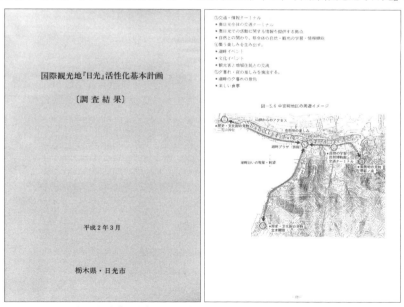

図1-7-9　国際観光地「日光」活性化基本計画

性化基本計画」(図1-7-9)をまとめた。

　もちろん国際観光地「日光」は，日光全域を意味する。当然基本計画では日光全域を取り上げている。ただし奥日光を喫緊の課題と位置づけ中宮祠と湯元を詳述している。その策定までの経緯を見てみたい。

　国際観光地「日光」活性化基本計画は，栃木県と日光市共同でまとめたものである。作業はとちぎ総合研究機構に委託された。作業を行う組織として機構内に「国際観光地日光活性化研究会」と「計画策定班」を設けた。前者は活性化を図るための課題の検討である。例えば「中禅寺湖の水質の保全」といった具体的な課題が議論された。後者は前者の検討を踏まえて計画を検討するものであった。前者の委員は学術経験者，関係官庁と事業者，および日光市と県で構成された。県の委員を見ると企画，観光，土木，教育委員会，警察そして活性化事業窓口の林務部の職員であった。責任ある立場の職員が委員に就任した。観光地は観光行政だけで成り立っているのではない。さまざまな行政の成果を踏まえて観光地は輝く。特に注目したいのは土木部の委員である。部を統括する立場の管理課，道路建設課，道路維持課，河川課，都市計画課，建築課，そして事業を実施する土木事務所から参加があった。

　計画策定班は土木部の各課と自然環境課が中心を占めた。平成2年「国際観光地『日光』活性化基本計画」がまとまった。検討会の座長そして策定班の班長を務めた宇都宮大学助教授永井護は報告書の最後に「活性化研究会を終えて」という一文を寄せている。観光地づくりにとって示唆に富む内容である。全文を載せる。

　「一年半あまりの今回の調査に参加させて頂き，日光は本当に恵まれた町だと思います。栃木県の人は，皆，"日光のためならば"という心を持ち合わせているように思われます。大変な責任のなかで生き生きと業務を進められている自然環境課の方々，それを受けて立つとちぎ総合研究機構のスタッフの方々，無理難題に温かい心で対応してくださる土木部をはじめとする関係部局の方々に，栃木県の街づくりの心を見たような気がします。

　日光は栃木県の財産であると共に，我が国を代表する観光地であります。地

元から一つ一つ問題を解決していく力を身につけていくことが，我が国の本当の力になります。

　日光は，国際化，国と地方行政，住民と行政，外資と地元資本の役割分担，さらに開発と保護といった多面的な問題を含んだ複雑な状況にあり，これらの問題を地域の心をよりどころに解決していかなければならないと考えております。その意味で，日光市の役割は，今後，ますます重要になると思います。

　地域の活性化は，個々の経営者の対応と共に，地区あるいはコミュニティ・レベルの主体と共同体に係っていると思われます。このチャンスをそのような機会と捉え，日光が21世紀の我々の生き方を示す，一つの道標となることを期待します」

　「国際観光地『日光』活性化基本計画」は日光の目標とすべき姿を明らかにした。その中から県は重点的に中宮祠を取り上げた。目標とする姿の実現を図ったのである。しかし基本計画があれば事業に着手できるわけではない。基本計画の具体化のためにはさまざまな作業が必要となる。調査・計画・設計が実施された（図1-7-10）。

　事業実施には，地元の理解が不可欠である。計画の具体的検討と地元調整を図るため自治会など地元を代表する組織で構成された委員会[16]が平成2（1990）年設立された。地元の声を吸い上げようとしたのである。しかしながら，地元中心の組織ゆえ，偏りが生ずる恐れは否定できない。そこで上部組織として協議会[17]を設けた。日光市長，学識経験者，地元銀行，県の行政実務者で構成された組織である。学術・行政・経済などの視点で検討を進めて計画の推進を図ろうとした。委員会には平成8（1996）年に湖畔整備と街並み整備の二つの小委員会が設けられ，そこでの議論の結果は，計画・設計に反映された。

　このような経緯を経て計画設計がまとめられた。そして図1-7-10の実施設計の欄に見るように多くの事業が実施された。事業全体の目的は「風景の回復」，そして計画のポリシーは「風景を楽しむ」，「歩いて楽しい」であった。具体的には湖畔の雰囲気を整え，親水性を高め，視点場を整備する事業が実施された。各事業を目的別に整理すると表1-7-3になる。

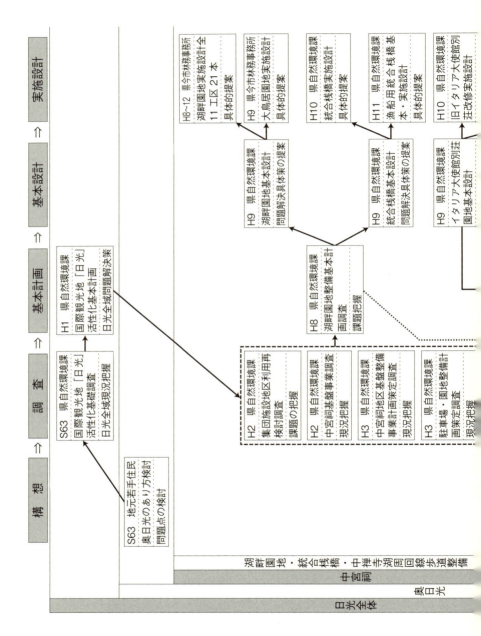

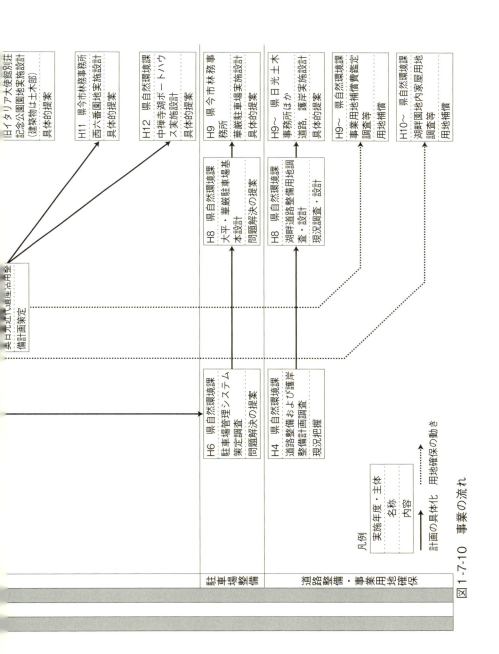

図1-7-10 事業の流れ

第1部 観光行政 113

表1-7-3 事業の目的と事業内容

目 的	内 容
湖畔の雰囲気	・湖畔仮駐車場，湖畔側建築物の移転 ・廃業したホテルの購入撤去ならびに跡地の園地化 ・車道の線形改良・拡幅，附帯歩道の整備，電線地中化
親水性	・桟橋の統合 ・親水護岸の整備
視点場	・湖畔園地および統合桟橋のテラス・デッキ・ベンチ ・西六番園地の四阿・ベンチ ・イタリア大使館別荘と周辺のテラス・ベンチ ・ボートハウスのテラス

註・湖畔仮駐車場は都市計画道路沿線に移転
　・西六番園地は旧トーマス・グラバーの別荘跡
　・イタリア大使館別荘は旧イタリア大使館を県が購入して園地化
　・ボートハウスはGHQの調達要求で建てられた湖岸のボートハウス

第3項　風景に刻まれた地域の記憶

　以上が活性化事業の全容である。そこには中禅寺湖ならではの事業がある。湖畔では明治期から外国人の避暑生活が営まれてきた。個人所有の別荘もあるが大使館の別荘もあった。それぞれベストポイントに位置する。アクセスが湖上のボートであったように大規模な道路の建設などはなかった。別荘建設は人為を抑えていた。それらは風景に溶け込み，かつ点景として自然の風景に緊張感を与えている。特に大使館別荘はそれぞれ個性的な建物で，その佇まいが湖畔の雰囲気を醸し出している。

　戦後多くの別荘がその用途を変えた。なかには廃屋となったものもある。いくつかが別荘として残った。ただし，明治から続くヨットレースや社交など華やかな避暑生活は戻らなかった。しかし，中禅寺の風景は今も変わらず，そこには西洋人の避暑生活が地域の記憶として風景に刻み込まれている。

　国際観光地「日光」活性化事業では，イタリア大使館別荘（口絵　図1-7-11～15）と西六番別荘跡を整備し，園地（口絵　図1-7-16）として一般に公開した。[18] 西六番の建物本体は残せなかったが，マントルピースや氷室跡など建物の一部が保存され，成功した実業家の避暑生活を今に伝えている。

　湖畔の別荘の全体の姿は分明にされていない。断片的な資料は残っている。

昭和11（1936）年の内務省の資料は日光の外交官別荘に触れている。昭和9（1934）年から11年にかけて12の国立公園が誕生した。内務省は昭和11年3月10日各県の担当者を集め「国立公園事務打合会」を開催した。そこでの説明の中に「国立公園区域内ニ於ケル外国政府又ハ使臣ノ所有又ハ占有スル土地ニ関スル件」があった。「外国政府およびその使臣が所有または占有する土地については（国立公園法を理解のうえ）好意的に対応してもらいたい，という申し入れをするよう外務省と取り決めをした」と述べ，そしてこの事案は日光にだけ適用するものであると結んでいる。当時全国の国立公園の中で外交官別荘があったのは日光だけであった。翌昭和12（1937）年日中戦争が勃発し，以降戦時色が強まる。5年後には太平洋戦争に突入するという状況から見ても，11年以降の大使館・外交官の別荘建設は現実的ではない。中禅寺湖畔が唯一大使館別荘の存在した地と見て間違いないだろう。

　冷涼の地中禅寺は避暑に適している。明治期から外国人が訪れた。外交官の別荘も多かった。明治期に英国公使の別荘，大正にはフランスとロシアの大使館別荘，昭和になるとイタリア，ベルギー，ドイツの大使館別荘が加わった。これら大使館別荘のある風景が中禅寺の特徴であった。

　湖畔の外国人別荘は多い時には借家を含めると30戸前後あったという。県は使用していない別荘と廃虚となった別荘の遺構を避暑生活を今に伝える「風景に刻まれた地域の記憶」と位置づけた。イタリア大使館別荘を購入し，建設当時の姿に復元し公開した。避暑生活を垣間見る場を提供したのである。ここでは時間を気にすることなく風景に浸りきる生活をイメージすることができる。湖に面した広縁のソファーに身を沈めると，風景に身を任せる時間を体感できる。時とともに変化する風景と一体になれると言ってよい。別荘を介して，風景の楽しみ方を提供したのである。また周辺を園地化し視点場を整えた。別荘と敷地という立ち入ることができなかった空間が開放された。体験できなかった風景が眼前に広がる。新たな風景の誕生と言ってよい。観光客にも好評のようである。感想を書き残す雑記帳に「事業の取り上げ方が上手だ」という意味の記載があるという。そこにはまた下記の感想が残されている。

　　　　命からがらの被災地より
　　　「日光を見るまで結構というな」
　　　　この言葉を素直に
　　　　　素晴らしい風景
　　　　日本はすごい
　　　　　　生きてゆきます

　日付は2011年4月29日，あの東日本大震災から1月半後である。極限を体験した被災地の方が日光の風景から生きる力をもらった，と言っている。
　振り返って昭和6（1931）年の国立公園法帝国議会上程を伝える雑誌『國立公園』を見る。そこでは「大自然の懐に抱かれ，心ゆくばかりその恵沢に浸りて心身の保健休養乃至霊感の享受に資する」と上程の理由を述べている。保健休養だけでなく大自然が与えてくれる霊感の享受がある。日光の風景がどれほどの霊感をどれほど多くの人に与えてきたかはわからない。がしかし，この一文は心にしみる。
　「日本はすごい」と書き残してくれた。国立公園の真価を伝える言葉であろう。日光の風景に対するオマージュと受け止めたい。

第8節　中禅寺湖周辺の事業

　前節では中禅寺湖畔を見てきた。ここでは華厳，小田代，湯元地域で実施された事業を見る。

第1項　華厳滝観瀑台崩落防止

　華厳滝は，日光を代表する観光資源の一つである。滝そのものは国立公園の特別保護地区，滝周辺の急崖地は特別地域に指定されている。華厳滝の位置する華厳渓谷は，男体山の火山活動の結果生まれた。溶岩層の板状，柱状節理が発達し，しかも風化が進んでいるため昭和10年代から数回にわたって崩落が発

生した。昭和61(1986)年にも崩落があり，当時の調査で，県営観瀑台直下のオーバーハング部で崩落発生の危険性があると判断され，防止の必要性が指摘された。観瀑台は年間150万人の利用がある。その保全の意義は大きい。

　砂防事業による具体的な崩壊防止策が検討され，ロックアンカー工法が採用された。平成2(1990)年から平成19(2007)年にかけて工事が実施された。観瀑台に隣接して内径3.8mの立坑を掘り，立坑内から急崖面に向かってPC鋼縒り線を挿入，先端を固定後緊張し，急崖の崩落を防ぐものである。急崖面に構造物の構築はない。特別地区の急崖の原状は保全されるのである。

　「華厳の滝崩落対策工事」は華厳の滝観瀑台と華厳の滝周辺急崖地の保全を図るものである。観光の観点からは，視点場と観賞対象資源の保全とまとめられる。国立公園の保護施設には砂防はある。しかし日光国立公園計画には華厳滝に砂防計画は落ちていない。砂防行政によって観光資源が守られたのである。

第2項　小田代原低公害バス運行

　戦場ヶ原に連なる小田代原と中禅寺湖に面する千手ヶ浜一帯は，日光国立公園の中でも特に優れた景観と貴重な動植物が生息している地域である。特別地域に指定されてはいるものの，自動車による環境問題が生じていた。

　大正2(1913)年に発刊された『A HANDBOOK FOR TRAVELLERS IN JAPAN』[20]には中宮祠の集落から千手ヶ浜までの距離が記載されている。湖畔の歩道の紹介である。外国人も国際的避暑地中禅寺の西端に位置する千手ヶ浜までの散策を好んだのだろう。湖越しに見晴らす風景はイタリア大使館別荘からのそれとは趣きが異なる。いずれも中禅寺湖を代表する風景である。

　千手ヶ浜には，夏季1日2便の中禅寺湖遊覧船の立ち寄りがある。歩道も整備されている。菖蒲ヶ浜を経由して中宮祠の市街地に連絡する。遊覧船と歩道以外の交通手段は，戦場ヶ原を縦断して走る国道120号から分岐する日光市道1002号線だけである(図1-7-17)。行き止まりの道路だが，小田代原・西ノ湖そして千手ヶ浜へ連絡する唯一の自動車道である。沿線のキャンプ場や保養施設の利用者，小田代原風景の撮影者，そして一般観光客などの自家用車が乗り入

図1-7-17　日光市道1002号線位置図

れている。確かな数字は不明だが，シーズン時には，1日700台を超えると推測された。これら自家用車は，歩行者の安全上も危険であり，また林地への進入による自然破壊と排気ガスの動植物へ与える影響も極めて大きいと考えられた。1002号線への車の乗り入れは利用者の安全確保と自然環境の保全にとって重大な問題であった。

　平成2(1990)年，知事から小田代原と千手ヶ浜を中心とする奥日光の利用のあり方について検討するよう指示があった。関係する各課で構成される「奥日光地域自動車利用適正化対策検討会」が設けられた。検討の結果，奥日光全域の共通の問題として，

　①交通混雑
　②路上駐車の増加
　③通過自動車による歩行者・自転車の危険
　④道路外への車の乗り入れによる植生の破壊

⑥ゴミの投げ捨てによる植生・動植物への悪影響

　⑦キャンプ場以外でのキャンプの増加による環境の悪化

　⑧冬季の凍結・積雪による交通事故

を挙げている。要するに自動車の増加により自然の破壊と快適利用阻害が発生しているのと述べているのである。特に問題が顕在化している日光市道1002号線の自家用車の乗り入れ規制が検討会の意見としてまとめられた。小田代原・千手ヶ浜一帯は，湖沼・湿原など多彩な景観とミズナラ・ブナ・ミヤコザサなど豊かな植生に覆われた奥日光でも特に重要な地域であると評価し，利用のあり方としては，歩いて自然に親しむことが望ましいと結論づけている。

　これを受けて，平成4(1992)年3月に国の機関，地元関係団体，県および日光市などで構成される「奥日光地域自動車利用適正化対策協議会」が組織された。協議を進める環境が整ったのである。協議の結果，一般車両を進入禁止し低公害バス導入が提案された。

　提案を受け平成5(1993)年には「奥日光地区の自然保護を目指すエコ・トランスポート導入調査」(図1-7-18)(以下「エコ・トランスポート導入調査」という)が実施された。

　低公害バス事業推進の考え方や具体的運行方法などを調査検討するものである。利用者数の推計，管理・運営システム，事業採算性，環境への影響まで盛り込んだもので，実質的には事業化の可能性調査であった。

　事業実現の可否を検討する調査ではあるものの，ここでは自然風景地の利用のあり方，つまりは公共サービスのあり方に対する考え方が述べられている。それを見てみたい。

　①国道120号沿線で駐車場が完備されている赤沼や菖蒲ヶ浜から小田代原までは，歩道が整備されている

　②千手ヶ浜へは中宮祠や菖蒲ヶ浜から船も利用できる

　以上から自動車以外の交通施設は整っていると評価し，そのうえで，豊かな自然環境を保全しつつ自然に親しむという観点からは，交通手段は「歩行」を基本にすべきであると結論づけている。

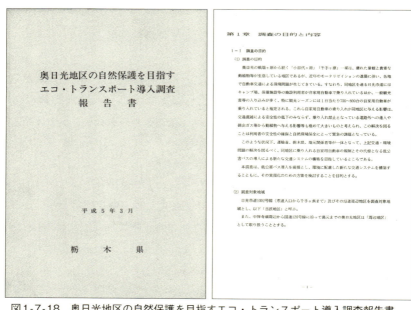

図1-7-18　奥日光地区の自然保護を目指すエコ・トランスポート導入調査報告書

次に，1002号線は，
①千手ヶ浜まで10km
②途中勾配のきつい区間が3km
③宿泊利用者は荷物が多い
④子供や高齢者そして身障者など利用者が多様

という現実を踏まえて，歩行を原則としたうえで低公害バス運行をシビルミニマムと位置づけている。そして低公害バスは自然を体験できる時間と空間を提供する自然共生型乗り物であると評価している。ここでは誰もが楽しめる自然体験のツールとして低公害バスのシステムを完備すべきだと提言しているのである。

　国立公園計画では，保護は地種区分だけ，利用は施設と場所の明示だけである。もちろん，車馬乗り入れなどの規制もある。ただし保護と利用を促進するための交通システムの計画は日光ではこれまでなかった。「エコ・トランスポー

ト導入調査」は、「歩行」に中心を置いた地域交通システムの計画と位置づけられる。

なお、「エコ・トランスポート導入調査」に先行し、県は、平成4(1992)年に「阿世潟・千手ヶ浜・菖蒲ヶ浜地区適正利用計画策定調査」（図1-7-19）を実施した。

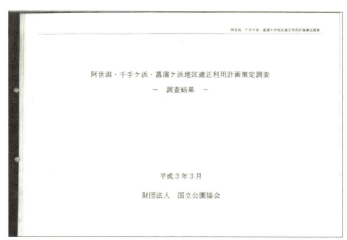

図1-7-19 阿世潟・千手ケ浜・菖蒲ケ浜地区適正利用計画策定調査

中禅寺湖畔に位置する三つの拠点の利用のあり方を探る調査である。ここでは、まずそれぞれの地区の特性を評価し、次に現状を分析し問題点を明らかにし、最後に、問題解決の方向を述べている。注目すべきは、市道1002号線にパークアンドライドシステムの採用が提案されていることである。自家用車進入による弊害を排除するため新しいシステムの提案である。「エコ・トランスポート導入調査」はここでの提案を具体化したものである。県は、エコ・トランスポート事業の実現に向けて着実に準備を進めたと言える。

このような慎重な準備段階を経て、平成5(1993)年3月には、低公害バス始発駅に隣接して駐車場が整備された。4月1日道路交通法による日光市道1002号線の交通規制が実施され、ハイブリッド車による低公害のバスの運行が開始された。日光で初めてのパークアンドライドシステムが完成したのである。

第3項　湯ノ湖浚渫

日光は山紫水明の地として知られている。田村剛は，著書『国立公園講話』[21][22]で以下のように述べている。

「日光には高原や湿原を除いては，何等日本一を称えうる風景要素はないといってもよいのであるが，その山岳，高原，湿原，渓谷，湖水，断崖，瀑布等あらゆる地形を集めて，その配置の妙をえている点では，断然，本邦に冠絶するものである。けれども日光をして真に美しいものとしているのは，単に地形地質のみではない。地上最上の装飾と謳われる植物景観にすぐれたものがあることを忘れてはならぬ」

田村は，日光の風景の特徴は地形と植生の豊かさにあると言っている。確かに，水面の豊かさは日光の風景の特徴であろう。日光山塊の主峰白根山に降る雨は，白根沢を経て湯の湖に注ぐ，湯滝を落下し湯川となって戦場ヶ原を縦断し，竜頭滝から中禅寺湖に流れ込む，華厳滝を落下し，大谷川となり神橋の橋脚を洗う。特別地域や特別保護地区を貫くこの水系は，水面特有の安らぎを与えながら，ある場所では風景の中心となり，またある場所では風景にアクセントを与えている。

特に標高1,500m近い湯元にある湯ノ湖は，下流の中禅寺湖とともに日光国立公園を代表する湖である。その静謐な佇まいと四季に織りなす風景は，奥日光のシンボルと呼ばれている。アーネスト・サトウも賛辞を惜しまなかった[23]。その風景が劣化したのである。水質の悪化が原因であった。湯ノ湖の風景の劣化は下流の中禅寺湖の風景だけでなく，国際的避暑地中禅寺の魅力の低下を意味する。

湯元は全国から観光客が訪れる日光有数の温泉観光地である。国立公園の集団施設地区に指定され，収容力1,750名で計画されている。透明さを誇った湯の湖も長年の生活排水の流入や湖底からの温泉水の湧出により徐々に汚濁が進行し，湖水の富栄養化現象をもたらした。

日光市では，下水終末処理施設の機能アップを図ったが，すでに湖底にヘド

ロが堆積していた。そこからの栄養塩などの溶出を削減することが湖水浄化の有効な方法であった。透明度の回復を図るため，県は河川事業を導入し，平成3(1991)年から平成8(1996)年にかけて181,000㎡におよぶ大規模な浚渫工事を実施した。

　観光の視点で，湯ノ湖浚渫事業を見ると，観光資源の原状回復である。下流の湯滝，湯川，竜頭滝，中禅寺湖，華厳滝，大谷川の水質の改善をもたらすものである。風景の利用を前提とした国立公園ゆえ，さまざまな人為が入り込む。それに伴い風景の劣化は起こり得よう。風景の管理が必要になる。当然ながら十分な調査と注意深さが必要ではあるが，劣化の回復には人為が欠かせない。大規模な土木工事は，風景管理上馴染まないとする考えもある。しかしながら，自然の回復力を支援する形での土木工事は，許容されるべきであろう。風景の保護には，土木技術が不可欠である。

　一方，国立公園の風景保護は，規制が中心である。現状保全が中心となる。保護の施設は砂防施設と植生復元施設だけで浚渫はない。河川行政によって観光資源の保全が図られたのである。

第9節　本章のまとめ

　昭和48(1973)年の石油危機に端を発する安定成長期の観光行政はいくつかの困難な課題に直面する。一つは交通渋滞緩和対策，一つは国民の生活意識の変化への対応，一つは新たな視点での国際観光地づくりである。

　交通渋滞は多くの要因が重なった時に発生する。解決の手法の確立は難しく，また他行政と深く関連し観光行政のみで成し遂げられるものではなかった。

　生活意識の変化に対する対応は，さらに難しい。国民の志向の変化に沿った観光地づくりだが，具体的プランまでは及ばず方針の策定に止まった。

　最後の国際観光地づくりは国の制度だが事業に対する補助はない。実行が担保されていなかった。このように昭和40年代以降の観光行政は実行性が極めて低かった。観光行政単独での限界を露わにした時期と言ってよい。

平成に入ると状況は一変する。観光資源の保全と利用という原点に立ち返った施策が実行された。「国際観光地『日光』活性化事業」である。日光自然博物館の建設を契機に中禅寺が大きく変わる。戦前からの課題であった桟橋の整理やマイカー時代の負の遺産である湖畔駐車場の排除そして親水空間の復元が施策として取り上げられ実行された。それだけでなく国際的避暑地の面影を今に伝えるかつての大使館別荘を整備し、風景に刻まれた地域の記録として公開した。ここでは風景と人間の関わり、風景地ならではの文化の形を伝えている。

　それだけでなく自然風景地の利用のあり方を示す事業も実施された。小田代原の低公害バスの運行である。環境保全と歩行の快適性が確保された。先に見た湖畔の駐車場の排除や低公害バスの運行は経済成長期に顕著に見られるようになった車社会の弊害の是正と言ってよい。

　このように観光資源の再整備が進むなか、観光地の整備のあり方を示唆している事業が実施された。他行政の成果が観光地の魅力保全に大きく貢献した。土木行政による湯ノ湖の水質浄化と華厳滝の視点場の保全である。ともに日光の重要な観光資源である。さまざまな要素からなる観光地は観光の行政だけではそのすべてをカバーはできない。他行政に頼らざるを得ない。「国際観光地『日光』活性化事業」も、直接的には公園行政担当の林務部の所管ではあるものの、基本計画の段階から土木行政とともに検討を進めた。道路と護岸は土木部が受け持ち、公園と並行してその事業を進めた。

　もちろん行政の成果は全体として評価される。しかし担当者は帰属する分野の行政目的の達成にこそ情熱が発揮できるのではないだろうか。個々の分野にはそれぞれの目的があり、そこに担当する人間の誇りもある。一方観光は分野横断的対応が求められる。全分野の集合と言ってよい。観光の計画は多方面にわたる行政を一つの目的のために集約したものとも言える。他分野の行政が観光のスキームの中で事業を実施するには、全分野が認める計画が必要となる。「国際観光地『日光』活性化事業」ではそれができた。計画は関係する分野の参加のもとで策定された。共同作業と言ってよい。ここでは掲げる旗の色が鮮明に示された。あとは個々の行政が努めるだけであった。

観光地は，すべての行政に支えられてこそ維持できる。特に地域地区の現状の改変は，観光行政だけでできるものではない。多くの分野の参画が求められる。そのためには，目標の明確化と，それを達成するための意思の統一と役割分担の明確化が必要となる。

　繰り返すが全分野が共通に掲げる「計画」が必要になる。それなくして進展はない。これまで見てきた「計画」はその「背景」に違いはあるが，すべて「意思の統一」を目指して策定されたと見て間違いない。このような視点で「国際観光地『日光』活性化事業」を見ると，観光栃木の方向性を示すとともにその基を築いた昭和23(1948)年から数年間にわたる行政と軌を一にする。いずれもトップリーダーの意思が明確であった。前者は「国際的避暑地中禅寺の復活」，後者は「観光による県経済の復興」である。目的は異なるがそれぞれ意志は固かった。目標像と手段が明確に示された。前者は「国際観光地『日光』活性化基本計画」，後者は「栃木県観光総合計画」においてである。もう一つの共通点は，関係部局の協働であろう。前者に見る道路や河川の事業，後者に見る道路の事業がそれである。観光行政は他行政と相俟ってこそその成果を高めるという事実をここでは伝えている。観光地は行政の成果が集合集積して花開く。

第8章　観光行政のまとめ

　観光の施策を見てきた。本章では，それらをまとめて栃木県の観光行政の流れとそこでの挑戦の歴史を整理する。

　古来日光は名勝の地である。日光詣など遊覧客も多かった。明治になると鉄道が整備された。観光地としての実態がより確かなものになる。しかしまだ体系的な観光行政と呼ばれるものはない。ただし，駕籠昇取締規則や広告物取締規則に見るように観光を念頭に置いたと思われる個別の施策はあった。いずれも対症療法的施策で体系的な観光行政の中に位置づけられたものではなかった。

　一方観光の実態を見ると，明治末の日本人宿泊者は15万人を超えていた。外国人も2万人近かった。また宿泊施設は数多く，もちろん物産店など観光関連業種も多かった。観光行政の必要性は内在していたと見てよい。

　大正期は，観光行政の黎明と模索の時であった。県の観光行政は大正2（1913）年の名勝地経営資金の創設に始まる。翌大正3（1914）年の「日光経営に関する意見　附塩原経営」に見るように行政側の観光に対する意識も高まった。しかしその具体策に迷った。県は大正11（1922）年に「観光客を誘致するための地域整備の在り方」を「名勝地経営委員会」に諮問する。意識は目覚めたが何をどうすればよいかがわからなかったのである。

　昭和戦前は，戦争に向かう時代である。ただし日光国立公園指定時はまだ戦時色はない。当時の観光行政を見ると観光協会の設立，独自の国立公園計画の検討，新規拠点計画の策定およびその用地取得，施設整備基金の創設，そしてスキー場・駐車場・歩道の整備に見るように極めて意欲的であった。戦争がなければこれらのすべてが完成していたであろう。

　戦後の観光行政は，敗戦から1年半も経たずしてそのスタートを切った。そこでは観光の進むべき方向が明らかにされた。昭和23（1948）年の「栃木県観光

総合計画」によってである。観光を介して戦後経済の復興を果たそうという県の強い思いが宿るものであった。観光の全分野を網羅し，その施策の具体像が示されている。県の計画として位置づけられた，すなわち実行の努力が担保された。ここで観光の方向が定められた。観光栃木の発展はここに胚胎していると見ることができる。

　経済成長期には道路が主要課題であった。増加する自家用車対策と見てよい。広域観光という言葉が随所で見られるようになる。拠点間や他県との連絡など移動に中心を置いた施策が実行された。

　昭和48（1973）年の石油危機に端を発する安定成長期の観光行政は困難な課題に直面する。一つは交通渋滞緩和対策，一つは国民の生活意識の変化への対応，一つは新たな視点での国際観光地づくりである。

　渋滞発生は流動的である。季節，曜日，時間，天気などさまざまな要因が影響する。事前予防システムの構築は困難と思われた。当然交通管制も必要になる。他の行政と深く関連する。観光行政単独の交通渋滞対策は断念された。

　生活意識の変化に対する対応は，国民の志向の変化に沿った観光地づくりである。その意識は，これまでとは大きく異なる。方針の策定のみで終わった。

　最後の国際観光地づくりは国の制度だが事業に対する補助はない。実行が担保されていなかった。このように昭和40年代以降の観光行政の実行性は極めて低かった。観光行政単独での限界を露わにした時期と言ってよい。

　平成に入ると状況は一変する。積極的な行政が展開される。「国際観光地『日光』活性化事業」によってである。日光自然博物館の建設に続いて戦前からの課題であった桟橋の整理やマイカー時代の負の遺産である湖畔駐車場の排除そして親水空間の復元が施策として取り上げられ実行された。また国際的避暑地の面影を残すかつての大使館別荘を整備し公開した。風景と人との関わり合いの姿を歴史のひとこまとして伝えている。風景地ならではの文化の姿を今に伝えているのである。

　それだけでなく自然風景地の利用のあり方を示す事業も実施された。乗用車を排除し低公害バスが運行された。小田代原の環境保全と歩行の快適性が確保

された。

　また観光地の整備のあり方を示唆するような事業が実施された。他行政の成果が観光地の魅力保全に大きく貢献した。土木行政による湯ノ湖の水質浄化と華厳滝の視点場の保全である。ともに日光の重要な観光資源である。さまざまな要素からなる観光地は観光の行政だけではそのすべてをカバーはできない。他行政に頼らざるを得ない。先に見た「国際観光地『日光』活性化事業」は，直接的には公園行政担当の林務部の所管ではあるものの，基本計画の段階から土木行政とともに検討を進めた。道路と護岸は土木部が受け持ち，公園と並行してその事業を進めた。このようにいわば観光行政をオール県庁で支えた。

　観光行政の歴史は以上のようにまとめられる。成果を挙げた行政を見るとそこにはトップリーダーの意志と担当者の熱意が見える。果敢な挑戦があった。観光行政の歴史は意志と熱意の歴史と言ってよい。

[補注，引用・参考文献]

第1部　観光行政

第1章　明治期
(1) 太政類典・第1篇・第62巻・地方・行政区一日光縣新置ノ旨ヲ各縣ニ令ス，真岡県伺
(2) 栃木県(昭和51年)：栃木県史　史料編・近現代一，17
　　明治8年の「栃木県治一覧表」には県庁の六つの課の名称と分掌事務が下記のように記されている
　　第1課：便務，戸籍，徴兵，記録，逓信，土木，地理
　　第2課：開産
　　第3課：改正，地券，地租，関税，収税
　　第4課：警察，囚獄，懲役
　　第5課：学事，医務
　　第6課：調査，費用，公債
(3) 前掲(2)，246-248
(4) 前掲(2)，104
(5) 手嶋潤一(平成18年)：日光の風景地計画とその変遷，随想舎，36-41
(6) 日光山神社仏閣保存ノ儀ニ付願，明治12(1879)年11月
(7) 嘉永2(1849)年塩谷郡矢板村(現矢板市)生，明治12(1879)年県議会議員，那須開墾社

創設に努力，明治21（1888）年2代目社長，日本鉄道株式会社，日光鉄道会社，下野新聞，矢板銀行の発起人兼設立委員
(8) 那須開墾社文書，那須塩原図書館蔵
(9) 明治16年1月15日の太政官布達第16号は，近代的な公園制度の出発点と言ってよい。内容は下記である。
「三大都市（東京，大阪，京都）をはじめとする人口の集まる地域の由緒ある景勝地，名所地または著名な人の旧跡等で，古来より人々の遊覧の場所で，かつ土地が国の所有または所管に属するものについては，永く国民が共に楽しむ公園とするため，府県にあっては適地を選び，図面などを添えて大蔵省に提出すべきこと」
(10) 弘化4（1847）年栃木県上都賀郡久野村（現粟野町）生，保晃会設立の中心人物の1人，明治13（1880）年保晃会副会長，明治12（1879）年～明治17（1884）年県議会議員，明治19（1886）～明治23（1890）年上都賀郡長
(11) 保晃会第3回大会日誌，(2)
(12) 保晃会第4回会同日誌，13-14
(13) 宇都宮から今市までの鉄道建設を計画した会社
　　前掲(5) 42
(14) 前掲(2)，110
(15) 前掲(2)，17
　　明治19年栃木県統計書には，下記の組織名と事務分掌が記載されている
　　第1部：議事，文書，農商，庶務
　　第2部：土木，兵事，学務，監獄，衛生，会計
　　収税部
　　警察本部
(16) 前掲(2)，17
　　明治24年栃木県統計書には，下記の組織名と事務分掌が記載されている
　　内務部第1課：庶務，記録掛
　　　　　第2課：農工商，土木，地理掛
　　　　　第3課：学務，衛生，兵事，戸籍掛
　　　　　第4課：調査，主計，決算掛
　　警察部
　　直税，関税，監獄の3署
(17) 明治26年度常置委員会成議録上巻，58
(18) 明治28年度通常県議会日誌，下，明治28（1895）年12月，260
(19) 栃木県令第71号　明治37年12月20日
(20) 前掲(5)，49
(21) 前掲(5)，54-61
(22) 明治大学教授吉田悦志氏は，論文「『風俗画報』を散策する」で「（風俗画報は）江戸・明

第1部　観光行政　　129

治の『風俗』諸相を実にさまざまな視座から，絵画，写真をふんだんに挿入し解説や記事を施したエンサイクロペディアである」と述べている
(23) 明治大正期の風俗雑誌，東洋堂発行，明治22 (1889) 年創刊，大正5 (1916) 年廃刊。各地に伝わる地方風俗の紹介，流行風俗の記録を編集方針とした
(24) 栃木県資料
　　大正元年永年保存地方門　統計　他官庁等より募集分

第2章　大正期

(1) 日光電気軌道株式会社が日光駅馬返間に敷設した電気軌道。大正2年に馬返まで開通した
(2) 民間ノ状況調，上都賀郡長吉屋雄一から栃木県知事岡田文治あての文書，大正2年2月4日
(3) 日光市 (昭和54年)：日光市史・下巻，526-528
(4) 栃木県議会史 (昭和62年)，第3巻，10
(5) 保晃会第4回会同日誌 (明治13 (1880) 年6月1日)，13
(6) 汽車小鉄道敷設議之伺，明治19 (1886) 年6月24日，栃木県令樺山資雄から内務大臣あての伺い
(7) 県制施行第10回明治39年度栃木県通常県会々議日誌，151-153
(8) 明治40 (1907) 年1月31日の日付の日光町長藤沼傳郎から栃木県知事中山己代蔵あての請願書
(9) 栃木県議会 (昭和62年)：栃木県議会史　第3巻，38
(10) 手嶋潤一 (平成18年)：日光の風景地計画とその変遷，随想舎，62-68
(11) 東京帝国大学教授林学博士，日比谷公園など全国の公園の計画を策定，国立公園調査会委員，国立公園委員会委員
(12) 前掲 (10)，69-87
(13) 東京大学教授理学博士，東大植物園長，「日光植物目録」(明治27 (1994) 年) の著者
(14) 前掲 (10)，88-94
(15) 林学博士本多静六，工学博士伊藤忠太，荻野仲三郎，戸川残花，農学博士原熙，法学博士井上友一郎が委員に委嘱された
(16) 栃木県 (昭和54年)：栃木県史　史料編近現代3，93-99
(17) 前掲 (10)，134
(18) 府県制施行第25回栃木県通常県会日誌 (大正10年)，570
(19) 前掲 (10)，134-135
(20) 府県制施行第23回大正8年栃木県通常県会決議録，338-339
(21) 府県制施行第22回栃木県臨時県会々議日誌 (大正10年)，14-15
(22) 府県制施行第24回大正9年栃木県通常県会々議日誌，668
(23) 府県制施行第26回大正11年栃木県通常県会々議日誌，640-641

第3章　昭和戦前

(1) 自然保護行政のあゆみ（昭和56年），環境庁自然保護局，46-50
(2) 昭和11（1936）年IOCは，昭和15（1940）年のオリンピックの開催地を東京に決定するが，それ以前の昭和10年頃から第5回冬季オリンピックの日光への誘致運動が開始された
(3) 手嶋潤一（平成4年）：日光国立公園―その成立に関する一考察―（一），國立公園，No.502/APR，7-8
(4) 手嶋潤一（平成18年）：日光の風景地計画とその変遷，随想舎，161-168
(5) 栃木県議会（昭和62年）：栃木県議会史　第3巻，10-11
　　県制施行第13回大正3年栃木県臨時県会会議日誌，197
(6) 府県制施行第37回昭和8年度栃木県通常県会決議録，207
(7) 手嶋潤一（平成4年）：日光国立公園―その成立に関する一考察―（3），國立公園，No.504/JUN，5-6
(8) 前掲（7），5-6
(9) 前掲（4），174-184
(10) 府県制施行第39回　昭和10年栃木県通常県会々議日誌，18
　　栃木県観光協会は日光国立公園指定と同年の昭和9年に設立され，事務局を商工課内に置いた。議事録の「幸い観光協会の設立を見ますので」は「設立を見た」の誤記と思われる
(11) 國立公園　昭和11年，第8巻第5号：地方ニュース，30
(12) 東京帝国大学林学科卒業，内務省嘱託，国立公園の制度，指定，計画業務を担当，国立公園の父と敬称される
(13) 造園家，大正15年東京帝国大学林学科卒，東京市公園課，昭和5～13年内務省衛生局・体力局，国立公園の調査を行う，昭和34年東京都南部公園事務所長
(14) 府県制施行第40回昭和11年度栃木県通常総会会議日誌，597
(15) 府県制施行第41回昭和12年度栃木県通常県会々議日誌，21
(16) 前掲（4），186
(17) 前掲（4），199
(18) 昭和6年東京帝国大学林学科卒業，同年内務省衛生局，
　　　昭和14年栃木県技師，昭和21～29年栃木県観光課長，厚生省国立公園部計画課長，国立公園協会理事長
(19) 前掲（4），185-203
(20) 前掲（4），186-189
(21) 造園家，大正6年千葉県立高等園芸学校卒業，翌7年宮内省匠寮匠生，昭和2年宮内省技手，この間宮中に6ホールのゴルフ場造成，昭和11年米国出張，17年宮内省技師同年退職，戦後はゴルフ場造営と田村剛，加藤誠平らと観光開発など調査計画業務に関わ

　　　　る
　(22) 昭和8年東京帝国大学林学科卒業，昭和9年内務省衛生局
　(23) 前掲(10)，336-337
　(24) 前掲(14)，758-759
　　　「冬季国際オリンピック競技大会開催に関する意見
　　　　冬季国際オリンピック競技大会の開催地は来年ワルシャワに於ける国際オリンピック
　　　委員会に於いて決定せらるへきも夏季国際オリンピック大会開催地に於て其決定権を有
　　　するは国際オリンピック憲章の定むる所なり依て第12回国際オリンピック大会開催地
　　　たる我か国に於て主唱せは同冬季大会を開催し得るは勿論なり此の機会に天下の景勝地
　　　にして帝都東京に近接し加之交通の最も至便なる我か日光に於て第5回冬季国際オリン
　　　ピック競技大会を開催し得は必すや各国民を満足せしむると共に我か県下の繁栄を招来
　　　するものと確信す
　　　右意見書提出候也
　　　昭和11年12月10日
　　　　　　　　　　　　　栃木県会議長　佐久間　渡
　　　栃木県知事　松村　光麿　殿　」
　(25) 加藤誠平(昭和11年)：冬の日光，國立公園，第8巻第2号，16-17

第4章　戦時中(昭和16〜20年)
　(1) 昭和16年3月公布，切符制度により主食・燃料などが割り当て制となった
　(2) 日光市(昭和54年)：日光市史，下巻，763-766
　(3) 手嶋潤一(平成18年)：日光の風景地計画とその変遷，随想舎，49
　(4) 前掲(3)，169-170
　(5) 日光の乗合自動車を経営していた日光自動車株式会社は昭和7年，軌道を経営していた
　　　日光軌道株式会社と合併。路線経営もそのまま引きつがれた。本資料は合併時の日光自
　　　動車株式会社の営業内容を示した文書にある
　(6) 石油代用燃料使用装置設置自動車の略語
　　　戦時中ガソリンの供給事情が悪化したのでガソリンの代わりに木炭をエネルギー源とし
　　　て走行した車。車載した木炭ガス発生装置で不完全燃焼により発生するガスを内燃機関
　　　の燃料として走った
　(7) 昭和18年8月12日勅令第667号
　　　金属類の回収を行う目的で制定された
　(8) 青少年の修養鍛錬の施設，そこでは海軍生活の体験が主題であった。海軍軍人が教官と
　　　して青少年を指導した

第5章　戦後復興期(昭和20〜29年)
　(1) 日光市(昭和54年)：日光市史，下巻：800

(2) 栃木県(昭和23年)：栃木県観光総合計画，3
(3) 当時配給米だけでは足りず生活が深刻化した。米を求めた大衆はデモを行い，デモ隊が皇居に入った
(4) 土木部設置に関する意見書

　　戦争は極端な破壊であり終戦後第一に着手すべきはこの破壊面の建設にあるのである。
　而して此の破壊面の再建，換言すれば国土の再建の良否，遅速が新生平和建設に影響するは論を待たざるところである。而も此の国土再建の重要部分を担当するは土木課と言うも過言ではない。然らば土木課の権能，運営の巧拙は直接国土再建延いては新生日本建設に利害を共にするものである。依而全国府県中の多くは既に土木課の強化拡充を企画し先般土木部の設置見たるもの9県に上り，関東地方に於ても群馬，茨城の2県が之を実施し，着々として復興再建に邁進しつつあるのである。然るに独り本県のみは依然として課制に止まることは洵に遺憾に堪えぬ所である。

　宜しく他2県に匹敵する本県にして而も此の国土再建の第一線に立ちて努力奮闘すべき重大責務を担う土木課の如き，其機構の強化を図り益々其運営の宜しきを得せしむることこそ刻下の急務なるを確信するものである。

　殊に一般土木事業の遂行に加えて進駐軍将兵用住宅及進駐軍直轄の慰安所施設等総て土木課の重大なる責任の下にあり，更に戦災復興都市計画の実施，観光事業の急速促進等従来其の所属に非ざる多岐多様の事業部門を加へて予算の膨大，事業の増加を来す時，課機構としては弱体なるを免れず延いては十分なる事業遂行を阻害する懼れなしとせず，依而此際課を排して部制となし茲に監理，河川，砂防，道路，都市計画，建築，観光等の諸課を設けて各々其所管事務に邁進せしめてこそ始めて此の難局に処し得るものと思料し敢て土木部を新設せられんことを要望する。

　右全会一致の決議を以て意見書を呈出する。
　　　　　　　　　昭和21年9月28日
　　　　　　　　　　　　栃木県会議長　大橋　英次
　　内務大臣　　大村　清一閣下
　　栃木県知事　小川　喜一閣下
(5) 日光には，田母沢御用邸，田母沢御用邸付属邸，山内御用邸の三つの御用邸があった
(6) 観光課は昭和22年に日光湯元に翌23年には菖蒲ケ浜，千手ケ浜，霧降の4箇所に県営のキャンプ場を開設し，これらの経営を観光協会に委託した
(7) 県は，貿易再開後増加が見込まれる外国人バイヤーを収容するため旧山内御用邸をホテルに改修した
(8) 日光国立公園の施設経営を目的とし昭和23年に創設された第三セクター。資本金1000万円のうち県が400万円出資した
(9) 第5部　風景地計画家の足跡　第3章　千家啓麿，414-415
(10) 奥日光の御料林の県への払い下げ運動，
　　日光地方国有林移管　国有水面等移譲意見書

昭和22年12月22日　昭和22年度県議会における県議会議長から農林大臣，大蔵大臣，
　　　経済安定本部総務長官あての意見書
(11) 手嶋潤一（平成18年）：日光の風景地計画とその変遷，随想舎，214-230
(12) 前掲(11)，300-325
(13) 西川孜朗（昭和50年）：資料・国土計画，大明堂，56
(14) 昭和23年度　栃木県議会会議日誌(1)，343
(15) 栃木県政史，栃木県，昭和31年3月，724
(16) 昭和22年度　栃木県議会会議日誌(2)，14
(17) 前掲(16)，117
(18) 県はパレスホテルの経営を観光協会に委託していた
(19) 昭和22年度　栃木県議会会議日誌(1)，85
(20) 前掲(14)，343
(21) 栃木県観光総合計画，125
(22) 下記の施設が接収を受けた
　　　①金谷ホテル　　　　　　　昭和20年10月
　　　②レークサイドホテル　　　昭和21年3月
　　　③日光観光ホテル　　　　　昭和21年5月
　　　④湯元スキーロッジ　　　　昭和20年
　　　⑤中禅寺湖のボート・ヨット　昭和20年
　　　⑥湯元山の家　　　　　　　日時不明
(23) 昭和30年第53回・第54回栃木県議会会議録，114
(24) 前掲(11)，353
(25) 昭和29年第45回栃木県議会会議録，296
(26) 昭和31年第58回栃木県議会会議録，291

第6章　経済成長期(昭和30～47年)

(1) 馬返や中宮祠を経由せず日光市街の荒沢から女峰山山腹を経て直接戦場ヶ原へ出る道路
(2) 昭和38年第99回栃木県議会会議録，126
(3) 昭和40年第105回栃木県議会会議録，107
(4) 昭和41年第109回栃木県議会会議録，159
(5) 前掲(4)，169
(6) 鬼怒川温泉と塩原温泉を結ぶ道路，県道19号藤原塩原線の一部
(7) 矢板から八方ヶ原を経由して塩原に至る道路，現主要地方道塩原・矢板線
(8) 栃木県那須湯本と福島県甲子温泉を結ぶ道路，現一般県道那須・甲子線
(9) 鹿沼市古峰ヶ原と日光市半月峠を結ぶ道路(計画のみ事業実施されず)
(10) 昭和43年第118回栃木県議会会議録，25

(11) 昭和44年第122回栃木県議会会議録, 30
(12) 昭和45年第129回栃木県議会会議録, 153
(13) 前掲(12), 162
(14) 前掲(12), 153
(15) 日光市の高原山を中心とする一帯, 現在は多くのスキー場がある

第7章 安定成長期以降(昭和48年〜)
(1) 東京大学工学部教授, 工学博士, 交通計画学
(2) 委員には鈴木忠義, 西片守, 宇野佐, 池ノ上容の4氏, ワーキングの専門委員は油井正昭(公園計画担当), 窪田陽一(交通計画担当)の両氏
(3) 国際的観光地日光のブランドイメージを高めるための再整備事業。奥日光を中心に事業が展開された。中禅寺湖の親水空間の復活のため桟橋の統廃合や湖畔園地や道路などのインフラ整備を中心とした事業。特徴的事業に戦前の外国人の別荘を再整備し一般開放した
(4) 昭和58年第185・186回　栃木県議会会議録, 313
(5) 栃木県(昭和23年)：栃木県観光総合計画, 73
(6) 明治27(1894)年発刊の「A HANDBOOK FOR TRAVELLERS IN JAPAN」で著者 Basil Hall Chamberlain は「Nikkō's is a double glory ― a glory of nature and a glory of art」(161ページ)と言っている
(7) BASIL HALL CHAMBERLAIN AND W. B. MASON (1891): A HANDBOOK FOR TRAVELLERS IN JAPAN Third Edition, JHON MURRAY, 152
(8) 前掲(3)
(9) 環境省の自然公園核心地域総合整備事業
自然の保全や復元の強化と, 自然との触れあい活動をより促進するため, 国立公園の核心地域において自然環境保全修復, 自然体験フィールド整備, 利用拠点整備, 利用誘導拠点整備を総合的に行う事業。日光では奥日光を対象に平成7年から13年まで事業実施
(10) 幕末から維新にかけて活躍したグラバー商会のトーマス・ブレイク・グラバーが中禅寺湖畔に建てた別荘, 後に鯛生金山等を経営する事業家ハンス・ハンターが所有した
(11) 昭和61年第199回栃木県議会会議録, 166
(12) 國立公園, 昭和17年9・10月号, 27
(13) 昭和29年いろは坂が改良舗装され2車線の有料道路として開通した
(14) 茶ノ木平ロープウェイは平成13年(2001)4月廃業となる
(15) 昭和63年第208回栃木県議会会議録, 225-226
(16) 自治体, 二荒山神社, 立木観音, 旅館協同組合など地元を代表する組織で構成される「奥日光活性化推進委員会」
(17) 国際観光地「日光」活性化推進協議会

(18)「東京アングリング・エンド・カンツリー倶楽部」を結成するなどの足跡を残した鉱山経営の実業家，ハンス・ハンターが湖畔に所有した別荘。地元では西六番と呼ばれている
(19) 國立公園，昭和11年8巻4号，14
(20) BASIL HALL CHAMBERLAIN AND W. B. MASON (1913): A HANDBOOK FOR TRAVELLERS IN JAPAN NINTH EDITION, JHON MURRAY, 205
(21) 東京大学卒，造園学者，内務省国立公園制度創設に尽力。その後も，国立公園行政で指導的役割を果たした。国立公園の父と呼ばれる
(22) 田村剛(昭和23年)：國立公園講話，明治書院，205
(23) アーネスト・サトウは　日記で湯ノ湖の「美しさ静けさ」を絶賛している
アーネスト・サトウ，庄田元男訳(平成4年)：日本旅行日記2，43

■ 第2部 ■

国際観光

資料を見る限り日光に初めて足跡を残した外国人は英国公使ハリー・パークスである。明治3（1870）年に日光を訪れた。中禅寺まで足を延ばしている。パークス夫人以下数人が同行の旅であった。その後日光を訪れる外国人は，数を増してゆく。ただし，その姿を今に伝える資料は少ない。人数，属性，国籍，活動内容も断片的に伝えられているだけである。

　第2部では，日光と外国人を見てゆく。4章構成である。第1章では避暑地中禅寺の幕開きの時，第2章では避暑地中禅寺が外国人に知られてゆく過程，そして第3章では明治から昭和戦前まで続いた国際的避暑地中禅寺の姿を探る。第4章では，戦中戦後とそれに続く昭和期の日光の国際観光の実態を追う。なお本書では，外貨獲得，相互理解，国際親善，文化交流に寄与するものであれば在日外国人の避暑や駐留軍兵士の休養活動も国際観光の一つの姿として捉える。

　中禅寺は明治4（1871）年に中宮祠と地名が変わるが，本書では，中禅寺湖と湖畔のエリアを西洋人が呼び慣れていた「中禅寺」と表記する。また，中禅寺と区別する意味で山内を中心とする市街地エリアを「日光市街」と表記する。

　多くの外国人と国が登場するが，国名は下記で表記する。

　英国，アメリカ，フランス，ドイツ，イタリア，オランダ，ベルギー，ロシア，プロシャ，スペイン，オーストリア・ハンガリー，カナダ，スウェーデン，デンマーク。

第1章　西洋人避暑地日光中禅寺の幕開き

第1節　本章の目的と研究の方法

(1) 本章の目的

　日光は，外国にも知られた風景地として発展してきた。明治の初期から外国人が訪れるようになる。明治中期には，中禅寺湖湖畔に西洋人の夏の別荘が点在するようになったと言われている。後に避暑に訪れた英国公使館付武官フランシス・ピゴットが「中禅寺ではほとんど1日として外交団の知己と会わずに過ごすことはなかった」と書き残している。避暑客には外交官も多かった。後年国際的避暑地と呼ばれるようになる。しかし何時の時から西洋人が避暑に訪れるようになったかは明らかにされていない。西洋人避暑地中禅寺の幕開きの時は分明されていないのである。

　本章では，明治3 (1870) 年から22 (1889) 年の間に日光を訪れた外国人を追い，そこから避暑地中禅寺の幕開きの時を探る。

(2) 研究の方法

　これまでに日光を訪れた西洋人の全体をまとめた資料はない。もちろん明治期だけのものもない。残されているのは部分的資料のみである。それらは，
　①太政類典および公文録にある御雇外国人の旅行許可申請および帰着報告
　②公文録にある外国人の内地旅行に関する外務省の報告
　③日光への電信設備設置に関する逓信大臣榎本武揚の稟議書と一連の書類
　④外務省記録
　⑤地元の新聞の記事
　⑥日光郵便局職員の報告書

である。いずれも部分的で全体像に迫るものではない。しかし，総合して見ると日光を訪れた西洋人の実相が見えてくる。これらの文書に登場する西洋人たちを追う。

まず外国人の旅行を取り巻く環境を見てみる。安政5（1858）年に始まる各国との修好通商条約では，公務と規定はしているが公使・総領事の日本国内の旅行を認めていた。それ以外の外国人は居留地に隣接する遊歩区域内の移動のみが許された。外交団は外国人の自由な旅行を求め外務省と交渉を行う。交渉が決着し，明治7（1874）年には外国人旅行免状の給付を受けると遊歩区域外へも旅行ができるようになる。これを外務省も外交団も内地旅行と呼んでいた。内地は日本国内を意味する。旅行ができるようになったのである。加えて明治18（1885）年には宇都宮まで鉄道が開通し日光は身近な地域になった。これら外国人の旅行に大きな影響を与えた旅行免状と鉄道開通を区切りと捉え，免状発給以前と以降そして鉄道開通以降の三つの時代に区分して日光を訪れた西洋人を整理する。

なお，多くの西洋人が登場するが，勤務先が明らかな御雇外国人は官位身分国籍を説明する補注は付記しない。

第2節　日光を訪れた西洋人

第1項　内地旅行免状発給以前

先にも述べたが外交官は旅行を認められていた[6]。明治3（1870）年のパークスの日光旅行も外交官の特権であった。一方外交官以外の外国人は旅行免状が交付されるようになるまでは遊歩区域を超える旅行はできなかった。ただし，旅行免状制度が発足する以前にも，外務省は通行免状を発給し旅行を認めていた[7]。その根拠になるものは外務省の内規「外国人内地旅行允準条例」であった。

自由な旅行を求める外交団と外務卿の交渉の経緯を見ると，明治7（1874）年8月14日の段階ではまだ決着していない[8]。ところが明治8（1875）年5月15日付の外務卿から各国公使への書簡には，「昨年以来病気養生，学術研究目的の内

地旅行で公使の保証のある申し立てには旅行免状を渡してきた」と書かれている。何時かはわからないが明治7年8月15日以降に交渉は決着した。ただしそれを示す文書は見当たらない。口頭での合意であったのかもしれない。ただちに新制度が実行されたのであろうがその日時はわからない。いずれにしても年の後半である。ここでは明治7年を外国人旅行免状制度以前として整理分析する。

(1) 明治4(1871)年に日光を訪れた西洋人

　明治6(1873)年11月8日の内地旅行に関する交渉の席上でドイツ公使は「是迄御雇外国人数十人既御許相成内地旅行致居候」[10]と発言している。これまで数十人の御雇外国人が許可を受け内地を旅行した，と言っているのである。それらを含めて外国人旅行免状発給以前に日光まで足を延ばした西洋人を見てみる。

　太政類典・公文録を見るかぎりでは，明治3(1870)年4月のパークス英国公使一行の旅行が西洋人の初めての日光訪問となる。この旅行に関する弾正台[11]から太政官への上申書[12]が残っている。そこには，①一行よりも多い人数の護衛が同行，②地元の丁重な接遇，など旅行の様子が書かれている。安全が危惧されるなかでの旅であったのだろう。出発前日に帰路を群馬から信州追分経由に変更している。「遊覧」だけでなく，未知なる土地の「情報収集」も目的であったと見てよい。たとえ他に目的があったとしても，このパークスの旅行が，日光を舞台に展開される国際観光の端緒となる事件と位置づけることができる。中禅寺まで足を延ばした。パークス公使が他の外国人に先駆けて中禅寺訪問の先鞭をつけたという事実は，後の英国外交官が中心的役割を担う避暑地中禅寺の形成を暗示しているようで興味深い。

　明治3年10月12日，東京在住外国人の遊歩区域が図面で示された。[13]行動可能な区域が明示されたのである。その2か月後の12月22日に大学南校から，[14]御雇教師の旅行に関する伺いが出る。[15]カデルから湯治のため熱海，ワグネルから日光，ビションとマイヨーから湯治のため熱海，バーリングとローハから日光へ旅行したいと申し出があった。「護衛を付けるつもりだが，何れも遊歩区域外

なので如何すべきか」という内容である。

　回答は、「熱海は認めるが日光は断れ」というものであった。その理由は明記されていない。道中が長ければそれだけトラブルは多くなると考えたのだろう。それだけでなく初代英国公使ラザフォード[16]や初代フランス公使ロッシュ[17]の湯治滞在などを通じて、熱海は西洋人に慣れていると見たのかもしれない。一方、奥地日光は違う。これまでにパークス一行以外の西洋人に接していない。不都合の起こることを懸念したのだろう。東京在住外国人の遊歩区域を示した太政官の布達[18]には「（地域の人は）外国人ノ情態ヲモ熟知セサルユエ不作法等ノ儀有之候テハ不相済儀」と地元の対応に懸念を示している。また、各国公使の旅行に際して地元の取るべき対応を示した明治3年の文書でも同様の危惧を述べている[19]。

　ところが、翌年になると国の対応は変わる。明治4（1871）年6月、大学南校から前年と同様の伺い[20]が出る。ウエルダル、メージョル、ローベルの3人が富士と日光、ハウス、サンダマン、ボーリング、クニッピングの4人が日光、カラウンインシールドが富士、ピションが熱海を希望していた。今回は「各県へその旨を連絡して欲しい」という大学からの依頼も含めて認められた。許可後メージョルとサンダマンが行き先を信州上田と富士に変更している[21]ので日光への旅行を許されたのは4人となる。この4人が実際に日光を訪れたことを示す証拠はない。ただし、旅行が実行されたのではないかと考えられる文書がある。同年7月7日付の宇都宮藩からの報告[22]には「6月25日に大学南校の御雇外国人が日光への途中宇都宮に立ち寄った。その際、城内見学の申し出があったので、差し支えのない場所を見せた」と書かれている。4人全員であったかどうかわからないが、途中宇都宮に立ち寄った御雇外国人がいた。彼らは日光まで足を延ばしたと見て間違いないだろう。ドイツ公使の言う数十人の御雇外国人の何名かはこの時日光を訪れた文部省雇いの西洋人と見てよいだろう。ただし、日光での行動の詳細は不明である。

　12月にもまた文部省からシェンクとクニッピングの日光旅行の伺い[23]が出されるが、「道筋の地方長官にはその旨文部省から連絡せよ」と付記して外務省は認

めている。クニッピングは夏に続いての冬の旅である。魅了するものがあったのだろう。

(2) 明治6(1873)年に日光を訪れた西洋人

　明治5(1872)年の資料は少ない。アーネスト・サトウの日光旅行を太政官正院に届けた外務省の文書[24]など外交官の旅行の記録は残っている。一方外交官以外の記録は太政類典と公文録[25]には見当たらない。

　明治6(1873)年の文書はある。それを見てみる。太政類典にリットル，レヒシェ，プラン，ウイーダン，ウイード，ウイタル妻ウヒートルそしてホルツの7人に日光を目的地に含む旅行を許可した，と記した7月24日付の文部省の文書が残っている[26]。また公文録には，正院の印刷局長から，ボイントンが中禅寺温泉(現湯元温泉)入浴のため8月1日に出発し15日に東京に戻ったという届けが残っている。明治3(1870)年のパークスの旅には湯元を訪れた痕跡はない。明治5年のサトウの旅でも訪れてない。湯元に足跡を残した最初の西洋人は，ボイントンと見てよいだろう。

　ボイントンに見るように文部省以外の省庁と府県でも，それぞれ独自に通行免状を発給していた。その免状で熱海の温泉入浴や日光などの景勝地に旅行ができた[27]。ただし，記録がほとんど残っていないのでその実態はわからない。

　以上見たように，外交官以外の外国人も旅行を認められていた。前にも触れたがその根拠は外務省の内規「外国人内地旅行允準条例」であった。いつから運用されたかはわからないが，明治7(1874)年5月31日付の外務卿から太政大臣への上申に「これまで外国人内地旅行允準条例に基づいて内地旅行を認めてきた」と説明されている[28]。明治7年の5月も含めそれ以前から運用されてきたことがわかる。

　明治6年4月10日の外務少輔上野景範名の文書[29]には「通行免状所有の外国人は差支えないが，通行免状不所持の外国人は説諭し開港場まで送り届けよ」とある。明治6年には通行免状が交付されていた。少しさかのぼるが同年2月，外務卿は各国公使への書簡の中で「領事裁判権を撤廃すれば，内地旅行を認める。

その際外務省から1人ごとに往復切手を渡す」と述べている。内規によらずして正式な制度として認めるということである。通行免状は緊急処置的対応と暗に言っているのだろう。遅くとも明治6年には通行免状が交付されていた。いつから発給されたのであろうか。

　前年の明治5年10月には，外務省から「外国人雇入免状改正(30)」と題する文書が国の機関あてに出される。国雇いの外国人に外務省から渡していた免状の書面を改正すると伝えている。2種類の改正文書の様式が添付されている。一つは雇い先，国名，氏名，年齢，雇い先での役職，給料月額，雇い入れ期間が書かれていて，外務省の公印が押されている。要するに御雇外国人身分証明書であろう。ここでは国だけでなく県の雇いも対象になっている。

　もう一つは雇い先，国名，氏名，雇い先での役職が書かれ，その次に「右雇中内地通行差許候事」とあって外務省の公印が押されている。要するに内地旅行免状である。旅行手形と言ってよい。もちろん開港場から勤務地までの旅行は当然必要である。しかし「右雇中内地通行差許候事」からは赴任のためだけでなく幅広く旅行ができるように読める。明治3(1870)年の大学南校からの伺いは「護衛を付けるつもりだが，いずれも遊歩区域外なので如何すべきか」であった。ここからは内地通行免状の存在は感じ取れない。また明治4(1871)年の大学南校の伺いも同様である。内地通行免状，要するに旅行免状を交付しているようには見えない。恐らく明治4年から5年にかけて内地旅行に対する考え方が外務省内部で整理されたと考えられる。この時点で「外国人内地旅行允準条例」が定められていたのかもしれない。

　外国人内地旅行允準条例には，①難破船の遭難者と救助者，②日本の物産・資源の学術調査，天文・地理の測量・観測に従事する者，③居留外国人，④御雇外国人，⑤外国の貴顕で公使の紹介状のある者，が旅行を認める対象として挙げられている。居留外国人は，「医者の証明」と「領事の検印」があれば，病気療養の旅が認められた。旅行先の事例として「横浜は箱根熱海富士日光伊香保を許し」とある。日光への旅行は，横浜居留地の住民を対象に考えられていた。

　一方，一般の旅行者は対象者に取り上げられていない。世界一周旅行が可能

第2部　国際観光　　145

になったとはいえ，旅行者は限られ，旅程も限定されていたであろう。明治6年に日本を訪れたトマス・クックの世界一周旅行でも日光には寄らず横浜・東京から関西，長崎を経て清国に渡っている。日光へは東京から4日の旅であった。快適に泊まれる旅館は少なく，西洋的生活の維持は困難であった。旅行者が日光まで足を延ばすことは難しかったのだろう。

当時の状況を窺い知ることができる事件がある。明治8(1875)年7月23日に行われた寺島外務卿との対話の席上で，パークスは，「病気治療が必要であるという医者の証明に時間がかかるので，滞在時間に制限のある旅行者は箱根への旅行はできない」と述べている。日光も同様であったろう。

(3) 明治7(1874)年に日光を訪れた西洋人

公文録には明治7(1874)年の内地旅行許可に関する文書が残っている。外務省から太政官正院へ報告文である。「昨明治7年中に内地旅行を許可した外国人は別紙のとおりである」という文面で報告され，「明治七年中外国人内地旅行一覧」が添付されている(図2-1-1)。

私用の旅，つまりは個人の理由による旅を「国名」，「雇主居留地」，「人名」，「事故」，「行先」，「免状渡日」，「同返納日」の項目で整理してある。「国名」は，国籍であろう。「雇主居留地」は，御雇外国人と居留地住民が中心であったゆえの項目であろう。「事故」は，旅行の目的である。「免状渡日」は，旅行出発日ではない。明治7年の外務卿の書簡には「出発まで日がないのにすぐ免状が欲しいと申請してくる人もいる」と受給を急ぐ様子を述べている。全体を見ても出発日近くの申請が多く，免状公布日と旅行出発日には大きなずれはないと見てよいだろう。

一覧には旅行免状ごとにこれらの項目が整理されている。一つの免状に家族など数人が載っているものもある。旅行者総数は529人，「行先」に日光を挙げているものは98人ある。98人を交付の月ごとに「雇主居留地」の欄に記載されている「身分」と「居留地名」で整理し，「雇主居留地」に記載ないものを「事故」で整理した(表2-1-1)。

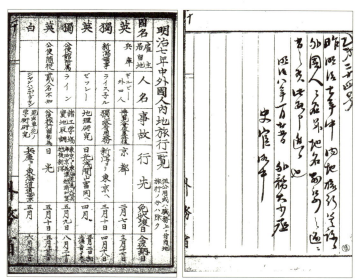

図2-1-1 明治七年中外国人内地旅行一覧

表2-1-1 明治7年に日光を訪れた外国人の内訳

	雇主居留地						無記載	事故	
	外交官とその周辺	御雇外国人	軍人	居留地		無記載	計		研究	病気養生
				東京	横浜					
1～6月	2		2			2	6	2	2	
7月	3	31				5	39	5	4	1
8月		5				10	15	10		10
9月	10	5	2	2	2	7	28	7		7
10月						5	5	5		5
11月		1				2	3	2	2	
12月		1				1	2	1		1
計	15	43	4	2	2	32	98	32	8	24

註・「身分・居留地」の欄に領事，書記官，公使随従，公使館付，公使夫人と表記されているもの，及びそれらの免状に付記されている人数を「外交官とその周辺」に計上
・英国海軍の士官および医官を軍人と表記

7月から9月に免状の交付を受けた数は82人で全体の84パーセントを占める。外交官・御雇外国人・軍人を合計すると56人で全体の57パーセントである。日光旅行者の半数以上が日本滞在西洋人の避暑目的の旅行であったと見てよいだろう。

　「身分と居留地」の欄に記載のないものが32人ある。記載のある66人は、停泊中の軍艦の乗員を含め滞在者と見ることができる。海外からの旅行者がいるとすれば「無記載」の32人の中であろう。

　32人のうち「事故」に地理、農業、植物、寺院古跡などの研究を挙げているものは8人、そのほかの24人は病気養生である。研究を挙げている8人はそれが目的の旅行者とも考えられる。病気養生の24人の内訳を見ると7月から9月に交付を受けた数は18人である。18人は近隣諸国からの避暑客とも考えられるが、この資料からは分明することはできない。しかも日光が避暑適地であるという情報が国外まで伝播していたかどうかもわからない。明治7年に日光を訪れた外国人の中に国外からの旅行者が何人いたかはわからない。

　次に「国名」で整理してみる（表2-1-2）。

表2-1-2　明治7年に日光への旅行の許可を受けた外国人の国籍

国籍	英	米	独	仏	蘭	孛	白	魯	計
人数	41	30	15	5	3	2	1	1	98

註：英は英国，米はアメリカ，独はドイツ，仏はフランス，蘭はオランダ，孛はプロシャ，
　　白はベルギー，魯はロシア

　英、アメリカ、ドイツ、フランスの4か国で93パーセント以上を占める。英は42パーセントである。年代に若干の差はあるが明治9（1876）年の横浜居住地の西洋人は1,521人であった。英、アメリカ、ドイツ、フランスの合計が1,196人で79パーセントを占めた。英は最多で42パーセントであった[36]。明治7年に日光旅行の免状を得た西洋人のうち英国人の占める割合は、明治9（1876）年の横浜居住西洋人の中で英国人が占める割合と等しい。当時横浜居住地には14か国の西洋人が居住していた。明治7年には8か国の人間が日光を訪れている。国を問わず日光旅行を希望したとも言える。

以上が公文録にある文書から見た明治7年に日光を訪ずれた西洋人である。太政類典にも明治7年に旅行許可を受けた御雇外国人に関する報告がある。文部省からの報告だがその中から目的地に日光が入っているものをまとめる（表2-1-3）。

フォンテーヌとリューを除く全員が、先の外務省の報告にも載っ

表2-1-3　明治7（1874）8月10日に旅行許可を受けた文部省雇外国人

目　的	氏　名	目的地
科学上実験	デーニッチ，家族2	日光
	クニッピング，家族2	日光(註)
	マルチ	日光
	ミュルレル，家族1	日光
	シェンク，家族1	甲州信州日光
	ホフマン，家族4	日光新潟
病気摂養	グレーフェン	日光
	ジェストン	日光
	メッチコーフ	日光
	フェルトン	富士山日光
	フリーム	日光熱海
	フィリップ	日光富士山
地方学校実験	ダビットモルレー，妻	日光
入浴摂養	フォンテーヌ	箱根日光
	リュー	箱根日光

註：肩に(註)が付いている目的地は小田原岩城越後信州甲府が省略されている

ている。2人は免状給付を受けたが旅行をしなかったのであろう。これまで見てきた御雇外国人の旅行申請や帰着報告には家族の記載はなかった。実際はともあれ、本人1人だけの申請であった。明治7年の旅行報告には、家族も記載されている。そこでは職務上および健康上の理由を挙げているが、夏休期間中の家族旅行と見るのが順当であろう。避暑が目的の一つと見ても間違いないだろう。デーニッチやクニッピングに見る「科学上実験」という目的は建前であったのかもしれない。一方、旅行中の外国人に関する調査もあった。外務省は8月末に、日光・伊香保・箱根・熱海に逗留している外国人の旅行免状の有無を確かめている。その報告書にはセルエルドートン、ボールドウイング一家、ロッソルセルミルレル一家、エルトン夫妻、マッフヒーネ、フラウス、ドクトルエルリチッドと子供2人、そしてグリトンが日光に滞在していたと記載されている。いずれも外務省発行の免状を所持していた。この報告と先の外務省からの報告にある一覧と照らして見ると、一覧にはグリトンの名がない。ただし同じ米国人で同時期に免状を交付されたドクトルエルリチッドの欄には本人以外に

子2と外1と記載されている。この外1がグリトンであったのかもしれない。

　これまで明治4(1871)年から7(1874)年の間に日光を訪れた外交官以外の西洋人を見てきた。では自由に旅行ができる立場にあった外交官ではどのようであったろうか。外務省記録には日光を訪れた外交官の名を記した文書が残っている[46]。そこには，明治5(1872)年8月にオランダ弁理公使フォン・デル・ワーヘンの名がある。条約では公使と総領事に自由な旅行を認めているが，3月に英国公使館の日本語書記官サトウ，4月に一等書記官ワトソンの名もある。明治6(1873)年の旅行の記録はないが，明治7年5月にパークス，そして何月かはわからないが神奈川の英国領事ロッセル・ロベルトソンの名も記載されている。

　太政類典には，明治7年7月24日に横浜のオランダ代理公使ボードウインが日光と箱根の旅行を認められたと記録されている[47]。日光での行動はわからないが，盛夏に向かう時期の家族同伴の旅である。避暑が目的と考えてよいだろう。

　以上が文書に残る外国人旅行免状制度以前の日光来訪者である。日光を訪れた西洋人の大半は，外交官と御雇外国人であったと見てよい。なお今回取り上げた文書には出てこないが，ヘボン博士が明治4(1871)年[48]，ジョルジュ・ブスケが明治6(1873)年[49]，エミール・ギメ[50]とフェリックス・レガメ[51]が明治7(1874)年に日光を訪れているが，これまで見た文書には記録がない。

第2項　外国人旅行免状制度以後

　年号が明治に変わり新政府が発足すると攘夷の動きも沈静化し，旅行の安全面での環境は整ってきた。明治5(1872)年には，外国人の身辺警護を担当した別手組も廃止された[52]。6年には各国公使と外務卿との間で内地旅行に関する交渉が始まる。公使側は「遊楽と商業活動」のための旅行を求めたが外務卿は難色を示した。明治7(1874)年6月にも協議が持たれ，そこではアーネスト・サトウが通訳を務めた。この場では交渉はまとまらなかったが，明治7年のある時日本側の考えを外交団側が受け入れた。「学術研究または病気療養」の二つの目的に限って旅行免状が交付されるようになったのである。外務省の内規という一方的な「外国人内地旅行允準条例」ではなく，各国との合意のうえの公式な内

地旅行制度が発足した。日光旅行の免状を受けた者，また実際に日光を訪れた西洋人を追ってみる。

(1) 明治8 (1875) 年に日光を訪れた西洋人

公文録には明治7 (1874) 年と同様の報告が残っている。「明治8年1月から12月までに内地旅行を行った者は別添のとおり」という文面で報告され「明治八年中外国人内地旅行表」が添付されている（図2-1-2）。

表は「番号」,「国名」,「人名」,「官仕身分」,「寄留地名」,「旅行趣意」,「旅行先及路筋」,「旅行期限」,「保証」,「免状渡日」,「全納日」の項目で整理されている。「番号」は免状の交付番号であろう。最終番号は732だが欠番もある。免状は受けたが旅行をしなかった人もいたのだろう。「国名」から「保証」までは明治8年に国が定めた免状の雛形にある記載項目と同じである。(54)

一つの免状に複数人が載っているものもあるのでの総数は995人と報告され

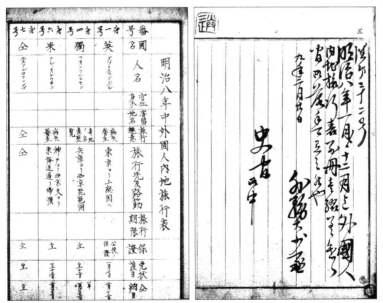

図2-1-2　明治八年中外国人内地旅行表

ている。その995人のうち，197人が「旅行先」に日光を挙げている。それを「官仕身分」に記載されている内容で整理し，それらを在日外国人及び旅行者で整理すると表2-1-4なる。

　この報告からは海外からの旅行者の在否はわからないが，「寄留地名」の欄に地名だけでなく「横浜旅客」もしくは「旅客」と書いてあるものもある。前者は横浜に船で到着した旅客という意味であろう。

　後者も出発地が横浜と記されているので前者と同様であろう。9月に1人，10月に2人の記載がある。ただし国が定めた書式には旅行者であることを明記する欄はない。

　「寄留地名」は，開港した港の名称と一致する。そこで下船した旅客が港名を記載することも考えられるが，本来居住の地の意味であろうからその可能性は少ない。旅行免状の交付申請にはその国の公使の証明が必要であった。国が保証するのであるから，旅行者であるかどうかはあまり気にしなかったのかもしれない。この書式からは海外からの旅行者を直接特定することはできない。

表2-1-4　明治8年に日光を訪れた外国人の月ごと内訳

	計	官仕身分											記載無
		記載有											
		外交官	御雇外国人	軍人	地理会議所	写真師	商人	教会関係	新聞出版	語学教師	独逸大学校	判読不能	
4月	17			2									15
5月	24												24
6月	20		1	3	1	1	3						11
7月	74	3	56	4					1		1		9
8月	27	3	5	2				2			1	4	10
9月	12							1	1				10
10月	12					2						5[注1]	5
11月	9												9
12月	2		1										1
計	197	6	63	11	1	1	5	3	1	1	2	9	94
		92									2	103	
		在日外国人									旅行者	不明	

註・軍人は停泊中の英仏軍艦の乗組員
　・注1には，書記と記載されたのが1，議員と記載されたのが4あるが詳細は不明

ただし，旅行者ではないかと推測することができる人名はある。一時的に滞在する旅行者にとっては日本での身分も居留する場もないのだから「官仕身分」と「寄留地名」は無記載となろう。この二つが無記載であれば旅行者の可能性がある。

　それを詳しく見てみる。表2-1-4にある「官仕身分」に記載がない94人を寄留地の記載の有無で整理し，寄留地名の記載のない46人を旅行趣意で整理する。そして，旅行趣意が病気養生の43人を出発地および旅行先で整理すると表2-1-5となる。

　旅行趣意が病気養生の43人を詳しく見てみる。

　明治7年の「外国人内地旅行一覧」には「雇主居留地」の欄はあった。ただし，実際の免状の書式には「雇主居留地」を記載する欄はない。明治8(1875)年には旅行免状雛形が改正され，5月25日付で各国公使にその旨通知された[56]。ここで「寄留地名」の記載が義務づけられた。5月25日以前の申請については公使の証明さえあれば居留地が記載してあるかどうかは重要視しなかったのかもしれない。そうであれば，43人は出発地の居住者の可能性もある。それを確かめる。

表2-1-5 「官仕身分」の記載がないものを「寄留地」の記載の有無で見た内訳，寄留地の記載のないものを「旅行趣意」で見た内訳，「旅行趣旨」が病気養生のものを出発地と旅行先で見た内訳

月	官仕身分記載無	寄留地の記載		寄留地の記載無の旅行趣意		旅行趣意が病気養生				
						出発地			旅行先	
		有	無	調査研究	病気養生	東京	横浜	神戸	単一	複数
4月	15		15		15	5	3	7	8	7
5月	24		24	1	23	17	3	3	19	4
6月	11	8	3	2	1	1			1	
7月	9	9								
8月	10	7	3		3	2	1			3
9月	10	9	1		1		1			1
10月	5	5								
11月	9	9								
12月	1	1								
計	94	48	46	3	43	25	8	10	28	15

註：旅行先の欄の単一は日光だけ，複数は日光以外も含んでいる

1876（明治9）年版の『THE JAPAN GAZETTE HONG LIST AND DIRECTORY』[57]には東京と横浜の住民録が載っている。1月発刊なので前年の1875（明治8）年の情報であろう。その住民録と出発地が東京の25人および横浜の8人を照らして見る。該当すると思われるのは横浜のAnderson H（Japan Photo Association）[58]だけである。他には該当する人物は見当たらない。したがってAnderson H以外の東京または横浜を出発地とする32人は居留地の住民ではないと見てよいだろう。他の居留地からの旅行者とも考えられるが，長崎，函館，新潟を出発地とする免状はここにはない。つまり該当者はいない。寄留地の記載がなく旅行趣旨が病気養生のAndersonを除く42人は海外からの旅行者と見るのが妥当なのかもしれない。42人が旅行者であれば，免状の申請には公使の証明など手続きに時間が必要であろうから横浜もしくは神戸で下船しホテルに滞在し，そこからの旅であったろう。とすると東京の25人には横浜東京間の免状が欠落していることになる。外務省は内地旅行の条件に，免状取得日から30日以内の出立，帰着後5日以内に免状返納と定めていたので返納日から帰着日は推定できる。しかし，免状の書式変更を知らせる各国公使への通知は5月末であった。したがって，ここにある4月と5月の旅行報告は国の定めたとおりに記載されているとはかぎらない。

　「官仕身分」と「居留地名」ともに記載がなく，加えて「旅行趣意」が「病気養生」の42人は旅行者の可能性はあるが，これだけの資料では断定できない。

　次に日光を訪れた197人を「国名」で整理すると表2-1-6となる。

表2-1-6　明治8年に日光を訪れた外国人の国籍別内訳

国籍	英	米	仏	独	蘭	墺	葡	西	瑞	計
計	120	41	17	13	2	1	1	1	1	197

註：墺はオーストリア・ハンガリー，葡はポルトガル，西はスペイン，瑞はスイス

　英国人の占める割合は61パーセントで前年の40パーセントより増えている。旅行免状制度が確立し旅行がしやすくなったので清国などに在住する英国人の旅行者が増えたとも考えられる。

　一方外交官を見ると，外務省記録にドイツ代理公使フォン・フォルレーベル[59]

と通訳生クノブローフの2人の名前が「日光旅行明治8年10月2日出立」と付記されて残っている。しかし，外務省から太政官への報告にはこの2人の名はない。報告漏れかもしれない。

以上が明治8(1875)年の日光旅行者である。

(2) 明治9(1876)年に日光を訪れた西洋人

明治9(1876)年以降の公文録には7年や8年と同様の報告は見当たらない。一方太政類典には，9年に旅行免状を付与された氏名，旅行目的，目的地，出発日，旅行期間を記した文部省からの届け(60)が残っている。目的地に日光が入っているものをまとめた（表2-1-7)。

記載されている旅行の目的はどうあれ夏休み期間中の避暑地と名所廻りという印象は否めない。免状は入手したが，実際に日光を訪れたかどうかはわからない。もちろん日光での具体的行動もわからない。表2-1-7は夏の旅行だが冬

表2-1-7 明治9(1876)年に旅行免状を付与された文部省雇外国人免状の内容

目的	氏名	目的地	出発	日数
学科上研究	アトキンス	日光湯本[註1]	7/16	52
	スミス	日光草津[註2]	7/12	45
	ウエーダル	日光湯本[註3]	7/13	—
科学上実地研究	イートン	日光浅間	—	—
地学研究	F.M.レーシー	日光箱根[註4]	7/15	41
	O.M.レーシー	日光箱根[註5]	7/15	41
植物学研究	ハンセン	浅間日光[註6]	7/16	45
健康保全	リットル	日光若松米沢	7/17	—
病気療養	ライス一家4人	日光	7/22	6
健康保養	クニッピング一家4人	日光高崎[註7]	7/16	45
	ヘルム	日光浅間[註8]	7/16	45
	エスナール	箱根日光	7/16	45
健康保養	ボゴモロフ	浅間日光[註9]	7/18	45
健康保全	ヘスヘルド	日光東京[註10]	7/17	—
	アーノルド	日光山[註11]	7/16	31

・横線表記のある欄は出発日や日数の記載がない
・肩に註が表記してある目的地は下記の地名を省略
　註1：草津浅間富士山　註2：山梨駿河　註3：若松新潟箱根富士山　註4：富士山
　註5：富士山　註6：函館札幌新潟　註7：新潟若松　註8：富士山　註9：宮城函館新潟　註10：大阪京都　註11：京都東京

の旅行もあった。エスナルが12月に26日間の保健休養の旅をしたという記録(61)がある。冬の日光も西洋人にとってはリフレッシュ効果が高かったのだろう。

　外交官を見ると，パークス一家と4人の公使館員およびイタリアの全権公使コンテ・アレッサンドロの日光旅行が外務省記録に残されている。パークスは明治5(1872)年と同じく新緑の5月，遊覧の旅であろう。コンテ・アレッサンドロは8月，避暑目的と見てよい。

(3) 明治10(1877)年以降に日光を訪れた西洋人

　太政類典には，明治10(1877)[62]，11[63]，12[64]年の文部省雇外国人の帰着報告がある。それらから目的地に日光があるものを表2-1-8にまとめた。

　明治10年の帰着報告には，具体的な目的も書かれている。入浴は湯元(当時は湯本と呼ばれていた)温泉，登山は白根山か男体山であろう。湯元訪問は明治6(1873)年のボイントン，7(1874)年のサトウという先例がある。前者は温泉入浴が目的であったが後者はガイドブック作成の調査と見てよい。また明治

表2-1-8　文部省雇外国人帰着報告(明治10〜12年)

	目的	氏名	目的地	出発	日数
明治10年	健康保養	エスナル	日光登山湯本入浴[註1]	7/16	45
		ピジョン	日光登山湯本入浴	7/16	45
		ヘルム	日光登山湯本入浴	7/16	45
		オットーセン	日光登山湯本入浴[註2]	7/16	45
	病気治療	ダニロイッチ	日光湯本入浴	7/16	45
	理学研究	マレー	日光，足尾	6/29	10
	学術研究	スミス	日光，新潟，佐渡	7/13	42
		ストレンジ	日光	7/12	—
11年	学術上参考	サイレ	日光	7/11	31
	学術研究	ポート	日光，山梨，浅間[註3]	7/16	50
12年	健康保養	アリベール	日光，伊香保[註4]	7/27	31
	身体保養	リーランド	日光	7/7	54
	学術上研究	フェノロサ	日光，伊香保	7/13	12

・ダニロイッチの病気治療はリュウマチの治療
・横線表記のある欄は日数が記載されていない
・肩に註が付いている目的地は下記地名を省略
　註1：沼田高崎　註2：沼田，高崎，浅間　註3：富士，箱根　註4：上田，高崎，沼田，笠間，霞ヶ関

8(1875)年の外務省の報告にも，旅行先に中禅寺と記したものが2件あるが，当時湯元温泉を中禅寺温泉と呼んでいたので湯元のことであろう。このような先例はあるが明治10年にも入浴保養のため奥日光を訪れる西洋人がいた。湯元でなければ楽しむことができない入浴と登山のセットの旅行も出てきた。しかし，途中の中禅寺に宿泊施設はまだない。

　明治12(1879)年10月には，文部省御雇外国人の旅行報告は不要となった。[65]以降太政類典や公文録などの文書からは，日光を訪れた御雇外国人を追うことはできない。外交官では，12年にプロシアのハインリッヒ殿下の日光訪問に随行したドイツ公使アイゼンデッシャーの名が記録に残っている。

　以上明治9(1876)年から12年までに，日光への旅行免状を得た西洋人および日光を訪れた西洋人を見てきた。しかし太政類典や公文録が御雇外国人の旅行のすべてを網羅しているわけではない。先にも触れたが文部省同様に御雇外国人の多い工部省[66]の文書はない。御雇外国人以外では，旅行記を遺したイザベラ・L・バード[67]のような特殊な例を除いて，日光を訪れたという記録の存否は分明できない。旅行者がどのくらいいたかもわからない。ただし明治8(1875)年に日光を訪れた197名より多かったと見てよいだろう。詳細はわからないが，御雇外国人が大半を占めたのではないだろうか。彼らは夏休みに旅行に出た。明治12年の保晃会の設立願いには「（外国人は）日光に避暑に来る」と書かれて[68]いる。避暑は生活者には重要だが，旅行者には無縁のものといってよい。避暑に来る外国人は滞在者と見て間違いないだろう。また「近年外客ノ来航スル」とも書かれている。多くの外国人が海を渡って来るようになったという意味であろう。一時滞在の旅行者ではなく，長期滞在の御雇外国人，外交官などを指していると見るのが妥当であろう。明治14(1881)年の保晃会の募金要請文には[69]「毎年訪れる外国人」と書かれている。この一文は毎年夏に外国人が多く訪れる，と読み替えてもよいだろう。その大半は夏休み中の御雇外国人であった。この時期旅行免状制度の恩恵を蒙ったのは，日本駐在の外国人であった。旅行ができるようになったとはいえ，少なくとも明治10年代中期，もしくは，次に見る宇都宮までの鉄道が開通する明治18年以前に，日光を訪れた西洋人は，外交官

第2部　国際観光　　*157*

や御雇外国人など日本で生活する西洋人が中心を占めていたと見て間違いないだろう。

第3項　宇都宮までの鉄道開通以降

(1) 明治18（1885）～19（1886）年に日光を訪れた西洋人

　明治18（1885）年7月16日，宇都宮と東京が鉄路で結ばれた。日光までのアクセスが飛躍的に改善されたのである。当然日光も変わった。明治19（1886）年5月14日の逓信大臣榎本武揚からの稟議を内閣に諮った文書（図2-1-3）には当時の日光の姿が描写されている。

　稟議の内容は，「日光まで電信を確保したい。工事の予算がないので他の予算を流用して欲しい」であった。唐突ともいえる稟議の背景も記載されている。それは以下の四つに整理される。

　①外国の貴紳来賓は概ね日光を訪れる

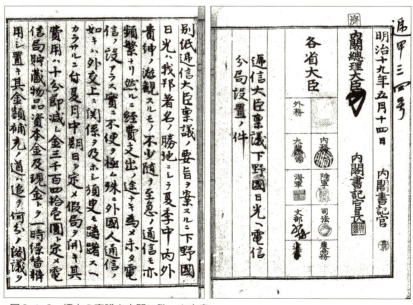

図2-1-3　榎本の稟議を内閣に諮った文書

②避暑のため数旬間逗留するものもいる
③夏場は内外貴紳の遊覧するもの多く、至急の通信も多い
④通信が滞ると外交関係に支障をきたすことが考えられる

　榎本の言う貴紳来賓は外交官が中心であったのだろう。彼らゆえの通信施設と見てよい。取り敢えず他の予算で立て替えろという一見乱暴とも思えるこの稟議は、その必要性・重要性・緊急性が高かったからであろう。宇都宮までの鉄道の開通で、日光への到達性は飛躍的に向上した。各国外交官は、避暑地日光への訪問意欲を高めたと見て間違いないだろう。外国人は急増した。[71] 榎本の稟議は明治19(1886)年5月付だが、そこに記されている日光の様相は前年のものであろう。明治18(1885)年には、これまで以上に多くの避暑外国人が訪れた。そこには鉄道が大きく影響している。

　しかしそれだけでなく、明治12(1879)年に定められた国の方針も影響していると見てよい。「病気とやむない事故」という前提はあるが外国人を民家に泊め

図2-1-4　「橡木縣違式詿違條例」の図解

ることが認められたのである。前年の明治11(1878)年6月11日をもって施行された「橡木縣違式詿違條例」では「旅行免状ヲ持タザル外國人ヲ私ニ止宿セシムル者」は，罰則を受けると定められていた。わかりやすいように図解も出版された(図2-1-4)。

　ただしこの条文は旅行免状があれば泊めても罰則はないとも読める。融通が利きそうな気がする。このように明治10年代には旅行の環境が整い始まったと見てよい。外国人にとって日光はより身近な場所になったと言ってよいだろう。保晃会のレジストリーを見ると，明治19(1886)年の欄にはヘンリー・アダムス，ラフォージの名が記されている。明治19年以前は外交官が中心であったが，明治19年以降には旅行者の名が見えるようになる。この年二社一寺の外国人参拝者は674人であった。鉄道開通前の明治17(1884)年の106人に比べると飛躍的に増えている。

(2) 明治20(1887)年に日光を訪れた西洋人
　明治18(1885)年から日光郵便局に勤務した後藤幾太郎がまとめた「日光郵便局沿革」には，「明治廿年ニ至リテハ，七月以降，山内寺院ハ不残空所ナク，西町各所ノ家屋ヲ借受ケ滞在スルモノ多シ。主タル者ハ米国公使，仏国公使，露国領事，伊国公使，ベルギー公使等」という記述がある。避暑客は山内の寺院だけでなく民家も借りた。そこでは各国の公使および領事も逗留したと言っている。ただし，中禅寺逗留に関する記述はない。

(3) 明治22(1889)年に日光を訪れた西洋人
　明治22(1889)年の日光は避暑客で賑わう。その状況を今に伝える資料がある。下野新聞には日光を訪れた外国人の到着日・氏名・宿泊場所が載っている。全員を網羅しているかどうかはわからないが，7月から9月までを見ると総勢569人で全員西洋人である。その宿泊先を整理すると日光ホテルに176人，山内の寺院に23人，民家に374人となる。民家が一番多い。8月15日の紙面では「外国人滞留者目下200余名，昨年より少ない」，そして「大半の外国人が住む西町

は居留地のようだ，市中を往来する者の大半は外国人だ」と明治22年の夏の日光を描写している。

　宇都宮までの鉄道開通以降西洋人避暑客の数は増えた。彼らは散歩を楽しんだ。新聞は市内の往来は外国人の方が多いと伝えている。過剰の状況であったのだろう。日光市街は避暑地として整えられてはいない。当然宿泊施設も足りず，民家への投宿も多かった。

　ここでは日光市街だけではなく中禅寺の様子も伝えている。明治14(1881)年に保晃会の醵金者名簿(82)に名を連ねたオランダ臨時代理公使レオン・ヴァン・デ・ボルデル夫妻が中禅寺の民家に逗留したと伝えている(83)。公使は8月10日日光ホテル投宿，12日には中禅寺へ移る。現存する資料を見る限りでは，オランダ臨時代理公使レオン・ヴァン・デ・ボルデルが，中禅寺で夏を過ごした最初の外交官と考えられる。この逗留が，中禅寺での外交官避暑生活の端緒と見て間違いないだろう。アーネスト・サトウが避暑に適していると紹介してから5年目である(84)。外交官だけでなく後に湖畔に別荘を構える御雇外国人のカークウッド(85)も民家に逗留している。

　以上宇都宮までの鉄道が開通した明治18(1885)年以降の日光を見てきた。サトウは明治17(1884)年に「中禅寺は避暑地としてお勧めだ(86)」と書いた。翌18年に宇都宮まで鉄道が開通した。日光へ多くの避暑客が訪れるようになった。その様子を記録した20(1887)年の「日光郵便局沿革」には中禅寺は出てこない。22(1889)年の新聞には中禅寺の避暑逗留の記事がある。またピゴットの「断たれたきずな(87)」の明治21(1888)年から23(1890)年の記述の中に「私の父は中禅寺湖畔で夏休みを過ごした最初のイギリス人の一人(88)」という一文もある。

　これらを総合して見ると，明治20年代初頭が西洋人避暑地中禅寺の幕開けの時と見て間違いはないだろう。

第3節　本章のまとめ

　内地旅行免状制度以前に日光を訪れた西洋人の大半は，外交官と御雇外国人

であった。またそれ以降もやはり外交官と御雇外国人が中心であったと考えられる。

　宇都宮までの鉄道開通以降，日光を訪れる外国人の数は増えていく。西洋人の存在は日光の日常的な風景になった。特に夏季に集中した。彼らは避暑地を求めていた。サトウが避暑地として推奨した中禅寺は，明治20年代初頭には西洋人避暑客が訪れるようになる。西洋人避暑地日光中禅寺の幕開きは明治20年代初頭と見てよい。

第2章　避暑地中禅寺が外国人に認知・認識されてゆく過程

第1節　本章の目的と研究の方法

(1) 本章の目的

　前章でも触れたが明治3(1870)年英国公使パークス一行が日光を訪れた。西洋人の初めての来訪である。その後その数は増えていく。二社一寺の建造物や自然の風景，そしてさわやかな気候が彼らを引きつけた。避暑客も多かった。明治20年代初頭には中禅寺までも訪れるようになる。避暑を過ごす人も出てくる。別荘が建つようになる。風景や気温など快適な自然の環境ゆえであろう。しかしその快適な自然環境の場中禅寺が一般に広く知られていくプロセスは明らかにされていない。本章では，中禅寺が避暑地として西洋人に認知・認識されていく過程を見てゆく。

(2) 研究の方法

　地域の魅力が認知され，そして認識されるためには情報の存在が不可欠である。英文のガイドブックなど日光の情報を伝える印刷物は，明治の初期から発刊されてきた。それぞれ，その時点での最新の情報を伝えていると見てよいだろう。日光を知るための最も効果的なツールと言えよう。そのような観点から，ここではアーネスト・サトウ執筆[1]の旅行記およびガイドブック，そして世界的に見て代表的なガイドブックの一つであり，なおかつ明治14(1881)年から大正2(1913)年までの33年間継続的に9版を重ねたマレー社の日本旅行ハンドブック[2]を取り上げる。

　また情報提供を目的としたものではないが，日本駐箚外交官の日光への関心を喚起するうえで重要な役割を果たしたのではないかという観点から，保晃会[3]

の募金活動に係わる文書も取り上げる。これらを分析し，避暑地中禅寺に対する認知・認識の深まる過程を考察してみたい。

第2節　情報の提供

(1) The Japan Weekly Mail

　パークス一行によってさまざまな日光の情報が在日外国人社会に伝えられたと見て間違いないだろう。しかし，詳細かつ体系的な情報は，横浜居留地の新聞 The Japan Weekly Mail⁽⁴⁾に掲載された「Travel in The Interior」という記事まで待たなければならない。明治5(1872)年3月30日から4回連続で掲載された日光の旅行記だが，そこには筆者の名前は記載されていない。

　しかしながら，①当時旅行ができたのは外交官と御雇外国人に限定される，②英国公使館日本語書記官アーネスト・サトウ（以下サトウと記す）は，3月13日から23日まで日光を旅している，③3年後の明治8(1875)年に横浜の Japan Mail 社から刊行された『A Guide Book To Nikko』には「明治5年のサトウの日光旅日記に，本人が加筆修正したものである」という前書きがあり，その内容に「Travel in The Interior」との大きな違いはない。以上から The Japan Weekly Mail の記事は，サトウが投稿したものと見るのが順当であろう。その記事を見てみる。

　二社一寺から中禅寺まで網羅した旅行記だが，地誌とも呼ぶにふさわしい内容を備えている。しかも，日本橋日光間の里程および道路状況など街道の情報を載せ，また鉢石の鈴木喜惣次（原文は Suzuki Kisokiro）が快適に過ごせる旅館だと書き，アクセスのイメージと宿泊の安心を伝えている。⁽⁵⁾

　日光については，まず，

　①聖地日光山の来歴を述べ，次いで

　②神橋や陽明門など興味対象の詳細な描写がある。高低差のある大獣院霊廟は特に興味を引かれたようである。本殿に続く夜叉門を抜け振り返った風景を「日光の至宝」と書き，「ここさえ見れば，江戸からぬかるみの中を旅した4日間

の苦労を補って余りある」とその感動を伝えている。続いて，山内周辺の，
　③裏見の滝は興味を引かれる
　④外山は眺望がよい，さらに
　⑤奥日光の中禅寺湖はスコットランドの風景に似たところがある，
と言っている。
　ただし，竜頭滝や湯ノ湖など中禅寺より奥の記述はない。
　歴史に関心のある人は社寺が多い日光からは学ぶことが多い，また，自然に興味のある人は周辺の魅力的なスポットを楽しむことができると述べ，
　①歴史，自然環境両面で興味深い土地であり
　②さわやかで健康的な環境は（家康の）永眠の地としてふさわしい
と総括している。
　当時居留地住民は，遊歩区域(6)に縛られ自由な旅行はできなかった。夏季も居留地で酷暑を耐えた生活を送っていた。当然ながら未知の地域に対する関心は高かったであろう。しかも，サトウは自然と歴史の魅力に加えて環境の快適さを紹介している。興味を持って読まれたに違いない。日光への関心を喚起したことであろう。特に横浜に居留する500人以上の英国人(7)は，冷涼の地スコットランドに似た風景であるという情報を，興味深く受け止めたのではないだろうか。
　ではなぜ旅行が認められていない(8)にもかかわらず，ガイドブックとして十分使える内容の旅行記を公表したのか，その理由を考察してみたい。
　サトウは慶応4(1868)年に西郷隆盛と会談を持った。その際，西郷から「遊歩規程撤廃後，日本国内を旅行する外国人には旅券の携帯を義務づける」という考え方を聞いた(9)。西郷は遊歩規程の撤廃を視野に入れていることをサトウは知った。その西郷が政府の要職に就いている。内地旅行の実現は早いと見たのではないだろうか。パークスもいずれは自由な旅行ができるようになるという見通しを持っていた(10)。ほかの国はわからないが英国公使館では，早晩内地旅行が可能になるという認識を持っていたと見てよいだろう。しかしながら，自由な旅行が許されていない現実を考えると，日光への旅行を奨励するに等しい旅

行記に,筆者名を記すことは憚られたのであろう。ともあれ少なくとも横浜居留地の外国人にとって,これまで伝聞に拠っていた,それも断片的であった日光の情報が英文で体系的かつ詳細に伝えられたのである。日光を具体的に認知することができたと見てよいだろう。

(2) A Guide Book To Nikko

明治7(1874)年に病気療養と学術研究が目的の旅行には「旅行免状」を発給することとなった。旅行ができるようになったのである。ほぼ時を同じくして明治8(1875)年横浜のJapan Mail社から『A Guide Book To Nikkô』が発刊された。縦17cm横12cmほどの42ページの小冊子だが,当時唯一の日光へのガイドブックと見て間違いない。著者はサトウ。明治5(1872)年の記事に手を加えたものだが,道筋の旅館の情報はより詳細になった。しかし,日光の旅館は明治5年の旅行記と同じく,鉢石の鈴木喜惣次だけが載っている。

ここには明治5年の旅行記にはなかった中禅寺より奥の情報もある。竜頭滝は興味をそそられる,また周辺のカエデの紅葉が素晴らしい,湯滝は白髪をイメージさせる,湯ノ湖は中禅寺湖より美しい,と興味地点の魅力を伝えている。先の旅行記で,中禅寺湖は「スコットランドの風景に似ている」と述べた。ここでは「箱根より美しい」と言っている。さらに「中禅寺湖より湯ノ湖の方が美しい」と日光の二つの湖を比較している。箱根より美しい中禅寺湖という湖があるという情報に接した居留地住民は,これまで以上に日光に注目するようになったのではないだろうか。

出版までの経緯を見ると,出版前年の明治7年9月にサトウは再び日光を訪れている。その詳細を記した旅行日記に,[11]「中禅寺湖は72年3月に見た時よりはるかに美しい」,「(男体山は樹木に覆われ)北岸から天をつくようにそびえている」と書き,中禅寺湖周辺の魅力を再発見した感動を伝えている。続いて,戦場ヶ原の「赤く秋の色に染まって草地」,湯ノ湖の「美しさ静けさ」を絶賛している。日光の魅力を再発見したサトウは,その感動を伝えたいと思ったに違いない。出版の背景には,内地旅行の実現に伴い情報が求められていたことと,

日光の魅力を伝えたいというサトウの気持ちがあった。サトウは後に中禅寺湖畔に別荘を所有する。そこにはここでの感動が影響していると見てよいだろう。

　発刊部数はわからない。しかし，先の新聞紙上の旅行記とは異なり，日光案内に目的を置く独立の印刷物である。少なくとも横浜居留地の住民は，日光全域の情報を入手できるようになった。日光は旅行先として一般的に知られるようになったと見てよいだろう。しかし，湖畔に外国人が宿泊できる施設はまだない。

(3) A Handbook For Travellers In Central & Northern Japan

　明治14（1881）年，サトウとホウス[12]の共著書『A Handbook For Travellers In Central & Northern Japan』が横浜のケリー社から発刊された。扉のページには，発刊した会社名Kelly & Co.の一行下に上海，香港の地名とKelly & Walshという社名が印刷されている（図2-2-1）。上海と香港のKelly & Walsh社で販売しているということであろう。

　この版は，明治から大正にかけて9版続いたマレー社の日本案内記の初版として扱われる。ここでは神戸から青森までを取り上げている。日光に関する記述は，先の『A Guide Book To Nikkô』と大差ない。新たに加えられたのは，宿泊の情報である。明治8（1875）年の旅行記にもあった鈴木喜惣次の鈴木ホテルに加えて，小西屋喜一，金谷善一郎（原文ではKanaya Ki-ichiとなっている。誤植であろう）といった旅館経営者の名前が出てきた。またほかにもそれなりの旅館があると言っている。それだけでなく，夏には山内（二社一寺境内）の南照院，護光院，光樹院，浄土院そして照尊院の五つの坊に宿泊滞在することができると書いている。

　旅行免状制度が発足し内地旅行が身近になった。旅行の希望者が増えたと見てよいだろう。明治13（1880）年7月1日から14年6月31日まで1年間の免状受給者は1,073人[13]を数えた。ほとんどが西洋諸国の人々である。内訳を見ると7月から9月の3か月間に486人が交付されている。夏季に旅行を希望した人たちである。全体の半数近い。当時横浜居留地だけでも1,376人[14]の西洋人が生活して

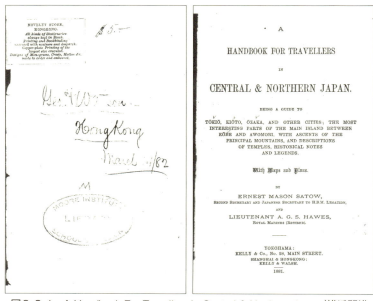

図2-2-1　A Handbook For Travellers In Central & Northern Japan（横浜開港記念館所蔵）
販売翌年の明治14（1881）年3月の日付と香港の地名が書かれている。購入地と購入日であろう

いた。避暑を望む人々と言ってよい。そのような現実を踏まえて見ると、今回新たに加えられた夏のみの宿舎の情報は、避暑を念頭に置いたものと見てよいだろう。

　中禅寺の情報もある。旅館「米屋」は、湖の眺望がよく、部屋にはテーブルと椅子が用意されビールも飲める、と書いてある。くつろげる旅館があると伝えているのだろう。明治5（1872）年の旅行記では、湯元にはあるが中禅寺に快適に過ごせる旅館はない[15]、と書いた。ここでは、これまで通過地点であった中禅寺も利便が整いつつあると伝えたかったのであろう。旅行の目的地、もしくは立ち寄る場所の一つとして注目されるようになったと見てよい。

　中禅寺より奥の情報も詳しい。先にも触れたがサトウは「湯ノ湖は中禅寺湖より美しい」と湯ノ湖の美しさに感嘆の言葉を与えている。その湯ノ湖を取り

巻く山は，針葉樹のモミやツガ，広葉樹のカシ・カバ・カエデの混交林に覆われていると書いている。これまでに，カエデの紅葉に彩られた竜頭滝は伝えた。ここでは周囲を緑濃い常緑樹と紅葉に姿を変える落葉樹に囲まれた湯ノ湖を描写している。紅葉の違いを具体的に述べ，魅力の差異を的確に表現している。日光の多様な魅力の一つが確実に伝えられたと見て間違いないだろう。

　第2版が，明治17(1884)年にロンドンのマレー社から出版された。以降最終版の9版まで同社の発刊となる。第2版は600部が日本に送られたという。第1版同様に，扉のページには横浜，上海，香港の地名がある。部数はわらないが上海・香港でも販売されたのだろう。この版から新たに北海道と九州の情報が載るようになる。

　注目したいのは初版にはなかった次の情報である。「As Nikkō lies 2,000 ft. above the sea, it is comparatively cool during the hot season. We recommend Chiu-zen-ji as being preferable height 4,375 ft.」。日光市街は標高が高いので比較的涼しい，中禅寺はさらに高所で，避暑地としてお勧めだとサトウは言っている。明治7(1874)年に日光を訪れた時の発見であろう。中禅寺を取り上げた避暑地情報の第一号である。避暑地中禅寺はアーネスト・サトウによって発見され，そしてサトウによって西洋人社会に紹介された。

　日光には，明治10年代前半から，避暑客が訪れるようになる。ほどなく中禅寺湖畔にも旅館が建てられるようになった。避暑地として整えられ始まったと言ってよい。それらを踏まえたサトウの情報であろう。明治維新以前の文久2(1862)年から日本に駐在し，日本各地の旅行経験を持ち，また日本学者として著名なサトウの推奨である。猛暑に苦しむ西洋諸国の人々にとって，中禅寺は魅力的な避暑地として強く印象づけられたと見てよいだろう。

　明治8(1875)年サトウは，「江戸から4日の旅行」と書いた。ここでは人力車で2日と言っている。交通事情が若干改善されたのであろう。しかし，日光はまだ遠い。

(4) A Handbook For Travellers In Japan

　明治24(1891)年に，3版が発刊された。サトウとホウズから引き継いだチェンバレン[19]とメイソン[20]の共著である。四国も取り込んでいる。書名も『A Handbook For Travellers In Japan』と変えた。ここでは「(夏は暑いので)日光，宮下，有馬，雲仙，北海道，もしくは本州の山岳地帯で暑を避けるのがよい[21]」と言っている。日光を避暑地として推奨しているのである。その日光について「建造物の素晴らしさと自然の美しさが渾然一体となった魅力を備えるところは外にないだろう[22]」と述べている。日光はトップクラスの避暑地として受け止められたと見て間違いないだろう。

　2版の改訂版なので，内容に大きな違いはないが最新の情報も盛り込まれている。一つは，東京日光間が5時間に短縮されたと伝えている。明治18(1885)年に宇都宮，そして23(1890)年に日光まで鉄路が延びた。以前は2日を要した。ここでは5時間で日光の地を踏めると言っている。身近な場所として受け止められたであろう。2日必要であった明治17(1884)年に二社一寺を参拝した外国人は168人であった。3版出版後の明治25(1892)年には2,007人に増えている[23]。

　二つは，「日光は標高が高く涼しいので夏季東京在住の外国人が日光市街や中禅寺に別荘を構える[24]」と夏の状況を述べている。ここに書かれている中禅寺の別荘は，司法省法律顧問のカークウッド[25]の別荘のことであろう。ほかにも別荘として使われた民家があったのかもしれないがそれを分明する資料には出会っていない。

　三つは，日光市街に日光ホテル[26]が登場する。施設が整えられたと伝えているのである。それだけでなく，ほかにもホテルが1軒建設中と記されている。明治20年代前半には民家への逗留もでてくるが，なんといってもホテルが用意され，さらに充実しつつあるという情報は来訪意欲を刺激したに違いない。

　四つは，馬返からの登攀についてである。「3人引きの人力車で登る。急坂があるのでご婦人には，椅子駕籠か馬がお勧めだ。途中中の茶屋で休める」と書き，徒歩以外の手段の存在を伝えている。

最後は，中禅寺の旅館のサービスである。「和泉屋と米屋は湖に面した快適な旅館，夏の間は洋食が摂れる」と伝えている。明治14(1881)年の初版では「米屋ではビールが飲める」と伝えた。しかし，洋食には触れていない。17年の2版にもない。20年代に入って避暑の希望者が増えたに違いない。そのため地元の旅館でも洋食を提供するようになったのだろう。ここでは，到達の利便もある日常と変わらぬ食事が摂れる場所と伝えている。避暑地として整っていると受け止められたのではないだろうか。この版からは，シンガポールでも販売されるようになる。

　以上が3版の内容だが，明治27(1894)年に発刊された4版には，さらに新しい情報が記載されている。「金谷ホテル，日光ホテル，新井ホテル，鈴木ホテルは西洋式，小西屋と神山旅館は日本式である[27]」と書き，日光市街はいくつかのホテルが整備されていると伝えている。さらに興味深い情報が載っている。外国製品と生肉を扱う日光市街の店が紹介されている[28]。長期の滞在に備えた利便も用意されていると伝えているのである。避暑滞在の希望者が増えたことの証左と見てよい。

　中禅寺までのアクセスについては二つの新しい情報が載っている。一つは人力車が2人引きと書かれている[29]。明治24(1891)年は3人引きであった。その後道路が改良されたのであろう。人力車の快適さも増したと見てよいだろう。もう一つは「日光市街から中禅寺まで沿線一帯は，5月末から6月にかけてツツジの赤，白，紫の花で満開になる。藤の花も咲く[30]」と書いてある。これまでは避暑や紅葉の情報はあったが，ここでは春の旅行の楽しみも登場するようになる。中禅寺は春・夏・秋を通じての旅行先として認識されるようになったに違いない。

　第5版は明治31(1898)年12月印刷，翌32(1899)年1月に発刊された。ここでは「男体山登攀の行者で混雑するのは7，8月の数日だけでほかは静謐快適な環境なので，数人の西欧諸国外交官が別荘を持っている[31]」と述べ，またレークサイドホテル[32]，米屋，和泉屋は西洋式ホテルだと書いている。レークサイドという新たなホテルが登場し，従来の旅館もホテル仕様に改善されたと伝えてい

る。外交官別荘とホテルの存在は整った避暑地という認識を確かなものにしたと見てよいだろう。

　明治34(1901)年に6版，36(1903)年に7版，40(1907)年に8版が出版されるが，5版の内容と大きな違いはない。

　大正2(1913)年最終版となる9版が発刊された。

　内容はこれまでと大きく変わらないが，東京日光間は1時間短縮され4時間と書かれている。到達の利便性はさらに改善された。また中禅寺の中心から阿世潟，上野島，菖蒲ヶ浜，千手ヶ浜までの到達時間が加えられた。湖畔沿いの歩道の紹介と言ってよい。散策が楽しい。それだけでなく，目的地そのものが景勝の地である。また中禅寺湖の多様な風景を観賞できる場所でもある。この情報の狙いは景勝の地と視点場への誘導と言ってよい。湖畔の魅力の紹介でもある。ここで提供された新たな情報で中禅寺に対する期待感はさらに高まったと見てよいだろう。

　最終版でもあるこの9版でチェンバレンは「日光の避暑生活は楽しい。シーズン中東京在住の外国人が日光市街だけでなく中禅寺にも別荘を構えている」[33]，「数多くの魅力の中でも，特に11月初頭の燦然と輝く紅葉はよく知られている」[34]と総括している。東京大学教授で日本研究の第一人者であるチェンバレンのこの記述は，日光全体を述べたものだが，避暑に適し，しかも紅葉に輝く地という中禅寺に対する認識の定着をも確かなものにしたと見てよいだろう。

第3節　日本駐箚外交官の中禅寺に対する認識の深まる過程

　「日光を見ずして結構と言うなかれ」の俚諺に見るように，日光は風景地として知られていた。外国人は日光に関心を持ったに違いない。特に自由な旅行を保証されていた外交官は，日光の情報には敏感であったと見てよいだろう。サトウの旅行記や日光案内記はもちろんだがほかにも外交官の関心を喚起したであろう事件が二つあった。一つは，日光旅行を経験した同僚の外交官からの情報，二つは保晃会の募金活動である。それらを見てみる。

第1項　外交官の日光旅行

　外務省記録をひもといて外交官の日光旅行の記録を見ると，明治5(1872)年にはオランダ公使ファン・デル・フーヘン，明治7(1874)年オランダ公使ボードウイン，9(1876)年にはイタリア公使アレサンドロ・フェ・ドスチャー二，10(1877)年にはアメリカ公使ビンガム，12(1879)年にはドイツ公使アイゼンデッシャーが夏に日光を訪れている。アイゼンデッシャーが男体山登拝者の装束を身に着けた写真が残ってはいるが，宿舎の不備を考えると中禅寺まで登ったかどうかはわからない。しかし，日光の快適さを実感したと見て間違いない。その情報は同僚の外交官に伝えられたことであろう。日光への興味は高まったに違いない。次に見る明治14(1881)年に始まるサトウの募金の斡旋以前から夏の日光の情報は外交官仲間で共有していたと見てよい。ただし，中禅寺の情報がどこまで伝わっていたかはわからない。

第2項　保晃会の募金活動

　第1部でも触れたが保晃会は，荒廃の進んだ東照宮，二荒山神社，満願寺（後の輪王寺）などの建造物の保存を計画し，そのための資金を用意した団体である。明治12(1879)年に設立が許可された。

　設立を願う文書には「(日光は)東京ヲ距レル甚タ遠カラス避暑ニ便ナリ故ニ近来外客ノ来航スルモ亦競フテ此勝地ヲ踏ミ以テ郷國ニ齎ラス談柄トス實ニ皇國ノ美観ニシテ海外ニ誇耀（後に設立の経緯を印刷した保晃会の文書では「輝」，原本は不明）スヘク所謂殊世ニ存スヘキノ偉跡遐方ニ傳フヘキノ國光ト奉存候」という記述がある。「東京に近いだけでなく，とりわけ避暑に適している」と書いて「それゆえ，日本を訪れる外国人は競うようにこの地を訪れ，そこでの見聞を土産話として国に持ち帰る。日光は世界に誇る国の光だ」と断言している。明治12年の記述だが，ここでは外国人が避暑に来ると言っている。

　保晃会は，活動費を醵金に頼った。明治14(1881)年には全国的に募金活動が行われた。同年2月に設立発起人の一人がサトウを訪れ，西洋諸国における

「旧墳偉蹟」の保全の実態について訪ねる。その際，サトウは日光の社寺の美観と巧妙な技術に賞賛の言葉を与え，またその保全の必要性にも言及した。それだけでなく募金活動への協力を惜しまなかった。保晃会の記録に，「(サトウは)大ニ盡力セラレ次デ各国公使及紳士等多少ノ醵金賛成セラレタリ蓋シ氏ノ厚意周旋ニヨル(38)」という記述がある。ここからはサトウの斡旋で各国の公使から醵金があったことがわかる。

醵金の実績が記載された縦37cm横21cm厚さ3cm200ページにわたる革表紙のレジスターには，申込者のサインが残るSUBSCRIPTION LISTと印刷されたページと明治13(1880)年12月の日付の募金協力要請，および設立が認可された明治12(1879)年10月の日付の会則が英文で載っている。

まず募金協力要請(図2-2-2)を見る。

そこには，興味深い記述がある。一つは「世界に広く知れ渡っている社寺」，次は「毎年訪れる外国人はこの精緻な技法を施され，かつ芸術性豊かな建造物

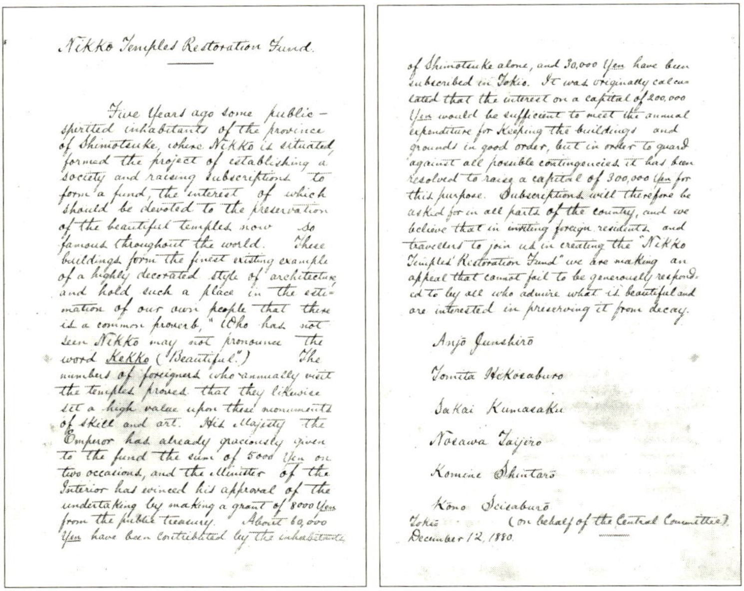
Nikko Temples Restoration Fund.

Five Years ago some public-spirited inhabitants of the province of Shimotsuke, where Nikko is situated, formed the project of establishing a society and raising subscriptions to form a fund, the interest of which should be devoted to the preservation of the beautiful temples now so famous throughout the world. These buildings form the finest existing example of a highly decorated style of architecture and hold such a place in the estimation of our own people that there is a common proverb, "Who has not seen Nikko may not pronounce the word Kekko ("Beautiful".) The numbers of foreigners who annually visit the temples proves that they likewise set a high value upon these monuments of skill and art. His Majesty the Emperor has already graciously given to the fund the sum of 5000 Yen on two occasions, and the Minister of the Interior has evinced his approval of the undertaking by making a grant of 8000 Yen from the public treasury. About 60,000 Yen have been contributed by the inhabitants of Shimotsuke alone, and 30,000 Yen have been subscribed in Tokio. It was originally calculated that the interest on a capital of 200,000 Yen would be sufficient to meet the annual expenditure for keeping the buildings and grounds in good order, but in order to guard against all possible contingencies it has been resolved to raise a capital of 300,000 Yen for this purpose. Subscriptions will therefore be asked for in all parts of the country, and we believe that in inviting foreign residents and travellers to join us in creating the "Nikko Temples Restoration Fund" we are making an appeal that cannot fail to be generously responded to by all who admire what is beautiful and are interested in preserving it from decay.

Anjō Junshirō

Tomita Hikosaburo

Sakai Kumasaku

Nozawa Taijiro

Komine Shintarō

Kōno Seisaburō

Tokio (on behalf of the Central Committee)

December 12, 1880.

図2-2-2　募金協力要請

を高く評価している」，最後は「寄付は世界の人にお願いする。日本に居住する外国人も旅行者も協力してくれると確信している」の3点である。

1点目の「世界に広く知れ渡った社寺」と言いきっている根拠は不明だが，少なくとも世界に誇れる建造物であるという認識は持っていたのだろう。保晃会の文書にあるように避暑客が帰国後日光の壮麗さを故国に伝えると期待していた。それゆえ世界に広く知れ渡った，と考えたのであろう。

2点目は「毎年訪れる外国人」，3点目は「世界の人にお願いする」である。これらを一緒に考えてみる。お願いの姿勢は「世界の人々」に対してである。具体的には「居住者と旅行者」と書かれている。当時日本とアメリカ，日本と中国の間には定期航路はあった。日本来訪の便は整っていたと見てよいだろう。前章で見た，明治8（1875）年の内地旅行者の報告には海外からの旅行者の存在を窺わせる内容もあった。しかし，東京から往復8日[39]という日数，および宿泊施設の未整備などを考えると，日光を訪れる外国人は，外交官，御雇外国人，居留地の住民など日本に長期に滞在する人々であったと考えるのが自然であろう。旅行者と書いてはあるものの，これからの目標であって募金の当初は居住者が中心であったと見てよい。

SUBSCRIPTION LISTには縦の欄が三つあり，欄ごとに日付，国籍・住所・氏名，金額という文字が英字で印刷されている。1ページに30人の氏名が記入できる横欄があり，全体で6,000人の記入が可能である。実際には明治14（1881）年から明治26（1893）年までの109人の署名と醵金額が記されている。募金初年の明治14年の欄には16人の記名がある。全員が外交官である。アメリカ，ドイツ，ロシア，オーストリア・ハンガリー，フランス，英国，イタリア，ベルギー，スペインの公使の名が見える（図2-2-3）。

それを一覧に整理した（表2-2-1）。

当時15の国が日本に公使を派遣していた。そのうち9か国の公使が募金初年にSUBSCRIPTION LISTに名を飾る。また明治16（1883）年には清国とポルトガルの公使，18（1885）年に新任のフランス公使の名が見える。個人の立場での募金ではあろうが多くの国の外交官が賛同を示している。サトウの斡旋はあっ

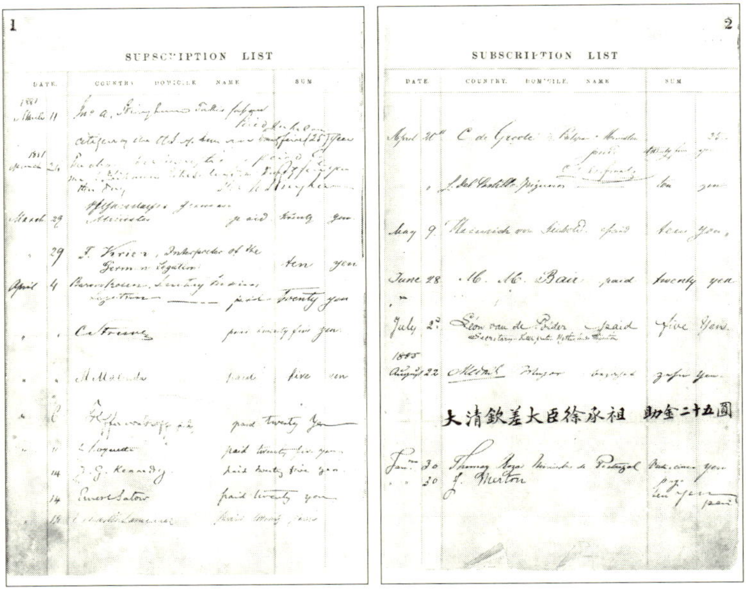

図2-2-3　SUBSCLIPTION LIST

た。しかし，それだけでなく，各国公使は日光に対して強い関心を持っていたのではないだろうか。「避暑ニ適シタ」土地への関心であろう。サトウの言う歴史，自然環境両面で興味深く，加えて夏でも涼しい日光に注目していたのだろう。醵金を通じて彼らの注目はさらに確かなものになったに違いない。外交団に浸透していったと見て間違いないだろう。中禅寺が避暑に適しているという情報は，明治17（1884）年に発刊されたサトウのガイドブックに書かれていた。サトウは，明治7（1874）年9月の旅行でそれを知った。しかしながら宿泊施設が整わなければ，避暑地としての体をなさない。それゆえ14年の初版では書かなかった。ただし，外交官仲間の日常の会話や醵金の斡旋の中で，避暑地としての可能性についても伝えたのではないだろうか。夏の暑さの苦痛は共通であったろうから，情報の提供はあったと見て間違いないだろう。外交団はいち早くサトウを介して中禅寺湖畔が避暑地に適しているという情報を得たに違いない。中禅寺への関心は高まったであろう。後に中禅寺は国際的避暑地と呼

表2-2-1　SUBSCRIPTION LISTの明治14(1881)年の欄に記帳されている氏名・官職・醵金高

月日	氏名	官職	金額
3/11	J. A. Bingham	米公使	25円
3/26	Von Eisendecher	独公使	25円
3/29	F・Krien	独通訳官	10円
4/4	Baron Rosen	露書記官	20円
4/4	Struve	露公使	25円
4/4	Malenda	露通訳官	5円
4/6	Hoffenfels	墺洪公使	20円
4/6	G. de. Roquette	仏公使	25円
4/14	J. G. Kennedy	英公使	25円
4/14	Ernest Satow	英書記官	20円
4/14	E. M. Lanciarez	伊公使	20円
4/20	C. De. Groote	白公使	25円
4/20	L. del Castillos y. Tribueros	西公使	10円
5/9	Hheinrich von Siebolt	墺洪公通訳官	10円
6/28	M. M. Bair	独領事	20円
7/2	Reon. Van. de. Border	蘭公使館員	5円

註・氏名はSUBSCRIPTION LISTに記帳されたとおり表記
　・アメリカを米，ドイツを独，ロシアを露，英国を英，オーストリア・ハンガリーを墺洪，フランスを仏，イタリアを伊，ベルギーを白，スペインを西，オランダを蘭と表記した
　・官職が記載されていない場合は筆者が加えた

ばれる。その成立には外交官が中心的役割を担った。そこには，募金を通じて喚起されたであろう日光，特に中禅寺への関心がなんらかの形で影響を与えていると見て間違いないだろう。

第4節　本章のまとめ

本章ではサトウの旅行記とガイドブック，チェンバレンのガイドブック，そして保晃会の文書を分析した。旅行記やガイドブックに関しては，風景や建造物などの不変の情報は各版共通である。一方，ホテルや交通機関などの施設は出版当時の情報が載っている。当然情報発生時とは時間のずれはある。しかし，42年間に11回，平均5年間隔で更新されていることを考えると，決定的な遅延

ではないと考えてよいだろう。これらの文書が内外の西洋人にどれほどに浸透したかはわからない。初期における唯一性，中長期にわたる継続性を考えると，西洋人が日光を知るための代表的資料と見てよいだろう。これらを介して内外の西洋人は，中禅寺に対する認識を深めていったと見ることができる。そこから中禅寺が西洋人に認知認識されていく過程を大きく捉えることができると考える。これまで見てきたことを整理する（表2-2-2）。

　日光は，明治5（1872）年に新聞を介して西洋人社会に紹介された。横浜居留地住民は具体的な情報に初めて触れたと見てよいだろう。その情報は明治8（1875）年に1冊にまとめられガイドブックとして発刊された。外国人旅行免状制度の発足と時を同じくして日光の情報を入手できるようになった。旅行先として注目されるようになったと見てよいだろう。明治14（1881）年以降版を重ねるごとに情報が豊かになる。

　中禅寺が初めて西洋人に紹介されたのは，明治5年と見てよい。スコットランドに似た風景として認知された。明治14年には，「旅館もありビールも飲める」と書かれ，利便が整いつつあることが伝えられた。香港，上海でも販売された。また17（1884）年には「避暑地としておすすめだ」と書かれ，その魅力が伝えられた。この頃から避暑適地として認知されるようになったと見てよいだろう。ロンドンで出版された。当然販売もされたであろう。

　明治24（1891）年には，人力車や駕籠といったいろは坂登攀の利便と洋食提供という夏場の旅館のサービスが伝えられた。現実的な避暑地として認識されるようになったと見てよい。シンガポールでも販売された。情報はより広域に浸透するようになったと見て間違いない。

　明治27（1894）年にはこれまでの紅葉の秋と避暑の夏だけでなく，満開のツツジに彩られた春の情報が載っている。通年の旅行先としても期待されるようになったと見てよいだろう。

　明治32（1899）年には，外交官別荘とホテルの存在という現実が示された。避暑地であるという認識が確かなものになったと見てよい。

　大正に入ると，湖畔の散策ルートの情報が取り上げられるようになる。サト

表2-2-2　各文書の記載内容から見た読者の中禅寺に対する認知・認識の深まる過程

発刊年	販売地	アクセス		記載内容				中禅寺に対する認知・認識の深まる過程
		日光	中禅寺	日光市街	奥日光	奥日光に関する記述の要約		
M5	横	4日	徒歩		中禅寺湖（スコットランドに似た風景）			認知
8	〃	〃	〃		竜頭の紅葉・湯ノ湖の美しさ	奥日光の魅力		旅行先として注目
14	横・香・上	2日	〃		中禅寺の旅館ビール提供・湯ノ湖の紅葉			
17	倫・横・香・上	〃	〃		中禅寺避暑適地	夏季冷涼の地		避暑適地として認知
24	倫・横・香・上・新	5時間	人力車・駕籠	山内と周返	中禅寺旅館夏季洋食提供	西洋人向けサービス		避暑地として認識
27	〃	〃	〃		日光市街中禅寺間沿線のツツジ	春の魅力		通年の旅行先として期待
32	〃	〃	〃		夏季静謐な環境ゆえ外交官別荘・ホテル有	夏季の中禅寺の状況		整った避暑地であると確認
34	〃	〃	〃		新情報無	新情報無		〃
36	〃	〃	〃		〃	〃		〃
40	〃	〃	〃		〃	〃		〃
T2	〃	4時間			中禅寺中心地と湖畔の拠点間の距離	散策情報（視点場への距離）		期待感の増大

註・発刊年のMは明治，Tは大正を表す
　・文書は発刊年で表示した。M5はThe Japan Weekly Mail．M8はA Guide Book to Nikkô, M14とM17はA Handbook For Travellers In Central & Northern Japan,. M24からT2まではそれぞれ当該年のA Handbook For Travellers In Japan
　・販売地の地名：横浜は横，ロンドンは倫，上海は上，シンガポールは新と略記
　・アクセス：日光は東京から日光，中禅寺は馬返から中禅寺まで
　・記載内容の奥日光の欄は，当該文書で初めて紹介された内容

ウにスコットランドに似ていて，かつ箱根より美しいと言わせた湖畔に沿った歩道の情報である。中禅寺湖の多様な風景を楽しむことができる視点場へ誘導する。新たな魅力を発見するためのツールである。期待感を喚起したのではないだろうか。それだけでなく，33年に及ぶ日光紹介の最終版である9版では，

「日光の避暑生活は楽しい」と総括し，そして「日光市街だけでなく東京在住の外国人が中禅寺にも別荘を構えている」と説明している。「避暑地中禅寺」という認識は定着したと見て間違いない。

　一方自由な旅行ができた外交官の間では旅行で得た情報が伝達されたことであろう。情報は，外交官同士で共有されたに違いない。明治14年のハンドブックには書かれていない情報もサトウから伝えられたと見て間違いないだろう。外交官への募金勧誘の時が中禅寺に宿泊施設ができた時期と重なることを考えると，勧誘の過程で避暑地の可能性も伝えられたと見てよいだろう。日本駐箚の外交官はいち早く避暑適地として認識していたと見て間違いない。

　サトウは明治31年の夏を中禅寺で過ごした。59日間の滞在だがその間の生活を日記に残している。そこに登場する人物は53名で，日本駐箚の英国の外交官が6名，英国以外の国の外交官が16名，日本以外の国に駐箚する外交官が3名であった。このように外交官が全体の半数を占める。そこにはベルギー，ドイツ，ブラジル，アメリカ，オランダ，ロシア，フランスの公使の名が見える。彼らから避暑地中禅寺に関する多くの情報が発信されたと見て間違いないだろう。本国への手紙や賜暇で帰国中，そして次の赴任国で情報は伝えられたに違いない。

　それにしても，体系的かつ詳細にわたる情報の提供だけでなく避暑地中禅寺の発見と紹介など日光の周知に果たしたサトウの功績は大きい。

第3章　国際的避暑地中禅寺の実相

第1節　本章の目的と研究の方法

(1) 本章の目的

　第1章では西洋人避暑地中禅寺の幕開きの時，そして第2章では避暑地として認知認識されてゆく過程を考察してきた。本章では，明治初期から昭和戦前までの「国際的避暑地中禅寺」の実相を探る。

(2) 研究の方法

　「外国人が集う避暑地中禅寺」の歴史は明治20年代に始まる。避暑客は別荘や旅館・ホテルに滞在し湖畔の涼気を楽しんだ。外交官も多かった。昭和初期には英国，ベルギー，フランス，イタリア，ドイツの大使館別荘があった。戦前まで避暑生活は続いた。戦争がその様相を一変させた。避暑客は去った。外国人が避暑を楽しんだ別荘もその用途を変えた。または廃屋と化した。ただし英国，イタリア，フランス，ベルギーの別荘は戦後も存続した。しかし，ホテルなど地元の施設が接収されるなど戦前とは異なる状況にあった。占領下での大使館別荘の避暑の様子はわからない。避暑地中禅寺のシンボリックな活動であったヨットレースも戦後はない。大使館別荘以外の避暑生活も見られない。「国際的避暑地中禅寺」は戦争とともに消滅した。

　本章では，国際的避暑地中禅寺が誕生し定着してゆく明治期，避暑生活が継続する大正期，そして五つの大使館別荘が揃う昭和初期から戦前までの三つの時代に区分しその実相を探る。

第2節　明治期の避暑地中禅寺

第1項　避暑地としての充実

(1) 民間の事業から見る避暑地中禅寺

　明治23(1890)年日光宇都宮間に鉄道が敷かれた。鉄路で東京と直結したのである。上野発6時40分の汽車は11時40分に日光に着いた。アクセスは改善された。外国人が急増する。(1)鉄道と歩調を合わせるように明治21(1888)年には日光ホテル，明治25(1892)年には新井ホテル(2)，26年(1893)には金谷ホテル(3)が開業し，宿泊施設も充実した。

　鉄道は中禅寺にも影響を与えた。開通翌年の明治24(1891)年，待っていたかのように日光市街から中宮祠までの道路の改修工事が実施された。また27(1894)年には，レークサイドホテル(4)が営業を開始した。到達性が改善され，宿舎も整備された。避暑地として基盤が整ったと言ってよい。

(2) 県の文書から見る避暑地中禅寺

　前章まで国の文書と個人執筆のガイドブックや日記などから日光を見てきた。ここでは県の文書から中禅寺を見てみたい。

　最初に明治11(1878)年6月28日に定められた「外国人取扱規則」(5)を取り上げる。21項目からなる規則だが，外国人に接する際の警察官の心得を明文化したものである。「対応如何では国際問題になるゆえ丁寧慎重なる取り扱いが必要」，「引致する際は衣服に触れてはいけない」などの基本的な心得と事例ごとの対応が定められている。県は外国人が増えることを確実視していた。もちろん県全域に施行するものだが，日光あるがゆえの規則であろう。警察内部の規則とはいえ，それを知った日光の人たちは，これからは外国人が増えると予感したに違いない。中禅寺では旅館の営業が始まる時期である。明治14(1881)年のサトウのガイドブックでは，中禅寺の旅館米屋ではビールも飲めるし部屋にはテーブルもあると書かれていた。(6)外国人を意識したサービスである。直接的な関係は分明できないが，この規則は，外国人が増えるという認識を広め，またその

対応の意識を高める効果があったに違いない。特に日光では敏感に受け止められたと見てよいだろう。

次に，地元の対応を見てみたい。総じて外国人に対しては好意的であったと見てよい。それを垣間見ることができる出来事があった。明治18(1885)年12月の県議会で，中学校を宇都宮から日光へ移転すべきだという質問(7)があった。そこでは，
　①土地高燥で水質がよく，風景も美しい
　②体育（健康の意か）の観点から宇都宮より優れている
　③外国人や紳士が多く中流以上の人が多いので学生によい刺激になる
と述べている。

日光を，環境が優れ，グレードの高い人が訪れる場所と見ている。この質問からは外国人に対する悪感情を感じ取ることはできない。少なくとも質問者は外国人に好意を持っていると見てよいだろう。地元も同様であったのではないだろうか。このような感情は，明治20年代前半から見られる民家での外国人宿泊受け入れを容易にした背景になるものと考えられよう。

中禅寺に直接関係する文書には，明治22(1889)年12月の県議会の審議および明治24(1891)年度の追加予算審議の議事録(9)がある。前者は，既存道路の仮定県道への格上げの審議だが，「日光町ヨリ中宮祠　凡三里」も審議対象路線に挙がっていた。日光町から中禅寺までの道である。この議案は承認されなかった。ただし路線が延長されて「日光ヨリ中宮祠ヲ経テ湯元ニ達スル道」が一ランク下の一等里道に指定された。同時に「道路橋梁支弁規則」が改正され，県が実施する事業に一等里道が取り込まれた。「日光ヨリ中宮祠ヲ経テ湯元ニ達スル道」は，県が責任を負う道路に指定されたのである。

後者は，「追加予算日光中宮祠間道路修繕費1,100円」の議決である。日光から中宮祠までの道路修繕費が予算化された。続いて明治26(1893)年1月には「日光町カラ中宮祠ヲ経テ湯元ニ達スル道」の工事費を含む500円の追加予算が議決になる。中禅寺への道路は急峻な登攀道であったが，明治22年地元が新たな路線を開設して新道をつくった。その新道を県が24，26両年で整備した。避

第2部　国際観光　　183

暑地中禅寺へのアクセスは改善されたのである。

　2年後の明治28 (1895) 年には，県議会で駕籠税の創設が議題となる。そこでは「椅子駕籠は日光等には西洋人等のために30以上あると聞く」という発言がある。椅子駕籠は急坂で使われる。その数は利用する外国人の数の多さを示している。明治20年代後半には，中禅寺に登る外国人は増えたと見て間違いない。

　翌明治29 (1896) 年11月の県議会では，中禅寺の様子を具体的に述べた答弁がある。県は警察官増員の理由の一つに「登晃外国公使の中宮祠に遊ぶもの年々多きを加え」を挙げている。明治29年中禅寺で夏を過ごしたベルギー公使夫人エリアノーラ・メアリーの日記はその様子を具体的に描写している。そこにはグートシュミットドイツ公使，アーネスト・サトウ英国公使，ヴェーデンブルックオーストリア・ハンガリー公使そしてダヌタンベルギー公使が登場する。それだけでなく，フォン・ハイキング北京駐箚ドイツ公使の名もある。少なくとも日本駐箚の5人の公使と北京駐箚ドイツ公使が中禅寺で夏の時間を過ごした。県議会では「年々多きを加え」と言っている。先に見た明治22年8月のレオン・ヴァン・デ・ボルデルオランダ臨時代理公使の中禅寺滞在以降増えてきたのであろう。

　このように中禅寺に遊ぶ外交官が数を増すなか，明治32 (1899) 年には国内どこでも自由に旅行し居住できるようになった。翌年の明治33 (1900) 年に，県は馬返中禅寺間の道路3,240間に幅9尺厚2寸の敷砂利の予算を計上した。人力車運行の容易安全のためであろう。中禅寺到達の利便はさらに改善されたのである。

第2項　避暑生活の諸相

(1) 湖畔の別荘

　フランシス・ピゴットの『断たれたきずな』には，明治21 (1888) 年から23 (1890) 年の夏の体験が書かれている。そこでは，

　①（日本在住の）外国人は，1年のうち最も暑い7月には，避暑のため海か山

に行く

　②（私は）夏は中禅寺湖畔の湖を見下ろす宿屋に住んだ

　③後年，外交官を収容した別荘は，当時はまだ一つもなかった
と言っている。

　ここでは明治23年には湖畔に外国人別荘はなかったと言っている。資料から見ることができる最初の別荘は，カークウッドのそれであろう。明治24（1891）年には湖畔に建っていた。

　明治28（1895）年のアーネスト・サトウの書簡は，湖畔の別荘に触れている。そこには「湖畔に小さな家を借りた，ここに家を持っている外国人には，グートシュミット，ラウザー一家，カークウッド一家および名前の知らないドイツ人学者だけである」と書いてある。サトウを入れると明治28年には，5軒の別荘があった。この時点では建物や土地などの所有は認められていない。ただし明治25（1892）年の外務省の調査を見ると，地元の代理人の名を借りて土地や建物を所有または借り受けした事例が栃木県だけでも5件ある。とりわけ珍しい事例でなかったのかもしれない。

　サトウの書簡にあるグートシュミットは日本駐箚ドイツ全権公使男爵フォン・グートシュミットのことであろう。グートシュミットの日光滞在は明治28（1895）年が初回ではない。明治26（1893）年7月に外務大臣から栃木県知事に「本邦駐箚独逸国全権公使フォン・グートシュミット氏が避暑のため日光に滞在するので不都合がないよう注意せよ」という内容の文書が発送されている。ここに見るようにグートシュミットは明治26年にも日光を訪れている。ただし滞在先が日光のどこかはこの文書からはわからない。翌27（1894）年7月26日の外務大臣から栃木県知事にあてた文書（口絵　図2-3-1）には下記の記載がある。

「栃木県知事　佐藤暢殿
　　　　　外務大臣　陸奥宗光

本邦駐箚独逸全権公使男爵フォン・グートシュミット氏ハ今回之震災ニテ同

第2部　国際観光　　185

公使館大ニ破損ヲ生シ住居ニ堪兼候ヲ以テ明廿七日滊車ニテ出発貴管下ノ日光ヘ旅行中禅寺ニ當分ノ間滞留可致筈ニ付滞留中ハ取締方等厳重ニ被致度又何等請求致節ハ成可便宜ヲ□□候様致度此段及内訓ニ候也」

　註：□□は判読不能，恐らく「計リ」であろう

　今回の地震[27]でドイツ公使館が破損し，住居として使えない状態になった。グートシュミット公使は明日27日汽車で日光へ出発，当分の間中禅寺に滞在する予定である。滞在の間取り締まりに注意し，また要請があった場合は便宜を図れ，という内訓である。公使は前年に引き続き27年も夏は日光で過ごした。明治28年のサトウの書簡と照らして見るとグートシュミットは明治26年もしくは27年に湖畔に別荘を入手したと見てよいだろう。

　一方サトウは，明治28年7月の赴任直後，中禅寺に借家を手に入れる。同時に別荘の建設に着手し[28]，翌29（1896）年夏湖畔に別荘が完成する。

（2）アーネスト・サトウの避暑生活

　別荘は完成したが明治30（1897）年の夏に賜暇で帰国，31（1898）年の夏に本格的避暑生活を満喫することとなる。その具体的内容を彼の日記[29]から見てみる。まず別荘滞在日数を見る（表2-3-1）。計5回別荘を訪れた。往復の日を入れると延べ59日の滞在になる。サトウは夏のシーズンの3分の2を日光で過ごした。

　日記には往復の日と記載のない日を除いた41日の避暑生活が書かれている。それらを整理する。

表2-3-1 別荘滞在日数（明治31年）

回数	登晃日	下晃日	滞在日数
1	7月10日	7月23日	14
2	7月29日	8月5日	8
3	8月6日	8月13日	8
4	8月19日	9月3日	16
5	9月9日	9月21日	13
計			59

　別荘滞在中の日記に登場する人物は，避暑客と見て間違いないだろう。彼らを，

　①日本駐箚の外交官

②日本以外の国の駐箚外交官
　③御雇外国人
　④その他
に整理した。次に各人の行動を，
　①午餐会，茶会，晩餐会の主催
　②午餐会，茶会，晩餐会への出席
　③サトウが訪問
　④サトウ邸へ来訪
　⑤散策，ピクニック，登山にサトウと同行
　⑥サトウのボートへ同乗
で整理し，最後に日記から読み取れる「別荘所有の有無」を加えた（表2-3-2）。
　登場する人物は53名である。日本駐箚の英国の外交官が6名，英国以外の国の外交官が16名，日本以外の国に駐箚する外交官3名，御雇外国人3名，外交官と御雇外国人以外が25名でその中には英国東洋艦隊司令長官とその副官そして秘書官の名がある。外交官が全体の約半数を占める。そこにはベルギー，ドイツ，ブラジル，アメリカ，オランダ，ロシア，フランスの公使の名が見える。日本人は貴族院議員鍋島直大夫婦のみである。
　41日の間にボートで湖に乗り出したのが23日，16回散歩やピクニックに出かけ，植物観賞・植物採取を楽しんだ。野外の楽しみだけでなく避暑滞在中の西洋人との交流もあった。午餐9回，茶会13回，晩餐16回を数える。またサトウの家への来訪やサトウの他家への訪問も多い。社交にも重きが置かれていたと見てよい。社交は長期にわたる避暑生活の充実のためには欠かせない要素であったのだろう。東京での生活をそのまま中禅寺に持ってきたと言ってもよい。
　サトウの1日の行動を見ると，7月16日はクロウとボート・散歩・植物採取，午後サトウ邸でダヌタンベルギー公使夫婦，フォン・ライデンドイツ公使，リスボアブラジル公使，メイベルギー書記官，ダグデイル[30]，ブロッケルバンク[31]とお茶を楽しみ，次いでフォン・ライデン公使と晩餐をともにした。また8月12日はダヌタン邸で午餐，ロシアの外交官ボクレフスキー，ウイルソン，コザコ

表2-3-2　避暑客とその活動および別荘の有無

氏名・役職 / 活動	サトウ（英国公使）	パジェット（二等書記官）	クロウ（通訳生）	ウッド（通訳生）	ホームズ（通訳生）	チャーチル（公使館付武官陸軍中佐）	ダヌタン男爵夫妻（ベルギー公使）	フォン・ライデン（独特命全権公使）	リスボア（ブラジル特命全権公使）	バック大佐（米公使）	テスタ（蘭公使）	ペイレラ（ブラジル公使）	ローゼン（露公使）	アルマン（仏公使）	プールタレス伯爵（仏一等書記官）	ド・ポンデー夫婦（仏二等書記官）	デュ・ドレズネ（仏三等書記官）	メイ（ベルギー書記官）	ケーニッヒスマルク伯爵夫婦（独公使館付武官）	ボクレフスキー（独公使館付武官）	ウィルソン（米二等書記官）	コザコフ（露通訳生）	ハネン夫人（上海英国領事裁判所判事）	（他国外交官）
I	5						2																	
II	4						1	1						1	1									
III	10						1																	
IV	3						5	2	1										1	2				
V	11						1		1									1						
VI	4	2					1	1		1									2					
VII	10								1		1					1		1	1	2				
VIII	17							2				1	1	1				1				1	1	1
IX	16	3	1	2	8		2	1					1					1						1
X	23	2	4	5	1	14	1				2													1
別荘	有						有		有				有	有	有	有		有						

188

外国…	ガーデナー夫人	シーモア提督	パートレット	オルトン	左秘書官	バジェット	オゴーマン大佐夫妻	ホーキンズ夫妻	コニル	ペイン夫人	カンフリ嬢	ジャフソン	オードリー夫妻	ミュアヘッド博士夫婦	バートン嬢	スタッド	ダグデイ	ブロッケルバンク夫妻	パナマン	モリス	スパロー	ド・ウテル	クラッターバック夫婦	モールド大佐	プーア嬢	イエーツ夫婦	鍋島直大夫婦
（肩書）	共立女学校校長	英東洋艦隊司令長官	左副官	左秘書官		英国政治評論家	香港上海銀行			MM汽船横浜支店長	カナダ太平洋汽船代理人	R.ロビンソン商会社長の姪	横浜クラブチェンバーズ	聖公会主教夫妻						カークウッド夫人の弟					画家		貴族院議員
I					1									1													
II	1							1	1								1		1								1
III					1																						
IV	1										1	1					1	1	1		1	1		1	1		
V				1	1								1	1							1	2					
VI										1										1							
VII	1	1	1		1				1											1							
VIII	2								1			4								1	1				2	1	
IX	3				2	1						1							1						1	
X					有														有							

註・活動欄のローマ数字は，以下の活動を表す
　Ⅰ：昼食会主催　　Ⅱ：昼食会参加　　Ⅲ：茶会主催　　Ⅳ：茶会出席　　Ⅴ：夕食会主催
　Ⅵ：夕食会出席　Ⅶ：サトウが訪問　Ⅷ：サトウを訪問　Ⅸ：ピクニック，散歩，登山
　Ⅹ：ボート
・昼食会，茶会，夕食会，ピクニック・散歩・登山，ボートは複数参加もあるのでサトウの主催回数と出席人数は一致しない
・夫婦は2人1組で表し，いずれか一方だけの参加も1と計上した
・別荘を所有していると日記から読み取れる人名の欄に「有」と表記した
・仏一等書記官プールタレス伯爵は，活動への参加はないが別荘を所有している

フが来訪，午後はサトウ邸でダヌタン夫妻とお茶，夜はベルギー書記官メイと晩餐をともにした。時とともに移ろう風景の中で，会食，茶会，散策，ボートを楽しんだ。中禅寺の風景を楽しむサトウの姿がそこにある。

　以上が日記に登場する人物とサトウの避暑生活の概要である。日記に登場する人物は，自己所有の別荘もしくは借家そしてそれらへの寄留，または旅館・ホテルに滞在し避暑を過ごした。日記からは12名が別荘を所有していたと読み取れる。サトウを初め，ダヌタンベルギー公使，リスボアブラジル特命全権公使，アルマンフランス公使，ブータレスフランス1等書記官，ド・ボンデーフランス2等書記官，ド・デュレズネフランス3等書記官，メイベルギー書記官，ボクレフスキーロシア1等書記官の9名の外交官およびカークウッド司法省顧問，オゴーマン大佐(32)，ド・ウテル(33)の3名である。外交官が圧倒的に多い。彼ら全員が，サトウと同じような避暑生活を送ったかどうかはわからないが，少なくともダヌタン男爵夫人の日記には，サトウ同様の生活が描かれている。なお日記には出てこないが，湖畔にはトーマス・グラバー(34)の別荘があった。これを含めると湖畔にある西洋人別荘は13軒となる。

　以上がサトウの避暑生活だが，日記には注目したい点が三つある。一つは，上野島(35)をFormosa（台湾），寺ヶ崎(36)を遼東半島と呼んでいることである(37)。サトウが命名したのかどうかはわからないが，湖水を渤海，黄海，南支那海に見立ての命名であろう。当時遼東半島や台湾島は国際的に見ても話題の地名であった(38)。後に触れるが，男体山ヨットクラブの昭和10年代の記録帳にも，上野島をFormosaと表記してある。湖畔で夏を過ごす西洋人の間では，Formosaが上野島の通り名であった。それが昭和の時代まで継承されたのであろう。いつからそう呼ぶようになったかはわからないが国際的に注目された地名の借用である。外交官ならではの命名と言えよう。

　二つは，明治29（1896）年3月3日に逓信局長白井専一が「夏までには中禅寺へ電信線が引かれる(39)」とサトウに伝えていることである。各国外交官の避暑滞在に配慮した発言と見てよい。明治19（1886）年の榎本の稟議と同じく必要に迫られたのであろう。多くの外交官が中禅寺に逗留するようになった証左と言

えよう。

　三つは明治29年7月6日にある陸奥宗光の「(近い将来)中禅寺まで索道ができるかどうか調査に出かけるつもりだ[40]」という発言である。陸奥は直前まで外務卿を務めていた。先の逓信局長同様避暑地中禅寺の利便を意識しての発言と見てよい。外交官が集う避暑地という現実を反映したものであろう。

(3) ホテル滞在客の実態

　明治24(1891)年のガイドブックには和泉屋と米屋では夏の間洋食を提供すると書かれている。また明治27(1894)年にはレークサイドホテルが開業した。外国人宿泊の利便が整った。しかし宿泊者の実態を今に残す資料はほとんどない。ただし明治31(1898)年に米屋に宿泊した外国人の詳細を記した資料が残っている(図2-3-2)。

　表紙には米屋ホテルと記載されている。宿泊者氏名、宿泊数そして宿泊代が

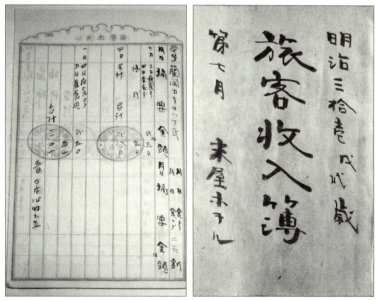

図2-3-2　明治31年旅客収入簿　米屋ホテル

記載された用箋にも米屋ホテルと印刷されている。宿泊代の上の捺印には「CHUZENJI NIKKO JAPAN」と「米屋ホテル」が印字されている。このような収入簿があったことを考えるとこの時期米屋は外国人の宿泊に中心を置いていたのかもしれない。ここには6月から10月までの外国人宿泊者の実態が記載されている。10月の宿泊者は13名であった。内訳は1泊10名, 4泊3名である。7月から9月の宿泊者は85名で1泊から47泊と幅広い。それを整理する(表2-3-3)。

表2-3-3　宿泊数毎の宿泊者の人数

泊数	1	2	3	4	7	8	9	10	11	14	16	18	24	28	31	39	42	47
人数	14	15	13	1	10	3	5	5	1	5	2	1	1	3	1	2	1	1

　1泊から4泊までを短期滞在, 7泊以上を長期滞在と見ると前者43名, 後者41名とほぼ同数である。夏の期間のすべてを中禅寺で過ごす人もいた。限られた資料である。それに以前の状況はわからないが少なくとも明治30年代初頭には避暑客が多かったと見てよいだろう。全宿泊者の国籍は記載されてはいない。28名の国籍が書かれている。英, アメリカ, オランダ, フランス, ドイツ, ブラジルの名がある。国際的と言ってよい。資料は残っていないがレークサイドホテルも米屋ホテルと同様であったに違いない。

(4) ヨットレースの登場
　避暑地中禅寺の最大の特徴は, なんといっても湖を帆走するヨットレースにある。ただし, その詳細を記した資料は少ない。男体山ヨットクラブの昭和戦前のレースの記録だけである。明治期の資料は見当たらない。ただし, 『アーネスト・サトウ公使日記』, 『ベルギー公使夫人の明治日記』, 『ベルツの日記』[41], 『断たれたきずな』の四つがそれに触れている。前の二つは, 明治32(1899)年8月16日に開催されたレースを取り上げている。ベルギー公使夫人は, 「今日はヨットレースの初日で9隻の参加があった」と書いている。翌8月17日には「中禅寺の湖の上で, ボートに比して大きすぎる帆を張って, このスポーツをほとんど知らない人によって操られるヨット遊びは, 私の意見ではできるだけ避け

た方がよい」と感想を述べている。

　ヨットレースがいつから開催されるようになったか。直接それを示す資料には巡り合っていない。レースにはヨットの所有者の存在が不可欠である。旅館やホテルの滞在ではヨットは所有できないだろう。別荘滞在者に限る。明治25（1892）年の県内務部の調査では中宮祠には8戸の民家があった。内6戸は茶屋であった。残りは2軒だが1軒はカークウッドの別荘で最後の1軒の持ち主は不明である。当時現地にヨットの造船技術はない。この時点でヨットの存在は考えにくい。中宮祠登攀道は急坂からつづら折りの新道に路線がかわり明治26（1893）年に県が修繕を行う。明治27（1894）年以降はヨットの搬入は可能であったのかも知れない。明治28年は別荘が5軒あった。ただしヨットの存在を示す資料はない。この年のアーネスト・サトウの手紙もセイリングなど別荘の生活には触れていない。

　明治32年に突然9艘のヨットが中禅寺湖に登場し，レースが始まったとは考えにくい。明治29（1896）年以降のいつかの時点でセイリングは楽しまれるようになり，艇数が増えて明治30年代初めにはレースが開催されるようになったと見るのが順当かも知れない。ベルギー公使夫人は明治32年8月17日がヨットレースの初日だと言っている。これだけではヨットレースが開催されるようになったその最初の日なのか，または32年に行われたレースの初日なのかはわからない。また夫人は，翌17日にはヨットそのものに習熟した人たちはいなかったとも言っている。それまでヨットレースは開催されていなかったとも読める。夫人の言う「ヨットレースの初日」と「参加者は初心者」から，明治32年が初めてヨットレースの開催された年と判断して間違いないだろう。

　『ベルツの日記』には明治37（1904）年の中禅寺が書かれているが，そこでは，
①湖水の南岸と西岸（ママ）は，半日本式の住み心地のよさそうな建て方の家屋で賑わっており，外交官や，その他在京外国人のお歴々が，これらの家屋で夏を過ごす
②上流社会の日本人は，外人のお偉方の中で窮屈なのでほとんどやってこない

③上等の食料品も,乗馬,ボート,ヨットも用意されている(43)

と避暑生活には欠かせないツールとしてヨットを挙げている。
　明治43(1910)年に男体山ヨットクラブのレースを楽しんだと言うピゴットの記述に見るように,(44)40年代にはヨットレースも定着し避暑生活には欠かせない行事になったのであろう。

(5) 海外からの避暑客

　明治31(1898)年には別荘が12軒あった。明治32年にヨットレースが始まった。この頃避暑地としての実態が整ってきたと見てよいだろう。中禅寺を「夏季静謐な環境で外交官別荘やホテルもある」と紹介したチェンバレンのガイドブックは明治32(1899)年ロンドンで発刊された。(45)アジアでは横浜,香港,上海,シンガポールで販売された。海外にも避暑地中禅寺の情報は伝わったと見てよいだろう。それ以前に海外でも知られていたことを示す事件がある。明治30(1897)年5月8日清国駐箚日本公使から外務次官あてに電信が入る。オランダ公使クノーベル一家5人が避暑のため中禅寺滞在を希望している。29日に神戸に着くが,旅行免状を入手していないので便宜を図ってもらいたいというものであった。(46)手続きも済ませずに船便を決め,いわばイレギュラーとも言ってよい手段に頼って便宜供与を求めるなど,理由はどうあれ尋常とは言いがたい。事の結末は不明だが,オランダ公使の避暑地中禅寺に対する熱意を感じ取ることはできる。また明治29年のベルギー公使夫人の日記にはフォン・ハイキング北京駐箚ドイツ公使の名もあった。清国駐在の西洋諸国の外交官は中禅寺を魅力的な避暑地と理解したに違いない。憧れの地であったのかもしれない。

第3項　本節のまとめ

　以上が明治期の避暑地中禅寺である。西洋人の避暑生活は明治20年代の初期に始まり,後半に定着した。西洋諸国の外交官が避暑に訪れ,湖畔の別荘に滞在した。ほぼ同じ頃ヨットレースが始まった。海外からの避暑客の実態はわからないが,清国駐箚の西洋諸国の外交官の間では中禅寺は避暑地として知ら

れていた。

第3節　大正期の避暑地中禅寺

　大正時代の避暑地中禅寺の姿を今に伝える資料は少ない。断片的であれ中禅寺に触れているものを見てみる。
　『日本ヨットクラブ60年史』には、「大正期には中禅寺湖に外人のヨットクラブがあった、ヨットは横浜から運んだ」[47]とヨットクラブの存在を語っているが、それ以上の記述はない。
　ヨットレースに触れている資料にピゴットの『断たれたきずな』がある。そこには明治43(1910)年から大正2(1913)年までの夏の出来事として次の四つの記述がある。
　①夏休みはいつも中禅寺だった
　②男体山ヨットクラブ主催のレースを楽しんだ
　③英国大使がクラブの会長であった
　④中禅寺でも、1週間、否ほとんど1日として、外交官の知己と会わずに過ごすことはなかった
　ここからは、
　①明治末には男体山ヨットクラブが結成されていた
　②明治43年から大正2年までは、英国大使が会長を務めていた
　③明治期に続き大正期も多くの外交官が中禅寺で夏の生活を楽しんだ
ことがわかる。
　その様相を垣間見ることができる資料がある。[48]大正4(1915)年8月6日の下野新聞には中禅寺に避暑滞在中の各国大使のコメントが載っている。イタリア大使は駐日7年になるが毎年避暑に来る、ロシア大使は別荘で事務を処理している、セイリングはあまり好まない、フランス大使は6人のお嬢さんも一緒に避暑を過ごしている、英国大使はお嬢さんのピアノやボートを楽しんでいる、と避暑生活の一端を紹介している。ロシア大使のコメントは、セイリングが楽し

まれていたことの証左と言えよう。

　大正6(1917)年発刊の『日光新誌』には「各国大使公使その他外人の別荘等所々の散在し湖面を響くピアノの名曲は更に湖畔の霊感を加ふ⁽⁴⁹⁾」と当時の中禅寺の状況を伝えている。また，同じく大正6年の「一日の行楽」には「赤い青い競艇の旗などがヒラヒラしている。実際に日本では見られないような湖水である⁽⁵⁰⁾」と中禅寺湖の印象が記されている。「赤い青い競艇の旗」は，ヨットレースのコースを示すブイの旗であろう。

　確かに大正期の資料は少ない。少ないなかでも，中禅寺の様相を伝える資料がある。大正9(1920)年の宿泊者数調査⁽⁵¹⁾の結果が残っている。そこでは外国人宿泊者延べ数は362人とカウントされている。この外国人は西洋人と見て間違いないだろう。戦前の調査では⁽⁵²⁾日光を訪れる外国人の平均滞在日数は3泊4日であった。ここでの外国人も西洋人と見て間違いない。この3泊4日を援用して大正9年の宿泊者数を見ると宿泊者実数は90人となる。明治44(1911)年のデータでは日光町全体の宿泊外国人の47パーセントが夏季7月から8月に集中している⁽⁵³⁾。中禅寺は，夏季集中が顕著であったろう。それを8割と見ると宿泊実数は72人となる。大正9年の中禅寺の西洋人避暑客は70人前後と見るのが妥当であろう。

　『日光新誌』に見るように，湖畔には外国人の別荘が点在していた。地元では，北岸の別荘を大尻橋から西方向に西1番から13番と数え，東岸の別荘を大尻橋から南方向に南1番から8番と数えたという⁽⁵⁴⁾。便宜上番号で呼んだのであろう。21戸の別荘があったことになる。明治45(1912)年の中禅寺の戸数70戸⁽⁵⁵⁾と照らして見ると，夏の中禅寺は西洋人が多く住む町と言ってよい。別世界の様相を示していたに違いない。

第4節　昭和戦前の避暑地中禅寺

　昭和戦前の中禅寺に触れている資料には，
　(1) 昭和4(1929)年に撮影されたヨットレースの映像

(2) 昭和6(1931)年の奥日光遊覧飛行案内
(3) 昭和9(1934)年の「日光の地誌」(山口貞雄著)
そして昭和10(1935)年の,
(4) 運輸省の統計
(5) 男体山ヨットクラブの会則
および,
(6) 昭和8, 9, 10, 11, 13年のヨットレースの記録帳(Race Record)
がある。
それぞれ部分的な情報だが,それらから戦前の避暑地中禅寺の姿を見ることができる。

第1項　大使館別荘

昭和4(1929)年にハンス・ハンター[56]が撮影した16mmフィルムが日光市に残っている。そこにはヨットや和船のレース,水浴・釣り,そして地元の祭りを楽しむ避暑滞在中の西洋の人々の姿がある。それだけではなく中禅寺湖に飛来した水上飛行機の姿も映されている。この水上飛行機については,渡辺文雄の詳細な調査がある[57]。そこでは,当時奥日光で遊覧飛行が行われていたことが明らかにされた。航空会社の昭和6年のチラシは「遊覧飛行案内」(口絵　図2-3-3)と表記されている。

その説明書には「半月山から再び大尻に向かう時,ドイツ,イタリア,英,ベルギー,フランスの大公使館が自国の国旗を掲げているのもマッチ箱のようだ」[58]と記してある。ここでは五つの国の大使館別荘が飛行機から見えると言っている。

英国は明治33(1900)年にアーネスト・サトウの別荘を引き継ぎ[59],フランスは明治42(1909)年に[60],ベルギーは昭和3(1928)年に既存の建物を入手し,イタリアは昭和3年に別荘を建設した。ドイツの別荘に関する詳細は不明である。

このように昭和初期には五つの国の大使が避暑を過ごす拠点が整えられていた。次項で取り上げる男体山ヨットクラブのレースの記録(Race Record)には

参加者の氏名が記載されているが、そこには別荘を所有している国だけでなくデンマーク、オランダ、カナダ、スエーデンの大使や公使の名が見える。別荘を所有しない国の外交官も旅館やホテルまたは民家を借りて避暑生活を楽しんだ。

第2項　中禅寺湖のセイリング
(1) 男体山ヨットクラブ

先に見たようにピゴットは明治末期には男体山ヨットクラブがあったと言っている。クラブの会則は当時からあったであろうがその詳細はわからない。ただし、「Nantaisan Yacht Club Lake Chuzenji 1935」と表記された冊子が残っている。

そこにはクラブの会則が印刷されている。またこれまでの会則の修正と追加も添付されている。修正前の会則がいつ定められたかは不明だが、会員、運営組織、会費、総会、レースの種類、レース参加料および競技規則が詳述されている（図2-3-4）。

1935（昭和10）年時点の会則はこの冊子でよくわかる。

ここには運営に必要な内容は網羅されている。しかし、クラブの目的は記載されていない。外国人ヨットクラブの草分けは明治19（1886）年設立のY. S.

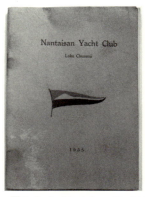
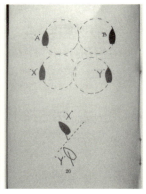

図2-3-4　Nantaisan Yacht Club

C.(横浜セーリングクラブ)である。そこでは,「セイリングとセイリングレースを向上させるためだけに限る。社交的な付き合いや,そのほかのいかなる目的にもこの連盟を使用してはならない」(61)と会則で定めていた。Y. S. C.は,明治30(1897)年横浜ヨットクラブ(Y. Y. C.)と改称された。

では,夏のみの男体山ヨットクラブの目指すものは何であったのか。会則を見ると,要点は以下の六つにまとめられる。

①ヨットの所有者全員が正会員と認められすべてのレースに出場できる
②会員の家族と会員宅の滞在者は名誉会員の資格でレースに参加できる
③一時的にレースに参加できる臨時的な会員も認める
④Y. A. R. C.(横浜アマチュアローリングクラブ)とは相互会員制をとっている(62)
⑤中心になるレースはポイントレースと呼ばれ,シーズン中8回の予定で開催される。毎回の得点の総和で年間の順位を決める
⑥ポイントレース以外にも,キャプテンの経験のない初心者のみのレース,会員に雇われている使用人による船頭レース,湖西岸までのロングレース,リレーレース,スウェーデン皇太子盃レースを開催する

先に見たように中禅寺では明治30年代からセイリングが楽しまれていた。長期にわたる避暑生活にとって,保健・保養の面からも社交の面からも格好のレクリエーションであったに違いない。会則を見ても実際のレースの内容を見ても競技そのものが目的ではなく,あくまでも楽しみが目的であったと見ることができる。避暑生活の充実のためのクラブであったのだろう。

(2)ヨットレースの様相

男体山ヨットクラブのレース(図2-3-5)の様相を伝える資料がある。1933(昭和8)年,1934(昭和9)年,1935(昭和10)年,1936(昭和11)年,1938(昭和13)年のレースの詳細を記録したRace Record(記録帳)が5冊残っている。縦30cm横20cmのノートブックだが,開催日,キャプテンの氏名,成績,気象状況などのレースの詳細が記されている(図2-3-6)。

図2-3-5 ヨットレース(写真提供 日光市立図書館)

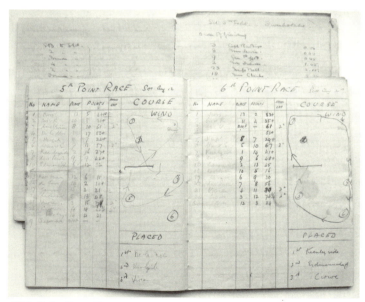

図2-3-6 Race Record

表2-3-3　ヨットレースの開催期間・日数・種目・回数

年	初日	最終日	開催日数	ポイントレース[註1]	ドローレース[註2]	初心者レース	スペシャルレース[註3]	スエーデン皇太子盃レース	その他のレース[註4]	和船レース[註5]	総回数
1933	7.15	9.10	22	9	2	1	4	1	13		30
1934	7.21	9.08	21	7	1	1	3	1	11	1	25
1935	7.14	9.07	22	8		1	2	1	11		24
1936	7.11	9.11	23	6		1	2	1	24		34
1938	7.10	9.11	19	8[註6]	1	1	2	1	13	1	27

註1) はシーズンを通じての勝者決定のレース，註2) は同点者の勝者決定レース，註3) は当該年に優勝杯の提供のあったレース，註4) はリレーレース，女性のみのレース，長距離レース，賞金付レース，障害物レース，ハンディキャップレース，ピクニックレース，横浜ヨットクラブとの対抗レースなどの回数，註5) は会員の使用人による和船のレース，註6) はレースの種別は記載されていないが開催日のみを記載した「レース記録」が19ある。会則に準拠し8回をポイントレース，残りを「其の他のレース」に加算した

　紙の劣化と筆跡のかすれから判読が難しい部分もあるが，大方は読み取れる。それらから5年間のレースの概要を整理する（表2-3-3）。

　7月上旬から9月上旬まで2か月間レースが行われた。開催日は20日を越えた。週に2，3回レースがあった。夏到来と同時にレースに興じる避暑客の様子が想像できよう。

　ではレースの参加者はどのような人たちであったのか。Race Recordにはキャプテンの名前が記録されている。フルネームでの記載は少ないが爵位，階級が記載されているので国籍・氏名・官職が確認できる。昭和10（1935）年のRace Recordに記録されているキャプテンの氏名を見てみる（表2-3-4）。

　キャプテンの総数は39人，ただし6人は対抗レースに出場する横浜ヨットクラブの会員である。その他の33人の内訳は，日本駐箚外交官およびその家族で23人，外務省顧問1人，上海の軍人2人，中国およびシンガポール在住と思われる英国人が計3人，英国人実業家1人，不明3人となる。

　国籍は7か国に及ぶ。1番から27番までがポイントレース出場者，28番から33番はそれ以外のレースの出場者，34番から39番は横浜ヨットクラブの会員である。Race Recordに載っているのはキャプテンだけだが，ヨットによって

表2-3-4 昭和10(1935)年のRace Recodに記載されているキャップテンの氏名・官職等

番号	記載されている氏名	官職名等	番号	記載されている氏名	官職名等
1	Sir. R. Clive	英国大使	21	Captain Vivian	英国武官
2	Lady Clive	英国大使夫人	22	Mrs.Vivian	英国武官夫人
3	Miss Clive	英国大使令嬢	23	Colonel James	英国武官
4	Baron de Bassompierre	ベルギー大使	24	Mr Chapman	英国武官
5	Mr Pjla	フランス大使	25	Mr Crocker	アメリカ書記官
6	Colonel Mast	フランス武官	26	Mr Dickover	アメリカ書記官
7	Mrs Mast	フランス武官夫人	27	Mr Macrea	英国書記官
8	Mr Baty	外務省顧問	28	Mr Davis	短期会員（香港）
9	Mde Mariani	イタリア参事官夫人	29	Mrs Thenton	短期会員（香港）
10	Mr Clarke	英国書記官	30	Col Graham	短期会員（新嘉坡）
11	Mr Harrison	英国書記官	31	Mrs Bassompierre	ベルギー大使夫人
12	Mr Hergel	デンマーク公使	32	Major Reed	不明
13	Mr Mac Dermott	英国書記官	33	Abrikossoff	不明
14	General Thackeray	上海の将軍	34	Ball	横浜ヨットクラブ会員
15	Mrs Thackeray	上海の将軍夫妻	35	Laffin	横浜ヨットクラブ会員
16	Count Rechteren	オランダ公使	36	Brockhurst	横浜ヨットクラブ会員
17	Countess Rechteren	オランダ公使夫人	37	Lewte	横浜ヨットクラブ会員
18	Mr Hunter	英国人事業家	38	Cap Mocock	横浜ヨットクラブ会員
19	Mr Cunningham	英国参事官	39	Pestlogy	横浜ヨットクラブ会員
20	Mr.Thurubeer	不明			

註・氏名表記はRace Recordに記載のとおり
・官職（参事官・書記官・武官）を国名の後に表記
・Pila（フランス大使），Hunter（英国人実業家）は会員だがレースには参加していない
・短期会員の3名は，括弧内の場所から来た避暑客であろう．新嘉坡はシンガポール
・臨時代理公使も公使と表記

は同乗者もいたであろう．キャプテンの数より，レースの参加数は多かったと見て間違いない．

　以上男体山ヨットクラブのレースの様相を見てきた．レースの特徴の一つは，外交官の参加が多いことである．大使や公使も多い．昭和10(1935)年のレースには，家族を含めると9名が参加している．中禅寺湖のセイリングは外交官とその家族にとっても魅力的なスポーツであったのだろう．

　二つは，会員同士の親睦にある．会則にあるレースだけでなく，女性だけのレースやピクニックを兼ねたレース，障害物レースなども開催された．全員が

参加できるように種目が用意されていた。昭和8(1933)年の女性のみのレースは，Countess Rechterenオランダ臨時代理公使夫人，Vivian英国武官夫人，V. Erdmannsdorffドイツ臨時代理大使夫人，Mrs. Lewis（不明），Chapman英国武官夫人，Snow英国臨時代理大使夫人の7名が参加し，3回のレースを争ってドイツ大使夫人が優勝している。

またレースの内容はわからないが昭和9(1934)年に開催された障害物レースでは，Clive英国大使とKeenleysideカナダ臨時代理公使夫人，Rechteren前オランダ臨時代理公使とTuslerオランダ協会会員夫人，Keenleysideカナダ臨時代理公使とBalyhum夫人（不明）といった男女ペアーを中心とした10組で争われた。ここには年間の勝者を決めるポイントレースに名前が出てこない参加者もいる。先に述べたが通年の会員だけでなく短期の会員を認めていた。避暑客全員が楽しめるレースを設けたのであろう。まさに避暑地のヨットレースであった。

当時の中禅寺に触れている資料がある。昭和9(1934)年に発刊された『日光付近の地誌』(63)はヨットレースの様子を「湖面は濃濫色の水を湛えて遊覧者に冷風を送り，避暑客にボート・発動機・ヨットを振舞っている。殊に湖の北と東に位置する外交官別荘より出されるヨット競争は見事である。風を一杯孕んだ帆が軽そうに湖面を辷るのは見ていても気持ちよく，殊に白樺林の湖岸から紅白の軽そうな洋服を着た欧米人が奇声をあげて応援するのは日本離れした気分である」と伝えている。

図2-3-7 中禅寺に残る下駄ヨットの模型
中禅寺在住の船大工の作と思われる

昭和戦前の中禅寺湖では下駄ヨット（図2-3-7）と呼ばれるヨットが多かったようである。勝郎型ヨットのことである。アメリカでラーク型として流行った船首の丸い平らな型のヨットで平水区域に適する。隅田川造船所が改良して特許を取った。それを模して各地で下駄ヨットが造られた。その船でヨッティングが楽しまれたと言う。フラットボトムなのでセンターボードを外すと浅瀬に引き寄せるのも陸揚げもしやすい。中禅寺湖には向いていた。湖畔には船大工がいてヨットも造った。男体山ヨットクラブの会則には「許可を得たもの以外、レースに参加できるのは中禅寺湖で造った16フィートのラーク型ヨットに限る」と書いてある。

　ただし、勝郎型が販売されるのは明治42（1909）年である。それ以前には下駄ヨットはない。明治30年代のヨットレースで使われたヨットは横浜から運んだという。

（3）避暑地中禅寺の様相

　戦前の避暑地中禅寺の様相を今に伝える資料がある。運輸省国際観光局が作成した「昭和10（1935）年度入国外人統計」に添付された「主要避暑地における外国人避暑状況（昭和10年）」がそれである。

　外国人避暑客に関する統計だが、そこでは避暑地ごとに避暑客の実人数と延べ人数を明らかにし、そしてそれを宿泊施設別に整理分類している。また避暑

表2-3-5　主要避暑地における外国人避暑客（昭和10年7月1日〜9月31日）

	実・延べ人数		宿泊施設別					
			ホテル		旅館		別荘・貸別荘	
	実	延	実	延	実	延	実	延
雲仙	1105	32546	983	28963	89	876	31	270
六甲山	55	3814	11	620	—	—	44	319
富士五湖	727	2988	110	336	154	327	357	206
箱根	2722	18856	2343	9875	178	1061	201	792
軽井沢	1785	18348	486	5014	16	169	1181	1208
野尻湖	398	2369	—	—	—	—	390	224
中禅寺湖	73	452	1	9	—	—	65	38

註：国外は、香港、上海、蘭領印度、印度支那、豪州など

客を居住地別・国籍別にも整理分類している。ここでは高原，海岸，温泉地などさまざまな避暑地が取り上げられているが，高原に立地するのは雲仙，六甲山，富士五湖，箱根，中禅寺湖，軽井沢，野尻湖と上高地である。それらを比較してみる（表2-3-5）。

中禅寺湖の避暑客の実数は73名で，他に比べ極端に少ない。その内訳を見ると別荘利用者が65名で90パーセント近い。ホテルが1名そしてキャンプ・間借が7名だが，中禅寺にはキャンプ場がないので，7名全員が間借であろう。間借は独立した別荘ではないが，実態は別荘と言ってよい。避暑客のほぼ全員が別荘の利用者であった。

以上から中禅寺の避暑客は，①欧米人が中心，②少人数，③国内居住者のみ，④別荘利用，と整理される。昭和10（1935）年の中禅寺は，別荘を拠点とした少数の国内居住の西洋諸国の外国人が利用する避暑地であった。

先にも見たがこの運輸省の調査と同年の昭和10年に開催されたヨットレースのキャプテンの数は39名であった。同乗者は記載されていないのでわからないが，ヨットレース参加者およびそれに付随する人を考えると，73名に近かったのではないだろうか。キャプテン39名のうち，23名が外交官とその家族である。全体の6割近い。横浜ヨットクラブの6名と中国からの来訪者5名を除いたキャプテンは28名でありそこでの外交官の割合は8割を越える。

昭和8，9，11，13年も同様に外交官が多い。それを見てみる（表2-3-6）。

ャンプ	間借	居住地別		国籍別入込人数						
延		国内	国外注	米	英	独	仏	露	中	他
2	2	109	996	114	421	126	139	45	82	178
—	—	55	—	6	16	21	2	—	—	10
6	261	284	443	84	65	275	18	—	12	273
—	—	629	2093	1100	954	194	64	35	116	259
2	1073	1611	174	643	378	242	55	54	190	223
8	129	362	36	214	62	15	2	—	7	98
7	56	73	—	2	19	31	5	2	—	14

表2-3-6　キャプテンの内訳

開催年＼内訳	外交官・家族	軍人	外務省顧問	皇室教会牧師令嬢	商人	スエーデン協会	YYC会員	不明	計	夫人大公使	外国からの参加	計の国籍
1933	21		1					2	24	8		6
1934	19			1		2		6	28	8		8
1935	23	3	1		1		6	5	39	9	5	7
1936	21		1				7	5	34	3		5
1937	24		1				8	9	42	3		5

　中禅寺の避暑社会では外交官がその中心を占めていた。運輸省の統計は，昭和10年夏の中禅寺の様相を語っているが，それは昭和戦前期の中禅寺に共通する姿と見てよいだろう。ベルツの日記に見るように明治後期から外交官が中心となって避暑を目的とした社会が形成されていた。別荘個別の利用状況は不明だが，西九番別荘については，ピゴットが明治45（1912）年から昭和14（1939）年までの間に6回借りたと言っている。[64] 西十番別荘は，大正15（1926）年から歴代英国武官が継続して借りている。このように特定の国の外交官が継続的に借りているものもあった。その別荘も1箇所に集まることなく北岸，東岸にわたり約6kmの間に散在していた。それ以外にも別荘はあったのかもしれないが，その詳細は未調査である。

第3項　本節のまとめ

　昭和戦前の中禅寺は，西洋諸国の人々が集う避暑地であった。日本駐箚の西洋諸国の外交官がその中心を占めていた。避暑客の人数は，70人前後であった。限定された人々と言ってよい。避暑生活はセイリングに基軸を置くものであった。そこでは成績を争うレースだけでなく，レクリエーション目的のさまざまなレースがあり，避暑生活の充実が図られていた。

第5節　本章のまとめ

　明治の中期から昭和戦前まで，夏の中禅寺は西洋諸国の外交官が集う避暑地であった。避暑客は70人程度であった。彼らが避暑地をつくりあげた。そこには別荘を拠点とした避暑生活があった。なかでもセイリングが中心的活動であった。レースは競技のみならず社交上の意味も大きかった。

　朝焼けの男体山，夕日を映す湖水など折々の風景と静寂な時の流れに身を置くだけでなく，レースを介した交流の楽しみに浸るなど季節を限った地域社会がそこにあった。しかしながらその住民は西洋諸国の人々で，それも外交官が中心であった。自ずと閉鎖性が生まれたに違いない。

第4章　戦中・戦後・経済成長期の日光に見る国際観光

第1節　本章の目的と研究の方法

　本章では，戦中・戦後，そしてそれに続く経済成長期のの国際観光地日光の姿を明らかにするよう試みる。さまざまな資料を整理分析して，戦中戦後，そしてその後の時代の日光の実相を探り，そこから国際観光地日光の姿を見る。
　観光地日光も戦争の影響を大きく受け変容せざるを得なかった。その戦争を時代の区切りと捉え戦中，戦後，そしてその後に続く経済成長期以降の三つの時代に区分して整理する。

第2節　戦　中

　戦時中は国際観光の実態はない。もちろん国際観光の施策もない。当然それらに関する資料もない。ただし，日光観光ホテルに関する一連の資料が残っている。それらから戦前の国際観光の唯一の残影とも言える日光観光ホテルの実態を探ってみる。また実行はされなかったが国際観光を念頭において戦前から戦中にかけて計画作業が進められたゴルフ場計画がある。それも見てみる。

第1項　日光観光ホテル

　これまで見たように明治期から多くの国の外国人が日光を訪れてきた。国際的な観光地と言ってよい。当然ホテルの建設や旅館のサービスなど地元の努力はあった。ただし，県の国際観光の具体的な施策は見られなかった。昭和になって初めて国際観光の事業が実施される。国の施策に沿ったものだが日光観光ホテルが建設された。

(1) 建設の背景と経緯
1) 制度の概要

　観光ホテルは国の施策である。外国人を受け入れるホテルの建設であった。制度的には大蔵省預金部の資金を地方公共団体が借り受けホテルを建設し，経営を民間に委任するものである。委任を受けた事業者は融資額の元利を返済した時点で所有権を得るという制度である。全国で14のホテルが建てられた。以前から観光ホテルの構想を持っていた県は，(1)この制度を利用して中禅寺にホテルの建設を決めた。昭和15(1940)年に竣工を見た中禅寺湖湖畔の日光観光ホテルがそれである(図2-4-1)。

2) 建設までの経緯

　経営は金谷ホテル株式会社(以下「金谷ホテル(株)」という)に委任された。県と金谷ホテル(株)との委任経営契約締結以前の文書は残っていない。したがって建設までの具体的経緯はわからない。ただし，県議会では議論があった。その内容は議事録に残っている。そこから建設までの経緯を探ってみる。

　昭和9(1934)年12月12日の県議会で，「12月4日に日光は国立公園に指定された。内外人が多数集まるだろう。道路と宿泊施設の整備が課題である。県は観光ホテルを経営するそうだが，その後どうなっているか」という質問がある。(2)これに対して県当局は，「中禅寺から奥日光に造りたい，経営方法や組織については勉強している」(3)と答えている。この時点では，場所および規模などの具体的

図2-4-1　日光観光ホテル

内容は決まっていないと見てよいだろう。

　昭和10 (1935) 年になるとそれがより具体的になる。前年に国立公園に指定された。ただし，その計画は明らかにされていない。どこにどのような施設が必要かは明らかにされていないのである。一方県は独自に計画を策定する。そこでは中禅寺と湯元に観光ホテルが落ちている。県は奥日光に観光ホテルを造りたいと意志表示したのである。ただし県議会では「今年は資金の関係で融資を受けられなかった」という県当局の発言があった。国へ要請はしたが採択されなかった，ということであろう。昭和10年にはホテルの具体的内容が固まっていたと見てよい。

　翌11 (1936) 年には，融資を受けることが確実になったのだろう。12 (1937) 年度の予算説明の中で「皇紀2600年に東京オリンピック開催が決まった。オリンピック開催に伴い日光を訪れる内外観光客は著しい数にあがるであろう。国も日光国立公園の施設並びに東京宇都宮間の国道の改良については考慮している」と述べ，次いで三つの議案が提出される。一つは「昭和12年度栃木県日光観光ホテル建設費歳入歳出追加予算」，二つは「栃木県日光観光ホテル建設費起債及償還方法」，三つは「特別会計設定ノ件」である。最初はホテル建設の予算，次は大蔵省から借り入れる25万円の償還の方法，最後はホテル建設のための特別会計設定を諮る議案である。3件とも議決された。建設のための準備は整ったのである。

　ただし，観光ホテル建設に懐疑的な議員もいた。同年12月8日の県議会では「観光ホテルの経営の見通しは如何，また適当な経営者はいるのか」という質問に対し，県当局は「県主催の国立公園および観光地設定の座談会を東京で開催した時，運輸省観光局の職員が国立公園の外客誘致策としてホテル経営への融資を考えている。日光国立公園と富士国立公園を第一に考えていると述べた」という話を披露し，次いで「日光来訪外国人の数は昭和7年が3,299人であったが昭和10年には倍増して6,773人になった。このような勢いで一般登晃外国人が伸びた」と現状を述べ，最後に「現代の観光また内地在住の外国人の嗜好から見ましても避暑地等についての希望が強いようですから，将来日光に斯のよう

な施設が出来ましたならば、予期以上に外人の登晃が多くなるだろうと推定されます」と結んでいる。ここでは、日光を訪れる外国人の増加という現実に加えて、外国人は避暑を好むので観光客だけでなく在日の外国人も宿泊施設が整備されると日光に来るだろうと明るい見通しを述べている。

　昭和5（1930）年の国際観光局の設置に見るように国は在外の外国人誘致を考えているが、地元では在日外国人の避暑客にも注目している。避暑地中禅寺には明治期から多くの外国人が訪れていた。しかしホテルは75人収容のレークサイドホテルだけである。宿泊の利便が整えば避暑客は増えると見たのであろう。戦争という時代の急変には思いが及ばないこの時期であれば順当な判断と言ってよいだろう。

　観光ホテルの審議と時を同じくして、12月10日県議会は第5回冬季オリンピック競技大会を日光で開催したいという意見書を知事に提出した。第12回国際オリンピック大会の東京開催は決定済みであった。地元は冬季大会の日光開催を希望した。後に札幌に決まるが、日光での開催という希望は観光ホテルの建設を後押しするものであったに違いない。

　以上見てきたように昭和11（1936）年に観光ホテルの建設が決定した。決定には具体的計画が必要である。この時点で場所も規模も検討済みであったと見てよい。

　翌12（1937）年10月1日に栃木県と金谷ホテル（株）は観光ホテルの建設と経営に関する契約書を締結した。県がホテルを建設しその経営を金谷ホテル（株）に委託する、そして金谷ホテル（株）は大蔵省の融資額25万円の元利を昭和37（1962）年までに完済するというものであった。

　そこには「栃木県ハ上都賀郡日光町奥日光御料地76,420米ヲ借リ受ケ木造ホテル向建物及バンガローヲ建設シ之ニ必要ナル付帯施設ヲ為スモノトス」と記されている。この文章だけではわからないが、建設場所は湖畔の外国人別荘地の一角に位置する小高い場所である。御料地であった。

　施設の内容に興味深い記述がある。ホテル本体だけでなくバンガローも建設すると言っている。日光にはこれまでバンガローはなかった。どのような建物

をイメージしたのかわからないが，敷地は潤沢である。林間の別荘をイメージしたものであろう。ただし，バンガローは建設されなかった。

(2) 建設計画の概要と経営の実態

昭和19(1944)年に県がまとめた「栃木県営日光観光ホテル建設計画概要」(図2-4-2)という文書が残っている。そこから建物の概要と建設後の経緯を見てみたい。

1) 建物の概要

建物の概要は下記のようにまとめられている。

①敷地：23,158坪（御料林借地）奥日光御料林第107区画班ノ内
②様式：近代式日本風建築
③構造：木造地上3階地下1階
④坪数：総坪数870，1階397，2階309，3階141
⑤客室：合計39（バス付洋室10，バス無洋室12，日本室17）

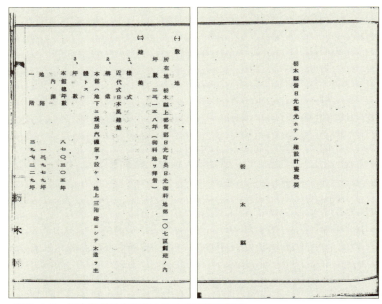

図2-4-2　栃木県営日光観光ホテル建設計画概要

階層ごと内訳1階：洋風客室8（バス付4），食堂，酒場
　　　　　2階：洋風客室14（バス付6），和風客室8，共同浴場
　　　　　3階：和風客室9
⑥収容人員：76

　以上に見るようなホテルであった。収容人数は既存のレークサイドホテルの75と差はない。ただしホテルといっても和室が多い。40パーセント以上が和室である。全館洋室の金谷ホテルや78室中和室6室，つまり和室の割合が8パーセント未満のレークサイドホテルとここが異なる。もちろん和室を好む外国人もいるだろう。しかしバスのない洋室が12ある。共同浴場を利用する宿泊者，つまりは日本人客を念頭に置いていたのだろう。当初から日本人の利用にも重きを置いていたと考えてよい。

2）建設工事
　建築本体は，県土木課建築技師石持甚作，外構工事は土木課土木技師千家啓磨の担当であった。昭和14（1939）年5月12日着工，翌15（1940）年7月16日竣工を見た。昭和14年11月3日に棟上式が行われた。その時の写真が残っている（図2-4-3）。
　不鮮明だが前列左から4人目が金谷ホテル社長金谷眞一氏，1人置いて左隣が石持技師，後列左から3人目が千家技師である。
　後に千家は「日光観光ホテルは，御料林の楢や樅の木材を潤沢に使った重厚なつくりの建物であった」と述懐している。ホテル敷地内にある立木の払い下げを受けたのであろう。帝室林野局では中禅寺湖畔の森林を禁伐としていたので林齢の高い大径の材料が入手できた。

3）建設費
　建設費総額は31万7,000円と記載されている。建物と付帯工事別の内訳も載っている。「本館総坪数870.305坪，工費210,927円」と書き，次の行に「貸別荘総坪数0坪　工費0円」と記されている。貸別荘は建てなかったという意味であろう。県と金谷ホテル（株）の契約書にもバンガローの計画は載っていた。

図2-4-3　日光観光ホテル上棟式（写真提供　千家哲麿氏）

また砂本が指摘しているように融資決定時の建築計画には12棟の別荘が含まれていた。しかし予算，工期，材料の関係で別荘は割愛されたのであろう。バンガローは，外国人別荘が点在し，夏にはヨットレースが開催された避暑地中禅寺にはふさわしい施設と言ってよい。しかしホテル本体の建設のみで終わってしまう。

4) 経営計画

ベッドの利用率を27パーセントと目論み年間宿泊者7,923人と想定している。月ごとの利用率と宿泊者数の想定は表2-4-1である。

昭和10 (1935) 年の日光来訪外国人6,773人に照らして見るといささか大胆な数字という印象は否めない。昭和7 (1932) 年から10年までに見る増加の傾向と同様に今後も増えると考えたのだろう。

月ごとの見通しを見ると7月から9月の夏の利用者が全体の60パーセントを占める。避暑客狙いの計画と言ってよい。ただし避暑を目的とする海外からの

観光客は想定しにくい。考えられるのは中国大陸在住の西洋人であろう。しかし雲仙や六甲などアクセスに優れた避暑地がある。中禅寺まで足を延ばすことは稀かもしれない。ここで想定された避暑客は日本在住の西洋人と見るのが妥当な判断であろう。

5）経営の実態

ホテルは竣工2日後の昭和15（1940）年7月18日から営業を開始し、昭和18（1943）年まで営業を続けた。その間の宿泊者を表2-4-2に整理する。

表2-4-1　月ごとのベッドの利用率と宿泊者数

月	ベッド利用率	宿泊者数
1	15	362
2	8	174
3	5	120
4	10	234
5	15	362
6	20	468
7	60	1,540
8	85	2,055
9	50	1,170
10	40	967
11	15	351
12	5	120
計	27.3	7,923

昭和15年には200人を超える外国人の宿泊があった。しかしこの年にアメリカはくず鉄の輸出禁止を断行、翌16（1941）年には日本の在米資産凍結、そして石油の輸出を全面禁止する。両国間の関係は緊張を高め、12月には戦争に突入した。戦時中の17，18両年にも宿泊客はあった。詳細はわからないが、日本在住の枢軸国の人々であろう。計画当時は想定もしなかった戦争である。当然日光観光ホテルの経営は逼迫した。

昭和18年に金谷ホテル社長から知事あてに償還期間の延期願いが提出される。そこでは、「日光観光ホテルは赤字である。他に経営している金谷ホテルや鬼怒川温泉ホテルの収益でかろうじて償還してきたが金谷ホテルも太平洋戦争後外国人の宿泊者は皆無である、また鬼怒川温泉ホテル宿泊料金の統制や物資配給の強化により宿泊者は減少した」と現状を述べ償還期間の延長を願っている。続いて「今後の経営については傷病将兵の療養所、軍需工場産業戦士の慰安修練所としての賃貸を行いたい、また内地在住の避難枢軸国外人の避難先としても打診がある」と将来の方向を述べている。外国人観光客誘致という夢は戦争とともに潰えた。

第2部　国際観光

表2-4-2 栃木県営日光観光ホテル投宿人数

	昭和15年		昭和16年		昭和17年		昭和18年	
	実人数	延べ人数	実人数	延べ人数	実人数	延べ人数	実人数	延べ人数
1月			38 15	101 51				
2月			1月30日閉館					
3月								
4月								
5月			5月1日開館					
			223 20.5	255 22.5	6月1日開館			
6月	7月18日開館		239.5 23	276.5 35	153 4	185 4	7月1日開館	
7月	161 37	410 203	237 29	508 164.5	394 21.5	854.5 162	179 14	232 21
8月	537 100	1462 744	589 38	1234 264	503.5 27	1707.5 570.5	435 28	953 208
9月	190 15	236 51	117 6	200 42	187.5 4	562.5 262	8月31日閉館	
10月	355 33	404 42	380 22	453 32	453 11	339.5 37.5		
11月	95 10	105 12	102 0	102 0	22.5 0	24.5 0		
12月	24 14	46 28	11月30日閉館		11月30日閉館			
合計	1362 209	2663 1080	1925.5 153.5	3129.5 611	1,713.5 67.5	3,673.5 1036.6	614 42	1185 229

註・上段黒数字は総人数,下段ゴシック字は外国人の人数(総人数の内数)
・小児は1人1日0.5で計算
・昭和17年9月中外国人実人数に比し延べ人数大なるは前月引き続き滞在するもの多きによる

しかしながら中禅寺湖に面した立地といい使用した材木の重厚さといい経営を委託された金谷ホテル直営のサービスといい国際観光地日光にふさわしい一流のホテルであったことは間違いない。

第2項 霧降高原ゴルフ場計画

日光観光ホテルは所期の目的は達成できなかった。同じく戦争という理由で，潰えた国際観光の施策がもう一つあった。
　前章で見た霧降高原のゴルフ場計画である。霧降高原の計画は野外スポーツ施設を中心とする新たな利用施設地区の計画であった。昭和10(1935)年から調査検討が行われ3回にわたる計画案を経て昭和15(1940)年に最終の計画が決定した。折あたかも皇紀2600年であった。記念事業に霧降の計画が取り上げられた。計画の内容はそれぞれ若干異なる。1回から3回まではゴルフ場はあるが，昭和15年の計画にはゴルフ場はない。
　昭和12(1937)年の1回目の計画案には，計画の趣旨の記載がないのでわからないが，昭和13(1938)年の2回目の計画案には「従来ヨリ日光ニハゴルフコースノ施設無ク，来訪外人ノ夏季滞在ニ尠カラズ不便ヲ感ジテオリ」とその計画理由が述べられている。そこではまた「本ゴルフコースハ国際的ニシテ且大衆的ナル使命ヲ有シ」とも書いている。「大衆的」，つまりは外国人占用ではないとは述べているが，外国人を主な対象と考えていたと見て間違いないだろう。
　昭和14(1939)年の計画案には「日光観光ホテルニ関連セル国際観光事業ノ一ツトシテゴルフ場ヲ新設シ」と明記してある。国の施策を活用して観光ホテルを建設しただけではなく，関連した形で県独自の国際観光の施策を考えていた。しかし，第1部で見たように日中戦争だけでなくさらなる戦争に向かうという時局に抗することはできず昭和15年の最終計画ではゴルフ場計画は削除された。[14]
　日光観光ホテルや霧降のゴルフ場計画に見るように，昭和戦前に取り上げられた国際観光の施策は，その効果を挙げることなく戦争とともに消え去った。

第3節　戦後復興期

　昭和25(1950)年11月15日発刊の『昭和産業史　第2巻』[15]には戦後の国際観光の状況が次のように記されている。
　「終戦後の我が国国際観光事業界の実情を展望すると，連合軍総司令部から我が国への一般外客を許可されたのは昭和22年で，同年の入国者はわずか500

余人であったが，その後入国条件の緩和に伴い，昭和23年には6,300人に増加し24年には約14,000人に激増するに至った。

（中略）

現在許可されている入国は，パッケージツアー及び在外邦人の郷土訪問旅行であるが，その制限も次第に緩和されており，やがてこれらの制限が全く開放されることになれば，我が国への入国外客数及び消費額は，戦前以上に興隆となるものと見られる。

現在我が国に滞在する進駐軍将兵やその家族及び軍関係者，外国商社員やバイヤー等は，広義に解釈すれば観光客である。統計に示し難いが，その人数が非常に多いだけに，日本で落とす金額も極めて大きい。週末や休日に各観光地に集まる自動車の数からもこれを察知できよう。また，帰国後，我が国にとって好意ある認識を，その周囲の人々にひろめてくれる貴重な宣伝価値も見逃せない」

以上は日本全体を俯瞰した記述だが日光でもそのまま当てはまる。本節では終戦直後から「もはや戦後ではない」と宣言された昭和31（1956）年までの日光の国際観光の実相を探る。

第1項　占領下の日光に見る諸相

占領が始まるとほぼ同時に，日光には多くの進駐軍兵士が訪れるようになる。その姿を伝える資料は少ないが日光を訪れた兵士の数を記載した文書がある。部分的資料だがそこから占領下の日光での進駐軍兵士の姿を追ってみる。

米軍を中心とする連合軍の日本占領は昭和20（1945）年8月28日先遣隊の進駐によって始まった。マッカーサーが厚木に降りた8月30日以降空路は厚木，海上からは館山，大湊，函館，小樽などの各地に上陸し駐留が始まった。昭和20年12月4日の数字を見ると全国で43万487人，関東1都6県で15万5,046人，宇都宮だけでも4,500人の連合軍兵士が駐留した。当然，物資や各種サービスが必要となる。物資の調達・施設の接収が行われた。対象は生活に必要なものすべてと言ってよい。その中には「休息地，休養ホテル，体育施設」が入っ

表2-4-3 接収された施設

施　設　名	接収年・月	備考
金谷ホテル	昭和20年10月	
日光湯元スキーロッジ	昭和20年月不明	
中禅寺湖のボート・ヨット	昭和20年月不明	
レークサイドホテル	昭和21年3月	
日光観光ホテル	昭和21年5月	昭和24年4月焼失
日光湯元山の家	不明	
竜頭山の家	不明	

ていた。全国でホテルや体育施設が接収を受けた。日光でもホテルなど休養の施設が接収を受けた(表2-4-3)。

　金谷ホテルは進駐1か月後，日光観光ホテルとレークサイドホテルは翌21(1946)年春，湯元のスキーロッジと中禅寺湖のボート・ヨットも同時期の接収と見てよい。

　永い戦いが終わり将兵は休養を求めていた。リフレッシュが必要であった。それゆえの時を置かずの接収であろう。接収されたホテルの数を見ると全国で89になる。[16] 駐留兵士の数が少ない英連邦占領軍が接収したホテルは二つだけであった。一つは中禅寺湖畔のレークサイドホテル，他の一つは伊香保町の橋本ホテルである。前者は112人，[17] 後者は25人収容である。英連邦占領軍にとってレークサイドが主な保養ホテルであった。

　中禅寺では，明治期から歴代英国大使が，湖畔の別荘で避暑を楽しんだ。また戦前の国際避暑地中禅寺では英国がその中心的役割を担ってきた。この事実を米軍も評価したのだろう。レークサイドホテルは英連邦占領軍の保養ホテルとして接収されたのである。湖畔のもう一つのホテル，日光観光ホテルは米軍が接収した。

　戦前ヨットレースを楽しんだ外交官の中にはアメリカ大使館の書記官もいた。要するに日光や中禅寺の様相は戦前から米国や英国にもよく知られていた。これらの施設の接収は占領前から決まっていたのかもしれない。中禅寺湖の二つのホテルは米英それぞれが接収したのである。

　それだけでなく昭和22(1947)年にはProcurement Demand(調達命令)を受

けて日光観光ホテル隣接の湖岸にボートハウスが建てられた。湖上レクリエーションの拠点となる2階建ての建物であった(図2-4-4)。2階は日光観光ホテルが備えていなかったボールルームとしても使われた。

休養は将軍にも必要であったようだ。マッカーサー元帥(18)もアイゼンハウアー大将(19)もアイケルバーガー中将(20)も日光を訪れている。マッカーサー元帥とアイケルバーガー中将は夫人同伴であったという。二社一寺の建造物や中禅寺湖の風景を楽しんだのであろう。極めつけはマーク・W・クラーク大将(21)である。ヘリコプターで飛来したという。夫人同伴で竜頭山の家に泊まり、湯川でマス釣りを楽しんだ(図2-4-5, 6)。

図2-4-4　ボートハウス(『天空の湖と近代遺産』飯野達央より)

日光は多くの将兵で賑わった。その様子を、千家は「東照宮一帯は賑わいでMPが警備に立つ」(23)、また日光市議会では「観光都市として国立公園地として特に連合軍の進駐するところとなりたるを以って外来者など頻繁を極め」と述べている。(23)

昭和27(1952)年10月に当時の日光駅長がまとめた『鉄道開通80周年記念日光駅の歩み』には日光駅が開業した明治23(1890)年8月から昭和27年7月までの日光駅に関わる事件が時系列に整理されている。昭和20(1945)年11月には「日光RTO開設、貴賓室を事務室として開設、米兵2名と青木前駅長が通訳として連合軍輸送の任に当たった」と記載されている。RTOは Railway Transportation Office の略である。鉄道も接収を受けた。基幹となる駅に米軍貨客の輸送を担当するRTOが置かれた。日光駅にも設置されたのである。米

図2-4-5　竜頭山の家前のクラーク大将夫妻
　接収された山の家には「Ryuzu Lodge」，その下段にNIKKO NATIONAL PARKと彫った鱒形の木彫りがついている

図2-4-6　湯川で鱒釣りを楽しむクラーク大将

兵2名が常駐し日本人1名が通訳として勤務した。2階の貴賓室が事務所に充てられた。前月10月に金谷ホテルが接収を受けた。間髪を置かず日光へ兵士を輸送する態勢を整えたのである。

昭和21 (1946) 年1月には「進駐軍用拡声器取付」と書かれている。降車後駅前で輻輳する兵士の整理のためであろう。3月には浴槽を，7月には寝室を設けた。泊まり込みで業務に当たったのであろう。多くの兵士が鉄道を利用した。日光RTOはサンフランシスコ講和条約発効直前の昭和27年3月まで駐留軍兵士の日光への輸送を行った。以上は日光駅の姿である。

　日光到着後の兵士の姿を示す資料もある。日光自動車電車株式会社[24](以下「日光軌道(株)」という)から東京鉄道局長あての昭和21年9月11日付の文書「進駐軍輸送状況調査表提出ノ件」には，8月に輸送した兵士の数が区間ごとに書いてある。それを整理する(表2-4-4)。

　日光駅から上鉢石までの1,118人は，鉄道で着いた将兵を山内や金谷ホテルまで，日光軌道(株)の電車と車輌で運んだ人数であろう。延べ数であろうから実数は約2分の1になろう。上鉢石から馬返の1,143人は，日光登山鉄道までの往復の輸送人員，馬返から明智平の5,686人は日光登山鉄道の輸送人員であろう。進駐軍兵士は，東武鉄道のみで来晃したわけではない。ジープなど軍の車輌を使っての登晃も多かった。千家も「例幣使街道をジープが砂塵を上げて日光へ日光へと向かった[25]」と言っている。車で馬返まで来てそこで日光登山電車に乗り換えた。なにせ登山電車は8分で明智平に着くが車では未改良未舗装の登攀道(現第二いろは坂)を走行しなければならない。快適な登山鉄道で明智平まで行きそこでまた車に乗り換えたのであろう。

　明智平中宮祠間の2,086人は，登山電車終点明智平から中宮祠間のバスの輸送人数であろう。馬返まで軍の車輌で来て登山鉄道に乗り換えた兵士の中には，明智平で軍の車輌に乗り換えず日光軌道(株)の車輌に乗り換えた者もあったろう。軍の車輌より快適であった。まして無料である。運賃は日本政府が支払った。接収・調達のルールはそのようであった。昭和20年9月25日にGHQから日本政府に発せられた覚え書(SCAN-A 77)には「日本帝国政府は連合国軍の用に供せる物品，サービスおよび施設(Facilities)を提供したものに対し迅速に支払いを行うべし」と明記されている。

　表に見る個々の区間の数値は延べ数である。合計すると延べ数の総和となる。

実数を表してはいない。先にも述べたが、これ以外にも直接軍の車輌もある。8月に日光を訪れた進駐軍兵士の実数はわからない。しかし、日光が多くの兵士で賑わったことはイメージできよう。それは夏だけではなかった。冬も訪れたのである（表2-4-5）。

駐留軍兵士で賑わう日光の姿を今に伝える資料が他にもある。

表2-4-4　日光軌道の進駐軍兵士区間別輸送数（昭和21年8月）

区間	輸送数	備考
日光駅―上鉢石	1,118	東武日光駅と思われる
上鉢石―馬返	1,143	
馬返―明智平	5,868	
明智平―中宮祠	2,086	

表2-4-5　日光軌道の進駐軍兵士区間別輸送数（昭和21年12月）

区間	輸送数	備考
東武日光駅―神橋	82	
省線日光駅―馬返	38	
馬返―明智平	896	
明智平―中宮祠	204	
馬返―東武日光駅	104	

輸送した米軍兵士の数を記載した日光軌道（株）の昭和20年と21年の文書がある（図2-4-7）。

タイトルはSTATEMENT OF SERVICES RENDERED FOR RAIL TRANSPORTATION AND INCIDENTAL PURPOSES FOR ALLIED FORCESとある。要するに連合軍兵士の鉄道輸送およびそれに関係するサービスの実績をまとめたものである。月ごとに整理されている。

書式は、まず標題の下段に、サービス提供会社の名称、文書を提出するGHQの組織名、サービス提供の年月を記載する欄がある。その下に記載されているサービスの具体は、①Rail Passenger Service、②Freight Service、③Engineering Services、④Equipment Services、⑤Misc. Servicesの五つの項目に分類されている。Rail Passenger Serviceでは、提供した車輌の数量や運搬した乗客数とともに、そのサービスに相当する金額を記載する欄がある。要するに日光軌道（株）が国から支払われるべき金額とその内容を明記した文書である。

文書は2種類あり一つは米国占領軍（USA Occupation Forces）あて、もう一

STATEMENT OF SERVICES RENDERED FOR RAIL TRANSPORTATION
AND INCIDENTAL PURPOSES FOR ALLIED FORCES

Name of Private Railway Company __Nikko Tramway Co.__

To: __U. S. A.__ Occupation Forces

For __October__ 194__5__

Discription of Service	Yen	Ref.
A. For Rail Passenger Service		
1. Coach		
_____ car days @ _____		
_____ car km @ _____		
2. Electric type		
_____ car days @ _____		
_____ car km @ _____		
3. Baggage and Mail type		
_____ car days @ _____		
_____ car km @ _____		
4. Individual Passenger (carried by Japanese car)		
__3,500__ persons @ ¥ .18	630.00	
Sub-total (Rail Passenger Service)	630.00	
B. For Freight Service		
Ordinary freight cars (all types)		
_____ car days @ _____		
_____ car km @ _____		
Sub-total (Freight Service)		
Total (Traffic Service)	630.00	
C. Engineering Services		
D. Equipment Services		
E. Misc. Services		
Grand Total	630.00	

Note: See Reverse Side for Certification

President
__Nikko Tramway__ Company

図2-4-7　日光軌道(株)が提供したサービスの内容を記載した文書

つは英連邦占領軍（BCOF）あてである。米国占領軍あての文書には，日光軌道（株）が運んだ人員が記載されている。昭和21年は提供した車輌数も記されている。米兵専用車であろう。ただし，提供した車輌で運んだ人数はわからない。英連邦占領軍あての文書には，提供した車輌数が記載されているだけで輸送人員はわからない。

　米国占領軍の文書を詳しく見てみる。日光軌道（株）の提供したサービスは，①のRail Passenger Serviceの欄のみである。そこでは接収した車輌と日光軌道（株）が運んだ人員に分けて記載されている。接収した車輌は駐留軍将兵の専用であろうが実際に運んだ人員の記載はない。昭和20年10月の文書を見ると，輸送乗客数は3,500人，1人当たりの単価が18銭で総額が630円と記載されている。この金額が国から日光軌道（株）に支払われることになる。文書の最下段には，日光軌道（株）社長あてに「確認のため裏面を見よ」（Note：See Reverse Side for Certification）と伝えている。裏面にはエビデンスとなる情報が載っているのだろう。

　輸送単価が昭和21年3月から49銭となっているが，戦後のインフレによる物価高騰に伴う運賃の値上がりであろう。ちなみに都電の乗車賃を見ると，昭和20年12月は20銭，翌21年3月には40銭，そして22年6月には1円と急騰している[26]。

　この文書から，日光軌道（株）が提供したサービスを見てみる（表2-4-6）。

　輸送人員は延べ数であろう。料金は利用する区間によって異なる。ここでは，1人当たりの単価を出している。恐らく区間利用ごとの運賃を総計し，それを延べ人数で除して輸送人員1人当たりの単価を出したのであろう。書類の簡略化と見てよい。

　日光軌道（株）だけでも，昭和20年10月に3,500人，11月に9,200人の将兵を運んでいる。終戦直後と言ってよい。大きな数値である。進駐直後で宿舎の設営完了後間もない時期であろう。この数値からは，ある種の渇き，つまりは平和に対する渇望を感じることはできまいか。戦争の緊張からの開放感であろうか，将兵は自然の生命豊かな日光の風景を求めた。この時期自然の風景は平和

表2-4-6　日光軌道(株)が米軍に提供したサービス一覧

年月	輸送人員	備考	客車	電気車輌
昭和20年10月	3,500	輸送単価1人18銭	—	—
11月	9,200	〃	—	—
12月	8,510	〃	—	—
昭和21年1月	3,174	〃	4	10
2月	3,116	〃	2	10
3月	3,014	輸送単価1人49銭	1	8
4月	2,894	〃	13	6
5月	5,143	〃	13	14
6月	7,214	〃	11	—
7月	8,301	〃	9	—
8月	8,129	〃	10	—
9月	9,974	〃	7	—
10月	4,025	〃	11	—
11月	2,168	〃	4	—
12月	1,138	〃	7	—
昭和21年計	58,290		92	48

の象徴であったのかもしれない。

　日光には多くの将兵が訪れた。しかしながら彼らの日光滞在の経費は日本国が支払うものである。進駐軍将兵の日光訪問は経済的側面から見ると国際観光とは言いがたい。しかし，日光は進駐軍兵士の間に浸透していったと見てよいだろう。明治12(1879)年の保畏会の文書にあるように，日光での体験は故郷への土産話として持ち帰られたに違いない。

　昭和22年以降の資料がないので，具体的にはわからないが引き続き将兵は日光を訪れた。「23年6月からは，原則として毎週金，土，日曜の3日間，浅草―東武日光間に連合軍専用車を運転した。週末を利用して日光観光に出かける軍人やその家族が多かったことから，輸送司令部の命令で実施したもので，24年12月まで運転した」という東武鉄道100年史にある記述からも当時の状況を窺い知ることができる。占領の初期は軍人のみであったが漸次家族も同伴するようになった。日光では米国人の家族単位で楽しむレクリエーションの姿を見るようになる。

　その様子を東照宮発刊の雑誌『大日光』は，「戦前から我国へ渡来する外人は

その殆どが日光観光をそのスケジュールに組み入れているが、戦後はその数において遥かに戦前を凌駕している。というのは全国的に連合軍が駐留していて、何処も同様の現象ながら特に日光には第八軍のレストセンター、英軍のそれが置かれていた為に、全国から常時五百人から八百の将兵が滞在し、更に京阪地区からも自動車で家族同伴の組が土曜日にかけて押しかける。朝鮮動乱前まではウィークデー以外の日の当宮参拝者の中端に近いものが外人という様な現象も見せていた。彼らは貴重な国宝建造物維持という名目の下にすべてが邦人と同等の寄進をした。白人から黒人にいたる迄総じて理解を持ち、国宝殿堂維持に努力してくれた」(28)と当時の状況を伝えている。

　昭和25（1950）年に朝鮮動乱が勃発する。米兵は米韓連合軍として北朝鮮と戦う。当時の日本は後方基地の役割を果たしたと言ってよい。再び戦時である。平時より休養地は必要であったろうが、昭和25年以降の休養地日光の姿を示す資料は見つからない。昭和26（1951）年にはサンフランシスコ講和条約が締結され、日本の独立も決まり、昭和27（1952）年接収は解除となる。再び日光は国民の手に戻った。

第2項　占領時代に見る県の施策

　終戦後の混乱の時でありながら、県の取り組みは素早かった。昭和21（1946）年12月観光課を設置し、外客誘致と外国人専用の県営ホテルの整備に着手する。栃木県観光課が昭和23（1948）年1月にまとめた昭和22（1947）年度の「観光事業概要」には、「20万円の予算で外客誘致のためのパンフレット作成中」と書かれている。一般観光客の訪日が全面的には許されていないこの時期に外客誘致のためのパンフレットを作成しているのである。将来への投資であろう。また「旧日光御用邸を日光パレスホテルとして県観光協会に経営せしむるため、施設整備費として150万円を貸し付けた」と書かれている。この観光課の事業概要には観光協会の事業も載っている。そこには「県より旧日光御用邸を無償借り入れ、また150万円を無利息にて借り入れて貿易代表団宿舎として開業、収容約40人で来春より本格的に経営の予定」と明記されている。

昭和21年12月に観光課が発足した。22年度の予算に，旧日光御用邸をホテルに改修するための事業費150万円が組まれた。観光協会は，その150万円を無利子で借り受け，県が宮内庁から借り受けた旧日光御用邸をホテルに改修した。本格的営業は23年からだが，40人収容の貿易代表団用宿舎であった。
　貿易代表団宿舎とは何か。当時の経緯は河西静夫氏の『激動の昭和観光史』(29)に詳しい。少し長いが引用する。
　「終戦から丁度2年を過ぎた昭和22年8月15日にGHQは日本の貿易を再開させた。もっともこの時期は，占領下にあって，経済の回復未だしで，輸出入の能力は低かったから，米国から来日するバイヤーとの取引が主であった。マッカーサー元帥の『民間貿易再開の許可』が実現するのは，それからさらに2年後である。
　22年の時は，それでも来日するバイヤーは年間400〜500人と見込まれたので，他に使節団などの訪日も考慮すると，国内の外人宿泊ホテルは，非常に不足する状況にあった。外客を収容していた優秀なホテルはほとんど接収されて，進駐軍関係の用に提供されていたから当然のことであるが，GHQは政府を通して，バイヤーの宿泊できるホテルを整備して欲しいと，ホテル協会に要請してきた」
　このような経緯を経て，8月15日までに東京にホテル・テート（後のパレスホテル）とホテル・トウキョウ，京都にホテル・ラクヨウ，名古屋にホテル・トキワの四つの国営ホテル（貿易庁直営）ができたという。
　日光パレスホテルは，その地方版と見てよい。日光ではバイヤーの直接的な活動は考えにくいが，買い付けの合間の日光訪問と考えるのが自然であろう。知事は県議会で「今後はバイヤーが貿易再開と同時に1か月に約400人来るだろうという予定であります。その中，段々貿易庁の聞きますと，そのうち8割は日光に来るだろう。
　　　（中略）
　どうしてもバイヤーを歓迎するという意味からも観光ホテル（註：日光パレスホテルのこと）はやらなければならん。

(中略)

全国の接収ホテルの中で最も成績がよく待遇もよく整備もよろしいと米軍の接収ホテル担当者に評価された金谷ホテルに経営を任せたい」と述べている。(30)いずれにしろ国策に準じた県の施策と見てよい。

「来日したバイヤーは昭和22年には550人ほどであったが、翌年には6,000人、翌々年には1万5,000人と著増した」と『激動の昭和観光史』は伝える。昭和23年GHQはJTBのパックツアーに限って外国人の入国を認めた。それの増加もあろうが、バイヤーも増えたのだろう。しかし日光を訪れた数はわからない。県からパレスホテルの経営を委託された日光国立公園観光(株)の株主総会の資料には当時の様子が書かれている。24(1949)年の総会資料には「最近海外観光客の訪日も日を遂げて漸増しております」と述べている。翌25(1950)年には「(期待に外れて)冬の外国人観光客が意外と延びていない」と述べている。日光を訪れた観光客は期待どおりであったのかもしれない。ただし冬の利用者は少なかった。期待のパレスホテルであったが、昭和32(1957)年9月に廃業となる。営業の内容を示す資料は残っていない。他のホテルが接収されている間も、また接収が解除になってからも、宿泊者数は不明であり国際観光にどれほど貢献したかはわからない。

日光パレスホテルはバイヤー対策である。一方、当時の観光業界の最大の課題は進駐軍対策と講和後の外客誘致であった。それを見てみる。

昭和21(1946)年6月22日、都道府県単位の観光協会などの観光団体が会員となって全日本観光連盟が設立された。会則には「観光事業の振興を図り、国民文化厚生の発展向上、併せて国際親善に寄与する」を目的に掲げている。そのために観光に関わる調査・計画・宣伝・教育などの事業を行うとしている。

この全日本観光連盟から昭和22(1947)年4月、皇室財産の払い下げ申請が提出される。そこでは「下記皇室財産は国際的に誇るべき施設を為し十二分に活用する時は進駐軍並びにその家族の慰安を計ると共に国民の厚生に寄与する大なるものありと信じる。近く将来講和条約も結ばれ、外客を誘致する場合には、魅力ある資源として外貨獲得の上からも意義あるものと信じる」と述べ、連盟

が運営するので下記五つの施設を払い下げて欲しい，という内容であった。
　①日光御用邸：国有観光ホテルに改装
　②日光養魚場：国際釣クラブを設置し有料釣り場として経営
　③日光養魚場付属家屋並びに河川，森林：日光国立公園に編入
　④帝室林野局庁舎：外人（シビリアン）用高級ホテル
　⑤湯元・竜頭山の家：スイスに見る高級サマーハウス
この申請のいくつかは県や国の施策と競合することになる。
①の日光御用邸は，終戦直後県に無料貸付になっており，その利用方策を検討中であった。
②の帝室林野局の日光養魚場と③のその関連施設および土地については，県への移管を進めるための予算50万円が昭和21年に計上されていた。
④の皇居前にあった帝室林野局庁舎は連盟の希望とは異なるが，国営（貿易庁運営）の貿易使節団用のホテルとして経営された。
⑤の湯元山の家は国立公園協会，竜頭山の家は帝室林野局が管理していたが，米軍に接収された。接収解除後は，高級なサマーハウスとは言えないが山の愛好者に愛し続けられた。
　以上見るように進駐軍の慰安と講和後の外客誘致を進めるために全国観光連盟が五つの施設の払い下げを希望した。ただし，その一つは県が直接経営し，二つは県も払い下げ運動を積極的に行ったのである。戦後の混乱の時にありながら県の観光振興，なかでも国際観光に対する取り組みは意欲的であったと評価できよう。

第4節　経済成長期

　前にも述べたが国際観光の実態を残す資料は少ない。統計資料は行政が整備し今に残る。また国際観光を目的に整備された施設は現在の姿から当時の状況の推測はできる。しかし，具体が伴わないものは，他の資料から推測せざるを得ない。本節では，さまざまな資料から当時の国際観光の姿を探ってみる。

「もはや戦後ではない」と復興の完成が宣言されたのは昭和31 (1956) 年である。戦前の昭和15 (1940) 年の経済レベルまで回復したということであった。国際観光地日光の当時の状況は，昭和32 (1957) 年の県議会の発言から垣間見ることができる。
　「最近日光国立公園に参ります観光客は年々増加しております。観光客の数におきましては昨年の統計におきましても日光国立公園と致しましては415万1,000人が来訪しております。そのうち外地観光客が3万8,000人ということで年々2割ないし1割5分の上昇を見ております」[31]
　ここで言う外地観光客は外国人観光客のことであろう。昭和15年の日光国立公園の来訪者数は100万人に近かった。戦争で日本が焦土と化してから10年，日光を訪れた観光客は戦前の4倍になったのである。まさに復興は成し遂げられ戦後は終わったと見てよい。外国人に関して見ると戦前のデータがないので詳しくはわからないが，戦前より増えていることは間違いないだろう。
　昭和34 (1959) 年オリンピックの東京開催が決定した。昭和15年に開催予定であった幻の東京オリンピックから19年後である。多くの外国人の来訪が期待された。特に著名な観光地ではその増加が予想された。このような状況下，国（運輸省）は有料休憩所の補助制度を設けた。ここでは有料休憩所を「便所，化粧洗面所並びにこれらに付帯する施設及び設備を有する建築物であって，低廉な料金で主として外国人観光客の利用に供するもの」と定義している。
　その設置基準の主なものは，
　①外国人が訪れる観光地または観光地間を連絡する経路にある駐車に便利な場所
　②受付，管理事務所および適当な広さの広間を設ける
　③入り口から男子用および女子用に区分された化粧洗面所および便所を設置する
　④便器は，水洗式で半数以上を座便式便所とする
　当時，交通手段はバスが主流であった。①はその現実に対応したものであろう。この基準は，身繕いの空間を備えた管理された清潔な休憩所（公衆便所）を

目指している。

　県は山内と中宮祠の2か所に設置を希望する。補助申請には「昭和38年度外客向休憩施設整備計画基本表」が添付され，そこには，設置希望地の昭和34から36 (1961) 年までの内外別入り込み客数が載っている。それを見てみる (表2-4-7, 表2-4-8)。

　日光全体で見ると昭和35 (1960) 年に増加が激しい。40パーセントの増加である。36年もその数に変わりはない。中宮祠を見ると，1万5,000人台でそれほど変わりはない。まずは二社一寺を楽しもうという観光客が増えたということであろう。この外国人観光客の増加には，オリンピックの東京開催が大きく影響したと見てよい。決定とともに日本に対する注目が高まったのだろう。

　戦前の日光観光ホテルの計画では，夏に全体の利用者の60パーセントを見込んでいた。主に在日外国人の避暑利用であろう。昭和34から36年までの中宮祠を見ると，夏の客は30パーセント前後である。新緑の5月と紅葉の10月は，夏の月よりも多い。避暑目的以外の観光客が増えた。海外からの観光客が増加した証左と見てよいだろう。このような情況の中で，山内と中宮祠にレストハウスが建設された。

　当時の外国人観光客の実態を伝える議会質問がある。[32] そこでは「観光課の行政資料を見ると，昭和29 (1954) 年から36 (1961) 年までの8年間に外人が日光に参りました数の中に，日帰りの数と泊まりの客の数が全く逆転しているという事実であります。昭和29年に1万7,000人の外人が泊まって，日帰り客は8,600人の50パーセントでした。しかし36年度には3万2,000人が泊まって5万4,000人が日帰りで帰っておるのであります。年々その数は逆転しているのであります。従いまして一人平均使った額は29年には3,200円，36年には2,300円になっている」と言っている。総数が増えたが宿泊客の割合は低くなったと言っている。都心からの直通バスで日光に来て山内の風景を見て帰る，というパターンなのかもしれない。

　ちなみに日光市の統計資料から宿泊客と日帰り客の割合を見てみる。観光客全体，つまり日帰り客のデータがないので，二社一寺参拝者数を観光客全体数

に読み替えて見てみる(表2-4-9)。

確かに全体では外国人の観光客数は増えている。ただし宿泊客数は逆に減っている。先に見た県議会の質問の数値を使うと,日帰り率はさらに大きくなる。

長年日光のホテルの勤務経験を持つ元ホテルマンは外国人観光客について次

表2-4-7　昭和34年〜36年日光来訪外国人観光客数(割合は%)

月	昭和34年			昭和35年			昭和36年		
	観光客数	割合	夏季の割合	観光客数	割合	夏季の割合	観光客数	割合	夏季の割合
4	4,523	13		8,673	17		9,133	16	
5	3,747	10		6,125	12		7,749	14	
6	2,038	6		3,702	7		5,863	10	
7	2,655	7	23	4,274	8	25	4,420	8	22
8	2,865	8		3,962	8		3,753	7	
9	2,821	8		4,428	9		3,793	7	
10	4,291	12		7,176	14		8,834	16	
11	2,786	8		4,335	8		3,817	7	
12	2,045	6		1,494	3		1,745	3	
1	1,524	4		1,834	4		1,291	2	
2	2,015	5		1,353	3		1,637	3	
3	4,471	13		3,866	7		4,090	7	
計	35,781	100	23	51,227	100	25	55,625	100	22

表2-4-8　昭和34年〜36年中宮祠来訪外国人観光客数(割合は%)

月	昭和34年			昭和35年			昭和36年		
	観光客数	割合	夏季の割合	観光客数	割合	夏季の割合	観光客数	割合	夏季の割合
4	1,272	8		1,803	12		1,474	9	
5	1,632	11		1,507	10		2,105	13	
6	1,391	9		1,462	10		1,424	9	
7	1,358	9	31	1,358	9	27	1,310	8	29
8	1,849	12		1,538	10		1,974	13	
9	1,454	10		1,218	8		1,296	8	
10	1,959	13		2,299	15		2,147	14	
11	1,020	7		1,122	7		1,212	8	
12	591	4		649	4		586	4	
1	726	5		572	4		681	4	
2	810	5		670	5		714	4	
3	981	7		914	6		899	6	
計	15,043	100	31	15,102	100	27	15,722	100	29

のように述べている。

①昭和39(1964)年の東京オリンピック以前は，ゆっくりと滞在する個人客が多かった

表2-4-9　外国人観光客宿泊率

	宿泊者数	参拝者数	宿泊率
昭和34年	32,229	36,798	86%
昭和35年	32,496	41,196	79%
昭和36年	31,897	48,175	66%
昭和37年	28,364	45,612	62%

②オリンピック以降は団体客が多くなった。ただし，西洋人が中心であった
③昭和45(1970)年の大阪万博時は日帰りランチ客がバスの団体で押し寄せた
④西洋人以外の外国人も増えた

このコメントは，昭和40年代にみる外国人観光客の一側面を伝えている。従来の個人客の「滞在」から団体の「立ち寄り」へと形を変えたと見てよいだろう。データが少ないから断定はできないがオリンピックや大阪万博などの国際的イヴェントを契機に外国人観光客も大衆化し，団体旅行者が多くなり，日帰りが増えたと見て大きな間違いはないだろう。

第5節　本章のまとめ

　本章では戦中，戦後そしてそれに続く経済成長期の日光の国際観光の実相を見てきた。戦時中も戦前に引き続き国際観光を進めたいという行政の意欲はあった。しかし具体的施策の展開はない。戦後は駐留軍兵士の保養だけと言ってよい。復興も終わり，経済成長期になると日光の国際観光は大衆化の時を迎え，日帰り客が多くなる。

第5章　国際観光のまとめ

　国際的避暑地と呼ばれた中禅寺湖畔と昭和の時代の日光を見てきた。具体的には西洋人避暑地中禅寺の幕開きの時，避暑地中禅寺が西洋人に認知認識される過程，国際的避暑地中禅寺の実相，そして戦中・戦後とその後の経済成長時代の日光の国際観光の姿を見た。

　外国人の日光訪問は明治3(1870)年の英国公使パークス一行の旅行を嚆矢とする。明治7(1874)年に内地旅行の制度が定められるが，それ以前そしてそれ以降もしばらくの間日光を訪れた外国人は外交官や御雇外国人など日本在住者が中心であった。中禅寺では明治22(1889)年に初めて西洋人外交官の避暑滞在があった。明治24年には夏場旅館で洋食が提供された。外国人避暑客のためであろう。外国人避暑地として整ってきたのである。明治20年代初期が西洋人避暑地中禅寺の幕開きの時であった。

　日光の詳しい情報はアーネスト・サトウによって伝えられる。明治5(1872)年に横浜の新聞，8(1875)年にガイドブックで詳細に紹介された。中禅寺が避暑地に適しているという情報も，明治17(1884)年にサトウによって西洋社会に伝えられた。その後大正2(1913)年まで7版続くチェンバレンのガイドブックにより日光の情報は西洋人社会に浸透した。

　明治中期には西洋諸国の外交官の別荘が点在するようになる。明治30年代には多くの国の外国人が夏を過ごす。国際的避暑地と呼ばれるにふさわしい実態があった。昭和戦前までは外交官を中心とする西洋諸国の人々が集う避暑地であった。避暑客は70名程度で，避暑活動の中心はセイリングにあった。

　戦時中国際観光はない。戦後の日光は占領軍将兵の保養だけと言ってよい。その後オリンピック東京開催決定を契機に外国人観光客は増加する。日光の国際観光は大衆化の時を迎え，日帰り客が多くなる。

[補注，引用・参考文献]

第2部　国際観光

第1章　西洋人避暑地日光中禅寺の幕開き
(1) F・S・G・ピゴット著，長谷川才治訳（昭和26年）：断たれたきずな，時事通信社，102
(2) 國立公園（昭和9年 No.8）：雲仙滞在外人を語る，24
(3) 慶応3(1867)年から明治14(1881)年までの太政官日記および日誌，公文録などから典礼条規を採録，浄書し部門別に分類し，年代別に編集したもの。国立公文書館蔵
(4) 内閣の前身である太政官において授受した明治元(1868)年から18(1885)年までの公文書のほとんどを各省庁別，年代別に編集したもの。国立公文書館蔵
(5) 明治7年に遊歩区域を越える外国人の旅行が認められるようになった。ただし旅行の目的は病気療養と学術研究に限られた。旅行者には旅行免状が発給された
(6) 安政5(1858)年以降各国と結ばれた通商条約では外交官の旅行を認めていた。一方外交官以外は居留地から10里四方の区域の移動のみが認められた。遊歩規定である
(7) 太政類典，第2編第81巻，外国交際，内地旅行1
　明治7年7月10日，院省府使県へ達，第87号
　公私雇入ノ外国人自今職務上又ハ疾病等無余儀事故有之各地ヘ旅行候節ハ事由ヲ詳記シ外務省ヘ申出通行免状ヲ受此旨相達候事，但従来渡置通行免状ハ同省ヘ可返付事
(8) 外務省調査部編纂（昭和11年）：大日本外交文書，第7巻，日本國際協會，623-632
　明治7年8月14日，各国公使ヨリ外務省宛書簡
　外国人内地旅行ニ関スル商議過程ヲ詳述シ且右件ニ就キ各国駐箚日本公使ヨリ直接各国政府ヘ陳述スル事ハ商議ヲ遅延セシムルニ付不同意ノ旨申出ノ件
(9) 外務省調査部編纂（昭和11年）：大日本外交文書，第8巻，日本國際協會，613-615
　外国人内地旅行免状交付申請ノ際ハ本人ノ旅行目的並ニ通行道筋等詳細申立アリ度旨等申出ノ件
(10) 外務省調査部編纂（昭和11年）：大日本外交文書，第6巻，日本國際協會，682-683
(11) 当時の警察機構
(12) 太政類典第1篇　第60巻外国交際・内地旅行附不開港場回航　3年10月外國人旅行之節附添之者心得　彈正臺上申
(13) 前掲（12）
　3年10月12日，東京在留外国人遊歩規程別紙ノ通ニ候條此旨相達候事
(14) 明治元年，政府は洋学，西洋医学，国学・漢学それぞれの教育機関として開成学校，医学校，昌平校を設立した。洋学の教育機関である開成学校は，明治2年に大学南校，明治4年に南校，明治7年に東京開成学校とその名称を変え，明治10年には東京医学校と合併して東京大学となる

(15) 前掲(12)
　　3年12月23日，大学南校ノ雇教師瑞士国人カデル外数名休業中旅行
(16) 萩原延壽(平成11年)：慶喜登場(遠い崖—アーネスト・サトウ日記抄4)，朝日新聞社，262
(17) 萩原延壽(平成11年)：英国策論(遠い崖—アーネスト・サトウ日記写抄3)，朝日新聞社，40
(18) 前掲(12)
　　3年10月12日，東京在留外国人遊歩規程ヲ定ム
(19) 前掲(12)
　　3年10月17日，外国公使旅行中待合等ノ節目ヲ府藩県ニ諭ス
　　各国公使旅行の際の地元が取るべき対応を諭した文書，文中「彼方ニテハ高官ノ者モ手軽ニ旅行イタシ且彼我ノ礼儀モカハリ候ニ付在々人民ニ於ハ殊更外国人ノ状態ヲモ熟知セサルユエ不作法等ノ義在之候テハ不相済義」と述べ，遺漏のないよう取り締まりを要請している
(20) 前掲(12)
　　4年6月18日，大学南校ノ雇米人ウエルダル外数名休業中旅行
(21) 公文録，明治4年，第39巻，辛末5月～7月，大学伺，英人メージョル，サンダマン旅行ノ儀伺
(22) 前掲(20)
　　宇都宮藩届
(23) 太政類典　第2編第81巻　外国交際24，内地旅行1　南校届字國クリッピング日光山へ旅行，
　　外務省へ達，南校御雇外国人「センク」「クニッピング」右一両日中日光山へ相罷越度旨文部省ヨリ届出御許可相成候間此段御達及ヒ候也
(24) 明治4年に設置された従来の太政官に相当する国の最高機関
(25) ①公文録，明治5年第4巻・壬申1月～3月・外務省
　　　英国公使外二人日光表へ出発届
　　②外務省記録，外国公使其他特例外国人旅行雑件2
(26) 前掲(23)，文部省雇外国教師休業中各地旅行
(27) 外務省調査部編纂(昭和11年)：大日本外交文書　第7巻，明治7年6月28日，外国人内地旅行取扱ニ関シ院省使府県ヘ布達，日本国際協会，616-617
(28) 外務省調査部(昭和11年)：大日本外交文書　第7巻，外国人内地旅行ノ従来ノ取扱上申ノ件，日本国際協会，590
(29) 栃木県令達全集には明治6年の文書が綴られている。全文は下記である。
　　第173号
　　外国人遊歩規定外勝手ニ通行不相成儀ハ兼テ心得可有之處間々通行云々○已届出其免許ヲ得ルヤ否ヲモ不承糺○其名ヲモ明瞭ナラザル届方有之其國領事ヘ掛合方ニ差支往々

第2部　国際観光　　237

不都合有之候ニ付示後外國人臨時其喧嘩通行候ハハ於駅舎其國名人名及免状所持ノ外國人ハ無差支通行為致若又免状所持無之者ハ一切通行不相成候間厚説諭ヲ加ヘ其者居留ノ開港場迄県管附添其開港場ニ至リ其庁ヘ引渡候其段当省ヘ可届出候此段為心得相達候也

明治6年4月10日　外務少輔上野景範

註：○は不明

(30) 太政類典，第2編第64巻　外国交際7，外国人雇入免状改正・其2
(31) 慶応3(1867)年の太平洋航路の開設および明治3(1870)年のスエズ運河の開通により世界一周の利便が図られ，1870年代には世界漫遊旅行家が日本を訪れるようになる
(32) 長坂契那(平成22年)：明治初期における日本初の外国人向け旅行ガイドブック，慶応大学社会学研究科研究紀要，第69号，111
(33) 外務省調査部(昭和11年)：大日本外交文書　第8巻，明治8年7月23日，外国人箱根，熱海温泉ヘ旅行免状ヲ県庁ヘ請求ノ際医師証明書差出ノ要否ニ関スル件，日本国際協会，662
(34) 公文録・明治8年・22巻・明治8年1月外務省伺，7年中内地旅行外国人ノ名表進達
(35) 外務省調査部(昭和11年)：大日本外交文書　第8巻，明治8年5月25日，外国人内地旅行免状交付申請ノ際本人ノ旅行目的並ニ通行道筋等詳細申アリ度旨等申出ノ件，日本国際協会，613-615
(36) 横浜市(昭和57年)：横浜市史　第3巻　下：有隣堂，825
(37) 前掲(23)
明治7年8月10日，開成学校雇外国教師休業中各地旅行
(38) 公文録，明治7年，第31巻，外務省伺1，第733号　日光外三ヶ所逗留之外国人免状取調之儀，明治7年9月5日
(39) 報告書には英国公使館附と記載されている
(40) 報告書には和蘭領事と記載されているが代理公使のボールドウインのことであろう
(41) 大蔵省外国貿易輸出入鑑定役の米国人ミルレルのことであろう
(42) William Edward Ayrton国籍英，工部省工学寮教師
(43) 報告書ではドイツ国籍で文部省雇いだが，工部省雇い英国人Colin Alexander McVeanのことと思われる
(44) 報告書には独逸人と記載されているが御雇外国人の中には見当たらない
(45) 開拓使に雇用されていた米国人医師Stuart Eldridgeの誤記とも考えられるが不明
(46) 外務省記録3門9類4項24号
外国公使其他特例外国人内地旅行雑件
(47) 前掲(23)
明治7年7月24日，和蘭国領事官ホードウエン家族共日光及箱根へ旅行
(48) James Curtis Hepburn，米国人，宣教師・医師，安政6(1859)年来日，横浜で医療活動開始，ヘボン式ローマ字の開発者

(49) Georges Hilaire Bousquet, 仏国人, 司法省顧問
(50) Emile Guimet, フランスの実業家, 明治9 (1876) 年来日
(51) Felix Regamey, フランスの画家, ギメと同行来日
(52) 外国人警護を職務とする組織, 公使館員や御雇外国人の警備を担当した
(53) 公文録, 第18巻, 明治9年2月外務省伺, 8年中外国人内地旅行表上申
(54) 前掲 (35)
(55) 前掲 (35)
(56) 前掲 (35)
(57) 横浜の新聞社JAPAN GAZZETTE刊行の香港在住の西洋人人名録, 横浜と神戸の住民録も載っている
(58) Anderson Hは, (53)の8年中外国人内地旅行表では日光の写真撮影が目的の墺太利人バロン・フォン・シテルフリードと番号が1番違いのほかは旅行先および経路, 免状渡日, 返納日は同じである。明治12年の外務省資料にはシテルフリードは墺太利宮内庁写真師とある。彼は明治8年にも日光撮影のため来日した。地元の写真師Andersonが日光まで同道したのであろう。
(59) 前掲 (46)
(60) 前掲 (23)
　①大阪外国語学及教諭英人ロベルト・ウイリアム・アトキンソンほか23名休業中旅行
　②大阪外国語学及教諭仏人エビション外11名休業中旅行
(61) 前掲 (23)
　各学校雇教員休業中旅行
(62) 前掲 (23)
　①東京大学仏人マンジョウ外18名休業中内地旅行
　②文部省雇学監米人ドクトル・ダビット・モルレー理学研究ノ為メ日光足尾銅山へ赴ク
(63) 太政類典, 第3編, 第17巻, 外国交際・条約
　各学校雇同国人ネットワほか14休業中旅行
(64) 前掲 (63)
　外国交際・条約
　①外国語学校訓導仏人エスナール外数名旅行
　②文学部教授英人クーパーほか1名旅行
(65) 前掲 (63)
　文部省雇外国人旅行ノ都度上陳及ス
(66) 明治3 (1880) 年設立された, 明治政府の官庁の一つ。官営事業として, 鉄道, 造船, 鉱山, 製鉄, 電気, 灯台などのインフラ整備を行った
(67) Izabella Lucy Bird, 英国人, 女性旅行家, 世界中を旅行した。明治11 (1878) 年, 東京から日光を目指し, そこから新潟へ抜け, 日本海側から北海道へ渡った。次いで神戸・伊勢・大阪も旅した。その体験をまとめ明治13 (1880) 年Unbeaten Tracks in

Japan(日本奥地旅行)として刊行した.
(68) 前掲　第1部　観光行政　第1章　明治期, 15
(69) 保晃会は山内建造物の補修費用を募金に頼った. 外国人にも働きかけた. そのために奉加帳(レジストリー)を用意した. そこには外国人に対する募金要請が英文で書かれている. それは3点にまとめることができる. 一つは「世界に広く知れ渡っている社寺」, 次は「毎年訪れる外国人はこの精緻な技法を施され, かつ芸術性豊かな建造物を高く評価している」, 最後は「寄付は世界の人にお願いする. 日本に居住する外国人も旅行者も協力してくれると確信している」となる
　　　第2部　国際観光　第2章　避暑地中禅寺が外国人に認知・認識されてゆく過程　第3節　日本駐箚外交官の中禅寺に対する認識の深まる過程, 175
(70) 公文類聚, 第10編, 第31巻, 運輸1, 通信・郵便通信1, 下野国日光ニ電信分局ヲ設置スルヲ認許ス
(71) 手嶋潤一(平成18年):日光の風景地計画とその変遷, 随想舎, 46
(72) 明治12年9月10日　太政官達第38号
(73) 違式詿違条例(イシキカイイジョウレイ)は, 我が国最初の体系的な軽犯罪取締り法令. 栃木県では, 明治11年に制定された. なお当時は, 橡木縣と表記していた
(74) 保晃会が外国人から集めた募金の奉加帳(レジストリー)を見ると, 明治14年から19年までは日本駐箚外交官の名前だけだが明治19年以降は旅行者の名前が出てくる
(75) Henry Brooks Adams, ボストンの名門出身の思想家, 作家, 歴史家, 世界各地を旅行した
(76) John LaFarage, 米国人画家, 日本美術研究家, 収集家
(77) 手嶋潤一(平成18年):日光の風景地計画とその変遷, 随想舎, 46
(78) 日光市(昭和54年):日光市史, 下巻:67
(79) 明治11年に創刊された栃木県の下野新聞
(80) 日本ホテル略史によると, 明治22年日光四軒町に客室20室の日光ホテルが開業したとある. ただし, 下野新聞の記事には明治21年開業とある
(81) 日光市街地は日光山の門前町として発展してきた神橋以東の大谷川右岸の街道沿いの町を東町, 山内西南部の大谷川左岸を東西に走る中禅寺に通じる道両岸の碁盤の目型の町場を西町という
(82) 前掲(74)
(83) 保晃会のレジストリーにある募金初年(明治14年)のサインの中に西洋諸国9か国の公使の名がある. ヴァン・デ・ボルデル公使もその中の1人である.
　　　第2部　国際観光　第2章　避暑地中禅寺が外国人に認知・認識されてゆく過程　第3節　日本駐箚外交官の中禅寺に対する認識の深まる過程, 177
(84) ERNEST MASON SATOW AND A. G. S. HAWS(1884): A HANDBOOK FOR TRAVELLERS IN CENTRAL & NORTHERN JAPAN, JOHM MURRAY, 441
(85) マンデーク・カークウッド, 司法省顧問

(86) 前掲 (84)
(87) Francis Stewart Gilderoy Piggott, 英国軍人, 東京の英国大使館で駐在武官を4回計15年務めた。その間の出来事を「断たれたきずな」として出版
(88) F・S・C・ピゴット著 長谷川才次訳 (昭和26年)：断たれたきずな, 時事通信社, 9

第2章 避暑地中禅寺が外国人に認知・認識されてゆく過程

(1) 英国の外交官, 文久2年-明治16年英国公使館通訳・通訳官・書記官, 明治27-明治33年駐日特命全権公使。公使時代の日記が「アーネスト・サトウ公使日記」として発刊されている
(2) 横浜開港資料館 (平成8年)：世界漫遊家たちのニッポン, (財) 横浜開港資料普及協会, 28-31に詳述されている
(3) 東照宮, 二荒山神社, 満願寺 (後の輪王寺) の建造物の維持修繕を行った団体 手嶋潤一 (平成18年)；日光の風景地計画とその変遷, 随想舎, 36
(4) 明治3 (1870) 年横浜のJapan Mail社から発刊された新聞。Japan Herald, Japan Gazetteと並び明治期の三大新聞の一つ
(5) 昭和21年運輸省から発刊された「日本ホテル略史」には,「栃木県鉢石町の鈴木喜惣次経営の鈴木ホテル。明治4, 5年頃より15, 6年頃まで人力車, 馬車の立場を兼ねて外人を宿泊さす」という金谷ホテル社長金谷眞一の談話が載っている, 8
(6) 安政5 (1858) 年の日米修交通商条約を始め欧米諸国との修交通商条約では, 横浜・函館・神戸・長崎・新潟の開港とそこでの居留を認めたが, 開港場10里四方を越える外国人の旅行は禁じていた
(7) 横浜市 (昭和57年)：横浜市史第3巻下, 有隣堂, 825
(8) 遊歩区域を越える旅行
(9) 萩原延壽 (平成11年)：大政奉還 (遠い崖―アーネスト・サトウ日記抄6), 朝日新聞社, 228
(10) 萩原延壽 (平成11年)：英国策論 (遠い崖―アーネスト・サトウ日記3), 朝日新聞社, 179
(11) アーネスト・サトウ著, 庄田元男訳 (平成4年)：日本旅行日記2, 平凡社, 41-43
(12) Lieutenant Albert George Sidney Hawes, 英国海軍軍人, 明治政府の海軍省顧問, 横浜居留地の遊歩区域の現地測量をした
(13) 外務省, 自13年7月至14年6月第4回年報 全 熱海・箱根・嬉野・枸崎・小浜への入浴客および京都・奈良への旅行者は含まれていない
(14) 前掲 (7), 824
(15) アーネスト・サトウ (明治8年)：A Guide Book to Nikkô, Japan Mail, 33
(16) (財) 横浜開港資料普及協会 (平成8年)：世界漫遊家たちのニッポン, 30
(17) 小島喜美夫 (平成16年)：続日光近代学事始―中禅寺湖畔における宿泊業の盛衰, 随想

舎，99-100
(18) 前掲(15)，22
(19) BASIL HALL CHAMBERLAIN　英国人，日本研究家，東京帝国大学教師，「口語日本語ハンドブック」，「日本事物誌」の著者
(20) William Benjamin Mason，英国人，工部省の御雇外国人
(21) A Handbook For Travellers In Japan, THIRD EDITION, JHON MURRAY, 9
(22) 前掲(21)，152
(23) 手嶋潤一(平成18年)：日光の風景地計画の変遷，随想舎，46
(24) 前掲(22)
(25) マンデーダ・カークウッド，英国人，司法省顧問
外務省記録「外国人ニシテ日本人ノ名義ヲ以テ土地家屋ヲ所有シ並会社ヲ設ケ商業ヲ営ムモノノ調査一件」第1巻には明治25年にカークウッドが中禅寺湖湖畔に別荘を所有していると記されている
(26) 運輸省発刊の「日本ホテル略史」には，明治22年の出来事として「日光四軒町に日光ホテル開業す(客室20余)」と記載されている。一方，明治22年10月8日の地元の下野新聞に「(日光ホテルは)昨21年10月6日の開業にて」で始まる開業1周年事業が紹介されている。確証はないが明治21年の開業であったのかもしれない
(27) BASIL HALL CHAMBERLAIN AND W. B.MASON: A HANDBOOK FOR TRAVELLERS IN JAPAN, FORTH EDITION, JOHN MURRAY, 162
(28) 前掲(27)，162
(29) 前掲(27)，174
(30) 前掲(27)，174
(31) BASIL HALL CHAMBERLAIN AND W. B.MASON(1899): A HANDBOOK FOR TRAVELLERS IN JAPAN, FIFTH EDITION, JOHN MURRAY, 206
(32) 運輸省発刊の「日本ホテル略史」には明治27年の出来事として「4月中禅寺湖にレーキサイド・ホテル開業す」と記載されている
(33) BASIL HALL CHAMBERLAIN AND W. B.MASON(1913): A HANDBOOK FOR TRAVELLERS IN JAPAN, NINTH EDITION, JOHN MURRAY, 191
(34) 前掲(33)，192
(35) 外国公使其他特例外国人内地旅行雑件
(36) プロイセン公ハインリヒ・アルベルト・ヴィルヘルム親王は日本周遊の旅の途中，明治12年9月日光を訪れた。ドイツ公使アイゼンデッヒャーが随行した。
外務省記録「明治12年自9月至10月　独逸皇孫日光行目録」にはプロイセン公ハインリヒ・アルベルト・ヴィルヘルム親王の日光旅行の詳細が書き留められている。そこには「(ハインチッヒ親王が)東照宮ノ結構美麗ナルヲ賞賛セラル」と残されている
(37) 日光山神社仏閣保存ノ儀ニ付願：明治12年11月11日付の保晃会設立発起人から内務卿に出された文書

(38) 保晃会第3回大会日誌　明治16年6月1日，10
(39) 明治8(1875)年のサトウの旅行記(A GUIDEBOOK TO NIKKÔ)には片道4日と書いてある。明治14年のガイドブックでは人力車で片道2日と読みとれる。確かな資料はないが明治12年には日光往復に4日は必要であったろう。
(40) ERNEST MASON SATOW AND A. G. S. HAWS (1884): A HANDBOOK FOR TRAVELLERS IN CENTRAL & NORTHERN JAPAN, Second Edition, JOHM MURRAY, 441
(41) 萩原延壽(平成12年)：帰国(遠い崖――アーネスト・サトウ日記8)，朝日新聞社，62
　サトウは明治2(1869)年賜暇で帰国時に健康上の理由から「盛夏の日本」に戻るのは避けた方がよいという医者の診断書が認められ賜暇が延長されている。英国外務省は，日本の酷暑を理解していた。少なくとも日本に外交官を派遣している他の西洋諸国でも同様であったろう
(42) 小島喜美夫，(平成16年)：続日光近代学事始――中禅寺湖畔における宿泊業の盛衰，随想舎，99-100
(43) アーネスト・サトウ著　長岡祥三・福永郁雄訳(平成3年)：アーネスト・サトウ公使日記Ⅱ，新人物往来社，134-155

第3章　国際的避暑地中禅寺の実相

(1) 手嶋潤一(平成18年)：日光の風景地計画とその変遷，随想舎，46
(2) 運輸省刊行の日本ホテル略史には，明治25年日光四軒町に客室16の新井ホテルが開業したとある
(3) 運輸省刊行の日本ホテル略史には，明治26年日光星の宮に客室30の金谷ホテルが開業したとある
(4) 運輸省刊行の日本ホテル略史には，明治27年中禅寺湖畔にレークサイドホテルが開業したとある
(5) 栃木県警察史(昭和54年)，下巻，1083-1084
(6) Ernest Mason Satow and A·G·S·Hawes (1881): A Handbook For Travellers In Central & Northern Japan, Kelly & Co., 420
(7) 明治19年度　栃木県通常県会日誌智，151
(8) 明治23年度　通常県会成議録　完，118
(9) 明治24年度　常置委員会成議録，7
(10) 明治9年太政官布達60号によって道路は国道，県道，里道の3種に分けられた。このうち国道と県道の各路線について各府県に調査，図面の調整をさせて，明治18年には改めて路線番号による路線認定を全国的に行う予定であった。しかし，各府県の調査が間に合わず，明治18年の路線認定は国道のみに限られた。したがって，全国のすべての県道は正式に政府によって認定されたものではなく，各府県が独自に指定したものである。この道を「仮定県道」という

(11) 1等里道はいくつかの区を繋ぎ，あるいは区から隣の区に通じる道路，2等里道は用水や堤防，牧畜，坑捕，製鉄所等の重要施設のために当該区の住民の協議によって別段に設ける道路，3等里道は神社仏閣や田畑の耕作のため設ける道路
(12) 県費でまかなう道路橋梁事業に対する詳細を定めた規則
(13) 明治26年度　常置委員会成議録，58
(14) 下野新聞，明治23年4月16日，6月6日，6月30日，7月11日
(15) 明治28年度通常県会日誌，下，明治28(1895)年12月，260
(16) 第19回通常県議会日誌　上　17
(17) 日本駐剳ベルギー公使夫人エリアノーラ・メアリー・ダヌタンが明治26年から明治39年までの日本での生活を綴った「Fourteen Years of Diplomatic Life in Japan」の全訳が「ベルギー公使夫人の公使日記」として出版されている
(18) 第2部　国際観光　第1章　西洋人避暑地日光中禅寺の幕開き　第2節　日光を訪れた西洋人，161
(19) 明治27(1894)年日英通商航海条約が締結された。安政5(1858)年のいわゆる不平等条約の改定である。明治32(1899)年同条約の発効に伴って外国人の内地雑居と自由な国内旅行が認められるようになった
(20) 県制施行第4回　明治33年栃木県臨時県会議案，9
(21) F・S・G・ピゴット著，長谷川才次訳(昭和26年)：断たれたきずな，時事通信社，9
(22) 外務省記録，3門9類47号
「外国人ニシテ日本人ノ名義ヲ以テ土地家屋ヲ所有シ並会社ヲ設ケ商業ヲ営ムモノノ調査一件」第1巻
明治25年5月の報告文であるが，明治24年の状況を報告していると見て間違いない
(23) サー・ヒュー・コータッツイ(平成19年)：歴代の駐日英国大使，文眞堂，159
(24) シュラルド・ラウザー，駐日英国公使館一等書記官
(25) 前掲(22)
(26) 外務省記録，3門9類24号　「外国公使其他特例外国人内地旅行雑件」第1巻
(27) 明治27(1894)年6月20日に東京湾北部を震源として発生した地震，東京，神奈川に大きな被害をもたらした
(28) アーネスト・サトウ，長岡祥三訳(平成元年)：アーネスト・サトウ公使日記Ⅰ，新人物往来社，47
(29) アーネスト・サトウ，長岡祥三訳(平成元年)：アーネスト・サトウ公使日記Ⅱ，新人物往来社
(30) ダグデイル不明
(31) 明治31(1898)年版「The Japan Directory」の横浜居住外国人のリストにBrockelbank G, 74-B, Bluffの名がある。恐らく同一人物であろう
(32) オゴーマン大佐不明
(33) 明治32(1899)年版の「The Japan Directory」の横浜居住外国人のリストに，Dewette

L., Oriental Hotel, 11, Bundが載っている。恐らく同一人物であろう
(34) Thomas Blake Glover，英国人商人，幕末武器商人として活躍，維新後高島炭鉱経営，のち三菱財閥の相談役，中禅寺湖畔に後年地元で西六番と呼ばれる別荘を所有
(35) 中禅寺湖にある島
(36) 中禅寺湖にある岬，八丁出島とも言われる
(37) アーネスト・サトウ著，長岡祥三・福永郁雄訳(平成元年)：アーネスト・サトウ公使日記Ⅱ，新人物往来社，138
(38) 遼東半島も台湾も，日清戦争(明治27～28年)後日本に割譲された。しかし露・独・仏の三国干渉により遼東半島は放棄した
(39) アーネスト・サトウ著，長岡祥三・福永郁雄訳(平成元年)：アーネスト・サトウ公使日記Ⅰ，新人物往来社，113
(40) 前掲(39)，160
(41) Erwin Von Balz，ドイツ帝国の医師，明治政府の御雇外国人。明治9年から38年まで29年間医学を教えた。息子トクがベルツの日記や手紙を編集して「ベルツの日記」として出版
(42) エリアノーラ・メアリー・ダヌタン著，長岡祥三訳(平成4年)：ベルギー公使夫人の明治日記，中央公論社，163
(43) トク・ベルツ著，菅沼竜太郎訳(昭和47年12月版)：ベルツの日記，岩波書店，119-120
(44) F・S・G・ピゴット著，長谷川才次訳(昭和26年)：断たれたきずな，時事通信社，102
(45) BASIL HALL CHAMBERLAIN AND W. B.MASON (1892): A HANDBOOK FOR TRAVELLERS IN JAPAN, FIFTH EDITION, JOHN MURRAY, 205-206
(46) 前掲(26)
(47) (財)日本ヨット協会(平成5年)：日本ヨット協会60年史，日本ヨット協会，9
(48) 下野新聞社(昭和59年)：下野世相100年，下野新聞社，182-184
(49) 大澤璋次(大正6年)：日光新誌，大沢璋次編集兼発行人，106
(50) 田山花袋(大正7年)：一日の行楽，(株)博文館，315
(51) 内務省の中越延豊が雑誌「國立公園」第5号(昭和4年7月)に「国立公園候補地概観(3)〔日光〕」を寄稿している(14-17)。文中大正9年の日光の宿泊施設と宿泊者数の調査結果が使われている。日光，中宮祠，湯元の宿泊施設と内国人と外国人の宿泊延べ人数が表記されている。ただし，内国人と外国人の人数を取り違えて印刷している。即ち中宮祠では内国人362人，外国人5万1,763人と印刷されているが，正しくは内国人5万1,763人，外国人362人であろう
(52) 栃木県(昭和23年)：栃木県観光総合計画，3
(53) 山下重民(大正元年)：日光大観，東陽堂，5-6
(54) 小島美喜男(平成10年)：洛山晃世界，随想舎，9-20
(55) 前掲(53)，69

(56) 神戸生まれの実業家。鉱山開発で財を成し，フライフィッシングを好んだ。大正末に在日外交官や華族，政界人がメンバーの社交クラブ「東京アングイングエンドカンツリー倶楽部」を中禅寺湖畔に設立。太平洋戦争直前まで倶楽部の活動が続いた。西六番別荘を所有
(57) 渡辺文雄，元栃木県知事（昭和59-平成12年）
明治期から西洋人に好まれた中禅寺湖畔の風景の保全や施設の整備など湖畔の雰囲気の復元事業を実施し，国際観光地にふさわしい地域づくりを成し遂げた。飛来した水上飛行機について，詳細な調査を行い下野新聞に3回にわたって発表した（平成22年7月30日，8月6日，8月13日）
(58) 前掲（57）の新聞記事，ここでは大公使館と記述してあるが記載の五つの国は大使館別荘を置いていた
(59) 井戸桂子（平成19年）：ポール・クロデール大使と中禅寺別荘，駒沢女子大学研究紀要，駒沢女子大学，34
(60) 前掲（59），35
(61) 横浜ヨット協会（昭和63年）：社団法人横浜ヨット協会100年史，8
(62) 「Nantaisan Yacht Club Lake Chuzenji 1935」には，Y. A. R. C.（横浜アマチュアローリングクラブ）と相互会員制をとる，と記載されている。しかし「日本ヨット協会60年史」には「横浜アマチュア・ローリングクラブは明治初年からヨット・レースを行い, 19年には，それまで漕艇を中心に活動していたクラブからヨット・クラブが独立して，『横浜ヨット・クラブ（Y. Y. C.）』が設立された」と記載されている。Y. A. R. C.は漕艇に限られ，Y. Y. C.がヨットのクラブとなった。「Nantaisan Yacht Club Lake Chuzenji 1935」に書かれている相互会員制をとる団体の実態は，「横浜ヨットクラブ」と見るのが妥当であろう。昭和10（1935）年のレースには6名の横浜ヨットクラブの会員が参加している
(63) 山口貞雄（昭和9年）：日光の地誌，古今図書，94
①財団法人日本ヨット協会（平成5年）：日本ヨット協会60年史，8
②国立公園協会（昭和7年）：國立公園7月号，セーリングに就いて，24-25
(64) 前掲（44），102

第4章　昭和期の日光に見る国際観光

(1) 府県制施行第38回　栃木県議会会日誌，408-409
昭和9年知事は「観光ホテルは中禅寺から奥日光に造りたい」と答弁している
(2) 前掲（1），377-378
(3) 前掲（1），408-409
(4) 手嶋潤一（平成18年）：日光の風景地計画とその変遷，随想舎，174-176
(5) 府県制施行第39回　栃木県通常県会会議日誌，392
(6) 府県制施行第40回　昭和11年栃木県通常総会々議日誌，14-15

(7) 前掲(6)，533
(8) 前掲(6)，536
(9) 前掲(6)，537
(10) 前掲(6)，577
(11) 運輸省観光部(昭和24年)：続日本ホテル略史，202
　　レークサイドホテルの戦前の収容力は75名であった。続日本ホテル略史には昭和23年のデータとして収容力112名と記載されている。増築があったのかもしれない
(12) 前掲(6)，758-759
(13) 砂本文彦(平成20年)：近代日本の国際リゾート，青弓社，590
(14) 第1部　観光行政　第3章　昭和戦前，40
(15) 昭和産業史　第2巻(昭和25年)：東洋経済新報社，773-774
(16) 続日本ホテル略史(昭和24年)：運輸省観光部，202-205
(17) 前掲(11)
(18) 連合国軍最高司令官
(19) 合衆国陸軍参謀総長
(20) 合衆国陸軍第8軍司令官
(21) 連合国軍最高司令官兼朝鮮戦争の国連軍(米韓連合司令部)司令官
(22) 千家啓麿(昭和59年)：日光国立公園と16年，国立公園12月号，8
(23) 日光町会議録，1945年12月
(24) 明治41年設立の日光電気軌道株式会社は昭和7年日光自動車株式会社と合併し日光自動車電車株式会社と商号が変更。昭和19年には日光軌道株式会社に商号変更。
　　第3部　交通運輸　第2章　鉄道開設以降　第2節　日光電気軌道，266
(25) 千家啓麿(昭和59年)：日光国立公園と16年，国立公園12月号，8-9
(26) 朝日新聞社(平成元年)：値段史年表明治・大正・昭和，149
(27) 日光山神社仏閣保存ノ儀ニ付願，明治12年11月
(28) 東照宮宮司(昭和27年)：大日光，第1号，(4)
(29) 河西静夫(平成2年)：激動の昭和観光史，(株)オータパブリケーション，135
(30) 昭和22年度栃木県議会日誌(1)，335-336
(31) 昭和31年第58回栃木県議会会議録，65
(32) 昭和37年度第94回栃木県議会会議録，104

■ 第3部 ■

交通運輸

交通機関の発達は観光の利便の向上と地域の発展に大きく貢献する。ただし地域の整備が伴わないと混乱が生ずることもある。日光も同様であった。
　ここでは，交通機関から日光を見てゆく。交通機関の整備の状況を区切りと捉えて五つの時代に区分する。第1章では徒歩ないし駕籠・人力車に頼った近代的輸送機関整備以前，第2章では日光までの鉄道開設以降自動車輸送の開始まで，第3章では自動車輸送開始以降終戦まで，第4章では終戦からマイカー普及まで，第5章ではマイカー普及以降，の日光を見る。
　日本の乗用車所有台数は昭和30年代末から増加し昭和46年には1,000万台を超えた。モータリゼーションの到来である。本書では昭和46年を区切りとし，それ以前を第4章，以降を第5章で取り上げる。
　なおここでも第1部と同様に路線の位置のわかりやすさを重視し，宇都宮日光間の鉄道を日光鉄道と表記する。またいろは坂（現第一いろは坂）が，いろは坂と呼ばれるようになった時期は特定できないので，本書では車両が通行できる以前（大正14年以前）は「中宮祠登攀道」，大正14（1925）年から第二いろは坂が開設された昭和40（1965）年までは「いろは坂」，それ以降は「第一いろは坂」，「第二いろは坂」と区分して表記する。

第1章　交通機関整備以前

　鉄道や自動車など近代的輸送機関が整備される以前の日光の状況は，栃木県立博物館の第42回企画展「行楽・観光・レジャー」の図録に簡明にまとめられている。箇条書きで整理すると，

①日光は古くから山岳宗教の対象であり，勝道上人が天応2(782)年山頂を極めて以来仏教と結びつき一大霊場となった

②元和3(1617)年家康が久能山より改葬されて，朝廷から東照大権現の神号を与えられると，日光は徳川家最大の廟所として「天下無双の聖地」と呼ばれるようになる

③毎年朝廷より例弊使が派遣された。また前後19回におよぶ将軍の日光社参は大行列を従えた盛大なものであった。さらに諸大名も参勤交代の際などに参詣のため日光を訪れた

④庶民からも多くの参詣者を集めた。幕府も東照宮の神威を広めるため参拝者を歓迎した

⑤江戸時代中期以降，多くの人々が日光を訪れるようになった。日光ではこれら参詣者を道者と呼んだ

⑥それぞれ信者が決まっている大小100の坊があり，参詣者の世話をした

⑦特定の坊の信者ではない人には旅宿が参詣の手配をした

⑧男体山に対する信仰も根強く，毎年夏白装束に菅笠・金剛杖の行人たちが中宮祠から登拝した

となる。

　江戸中期から多くの参詣者が日光を訪れるようになった。もちろん当時の参拝の手段は徒歩による。日光までの経路を見ると(図3-1-1)，①日本橋から奥州街道を進み，宇都宮で日光街道に分岐し日光に至る。ただし将軍の日光社参

は江戸城から川口, 岩槻を経て幸手で奥州街道に合流するもので日光御成道と呼ばれた, ②奥州街道を北から下り宇都宮で日光街道へ, または大田原から日光街道今市へ, ③中仙道倉賀野から足利・鹿沼経由今市で日光街道へ, この道は例幣使街道と呼ばれた, ④常陸方面からは宇都宮で日光街道へ, ⑤足尾から細尾峠を越え中禅寺へ, ⑥会津方面からは今市で日光街道へ, というように多方面からのアクセスがあった.

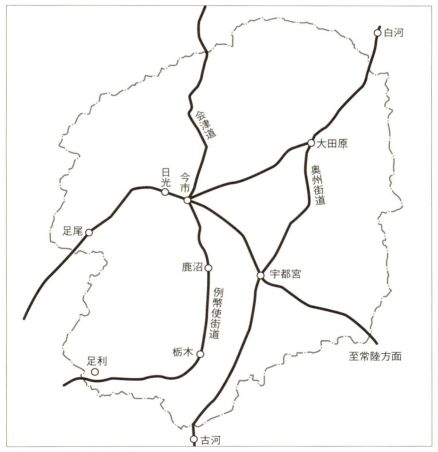

図3-1-1　日光までの経路

では日光参詣の行程はどのようであったか。東京からの行程を見てみる。まず将軍だが，12代将軍家慶は天保14（1843）年4月13日江戸城出発，13日岩槻，14日古河，15日宇都宮に宿泊，16日日光に入っている。3泊4日の行程であった。一般庶民の記録にはまだ巡り合っていない。将軍のように供揃いはないものの4日は必要としたのではないだろうか。

　第2部第2章で見たが明治5（1872）年アーネスト・サトウが日光を訪れた。奥州街道を辿った4日の旅であった。その旅行記(2)を見ると，徒歩によらず馬車，人力車，駕籠に頼っても到達できたようである。快適であるかどうかは別にすれば交通機関は整っていたと言ってよい。

　明治11（1878）年日光を訪れたイザベラ・バードは6月10日皇居に隣接する英国公使館を人力車で出発，その日は春日部泊，11日栃木泊，例幣使街道を経て今市を通り12日日光着であった。人力車で3日の旅である。

　明治14（1881）年に発刊された『A Handbook For Travellers In Central & Northern Japan』(3)には，交通の便の改善された状況が書かれている。浅草から宇都宮まで「定期馬車」が毎日運行している。午前6時出立，17時間の旅であった。人力車では東京から日光まで2日で到達できるという。明治17年（1884）年に発刊された第2刊では，日光の社寺見物には1日，湯元への周遊にはさらに2日を見ておくべきだろうと言っている。

　以上が鉄道開設以前の日光旅行の姿であった。

第2章　鉄道開設以降

第1節　日光鉄道

　明治18（1885）年8月東京と宇都宮が鉄路で繋がった。翌19（1886）年の県議会議事録には，①鉄道開通後貴顕紳士が多く訪れる(1)，②日光や塩原は鉄道開通後貴顕の訪れる数が多くなった(2)，と鉄道開通後の状況が記されている。また保晃会の大会記事にも，鉄道開通後日光を訪れる人は増えたと書いてある(3)。

　二社一寺の参詣者数（表3-2-1）を見ると，鉄道開通前の明治17年には3万6,007人，開通後の明治19年は4万9,558人で，1.4倍に増えている(4)。確かに来訪者は増えた。しかし宇都宮から日光までは，車馬か人力車か，もしくは徒歩であった。雨が降ると道がぬかるため「来遊者ノ困難少ナカラズ(5)」という状況であった。

　そのような状況下にあって明治23（1890）年8月には鉄路が日光まで延長された。東京と日光が直結したのである。交通の便は飛躍的に改善された。当時の時刻表を見ると，宇都宮発日光行きは午前2本午後2本で所要時間は1時間35分であった。開通祝賀会に出席した新聞記者は，宇都宮午前5時25分発7時日光着の汽車で祝賀会に出席し，日光午後2時25分発4時20分宇都宮着で会社に戻っている。滞在時間は7時間25分であった(6)。日光は宇都宮の日帰り圏となったと言ってよいだろう。では，東京からはどうであったろうか。上野発午前6時40分の汽車は11時40分に日光に着く。帰りは午後4時55分に乗ると上野に9時35分に着く。滞在時間は5時間，二社一寺の遊覧であれば十分な時間であろう。2時25分の汽車もある。滞在時間2時間30分，急げば参拝だけはできるだろう。

　鉄道は東京から日帰りを可能にした。それが日光にどのような影響を与えた

表3-2-1　二社一寺参拝者数

年	日本人	外国人	計	備　　　　考
明治16年	41,036	168	41,204	
明治17年	35,901	106	36,007	
明治18年	46,085	374	46,459	7月16日日本鉄道大宮宇都宮間開通（東京直結）
明治19年	48,884	674	49,558	
明治20年	—	—	60,717	参拝者の内訳不明
明治21年	—	—	60,709	参拝者の内訳不明
明治22年	—	—	62,530	参拝者の内訳不明
明治23年	65,282	1,352	66,634	8月1日日本鉄道支線（日光鉄道）開通
明治24年	68,727	1,351	70,073	
明治25年	73,366	2,007	73,373	
明治26年	84,592	2,050	86,348	
明治27年	69,677	1,790	71,437	日清戦争勃発
明治28年	86,591	2,175	88,764	日清戦争終了
明治29年	103,538	2,775	106,313	
明治30年	81,515	5,421	87,016	

註・本表は「保晃會大會日誌」および「保晃會庶務會計報告」から作成
　・各年の集計は前年5月から当年4月まで

かは興味深い。残念ながら直接的に物語る資料は残っていない。ただし間接的な資料はある。二社一寺の参拝者数である。当時の日光訪問の主な目的は二社一寺の参拝と見てよい。参拝者数は日光を訪れた観光客の数を間接的に示すと見て間違いないだろう。明治22（1889）年は6万2,530人だが、鉄道開通後の24（1891）年は7万73人で1割ほど増えている。その後も増加の傾向にある。もちろん鉄道は観光客だけを運搬したのではない、地元の人も利用した。明治27（1894）年の日光駅降車数は、10万2,697人であった。人口は6,757人[7]である。単純にこの数値を比較すると降車数は人口の15倍になる。目を転じて県都宇都宮を見てみる。明治27年の人口は3万6,163人、宇都宮駅の降車数は20万2,747人であった。降車数は人口の6倍である。県庁所在地であり当然人の流れは多かったろう。ただし観光客は少ないと見てよい。この6倍という数値を単純に援用して日光を見ると降車数4万人と計算される。ただし、日光は宇都宮のように中心的都市ではないので住民や仕事上の鉄道利用は少ないと見てよい。そのようななかで10万を超える降車数があった。日光鉄道の利用者の大半は、

地域外の住民つまり遊覧者と見てよいだろう。

　このように日光到達の利便が改善される中，明治24(1891)年に県議会は霧降滝へ至る道路の里道格上げの建議を行った。ここでの里道は，「彼此ノ数区ヲ貫通シ或ハ甲区ヨリ乙区ニ達スルモノ」[(8)]と定義された一等里道であろう。地域と地域を結ぶ道である。いわば集落と集落を結ぶものだが，ここでは霧降滝という観光ポイントを目的地に置いている。訪れる人の多さゆえの建議であろう。鉄道開通で来訪者が増加した，加えて滞在可能時間も増えたので利用区域が拡大したのであろう。

　外国人の増加は顕著であった。明治20(1887)から22(1889)年までの外国人参拝者数は残されていないので，明治19(1886)年の674人と比較すると鉄道開通後の明治23年は1,352人で2倍に増えている。鉄道の開通によるものと見てよいだろう。

　それだけでなく鉄道は外国人の奥日光訪問を促したと見てよい。第1部でも触れたが，明治28(1895)年に駕籠税の創設が県議会で議論された。明治22年の税の種目に駕籠税はない。駕籠税の創設は駕籠を利用する外国人，つまりは中宮祠を訪れる外国人の数の多さの証左と見てよい。鉄道の利便は外国人を日光へ誘い，なかでも中禅寺へ向かわせた。

第2節　日光電気軌道

　日光までの交通の便は整った。しかし日光駅から先は，人力車または駕籠あるいは徒歩に頼らざるを得なかった。神橋から中宮祠往復には人力車で7時間，駕籠では9時間必要であった。この不便の解消と足尾銅山および足尾銅山日光電気精銅所への物資の搬入出のため日光電気軌道株式会社（以下「日光電気軌道（株）」という）によって電気軌道が計画された。明治43(1910)年に日光駅から馬返手前2kmの岩の鼻，そして大正2(1913)年には馬返まで開通した。日光電気軌道は日光駅から神橋を経由して奥日光登攀口の馬返に至る日光を縦断する路線であった（図3-2-1）。

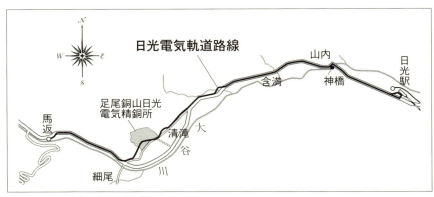

図3-2-1　日光電気軌道路線図

　その日光電気軌道(株)の明治43年から昭和11年までの営業報告書(図3-2-2)が残っている。

　営業報告つまり経営全般に関する報告である。乗客数や貨物数はもちろん営

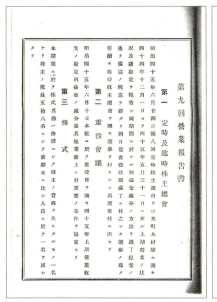

図3-2-2　日光電気軌道(株)営業報告書

業に影響を与える出来高や社会経済の状況も記載されている。それだけでなく観光客の動向も載っている。そこにある観光関連の事柄を表3-2-2にまとめた。

乗客数は年々増加している。ただし，観光客数のデータがないのでどれ程の観光客を運んだかはわからない。しかし開設当時は日光で唯一の近代的輸送機関である。まして日光駅と奥日光入り口馬返を直結する。同社の営業報告は日光の時々の状況を色濃く反映するものと見てよいだろう。以下表3-2-2に補足を加え当時の日光を見てゆく。

明治43(1910)年8月に馬返手前2kmの岩鼻まで開通した。1日24回往復したという。日光駅から岩鼻間8kmを42分で運んだ。この年の乗客は5万4,177人であった。延べ数である。実数は2分の1程度であろう。8月上旬から利根川上流で降り続いた雨は下流で庚戌の大洪水と呼ばれる災害をもたらすものであった。日光でも被害がありそのため登晃する人も少なかった。しかし，秋には回復し紅葉を楽しむ人が多かった。

明治44(1911)年は，春から登晃者が多く，団体客も予想以上に多かった。団体客の詳細は書き残されていないが学生と見て間違いないだろう。また，春秋の雨季に好天に恵まれたため登晃客が多かったと書いている。前年は降雨被害が原因し観光客は減少した。ここでも天候の影響を強く受ける観光の姿を伝えている。

大正元(1912)年7月の明治天皇の崩御直後には旅行を遠慮したためか観光客は減少した。紅葉期には持ち直し見物客は多かった。乗客数は26万5,624人，実数は13万人以上であろう。明治44年の日光駅の降車人数は23万7,073人[9]であった。地元の人も当然利用しているであろうが，大きな数ではなかったと考えてよいだろう。13万人を日光軌道の乗客数と仮定して，日光駅の降車数23万7,073人と照らして見ると，2分の1以上が日光軌道に乗ったことになる。多くの観光客が電気軌道を利用した。そう考えると，日光電気軌道(株)の営業報告は，時々の日光の姿を映していると見てよい。

大正2(1913)年に馬返まで路線が延びた。短時間で中禅寺の紅葉を楽しもうとする人が争って電車を利用しようとしたため混雑した，と言っている。乗客

表3-2-2 日光電気軌道(株)の営業報告から見た日光の状況

年	乗客数	日光の状況等
明治43	54,177(註1)	8月洪水により登晃者減少，10月観楓者多
44	163,624	初春以来例年に比し登晃者多，普通・団体客予想以上に多，春夏雨季天気良好登晃者多
大正元	265,743	明治天皇崩御により登晃者減少したが観楓の季節に至り探勝の清客予想以上
2	363,386	馬返まで開通，短時間に中禅寺の秋光を賞せんとするもの交々競て電車に依らんとす 一時輻輳の盛況を呈せり
3	386,425	大正博覧会開催により観光旅客次第に増加，馬返線の結果収益良
4	372,618	欧州戦乱により不景気であるが回復傾向，東照宮300年祭で鉄道省汽車賃割引 観楓季臨時列車増発団体普通観光客増加
5	452,702	景気回復，観光客普通団体増加，各宮殿下御乗用
6	587,291	輓近世上一般の景況回復の気運により春季も予想以上の観光客有時局の影響一般に良好夏秋も観光客増，貴賓車製作
7	633,352	大戦以来好況乗客収入良
8	714,623	春初から登晃者輻輳，夏以降登晃者稀なる増加，初秋降雨災害観楓季全線は運転不可
9	770,140	秋の乗客収入比年を超越
10	814,937	晩春より乗客増，夏霖雨のため登晃客不況の傾向，観楓の節天候回復，団体観光客輻輳
11	895,191	春季平和博覧会（東京）の影響で観光客輻輳，夏は盛況，秋房総で流行病蔓延の兆候あって旅行を警めたため修学旅行団体一般観光客減少傾向
12	673,092	不況により登晃者減少，関東大震災により登晃旅客激減
13	977,951	春震災のため出控えの状況も曙光見え修学旅行著しい。震災による人心消沈に反発し旅行熱好調避暑観楓の季節登晃殺到
14	891,899	不況の影響旅客減少，初秋まで旅客閑散，仲秋観楓の季節学生修学旅行観光団体漸次増加
昭和元	917,817	学生修学旅行減少，仲秋観楓の季登晃客増
2	956,405	年当初諒闇となり行楽を避け，中期金融界の波乱は遊覧客の往来に影響一般旅客減少
3	1,041,067	春季大礼記念博覧会の影響で旅客増加。団体観光客，就学旅行団の往来増加 夏季長雨で避暑客減少
4	998,575	一般不景気新緑季降雨多，沿線自動車の旅客争奪はなはだしい，酷暑避暑客多，秋天候不順，緊急政策のため学生秋季団体旅行者著しく減
5	922,129	深刻なる不景気
6	357,160(註2)	不況愈々深刻登晃旅客漸減，電車を忌避し自動車に乗車する旅客多

7	330,942(註3)	ケーブルカー開通により修学旅行・団体客相当増加
8	279,915(註4)	記載無
9	672,280	上期修学旅行増，下期関西風害により減
10	330,122(註5)	記載無
11	774,537	記載無

註 ：下記以外の乗客数は前年12月から当年11月まで
註1：8月から11月の乗客数
註2：6月から11月の乗客数
註3：乗客数の集計月不明
註4：6月から11月の乗客数
註5：12月から5月の乗客数

数も前年より10万人以上多い。奥日光を訪れる人が増えた。

　大正3（1914）年は，東京大正博覧会の影響で観光客は次第に増えたと書かれている。3月20日から7月31日まで東京で開催された東京大正博覧会には786万人の入場者があった。全国からの来場者の中には日光まで足を延ばした人もいた。日光も見ていこうということであろう。もう一つ重要な記載がある。馬返まで路線が延びたので収益が増えた，つまり路線延長の結果乗客数が増えた，と書かれている。奥日光来訪者が増えたと読み替えてもよい。

　大正4（1915）年には，前年に始まった第一次世界大戦の影響で一時景気は沈滞したが回復傾向にあると現状を伝えている。また東照宮300年祭の祭典が6月，9月，10月の3回に分けて行われ，加えて鉄道省からは汽車賃の割引や紅葉期には臨時列車の増発などのサービスが提供され，全国から多数の参拝者を集めた。

　大正5（1916）年には，景気が回復した。一般の観光客や団体客も増加した。乗客数も前年を大幅に上回り58万人を超えた。宮様のご乗車もあった。当時日光には北白川宮，竹田宮の別邸があった。ただし日光軌道を利用した宮様がどなたかはわからない。

　大正6（1917）年には，景気回復の気運が強く，春・夏・秋を通じて観光客が増えた。貴賓車も製作した。宮様を初め貴顕の利用が多くなると予想されたのだろう。

　大正7（1918）年には，大戦以来の好況で乗客収入もよい，つまり乗客数が多

いと言っている。63万人を超えた。

　大正8 (1919) 年は，春早くから観光客で混雑し，夏以降は今までになく増えている。ただし降雨で災害が発生し，紅葉期には全線の運転はできなかった。それでも乗客数は71万人を越えた。この年から旅客収入が貨物収入を超えた。以降，貨物収入より旅客収入が多い。

　大正9 (1920) 年秋はこれまでになく多くの観光客が訪れた。乗客数も77万人を超えている。

　大正10 (1921) 年には，春遅くになって乗客が増えたが，夏は長雨のため客足は減った。秋は天候が回復し，団体観光客が多く訪れた。乗客数は81万人を超えている。日光電気軌道 (株) の営業報告だけで判断するのは資料不足の感は否めないが，日光は紅葉期に訪れる人が多いと見ることができる。観光客数は秋の天気に左右される。

　大正11 (1922) 年には，平和祈念東京博覧会の影響があったのか，多くの観光客が訪れた。この博覧会は3月10日から7月31日の間，東京上野公園で開催され入場者1,100万人を数えた。大正3年の東京大正博覧会同様に入場者が日光まで足を延ばしたのであろう。博覧会が終わった夏も好調であった。秋に房総で流行病が蔓延する恐れがあったので旅行を控えた結果，修学旅行団体も一般観光客も減少傾向となった。ただし乗客は89万人を超え，これまでで最多を記録した。

　大正12 (1923) 年には，不況により登晃者が減少した。第一次世界大戦後の不況である。加えて9月1日関東大震災が発生した。全壊家屋1万1,000戸，死者行方不明者10万人を超えた。未曾有の大災害である。登晃者は激減した。

　大正13 (1924) 年の記述は興味深い。昨年の震災の影響で出控えの状況にあるが春には曙光が見え，修学旅行が戻ってきた。そして「震災による人心消沈に反発し旅行熱好調，避暑観楓の季節登晃殺到」と書いている。震災に打ちひしがれることなく，「明るさ」を求めて日光を訪れたと言っている。旅行，つまりは風景が癒しや元気をくれるということであろう。事務的な文章だが観光の意義に触れていると見てよい。第1部で見たイタリア大使館に残された東日本

大震災の被災者の方のメモと共通する。通底するものは自然の風景から得る霊感であろう。乗客数はこれまで最多で97万人を超えた。旅客収入は貨物収入の3倍になった。

　大正14(1925)年には，不況で旅客減少。初秋まで閑散としていたが，紅葉期に修学旅行および一般団体が増えてきた。不況であっても乗客数は89万人を越えている。

　昭和元(1926)年には，修学旅行が減少したが，紅葉の季節に観光客は増えた，と書いている。乗客数が91万人を超えているのは，紅葉期の旅客増のゆえであろう。

　大正15年に大正天皇が崩御され，昭和2(1927)年は諒闇となり，国民も旅行を控えた，また昭和金融恐慌の影響で旅行も減った。

　昭和3(1928)年には，春季大礼記念博覧会の影響で旅客増加，団体客が増えたと書かれている。3月24日から5月22日まで上野公園で開催された大礼記念国産振興東京大博覧会のことである。223万人の入場者を集めた。夏は長雨で観光客が減ったとあるが，それでも乗客数は104万人を超えた。

　昭和4(1929)年10月に，東武鉄道の下今市と日光間が結ばれ，東武日光線が全通した。浅草と日光が直結したのである。この年は不景気のうえ，春先は雨が多かった。しかし，夏は酷暑で避暑客が多かったという。ただし秋は天候不順であった。加えて金解禁に起因する生糸や米の価格暴落により中小企業や農村は窮乏し，その影響で学生団体旅行が減った。ここには，もう一つ注目すべき記述がある。「沿線自動車の旅客争奪は甚だしい」である。日光駅から馬返までの約10kmの軌道沿線で営業車が軌道の客を奪っているということであろう。そのため，東武日光線全線開通にもかかわらず乗客数は減った。自動車時代の到来を暗示する記述と見てよい。

　昭和5(1930)年には，前年ニューヨークに端を発した世界恐慌をそのまま伝えるように，深刻なる不景気，と記されている。下半期の乗客数は前年の2割減の49万2,112人であった。

　昭和6(1931)年は，上半期(昭和5年12月から昭和6年5月)までの営業報告

が残っているが，そこでは「不況愈々深刻旅客漸減した」，それだけでなく「電車を忌避して自動車に乗車する旅客多い」とある。忌避した理由は具体的には書かれていないが，車は一気に奥日光まで運ぶので乗り換えもなく，また快適でもあった。

　昭和7 (1932) 年には，明るい記述が見える。「ケーブルカー開通により修学旅行・団体客相当増加」である。この年，馬返から明智平までの登山鉄道が開通し，その先中宮祠まで自動車が連絡した。時間短縮と移動の快適性がさらに高まった。[11]

　以上日光電気軌道（株）の明治43 (1910) 年から昭和11 (1936) 年までの営業報告を見てきた。記載されている内容からは，天候や災害などの自然現象，景気など経済の状況，大規模催事・流行病など社会的な出来事の影響を強く受ける観光の姿を見ることができる。季節で見ると秋紅葉期に訪れる人が多い。日光の最大の魅力は紅葉にあると言ってよい。

　昭和11年以降の営業報告が現存するかどうかわからない。ただ昭和19 (1944) 年から42年までの乗客数は，昭和43 (1968) 年2月24日の日付で東武鉄道（株）日光事業部がまとめた「日光軌道史」に整理されている。これまで見た営業報告にある乗客数には内訳の記載はなかったが，ここでは「定期外」と「定期」に分けて記載されている。「定期外」の大半は旅客と見てよいだろう。それを表3-2-3に整理する。

　日光を訪れた観光客が100万人に迫ったのは昭和15 (1940) 年であった。[12]以降は戦時である。激減したであろうと想像されるが昭和19年には100万人を運んでいる。終戦の年20 (1945) 年も同様である。延べ数であろうから，実数は2分の1と考えても50万人となる。昭和19年12月から20年11月までの数値である。東京をはじめ主要都市は焼け野原である。そのような状況下，日光を50万人の人が訪れた。意外な数値と言ってよいだろう。

　昭和21 (1946) 年は200万人を超えた。実数は100万人と見てよい。先に触れたがこの年日光電気軌道が運んだ米兵は5万8,290人であった。[13]延べ数であろうから97万人以上が日本人である。その多くが旅客と見てよい。戦後の混乱は納

まりきってはいない。信じがたい数値と言ってよい。

22（1947）年から25（1950）年までは200万人を切るが26（1951）年以降再び200万人を超える。昭和29（1954）年には230万人という最多の数値を記録するが、この年有料道路いろは坂が開通する。以降は減少の一途を辿る。その状況を日光軌道史が伝えている。少し長いが具体的でわかりやすいので引用する。

「太平洋戦争が終結し、戦後幾多の困難を乗り越えて、戦時中全く停滞していた自動車事業

表3-2-3　日光電気軌道乗客者数（定期外）

年	旅客数	備考
昭和19	1,002,100	
20	1,081,557	
21	2,018,345	
22	1,915,810	
23	1,579,956	
24	1,986,410	
25	1,917,696	
26	2,128,743	
27	2,006,610	
28	2,186,071	
29	2,322,307	有料道路いろは坂開通
30	2,119,426	
31	2,027,040	
32	1,959,942	
33	1,360,026	
34	1,747,536	
35	1,004,270	
36	1,580,409	
37	1,363,072	
38	1,145,940	
39	1,119,544	
40	1,163,100	
41	700,305	
42	597,227	

註：旅客運輸は昭和43年2月24日限りで廃止

も昭和24、25年頃より燃料および諸資材の供給が増加し、各種統制が撤廃されるに及んで爆発的な発展を出現した。即ち大型車によって大量かつ長距離運行ができるようになり、輸送分野は軌道と対等の競争的地位まで進出した。時あたかも昭和29年10月1日いろは坂（幅員6m）が開通せられるや、中禅寺、湯元温泉まで大型車の直行が実現され、高速化された。

わが国の経済も次第に伸張し、国内産業は活発となり、諸外国との通商も盛んとなってくるに従って社会は安定し、人の動きも多くなり、西洋諸国の週末旅行もわが国に風潮化し、レジャーブームにより観光バスは増加の一途を辿っ

た。専門のガイドガールの案内サービス，機動性に富んでいること，低床式バス及び大型トレラーバスの出現，道路の整備と相俟ってバスは未曾有の盛時となり，増大する外来者バス・自動車の波は，いろは坂を輻輳せしめ，これを緩和せんと第二いろは坂が完成，昭和40年10月7日より運行を開始，日を同じくして上信越地方と日光の表裏が結ばれた金精峠の開発によって，旅客は奥日光へと足を延ばし，自動車への移転が益々増加し，並行路線の旅客は減少の一途を辿った」

　ここでは，レジャーに対する国民の要望，週末旅行の一般化，道路の整備，車の利便性などが軌道から自動車へと利用の形態を変えたと言っている。このような状況下電気軌道は廃線へと追いやられる。営業廃止である。その許可申請書を見てみる。

　その前に日光電気軌道（株）の変遷を明らかにしたい。同社は明治41（1908）年9月設立，昭和7（1932）年には日光自動車株式会社と合併し社名を日光自動車電車株式会社と変更，さらに昭和19（1944）年日光軌道株式会社に社名変更，昭和22（1947）年には東武鉄道株式会社と合併した。国鉄日光駅前から馬返間9.6kmの路線は東武鉄道の日光軌道線として経営された。

　したがって営業廃止許可申請は東武鉄道（株）から運輸および建設両省に提出された。そこには廃線の理由が記載されている。それを整理すると，

①終戦後自動車の発達と観光旅行の大衆化や道路の改善が進み，観光客は急増し，年間550万人に及んだ。最近は車が増加したため軌道線が著しく交通を阻害することとなり，電車の運行も万全を期しがたい状況にある

②軌道の乗客数は昭和29（1954）年度をピークに漸減の傾向にある。とりわけ奥日光に向かう観光客は，軌道から登山電車への乗り継ぎを嫌い，自動車による直行を好んだため激減した

③一方貨物輸送もトラックに移行し減少した

④昭和40（1965）年10月には第二いろは坂と金精道路が開通した結果，自動車の入り込み数が急増し市内の交通マヒに拍車をかけた

⑤一般の世論も軌道の廃止を希望し，地元からは軌道廃止促進の陳情も出た

以上は二つに整理される。一つは過剰な自動車の入り込み，二つは軌道の経営の悪化である。当時日光は大量の自動車を受け入れるようには整えられてはいなかった。自動車の増加とともに混乱も増加した。生活の利便の面からも地元商店の営業の面からも大きな問題であった。そのような状況下，⑤に見るように自動車が選択された。地元は混雑解消もさることながら営業の面からも自動車による大量輸送を歓迎したのではないだろうか。

第3節　日光登山鉄道

　電気軌道の廃線までの経緯は前節のとおりである。自動車が普及するまで軌道は便利な交通手段であった。ただし，馬返から先は徒歩か駕籠か人力車に頼らざるを得なかった。大正14（1925）年に道路が改良され車の通行が可能となった。しかし，改良は十分とはいえず車種に制限があり9人乗り以上の車は規制を受けた。それだけでなく上りと下りは交互運転の規制もあった。車の通行が可能ではあるものの，いろは坂登攀の不便さは残った。

　昭和7（1932）年馬返と明智平を結ぶ登山鉄道が竣工した。8分で80人を一度に運んだ。その先中宮祠まで2kmはバスが輸送した。待ち時間を除くと日光駅から中宮祠まで電気軌道と登山鉄道そしてバスを乗り継げば1時間8分で着くことになる。所要時間は飛躍的に改善されたと言ってよい。

　一度に80人を運搬し，また冬も運行したので学生など団体客だけでなくスキー客にも好評であった。戦前の利用者はわからないが戦後の資料があるのでそれを見てみる（表3-2-4）。

　昭和28（1953）年は250万人以上の乗客を運んでいる。昭和29（1954）年いろは坂が有料道路として整備され開通した。それまでの状況を「（観光客は）国鉄日光線・東武日光線を利用し，日光市内で市内電車に乗り替えられ，二社一寺を参観し，数少ないバスを利用，しかも馬返まで，これよりは小型バスにさらに替えられて，大半はケーブルカー利用の交通機関で奥日光に出掛けたものである」と『日光市史』は伝えている。ここでの市内電車は日光電気軌道，ケー

ルカーは日光登山鉄道のことである。

いろは坂が開通するとケーブルカーの利用者は減少した。電車からケーブルカー、そしてバスに乗り換えなければならない。煩雑であった。ストレートに中禅寺まで運ぶ自動車は魅力的であったのだろう。モータリゼーションの進展とともに減少は加速し、昭和45(1970)年日光電気軌道の後を追うように廃線となった。軌道で観光客を輸送する時代は終わった。

表3-2-4　日光登山鉄道乗客数

年度	乗客数(千人)	備　　考
昭和22	34	
23	1,161	
24	1,433	
25	1,165	
26	1,517	
27	1,619	
28	2,520	
29	2,357	有料道路いろは坂開通
30	1,444	
31	1,250	
32	1,163	
33	1,106	
34	1,038	
35	983	
36	1,023	
37	1,044	
38	1,031	
39	910	
40	760	
41	432	
42	405	
43	268	
44	—	不明
45	—	45年3月廃止、乗客数不明

第4節　本章のまとめ

　日光が東京と鉄路で結ばれた明治23(1890)年以降観光客はその数を増してゆく。特に外国人の増加が顕著であった。中宮祠へ登る外国人も増えたと見て間違いない。

　大正2(1913)年に電気軌道が馬返までのびた。日光駅と馬返しが軌道で結ばれた。奥日光への交通の便が改善されたのである。以後日光軌道の乗客は増加の一途をたどる。奥日光を訪れる旅客も増えた。

第3章　自動車輸送開始以降

　前章では，自動車以前のさまざまな交通機関の実態から当時の日光を見てきた。本章ではその後始まる自動車輸送の実態を整理しそこから日光を見てゆく。
　自動車で観光客の輸送が始まったのは大正の初期である。昭和戦前には自動車が新たな交通手段としての位置を確かなものにする。戦時中はガソリン不足で自動車は制限された。これら時代の変化を区切りと捉え大正，昭和戦前の二つの時代に区分し，それぞれの自動車輸送の実態を整理しそこから日光を見てみる。

第1節　大正期

　日光市史は「大正初年から昭和の初年にかけて，日光における交通手段には大きな変革が起こり始めていた。それは従来の馬・駕籠さらに人力車にかわってあらたに自動車が導入されたということである」[1]と交通手段の変化を概説している。自動車の普及は明治30年代後半から始まったようである。当時全国でバス事業が開始されたという。具体的な自動車営業の出願はなかったものの，県は明治40(1907)年3月自動車営業取締規則を定めた。具体的事案発生以前に規則を定めたのである。このように自動車の普及は確実視され，また期待されていたのかもしれない。
　栃木県内務部土木課が国が実施する『明治工業史』編集のために行った調査では「(栃木県における)自動車運転開始ノ時大正3年8月27日，明治年間ニ於ケル自動車運転ナシ」と報告されている[2]。後に日光自動車株式会社(以下「日光自動車(株)」という)を設立する金谷ホテル社長金谷眞一は，大正3(1914)年8月に横浜でフォードを1台購入し日光へ運んだ。そのフォードで宿泊客の送迎や

見物の折の輸送を行った，と書いている。県の調査にある「自動車運転開始」はこの金谷の記述にある自動車のことかもしれない。一方日光市史には，聞き取り調査の結果だが，「日光で観光客の輸送手段として自動車が使われたのは明治43年頃と言われている。金谷ホテルと日光ホテルで1台ずつ購入しホテルが宿泊外国人の駅との往復や観光に使われた」と書いてある。しかし県の調査や金谷眞一の記述から見て，大正3年が自動車走行の年と見て間違いないだろう。日光がその場所であった。

　ただし運輸事業の開始は大正5(1917)年の日光自動車(株)の設立まで待たなければならない。ここで旅客輸送の体制が整った。国は大正8(1919)年1月自動車取締令を公布した。それを受けて県は翌2月に自動車取締令施行規則(栃木県令第5号)を定めた。そこでは自動車が走行できる道路を幅員で決めている。「市街地は3間半以上，その他は2間半以上，全長16尺以上の車は3間半以上」というものであった。走行できる道路は限定されていた。

　この時期ほかに運輸会社があったかどうかはわからない。大正14(1925)年版の栃木県統計書には同年12月31日現在の会社一覧表が載っている。そこにある日光の会社は，日光電気軌道(株)を除くと日光自動車(株)と日光遊覧自動車株式会社(以下「日光遊覧自動車(株)」という)の2社だけである。それぞれ事業の内容が記載されている。前者には「自動車運輸及貸自動車」，後者には「貸自動車」と書かれている。自動車運輸は路線上の乗合自動車による輸送であろう。また貸自動車は乗客が希望する目的地への輸送であろう。大正14年には日光町に二つの会社があった。当時の状況を今に伝える資料は少ない。ただし，日光自動車(株)については，車輌増設認可に関する県議会の議論の中からおおよその姿をイメージすることができる。

　大正10(1921)年12月2日の県議会において，車の増設を認可した経緯について質問があった。「本年も日光自動車(株)からの車輌増設の出願があり，県は認めた。これ以上は認めないという方針であったと聞いているが，認めた理由を伺う」。県は，大正7, 8, 9年の日光自動車の車輌数と乗客数，そして日光に宿泊した旅客の人数を調査した結果(表3-3-1)，自動車に対する需要が大幅に

表3-3-1　日光自動車（株）車輛台数，乗客数，日光宿泊者数

年	台　数	乗客数A	宿泊者数B	A／B%
大正7年	6	25,600	241,000	11
大正8年	18	49,000	273,000	18
大正9年	30	62,000	254,000	24

増えている．加えてその間事故は4件だけである．また運転区域も拡張されている．つまり輻輳しないことなどを理由に認可したと答弁している[6]。

同社社長金谷眞一の回顧録には会社設立時にT型フォードが14台あったと記されている[7]。一方県議会では設立2年後の大正7（1918）年に同社は6台で営業していたと答弁している。回顧録にある台数より少ない。実際に稼働したのが6台ということも考えられる。または回顧録では会社設立時を設立の初期の頃という意味で使っているのかもしれない。9（1920）年には30台に増えている。車種はわからない。先に見たが同社の事業内容は「自動車運輸」と「貸自動車」であった。設立時から両方を営んでいたかどうかは分らないが，大正6（1917）年6月には日光から馬返までの乗合自動車事業を開始した。起点は日光と書かれているが日光鉄道の日光駅であろう。馬返までは自動車の便が整った。それから先が問題であった。当時の状況を伝えるものに奥日光住人連署の道路改修の陳情書がある。知事あてで日付は大正9年3月2日である（図3-3-1）。

そこには，
①最近内外人を問わず中禅寺湖を訪れる人が増えた
②ただし電車も車も馬返までで，それから先は人力車か徒歩である
③人力車は数が足りない，多くの人は喘歩しながらやっと湖畔に辿り着く
④地元は道路の改修を強く望んでいる。狭隘部は拡幅し急坂部は勾配を修正し自動車の往復を可能にして欲しい

と書かれている。

電車だけでなく車も馬返まで人を運んだと言っている。日光自動車（株）の乗合自動車であろう。大正10（1921）年12月1日当時の府県道日光沼田線の平均幅員は2間（3.6m），最急勾配は6分の1（17パーセント）であった[8]。いろは坂は日光沼田線上に位置する。難所である。特に剣が峰[9]から先が急峻であった。幅

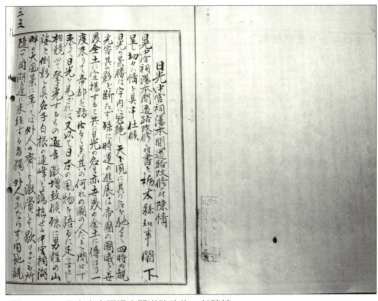

図3-3-1　日光中宮祠湯本間道路改修ニ付陳情

員3.6mに及ばない場所も勾配17パーセントの場所もあったに違いない。人力車の走行に耐えるだけの砂利道である。自動車の通行は不可能であった。

　このような情況を打開のため，県は剣が峰中宮祠間の改修工事に着手する。経費のかかる工事であったのだろう。大正14(1925)年1月19日日光自動車(株)から県へ1,000円の寄付願いが提出された。そこには「右者不日剣ケ峯中宮祠間道路改修ニ着手ノ由仄聞致候ニ付右工事費中ヘ前記金額寄付致度候條御許可相成度此段奉願候也」と書かれている。ここでは剣が峰中宮祠間の改修工事が開始されたと聞いた，その工事費として1,000円寄付したい，と言っている。続いて5月16日にも同様の趣旨で2,000円の寄付願いがあった。受理された。これらの寄付金を含めていろは坂の改修工事は終了したのだろう。

　自動車の通行が可能になったのは10月になってからと見てよい。8月に提出された荷馬車の通行願いに対して「道路改修のため発生した物件の運搬は認める，他は特殊の場合以外は禁止」が県の回答であった。その理由は「内外人の往

来頻繁」と「地盤の保持」である。8月の時点では改修工事は終了していなかった。10月27日付の「栃木県告示第501号」は，馬返中宮祠間の車輌の制限を明らかにしている。改修工事は終わり車輌の交通が可能になったのだろう。そこでは，運転手を含め定員9人以上の車および二輪車は禁止されていた。改修されたとはいえ制限があった。

　一方山内地区の道路も車輌の走行が可能になる。大正14年7月26日日光自動車（株）から100円，同31日日光遊覧自動車（株）から25円の寄付申込みが日光町にあった。いずれも「山内南谷道路拡張費」に使って欲しいというものであった。営業範囲の拡大，興味地点直付の利便，または短時間ですべてを楽しもうとする観光客の希望などいずれの理由かはわからないが，静謐な信仰の地にエンジンの機械音が聞こえるようになった。

　翌大正15（1926）年の5月16日に日光自動車（株）から県あて「寄付工事施工ニ付願」という標題の文書が提出された。そこには，

「自動車通行ノ儀御許可相受ケ申候
　府県道日光沼田線上都賀郡日光町地内菖蒲ケ浜湯本間道路中幅員狭隘ノ箇所二点在セル岩石ノ切取及転石取除等別紙明細書ノ通リ寄付道路工事施工致度ト存候ニ付御許可相成度此段奉願候也」

と書かれている。

　ここでは，①運行の許可は得ているので，②（通行の邪魔になる）菖蒲ケ浜から湯本間の狭隘な箇所の岩石切り取りや転石の除去を別紙設計書のとおり施工させてもらいたい，と願っている。許可を受けた路線上のスムーズな通行を図るため道路幅員を確保したいと言っているのである。続いて5月31日にも同様の願いが提出された。今度は「湯滝下及湯ノ湖周辺ノ幅員狭隘箇所ノ岩石切取転石取除雑草刈取」であった。工事はいずれも菖蒲ケ浜と湯元（当時は湯本）の間である。しかしこの間だけの通行許可は考えにくい。前年の大正14年にいろは坂の通行は可能となった。中宮祠から菖蒲ケ浜までは平坦で自動車の運行は可能である。日光自動車（株）は，以前受けていた日光駅から馬返までの運行許可に加えて，大正15年に馬返湯本間の許可を得たと理解するのが自然であろう。

許可は得たが，大正15年には営業していない。先に見た大正14年10月27日付の栃木県告示第501号は，現いろは坂の車種制限だけでなく，「日光町大字日光字中宮祠，二荒山神社入口ヨリ同町字菖蒲ヶ浜ヲ経テ同町字湯本ニ至ル区間ハ自動車ノ運転ヲ禁ス」と奥日光の運転制限区間を明示している。理由は書かれていないが，恐らく幅員狭隘部があったためであろう。それゆえ工事寄付願いが出されたのであろう。この制限が解除されたのは，昭和2(1927)年8月である。同年8月5日付の栃木県告示第394号では，規制の若干の修正と馬返中宮祠間の運行時間の制限を明示している。それ以外は「大正14年10月栃木県告示第501号ハ之ヲ廃止スル」とある。中宮祠湯本間の自動車運転禁止は解除されたのである。昭和2年から日光自動車(株)の乗合自動車の運行は開始されたと見てよい。

　もう一つの自動車会社である日光遊覧自動車(株)はどうであったろうか。先に見たように同社は貸自動車業を営む会社であった。客の希望により目的地へ直行するのが貸自動車である。既定路線上を運行する乗合自動車とは異なる。しかし，いろは坂の自動車通行が可能になると，同社は乗合自動車事業にも参画する。昭和3(1928)年4月28日日光駅から中宮祠間の乗合自動車営業免許を申請し，同年免許を得た。免許の条件は，①馬返中宮祠間は熟練した運転手を配置すること，②馬返と中宮祠に信号人を配置し運転に関する信号を送ること，であった。県は昭和2年8月から時間帯を設け交互交通の規制をかけていた。②の信号人の設置は，この交通規制を確かなものにするための条件である。当時のいろは坂では車輛がすれ違うのは難しかったのであろう。

　日本自動車産業史には「自動車が営業用の交通・輸送手段として各地で広く使用されるようになったのは第一次世界大戦終了後の大正9年頃」と書かれているが，日光でも同様であった。大正期日光でも自動車時代の幕が開けた。同時に利便がもたらす弊害の種が蒔かれたと見てよい。

　当時の状況を垣間見ることができる資料がある。大正10(1921)年4月8日に告示された「道路取締令施行ニ関スル取扱手続」には，「通行を禁止制限するときは左記の制札(図3-3-2)を設ける」と定めている。

図3-3-2 道路規制標識

「牛馬諸車通行止」、「片側通行止」、「通行止」の規制を示す3種の縦36cm横45cmほどの制札だが、英文が併記されている。自動車で訪れる外国人がいたのだろう。目的地は日光と見て間違いない。東京だけでなく横浜からも日光市街まで自動車の走行は可能であった。[13]

第2節　昭和戦前期

第1項　自動車輸送の実相

　戦前の自動車輸送の詳細を伝える資料には出会っていないが昭和7（1932）年合併前の日光自動車（株）の路線別配車状況を記した資料はある。それを表に整理する（表3-3-2）。

　馬返までは大型の乗合自動車が18台、中宮祠と湯元間は10台、そして日光駅から湯元直通は小型の自動車27台が配車されていた。

表3-3-2　日光自動車（株）路線別配車表（昭和7年）

車種	日光―馬返間		日光―馬返間及び中宮祠―湯元間		日光駅―湯本間	
	定員	台数	定員	台数	定員	台数
ダッチブラザーズ	14	6	14	8		
グラハムブラザーズ	16	1				
ファジョール	20	1				
フォード			16	2	5	21
ナッシュ					5	2
シボレー					5	4

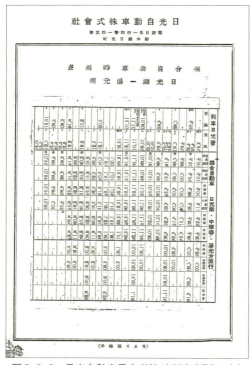

図3-3-3　日光自動車電車（株）時刻表（昭和7年）

当時の時刻表（図3-3-3）を見ると、馬返までは日光駅7時の始発に始まり、5時17分の最終まで1日19本の運行があった。そのうち12本が中宮祠、5本が湯元までの便であった。

到着する汽車に連結するよう発車時間が決められている。乗り換え時間が数分の便もある。日光駅は観光客で輻輳の状態であったろう。どの程度の人が奥日光まで足を延ばしたかわからないが、先に見た日光軌道（株）の営業報告にあるように紅葉のシーズンは奥日光へ向かう観光客は多かった。軌道から登山電車そして登山電車からバスへの乗り換えが必要であった。乗り換え地点の馬返と明智平は多くの観光客で輻輳したことであろう。観光地ならではの混雑である。賑わいと言うべきかもしれない。

先にも触れたが軌道と自動車は競合関係にあった。ただし軌道は馬返が終点で、その先は登山電車か自動車に頼らなければならない。スムーズな連絡ができたとは限らない。経営が異なるゆえの不都合があったかもしれない。前章でも触れたがその競合関係にあった日光自動車（株）と日光電気軌道（株）が昭和7年10月に合併し日光自動車電車株式会社（以下「日光自動車電車（株）」という）となった。日光自動車（株）の路線と車輛はすべて新会社に継承されたのである。

表3-3-3 日光自動車電車(株)が所有した車輛

目的	車種	昭和9年 定員	台数	昭和11年 定員	台数	昭和13年 定員	台数	昭和15年 定員	台数
乗合車	シボレー	21	5	22	14				
	ファジョール	20	1	21	1				
	フォード	20	8	22	5	21	41	21	44
	フォード	16	4	21	5			16	15
	フォード	13	1						
	グラハムブラザーズ	16	3						
	ダッチブラザーズ	14	16	16	1	21	2	21	2
	ダッチブラザーズ	15	1	15	16	5	5		
	フォード	5	24	5	22	5	22		
	シボレー	5	4						
	ナッシュー	5	2						
	ダッチブラザーズ			5	5				
貸切車	ハドソン	5	5	5	2	5	2	5	2
	ナッシュー	5	7	5	5	5	5	5	3
	エセックス	5	1						
	パッカード							5	1
	シボレー	5	4						
	フォード	5	13	5	16	5	12	5	27
	ホイペット	5	1						
	ダッチブラザーズ			5	10	5	10	5	17

　新会社となった日光自動車電車(株)が昭和9,11,13,15年に所有していた車輛を表にまとめる(表3-3-3)。乗り合い用の自動車が多い。

　日光自動車電車(株)が日光自動車(株)から引き継いだ路線は、日光駅から湯元だけでなく、今市から鬼怒川、日光から矢板、西那須野経由塩原までの路線もあった。それらの路線をカバーするには上記の車輛が必要であった。しかしながら、一番多く乗客を運んだのは日光の路線である(表3-3-4)。

　路線別に詳しく見てみる。日光駅馬返間の乗客数は51万9,964人であった。日光駅からだけではない。途中からの乗降もある。日光自動車電車(株)では区間ごとの乗客数を全体に対する割合で見積もっている。もちろん概数だが傾向はわかる。それを見てみる(表3-3-5)。

　日光駅から馬返直通の20万7,986人には片道だけ軌道を利用する人もいるだ

ろう。それら含めて奥日光往復の延べ数である。西参道馬返間の10万3,991人は片道軌道を利用する人を含めて二社一寺参拝後奥日光へ，または奥日光遊覧後二社一寺を参拝した人である。日光駅から上鉢石および西参道の計10万3,992人は片道軌道利用を含めて日光駅から二社一寺往復である。その他の10万3,995人の大半は地元の人と見てよいだろう。

表3-3-4 日光自動車電車(株)の自動車乗客数(昭和16年度)

路　線	乗客人員	備　考
日光―馬返線	519,964	日光駅から馬返
馬返―中宮祠線	113,525	馬返から中宮祠
中宮祠―湯元線	93,535	中宮祠から湯元
日光―霧降線	13,379	昭和15年から営業

表3-3-5 日光馬返線区間別乗客数

乗車区間	割　合	乗客人数
日光駅馬返	4割	207,986
西参道馬返	2割	103,991
日光駅上鉢石	1割	51,996
日光駅西参道	1割	51,996
その他停車場	2割	103,995
計		519,964

馬返中宮祠線の乗客11万3,525人は，片道登山電車利用を含めて馬返中宮祠往復人数である。表にはないが外国人の割合を1割と見ている。これまでの実績からの見積もりであろう。馬返から奥日光へ登る観光客の1割が外国人と見ている。もちろん昭和16(1941)年の見積もりで，昭和戦前期に共通するかどうかはわからないが，明治大正に続いて昭和戦前期も多くの外国人が日光を訪れた証左と見てよい。ただし日米関係に緊張漂う時である。意外な見積もりと言ってよい。

中宮祠湯元間9万3,535人の区間別乗客数の見積もりは表3-3-6であった。

徒歩など他の交通手段を考えなければ，湯元を訪れた観光客は3万人程度と見

表3-3-6 中宮祠湯元線区間別乗客数

乗車区間	割　合	乗客人数
中宮祠湯元	6割5分	60,798
中宮祠菖蒲ヶ浜	2割5分	23,384
その他停車場	1割	9,353
計		93,535

表3-3-7 日光霧降線乗車区間別乗客数

乗車区間	割　合	乗客人数
日光駅霧降	3割	4,013
上鉢石霧降	4割	5,353
その他停車場	3割	4,013
計		13,379

ることができる。菖蒲ケ浜での降車は竜頭滝観瀑であろう。

　日光霧降間1万3,379人の区間別乗客数の見積もりは表3-3-7であった。

　日光駅霧降は霧降の滝直行で観瀑，上鉢石霧降は二社一寺参拝後の霧降滝観瀑の観光客であろう。

　以上が昭和16年の乗合自動車が輸送した乗客の状況である。なおもう一つの運輸会社の日光遊覧自動車（株）は，昭和18（1943）年8月国の統合政策で日光自動車電車（株）と統合した。日光駅から中宮祠までの乗合自動車事業およびフォード23人乗り車輛5輛，16人乗り車輛2輛が日光自動車電車（株）に譲渡された。

　戦争は3年目を迎え時局は一層厳しさを増す。そのような状況下日光自動車電車（株）から運賃値上げの申請が提出された。理由書が添付されていて，そこでは当時の日光の自動車運輸事業の状況を簡明に説明している。それを見てみる。

「自動車運輸事業ハ昭和16年9月1日ガソリン使用禁止ニヨリ代用燃料ノミノ運転トナリ当社ハ殊ニ代用燃料ニ最モ悪条件ノ坂道路線多ク為ニ平地ニ比シ故障車モ著シク其レガ補修ニ多大ノ犠牲ヲ払イ尚車輛保存費ノ高騰加フルニ人件費等ノ騰貴ニヨリ経営ハ著シク窮屈トナリ尚且最近燃料油脂ノ規制強化ト相俟ツテ時局下各種資材及物資ノ統制強化セラレ加之一般物資ノ高騰ニ伴ヒ愈々経営困難ニ逢着シツツアリ然レドモ交通業ノ公益性ニ鑑事業前ノ定額運賃ニ甘ンジテ一意交通業ノ報国ニ邁進シ来レルモ遂ニ行キ詰リ状態ニアリコレニ反シバス事業ガ陸上交通事業ノ一環トシテ戦力増強ニ於ケル重用性ハ益々加重セラレツツアルノ現状ナリ」

　ここでは，
　①ガソリン規制により薪や木炭などの代用燃料に転換を試みた
　②路線は坂道が多いため効率も悪く故障も多く経費がかさむ
　③車輛維持費や人件費の高騰で経営が苦しくなった
　④加えて資材が統制を受け，一般物資も高騰している
　⑤公益性を十分理解し御国のためと頑張ってきたが行き詰まり状態に陥った

⑥陸上交通事業の一環であるバス事業は戦力増強の見地から重用性は高いと言っている。少なくともここからは観光地の運輸事業の姿は感じ取れない。

続いて昭和20(1945)年にも料金変更の申請が提出される。運行している路線は，日光駅馬返間と中宮祠湯元間の2本だけだが，前者については「本路線ハ当社路線中最モ重用路線ニシテ決戦非常措置実施後運行計画ヲ再編成シ登晃客輸送ヲ精銅所工具輸送ニ切替ヘ決戦時輸送ニ邁進致居ル」，後者には「本路線終点湯元温泉ハ往時ノ温泉地ヨリ決戦時重要産業人保養ノ保健地並練成地ニ切替ヘラレ」と書いている。観光客の輸送はなく戦争遂行上重要な精銅所の工具の輸送に切り替えた。また湯元温泉も戦時産業に従事する人々の保養と国民の体力増強の場へとその性格を変えた，と言っている。もはや戦争一色で観光地の姿はどこにもない。

第2項　自動車輸送の影響

大正期に始まった自動車の輸送は昭和に入るとその区域を湯元，そして霧降まで広げた。日光の主要地点は車で結ばれたのである。輸送力も年々増加した。観光客は車に頼るようになった。観光の形態にも変化が生じた。当然地元にも影響を与え新たな課題が生まれた。町の議会でも取り上げられるようになる。一方地元は自ら解決できない課題は行政に頼らざるを得ない。さまざまな内容の陳情が行われた。そこには地元の様相が描かれている。それら議会の質疑や陳情から，日光の実相を探って見る。

昭和5年日光町議会で山内の道路の拡幅に関する質疑があった[14]。議員の1人は「この場所は事故の多い場所だ」と述べ，また他の議員は「自動車の競争地になっては困る」，さらに他の議員は「スピード時代において遊覧地である当地として道路を拡張するということは結構のことでありますが各委員ご承知のとおり自動車が客を争奪することを常々聞いております」と述べている。東武鉄道も日光まで開通した，また湯元まで自動車が運行できるようになった。1日で日光を観賞した後東京に戻れるようになった。それをスピード時代と言っている。そこでは営業車の客引き行為が多かった。山内もそうであったのだろう。

静謐の地にエンジン音だけでなく客引きの声も加わった。

　町議会の議論を具体的に示す事件があった。昭和6(1931)年8月24日付で町に西町の各区長連名で提出された山内の自動車営業所の撤去を訴える陳情がそれである(15)。山内の状況と地元の思いが述べられている。それを見てみる。

　「我カ日光ハ世界無比ノ名勝地トシテ来ルモノ賛セサルモノナク語ル者賞セサルモノナシ是レ天然人工両美ヲ併セ更ラニ荘厳ナル霊域ヲ形成シタルニ因ル

　茲ニ於テ住民ハ常ニ其ノ三者保護ニ意ヲ注キ天然ノ美ハ損傷スルコトナク，人工ノ美ハ修理ヲ怠ルコトナク，霊域ノ尊厳ハ侵スコトナク，其ノ美其ノ尊愈々発揮シテ天下ノ宝ト為シ郷土ノ誇リト為ス誰カ背反ヲ唱フル者アラン」

　ここでは「名勝地日光の美が益々発揮され郷土が誇る世界の宝として恥ずかしくないように，自然を傷つけず，建造物は維持修理をし，そして山内の霊域の尊厳を侵すことなく生活してきた」と述べている。

　続いて本題の記述がある。「山内の一角二荒山神社入り口付近に自動車営業所が出現した。それ自体を問題にするわけではないが，10人近くの人間が付近を徘徊し乗車勧誘，つまり客引きをしている。聖地霊場であり襟を正すべき神域である。これまで客引き行為を行う朦朧無頼の徒が跋扈したことがない」と述べその具体的弊害を下記のように整理している。

　①辻待ち客引きなどの行為は神社の神聖を侵し荘厳を傷つけ風紀を乱す
　②自由に散策している参拝者，遊覧者の身辺に立ち塞がり，追従ししつこく話しかけ交通を妨害している
　③爆音を発しその排気は悪臭だけでなく，神殿や樹上を覆い風致を破壊する
　④無理やりの勧誘は，旅人に多くのお金を使わせる
　⑤遠くまで客を連れて行ってしまう

　以上が弊害である。ここではまた「個人自家庭前ニシテ朝夕掃除其他義務ヲ負担スヘキ街路ニ於テ客引行為アルハ取締ノ制裁ヲ受クヘキハ自明ノ理ナリ」と述べている。公道であっても家の前は朝夕掃除をするのは当然だと言っている。その公道で自分らの利益のための迷惑行為は許されないと地元は考えた。だが，この陳情書は一方的に自動車営業者を非難してはいない。許可を得たと

いえども，「これまでなかった場所に新たな業態を持ち込んだのだから，予測しなかった弊害が出たのであろう，だから是正して欲しい」と訴えている。

　ここで述べている弊害は大きく二つに分かれる。観光客の不快と風致の破壊である。前者は営業方法の是正で解決できようが，後者の解決は難しい。爆音・排気・悪臭は当時の「自動車が持つ宿命」であろう。地域を制限する以外に方法はない。この陳情がどのような決着をしたかはわからないが，その後訪れる自動車時代に発生する諸問題の濫觴となるものである。

　濫觴はもう一つあった。この陳情より早い昭和6(1931)年4月7日に日光駅から神橋までの門前町で営業している10軒の旅館から「馬返中禅寺間大型乗用車運行反対」の陳情が出された。そこには「二，三ノ乗物営業者カ利益ヲ獲得セントシ頗ル巧妙ナル運動方法ニヨリ窃ニ着々其手順ヲ進メツツアルヤニ聞キ及ヘリ果タシテ然リトセハ従来乗物業者ノ為メ不利益ヲ蒙リツツアリシ我々営業者ハ勿論本町各種ノ営業者ニ対シ尚一層ノ不利益ヲ招来セシムルモノナリ換言スレハ二三ノ横暴僅カ大多数ノ町民ヲ犠牲トナシ而カモ観光客ノ危険ヲモ顧慮セス交通ノ完備ヲ計ル美名ノ下暴利ヲ掌握スルト同時ニ大多数町民ヲ窮地ニ陥ラシメ視線上ニ横タワラシメントスル不良ナル行為ニ外ナラサルヲ以テ我々絶対反対ノ意思ヲ表明スルモノナリ」と書いてある。

　ここでは，
　①いろは坂に大型乗用車を運行しようという計画があるようだ
　②実現すれば自動車輸送により被害を受けている門前町の旅館業者だけでなく二社一寺に近い西町本町の営業者にも不利益が生じる
　③いろは坂の大型乗用車の運行には絶対反対である
と言っている。

　①は日光自動車(株)と日光遊覧自動車(株)の2社であろう。両者ともいろは坂に路線を持っていた。計画はあったろうが県の規則で定員9人以上の車はいろは坂を通行できない。これを解決するためにはいろは坂全線の改良が必要であった。

　②は，自動車が日光駅へ着いた観光客を門前町を素通りして二社一寺や奥日

光へ運んだからであろう。

　いろは坂に大型バスが通れるようになるのは戦後の昭和29 (1954) 年以降である。この陳情は，若干神経質すぎる嫌いがあるだろう。しかし，陳情者は新規の交通機関は観光の形態に大きく影響し，そこでの営業そのものの存続を脅かす，と感じていたのだろう。後の話だが天女が舞い降りたという中禅寺湖畔の景勝地歌ヶ浜は駐車場という利便のため埋め立てられその姿を消した。それに先立つこの二つの陳情は自動車という利便に伴う弊害の濫觴と位置づけられる事件を取り上げたものと言えよう。

　軌道開設までは徒歩中心の参拝であった。門前町は賑わいを見せた。軌道は，客車に参拝者を詰め込んだまま素通りした。大型乗用車が奥日光へ乗り入れれば，素通りが一層加速される。そのことを恐れたのだろう。これまでの神社仏閣の参拝から自然風景観賞への移行を恐れたと言ってよい。

　以上自動車運輸の進展に伴って発生した事件を山内と門前町で見てきた。では中宮祠ではどうであったろうか。

　昭和7 (1932) 年7月 (日付不詳) に中宮祠住民30名の連署で提出された請願書がある。そこでは，華厳滝から二荒山神社前および華厳滝から歌ヶ浜立木観音楼門前までの2本の道路の歩車道分離を願っている。ここでは「自動車が乗り入れるようになってから宿泊はもちろん茶亭で休憩する人も少なくなった。7，8月の避暑期でも当地の一流旅館ですら僅か4，5人の宿泊者しかいない。我々住民は自動車の爆音と黄塵を拱手傍観，交通業者に奪われていく顧客の姿を見送るのみ」と現状を嘆き，さらに「登山鉄道開通すると終点大尻から直に乗合自動車に連結して回遊せしめると一歩も地上に足跡を残さないことになる」とさらなる危惧を伝えている。

　戸数180住民1,150余人だが，そのすべてが遊覧客で生計を立てていると中宮祠の状況を述べ，今のままでは生活が成り立たないと言っている。その救済のためには「探勝者ヲシテ杖ヲ引キ漫歩散策ヲ以テ絶景ヲ満喫セシメザル」，つまり歩いて風景を楽しんでもらいたいという地元の考えを述べている。

　この請願は順当なものであろう。自動車で回遊するだけでは一瞥の風景で終

わってしまう。佇んで風景を楽しみ，周辺をそぞろ歩き，風致に浸ってこそ風景観賞であろう。ここに書かれていることは利便に伴う弊害と言ってよい。ただしこの請願書だけでは状況が十分に理解できない。いろは坂を越えてくる車輌は6人乗りであった。乗合自動車と貸切自動車があった。昭和12（1937）年の資料では，その数は半々だと言っている。[16] 貸切自動車は立木観音や二荒山神社に直行した。それだけでなく物産店等に軒付けした。それは乗合自動車も同様であったようだ。つまり，中宮祠に客を運ぶのではなく中宮祠のある場所に客を運び，そこからそのまま回遊したのであろう。旅客が風景に身を委ねる時間はない。

当時自動車を考えた道づくりはされていない。というよりも自動車に対応した地域づくりはされていない。もちろん舗装もされていない。雑誌『國立公園』の昭和9（1934）年10月号には「自動車がしきりに往来する中禅寺湖畔の大道を天幕やルックザックを背負っていくハイカーが中々多い，自動車賃を節約するためかもしれないが，天幕を背負ってくる位なら相当時間に余裕があるに違いない。そうゆう人々のために時間は多少かかるが，原始的気分がこの自動車道に比較にならぬ程濃厚に漂う中禅寺湖南岸の道を紹介しよう[17]」と書かれている。ここからは中禅寺湖畔は自動車の往来が頻繁であったことがわかる。そして自動車によって風致が乱されている状況を感じ取れる。人が車に排除された感を否定できない。

それを具体的に伝える資料がある。昭和11（1936）年（月日不詳）に中宮祠住民（氏名不詳）から請願があった。

ここでは中宮祠の現状を二つ述べている。一つは，頻繁に通る自動車で輻輳し砂塵と喧騒が甚だしい。狭隘な道路は撹乱し観光客は右往左往しゆっくりと自然に楽しむことができない。まるで自動車専用道路だ。もう一つは山紫水明の地だが大衆が希望する温泉がない，である。前者はわかりやすい。後者は温泉がないため旅客に満足を与えられないということであろう。

この現状を改善するため，以下の五つを願っている。

①駐車場の設置

②ケーブルカー中宮祠駅から立木観音および二荒山神社までの道路の歩車道分離
③中宮祠駅から二荒山神社までの道路新設
④中宮祠から立木観音付近まで市街地の裏側を通る道路と終点に駐車場の設置
⑤湯元からの引湯工事の許可

　①と②は前回の陳情にもあった。③は初出である。湖畔の商店街を通らず湯元方面へのスムーズな通過を狙ったものであろう。素通りの車輌が増える可能性はあるものの，輻輳の解決が先決であったのだろう。整備に伴う「利」と「不利」がトレードオフの関係になることがある。どちらを選ぶかということであろう。④も同様の感があるが③とは違い途中には営業店がなかったのであろう。①は昭和25（1950）年に，②は平成17（1942）年，③は昭和26（1951）年に都市計画道路の事業決定がなされた。④は昭和40（1965）年，⑤は26年に工事が完成した。

　⑤は新たな魅力の付加である。山内は日光連山の山並みを背景に持ち，そして周囲の緑に溶け込んだ神社仏閣の人工美である。門前町の街並みも建造物主体ではあるが，二社一寺へのアプローチであり空間的に山内と一体感がある。参拝が目的の旅行であれば門前町に立地する宿舎でもあまり不満がないだろう。一方，中宮祠は山紫水明の地である。宿舎は湖畔に面し，風景に溶け込んでいる。旅情も山内とは異なる。軌道，自動車，登山鉄道と続く到達利便の改善により多くの観光客が訪れるようになった。ただし温泉はなかった。夏の男体山登拝の宿泊地として，そして避暑地として人を集めた。夏の観光地であった。交通機関の発達は春の修学旅行，秋の観楓の旅行を促進し，観光地の形態に変化をもたらした。大衆観光地化が始まったと見てよい。大衆は風景だけでなく温泉も望んだ。交通機関の発達は中宮祠で風景を楽しんだ後，湯元での宿泊入浴を可能にしたのである。それがこの陳情の背景であろう。風景の観賞後，その地に宿泊，そしてそこには温泉があるという観光地を地元は望んだ。

　昭和13（1938）年3月10日付の陳情（図3-3-4）には，興味深い記述がある。自

動車輸送の状況や中宮祠の商店街の現状を具体的に書いてある。

まず「(日中事変も長期化した)銃後にあっては堅忍持久各々の生業に励み挙国一致(18)の本分にそむかないよう尽忠報国(19)に真心をつくすべきだ」と時代に生きる日本人のあるべき姿を述べている。(20)

そして「我ら観光地日光町民は国民精神総動員(21)の精神に則り，正義道徳を守り法規を遵守し国立公園観光地の使命を全うしたい」と決意を述べている。自らは従来の因習の打破とガソリンの節約に努める。そして県には下記の解決に努力して欲しいと陳情している。7項目ある。

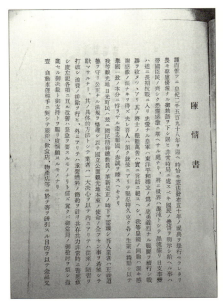

図3-3-4　中宮祠の陳情

①旅館，飲食店，物産店が車を軒付けするため運転手に金品を渡すこと
②馬返―中宮祠間運行の小型乗用自動車は中宮祠駐車場で乗客を下車させ，同駐車場に駐車する。これまで行われてきた立木観音，二荒山神社などの無賃回遊を禁止
③馬返―中宮祠間の小型乗合自動車は「乗合」および方面区間の標識を車体に掲示
④運転手の乗客に対する車外での案内追従は旅客買収誘引を生む恐れがあるため禁止
⑤中宮祠駅終点付近は道路狭隘で輻輳するので駐車場を新設されたい
⑥中宮祠地区内に自動車停留場新設の場合は下記を希望する
　(イ)剣ヶ峯，(ロ)中ノ茶屋，(ハ)華厳滝入り口，(ニ)中宮祠駅前，(ホ)晃山モーターボート(株)前，(ヘ)中宮祠郵便局前，(ト)二荒山神社金鳥居

前, (チ)菖蒲ヶ浜湖畔入り口, (リ)竜頭滝前, (ヌ)赤沼, (ル)三本松, (ヲ)湯元

⑦一般の駐車場を二荒山神社鳥居前, 立木観音その他2か所に新設

以上を順次見てゆく。まず①だが, これについては「我等業者充分注意ヲ払ヒ改革ニ努力明朗郷土発展ヲ期ス所存ニ候」と述べている。

②は⑤と関連する。乗合自動車の降車地点を特定し, 他の地点への回遊を禁止する, ということであろう。

③は, 乗合自動車は貸切自動車と区別できるよう乗合いであることと行き先を車体に明示すると言っている。貸切自動車は中宮祠の駅行きではなく, 乗客の希望する地点まで運んだ。混同を避けるためであろう。

⑤はわかりやすい。⑥には若干の驚きを禁じ得ない。当時中宮祠地内では乗合自動車の明確な停留所のポイントは決まっていなかった。だから停留所の場所の希望を述べているのであろう。

⑦は「公衆自動車溜所」つまりは一般車輛の駐車場設置の希望である。昭和10年代初期には自動車による奥日光来訪が増えたからであろう。

以上が陳情の具体的内容である。テーマの一つガソリンの節約と陳情内容の脈絡はよくわからないが,

表3-3-8 中宮祠における業種別営業者数(昭和13年)

番号	業種	営業者数	備考
1	物産・飲食店	12	
2	旅館業	11	
3	物産店	10	
4	飲食店	6	
5	菓子店	3	
6	雑貨店	3	
7	写真店	2	
8	漁業	2	
9	物産・写真店	1	
10	雑貨・物産	1	
11	物産店・造船業	1	
12	肉類商	1	
13	木炭商	1	
14	青果商	1	
15	土木建築業	1	
16	土木業	1	
17	郵便局長	1	
18	理髪業	1	
19	会社員	1	
	計	60	

註:2業種連記は兼業

現下の課題解決のための陳情と言える。ただしこの陳情が後世の我々に伝えるものは，地元の希望だけではない。これまでの陳情には陳情者の氏名の記載はあった。ここではそれだけでなく，陳情者には旅館業，物産店，飲食店などの職業が記載されている。

陳情者60名である。職業別に整理する（表3-3-8）。

昭和7（1932）年の陳情には，中宮祠の戸数は180戸ですべて観光関連の業種で生活している，と述べていた。ここには60人の署名がある。60店舗と見てよい。飲食が18店舗，物産販売が12店舗，旅館11店舗である。加えて写真店が3店舗あった。観光との関連が薄いのは15から19番であろう。他は観光と深く関連する。まさに観光地ならではの業種構成である。これらの店は華厳滝から湖岸まで，そして二荒山神社から立木観音までの湖畔道路沿線に位置していたと考えられる。各商店の配置を示す資料はない。ただし，昭和24（1949）年にGHQが撮影した航空写真がある。解像度が悪く鮮明ではないが，それでもこれらの道路沿線に50戸以上の建物が識別できる。道路沿線および周辺に60店舗がありそこに働く人々の住宅や外国人の別荘などを含めて180戸あまりあったのだろう。

この陳情の2か月後の昭和13年5月31日付で国民生活総動員日光委員の立場の中宮祠旅館組合長から請願があった。「自動車運行ニ関スル請願書」である。

そこではまず「日中戦争を戦う日本にとって揮発油消費抑制の経済統制は国防上の重要事項である。自動車運輸で消費する割合はその9割に及ぶ」との認識を述べ，次に「先に決めた地元中宮祠の改革は戦時体制に範を垂れるべきものである」と自賛が続く。3月10日の陳情にある「運転手に金品を渡して客を連れ込む」ことの是正陳情に対する自賛であろう。最後に請願の内容が五つ記されている。乗合の標識掲示，降車場所は1か所に特定，店舗横付け禁止，立木観音および二荒山神社までの一定料金化，の四つはこれまでと変わらない。新たに「馬返中宮祠間乗合自動車ノ在来6人乗を15人乗ニ変更一定区間乗降セラレタキ事」が加わった。これについては説明がついている。整理すると，

①道路狭隘のため交通制限があり，上下するのに2時間かかる

②乗り合いの許可を得ているのは20数台にすぎない
　③12年度の通行台数は4万1,438台だが、その半数は貸し切りで中宮祠を往復するだけである
　④中宮祠に着いたら直接特定の店へ軒付けし、それ以外は降車させない。運転手の一方的な運転に任されている
　⑤これらの弊害を排除しかつガソリンの消費を抑えるため、現在の6人乗りの車輌を15人に変更し、中宮祠に着いたら降車するようにして欲しい

となる。さらに「例年修学旅行繁忙期の5月は1日平均1,529人が訪れる、この対策には大型車が有利である」と続き、最後に「大型車に変更すればガソリンは現消費量の半分以下で済む」と結んでいる。

　ガソリン統制の時流に即した陳情であろう。地元には軒付排除と輸送力増加というメリットがある。ただし地元の希望が実現する前に、馬返中宮祠間の乗合自動車はガソリン統制の影響を受け昭和16(1941)年運行中止となる。

第3項　公共駐車場の出現

　これまで自動車に起因するさまざまな問題を通じて日光を見てきた。問題は地区によって様相を異にする。門前町では観光客の素通り、山内では静謐さの破壊、中宮祠では自動車侵入による混乱であった。ただし中宮祠で生じた混乱は日光市街でも起きていた。

　第一部でも見たが県は昭和12(1937)年に全国で初めての国立公園事業「神橋久次良間2kmの道路」の改良舗装工事に着手し翌13(1938)年に完成した。日光国立公園の計画は昭和24(1949)年にその全容が明らかになるが[22]、桟橋・道路などの運輸施設や特別地域・制限緩和地区といった制限の計画は昭和11(1936)年から13(1938)年にかけて決定された。緊急性が高かったからであろう。「神橋から田母沢間2km」の位置する日光馬返線の計画は昭和11年12月26日に告示されていた。この区間が優先的に改良舗装の対象として取り上げられた理由は「外来自動車で輻輳している[23]」であった。外来の車で輻輳していたのである。当時の日光の状況を垣間見ることができる資料がある。昭和6(1931)年に運輸

省国際観光局が外国人向けの自動車旅行用の地図「Motor Road Map of Tokyo, Yokohama and surrounding districts」(口絵 図3-3-5) を作成した。そこでは東京から日光湯元までの道路はMotor Roadと表記されている。東京から車で直行できた。車輌での来訪が多くなった。昭和10 (1935) 年前後には奥日光へ続く道路は山内付近で車が輻輳していた。その解決のため国立公園事業が実施されたのである。

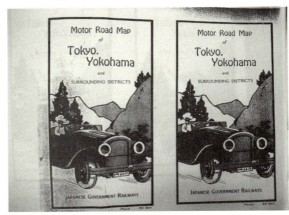

図3-3-5 Motor Road Map of Tokyo, Yokohama and surrounding districtsのカバー

ただし車輌の輻輳は道路の改良だけでは解決できない。駐車場が必要であった。県は昭和12年特別会計栃木県日光国立公園経営資金を設立し,翌13年には西参道の土地を購入,14 (1939) 年に駐車場を整備した。第1部でも触れたが有料の駐車場であった。管理運営費のみならず建設費の償還も狙った。日光国立公園で初めての公営の駐車場である。その使用料は7人乗り以下15銭,7人以上30銭であった。

知事から厚生大臣あての国立公園法に基づく協議には駐車場新設の理由書が添付されている。そこには,

「日光国立公園道路事業中日光馬返間道路(昭和13年度ニ一部改修済)ノ東照宮付近ノ路上ニ於テハ観光季節外来車輻輳シ駐車スルモノ多ク交通上支障少ナカラズ,駐車場新設ノ必要被認ニヨリ,別紙計画ノ通リ,右車道ニ接続シ工費1万1,450円ヲ以テ駐車能力50台(大型バス23台,乗用車27台)ノ駐車場ヲ設置セントス」

と書かれている。

ここでは，シーズンには東照宮付近の車道は外来の車で混雑し，かつ路上駐車もあり交通上の支障が大きい。駐車場が必要であり，大型バス23台乗用車27台収容の駐車場を作る，と言っている。外来の車対策だが，駐車台数の計画が興味深い。当時日光を訪れる車輌は大型バスと普通乗用車の台数が均衡していたのだろう。ただし，ここでの大型バスは，20人乗り程度のものであったに違いない。それにしても，バスで日光を訪れたのである。少なくとも昭和10年代には山内まではバスで訪れる観光客がいた。日光駐車場の経緯を記した文書には「この施設が竣工した頃は満州事変から支那事変と戦線が拡大され国内もいよいよ戦時体制に切り替えられたので外来車も急にいなくなった。戦時中は食料増産で駐車場も農園に変わった」と記されている。第1部で見た霧降公園計画，第2部で見た日光観光ホテル，そして日光駐車場といった昭和10年代初期に計画された国立公園の事業は，すべて戦争という時代の渦に飲み込まれ翻弄された。保健休養とはほど遠く健民という兵隊予備軍の育成，外客誘致とはほど遠い占領軍の慰安，車輌混雑の解決ではなく食料増産といった初期の志と異なる形で時代の要求を呑まざるを得なかった。当時の担当者の充たされない気持ちはいかばかりかと思わずにはいられない。

第3節　本章のまとめ

　本章では自動車輸送開始以降の日光を見てきた。自動車の利便は大きい。ただし昭和9（1934）年の『國立公園』にある「自動車がしきりに往来する中禅寺湖畔」[24]という記事やこれまで見てきた陳情を総合してみると，昭和戦前の中宮祠は大正期にあった静謐な雰囲気は影を潜め，文明の利器自動車に攪乱された観光地になったと言ってもいいだろう。利便は常に弊害を伴う。戦後の観光行政はこの弊害の排除に多くの時間と経費を費やすことになる。

第4章　戦後復興からマイカー普及期(昭和20〜45年)

第1節　いろは坂改良以前

　戦後しばらくは今日を生きるので精一杯であった。まして占領下である。当時観光がどれほど身近なものであったかはわからない。日光の状況を見ると，昭和23(1948)年6月14日(月)〜16日(水)の神橋付近の平均乗用車通過台数は93台であった。観光客と占領軍将兵の車の割合はわからない。いずれにしても少ない。自動車そのものが疲弊していた。昭和22(1947)年の全国の乗用車保有台数は3万273台で，新たな供給はなかった。昭和24(1949)年10月になって乗用車の生産制限が解除されるという状況であった。

　一方日光軌道には昭和20(1945)年に100万人，21(1946)年に200万人の乗客があった。また日光登山鉄道は昭和22年こそ3万4,000人だが，23年には100万を超えた。観光客がどのくらい占めていたかはわからないが，地元だけではこれだけの数字にはならないだろう。これらの数字は観光客が来ていたことを示している。関東大震災後の混乱の中でも人々は観光に出かけた[1]。終戦後の混乱の整理がまだ十分には終わっていないこの時期にも観光に出かけた。駆り立てたものが何であるかはわからない。復興のための元気を日光の風景に求めたのかもしれない。

　このようななか，昭和24年には，農地に転用されていた日光駐車場が復旧された。ただし，占領軍将兵の車輌専用であった。日光国立公園観光(株)に運営が委託された。周囲に金網が廻らされた。オフリミットの具体策だが，日本人とのトラブルを回避したかったのであろう。日本が誇る日光の中心に外国の土地が現れたと言ってよい。金網が占領軍の指示ならまだしも日本側の発意であったとすればやるせない。国際観光には，親善，相互理解の役割があるという。

しかしこれが外国人との長い歴史を持つ国際観光地日光の占領下の現実であった。

　日本の立ち直りはまだ見えない。昭和25(1950)年に朝鮮戦争が勃発した。特需により経済は好転した。各種統制も解除されるようになった。観光も活発化した。その様子を垣間見ることができる資料がある。栃木県観光課長千家啓麿が昭和29(1954)年にまとめた文書(2)には、
　①日光の観光客は昭和28(1953)年度に200万人を超え、今後も増加の傾向にある
　②観光バスが増えた。昭和28年度は、全観光客の20パーセントに当たる41万9,360人が貸切バスで来た
　③遠隔地からの旅行者は、国鉄または東武鉄道を利用して日光に着く。その後貸切バスを利用するものが多く、昭和27(1952)年度は1,436台であったが28年度には4,600台になった
　④ただしいろは坂はバスの通行ができないので、日光の貸切バスの利用率は他の観光地より低い
と記してある。

　経済の復興の兆しとともに観光も活発化し、日光までのアクセスだけでなく域内の移動にも貸切バスが使われるようになった。日光では昭和20年代後半が貸切バス時代の黎明の時と見てよいだろう。

第2節　いろは坂改良

第1項　改良工事に至る過程

　昭和29年いろは坂が改良され大型バスの運行が可能になった。改良工事は当時ビッグプロジェクトであり土木課職員の投入も大きなものがあった。当然他の事業に影響が出る。観光を不要不急のものと捉えれば、他に優先する道路があると考えるのが当然であろう。生活道路、産業用道路であれば身近な問題であり理解も得やすい。行政内部で見れば観光行政のため道路行政が汗をかくと

いう構図になる。組織間に不協和音が生じても不思議はない。しかし実際は道路行政が有料道路制度創設直後に手を挙げて事業を実施したのである。紅葉の直前に工事を完成するなど二つの行政の間には不協和音を感じ取ることはできない。振り返ってみると，戦前道路と観光は土木課の中にあった。同じ部屋で仕事をしたのである。戦後になって土木部ができ，道路係と公園係はそれぞれ道路課と観光課に独立した。土木部設置の理由は「戦後の復興」であった。土木部の道路，河川，計画，観光，建築の各課は戦後復興業務のため生まれたと言ってよい。当然各課の所管は異なる。しかし目標は共通であった。課として独立はしたものの戦後復興を担うという熱意を共有していたのであろうから一体感も強かったに違いない。

　そのことは昭和23 (1948) 年度策定の「栃木県経済振興総合計画」によく表われている。第1部で触れたが，「栃木県経済振興総合計画」は県政全般にわたる計画で，農業，開拓，商業振興および工業，交通，水政そして観光の七つの総合計画からなる。各計画に委員会が設置され，そこでの審議を経て計画がまとめられた。交通総合計画は道路課が，観光総合計画は観光課が所管しそれぞれの課長が作成責任者であった。

　各計画とも総合的見地で検討が加えられた。孤立的な計画姿勢はなかった。例えば交通総合計画の委員会の方針は「他の委員会，特に産業或は開拓等の部門に関係する所が少なくない。従って，之等の部門に属する委員会の審議を俟って，その結論の一部を取り入れあるいはこれらの委員会よりの要請に基づいて審議すべきである」であった。具体的な計画では，観光道路に1項を設け次のように述べている。「本県の性格上，観光道路に対しては特に深い注意が払われ，土木部観光課よりの要望に就いても充分の検討を加えた」。その結果が観光道路計画は（口絵　図3-4-1）であった。ここには行政の「縦割り」の姿は微塵も見えない。「戦後の復興」のため各行政が一致協力した。

　「栃木県経済振興総合計画」は，昭和24 (1949) 年3月に印刷され公表された。「交通総合計画」では観光道路の計画を明らかにしている。いろは坂から中宮祠を経て沼田へ至る日光沼田線は緊急に整備する道路として位置づけられた。幅

員を7.5m以上と計画している。ただし財源が問題であった。
　そのような状況下，昭和27（1952）年6月6日に道路整備特別措置法が制定された。情報をキャッチした観光課長千家啓麿は道路課長梅澤景秀に相談を持ちかけた。ともに内務省出身の技術者で戦前は土木課で机を並べた。また戦後は栃木県経済振興総合計画をまとめるのにともに努力した。二人の結論は早かった。同法に基づきいろは坂の有料道路化を上司に進言した。10月20日には法の適用を申請し12月3日には建設大臣の許可を得，同じく12月に着工，29年9月に竣工したのである。鮮やかな事業展開と言うべきだろう。
　観光の振興は県政の基本方針であった。その具体策が「観光総合計画」である。観光で県経済の復興を図ろうという県の強い意思があった。掲げる旗の色が鮮明であったので，各部門が一致協力しやすかったに違いない。「計画」の力は大きい。

第2項　改良前の状況と改良工事の内容

当時のいろは坂の状況を見てみたい。⁽⁶⁾

馬返から中宮祠大平間約6kmのいろは坂は，

①幅員は3.5〜4.0mで

②30か所のヘアーピンカーブと数十の急屈折があり

③加えて勾配がきつかった

快適で安全な自動車の走行は難しく，もちろん大型バスは運行できず小型バスだけだった。

　そのため馬返から，

①ケーブルカーに乗り換えるか

②または小型バスに乗り換えざるを得なかった

いずれの方法をとっても，

①最盛期1日1万人を超える旅客をスムーズに運ぶことはできず

②乗車を待つ人で延々長蛇の列をなした

　特に春秋の最盛期は，

①途中の行き違いの混雑と危険を避けるため上り下りの時間に制限があった
②このため輸送力が著しく低減し起終点には数十台の渋滞の列が続いた

以上のような多くの課題を抱えるいろは坂はその改良が強く望まれていた。

そのような状況下,昭和27年に道路整備特別措置法が制定された。大蔵省資金運営部の資金を活用して有料道路として整備し,その料金で元利を返済するものであった。

先にも触れたが,いろは坂は同法の採択を受け,昭和27年12月着工,昭和29年9月竣工,10月1日に有料道路として開通した。総工費は1億9,700万であった。有料道路いろは坂は,

①延長6,080m,幅員6.0m
②ヘアーピンカーブ30か所,最小半径7m
③勾配平均7パーセント,最急13.8パーセント
④路面アスファルトコンクリート舗装

の道路に改良された。ヘアーピンカーブは外側にできるだけ拡幅したので路面幅は12mとなり,中心線の曲率半径は7mだが実質は10mほどに相当し大型バスも運行できるようになった。

当時の建設機械の性能を考えると人力に頼った施工であったろう。それでも昭和29年の紅葉前には完成させた。工事に関わった人間は延べ23万5,306人という。

まとめてしまえばこれだけだが,やせ尾根をヘアーピンカーブで登る道路である(図3-4-2)。一大事業であったことは間違いない。

図3-4-2 いろは坂(現在のいろは坂。ただし線形は改良以前とほとんど変わらない)

第3節　改良以降のいろは坂

第1項　県営有料道路の時代

　いろは坂開通は紅葉の時期に間に合わせたものであった。車輌数を料金所でカウントした10月から12月までの3か月の日別のデータ[7]が残っている。車輌全数と観光用車輌、そして外国人車輌全数と観光用車輌に仕分けされている。

　10月を見てみる（表3-4-1）。

　台数は、上り下りの合計である。この表には観光用業務用の区別はない。紅葉最盛期の日曜日はウイークデーの倍近い。観光用自動車の増と見てよいだろう。紅葉期の日曜日に集中する傾向はその後も続き交通渋滞の要因となる。

　3か月間のデータを観光目的で整理すると（表3-4-2）となる。

　観光用BはAからトラックや旅館等の業務用車輌を除いた数値、外国人観光用DはCの車輌の中で明らかに観光用と判断されたものであろう。10月は全車輌の84パーセントが観光用だがシーズン終了とともにその割合は減少する。外国人車輌のうち観光用は、旅行会社主催のバスツアーや日米安全保障条約に基づき日本に駐留した米軍人の休暇中の来訪であろう。いろは坂有料道路の料金

表3-4-1　いろは坂日別通行車輌数（昭和29年10月）

月日	台数	外国人車	月日	台数	外国人車	月日	台数	外国人車
10月1日（金）	417	4	10月12日（火）	436	12	10月23日（土）	608	22
2日（土）	420	6	13日（水）	563	7	24日（日）	1,066	46
3日（日）	706	14	14日（木）	520	12	25日（月）	508	20
4日（月）	387	8	15日（金）	587	11	26日（火）	416	15
5日（火）	440	5	16日（土）	759	40	27日（水）	496	11
6日（水）	516	4	17日（日）	1,183	84	28日（木）	463	35
7日（木）	394	9	18日（月）	558	39	29日（金）	448	28
8日（金）	441	9	19日（火）	490	25	30日（土）	496	11
9日（土）	454	12	20日（水）	558	17	31日（日）	753	20
10日（日）	727	10	21日（木）	416	9			
11日（月）	375	15	22日（金）	583	18			
総計							17,184	578

註：有料道路料金所でカウントした数値である。台数は上り下り合計数値。外国人車は、「外人用車」と表記されているもの。外国人が乗っている車と考えられる。

表3-4-2　いろは坂通行車輌の内訳（料金所のカウント数，片道）

月	通過車輌実数 A	Aのうち観光目的車輌 B	Aのうち外国人車輌 C	Cのうち観光目的車輌 D	B÷A×100 %	D÷C×100 %
10	8592	7201	289	166	84	57
11	5071	3875	149	123	76	83
12	1919	1019	79	54	53	68

体系には，ジープやキャリアといった種別はなかった。ジープは乗用車，そして車体構造がトラックに近い人員輸送用のキャリアを普通貨物車としてカウントしたのであろう。10月の通過車輌の57パーセントが観光用と記してあるが残りの43パーセントもキャリアで輸送された休養の駐留軍兵士と見てよいだろう。

　以上で開通の年昭和29（1954）年の9月から12月までのいろは坂の状況がわかった。では通年ではどうであったか。昭和31（1956）年のデータが残っている（表3-4-3）。

　全体で見ると料金所を通過した車の35パーセントが乗用車，43パーセントが乗合自動車であった。乗合自動車の「定期」は路線バスだが，月ごとに車輌数が異なる。シーズンには乗客数によって便数を増やしたのであろう。「その他」は

表3-4-3　いろは坂通行車輌月別車種別内訳（昭和31年）

番号	車種		1月	2月	3月	4月	5月	6
1	普通乗用車		710	500	930	2,176	3,239	2
2	小型乗用車		437	269	831	1,314	1,912	1
3	軽自動車		60	14	102	995	1,766	1
4	乗合自動車	定期	1,181	934	1,439	2,708	3,836	2
		その他	109	402	2,810	4,483	6,990	3
5	普通貨物車		654	379	440	943	1,962	1
6	小型貨物車		437	269	831	1,314	1,912	1
7	原動機付自転車					26	38	
8	特殊自動車		2	2	2	8	6	
全体計			3,590	2,769	7,385	13,967	21,661	13
上記月別割合%			2	2	4	8	12	
1～4計			2,497	2,119	6,112	11,676	17,743	10
上記月別割合%			2	1	4	8	13	

註：料金所では上り下り車線ごとにカウントしているので実数は2分の1として計算

外来の観光バスである。本表からは観光客の具体的数値はわからないが、奥日光の観光の姿を推測することができる。乗用車および乗合自動車を見ると5月、8・9月、10・11月にピークがある。5月は山内周辺の新緑と早春の奥日光、8・9月は避暑、10月は奥日光の観楓そして11月は山内周辺の観楓と晩秋の奥日光の風景観賞が目的であろう。外来の観光バスは5月、9月、10月にピークがある。5月と9月は修学旅行などの学生団体、10月は観楓目的の一般団体であろう。一般団体の夏の旅行はそれほど多いとは言えないが、全体から見ると奥日光は3季型の観光地と見ることができる。また駐留軍軍人のデータを見ると避暑より新緑と紅葉の時期に多い（表3-4-4）。

昭和31年には「もはや戦後ではない」と宣言された[8]。しかし表3-4-4を見ると軍用車輌および駐留軍関係者の乗ったバスが1年を通じて走行していることになる。占領下の風景とあまり違いがない。しかし、駐留軍の車輌は全車輌の3パーセントにすぎない、全体の中に埋没してしまう数値と言ってよい。まして接収もなくオフリミットもない。観光客も200万人を超えた。駐留軍人の来訪はあるものの観光地日光も戦後は終わった。

いろは坂改良の結果、奥日光への到達性は格段に改良された。訪れる人は増

	8月	9月	10月	11月	12月	計	実台数	車種別計	割合%
	4,542	2,575	4,534	3,057	1,002	28,269	14,134		
	2,955	2,060	3,842	2,900	519	20,198	10,099	30,885	35
	1,814	1,967	2,581	1,326	186	13,304	6,652		
	4,370	3,403	5,271	3,337	1,674	33,717	16,858	38,143	43
	3,343	5,973	8,518	3,218	460	42,570	21,285		
	2,423	2,125	1,961	1,629	1,139	17,351	8,675	18,773	21
	2,955	2,060	3,842	2,900	518	20,197	10,098		
		42	20			158	79	79	1
	14	24	16		3	89	44	44	
	22,416	20,229	30,585	18,367	5,501	175,853	87,924	87,924	
	13	12	17	10	3				100
	17,024	15,978	24,746	13,838	3,841	138,058	69,029		
	12	12	18	10	3				100

表3-4-4　駐留軍車輌いろは坂通行台数

	1月	2月	3月	4月	5月	6月	7月	8月	9月	10月	11月	12月	計	実台数
普通乗用車	85	37	105	319	432	413	417	332	312	1,229	777	149	4,607	2,303
普通貨物車	74	71	62	89	100	94	115	92	101	115	218	76	1,207	603
バス	15	16	18	19	26	10	4	5	3	19	12		147	73
計	174	124	185	427	558	517	536	429	416	1,363	1,007	225	5,961	2,980
月別割合	3	2	3	7	10	9	9	7	7	23	17	3	100	

註・1月～12月の台数は有料道路の通行台数，往復は2台として集計
・普通乗用車はジープ，普通貨物車はキャリア，バスは家族など駐留軍の関係者が乗用したのであろう
・実台数は，四捨五入の関係で1台合わない。各月の奇数台数は翌月にわたる滞在の関係であろう

えた。新たな施設が求められた。未開発地の光徳が注目され，「青少年の健全な野外生活」を目的に光徳が集団施設地区に指定され整備が進んだ。新たな拠点が生まれたのである。交通運輸の影響は大きい。(9)

第2項　道路公団管理の時代

　昭和32(1957)年4月1日から日本道路公団に移管され公団管理の有料道路として運営されるようになる。昭和59(1984)年9月30日には無料化し栃木県に移管された。その間の交通量の推移を見てみる(表3-4-5)。

　本表は，車輌台数を示しただけである。車種別はわからないが全体としては

表3-4-5　いろは坂自動車通行台数

年度	台数	年度	台数	年度	台数
昭和32	231,283	昭和42	1,176,293	昭和52	1,791,594
33	287,790	43	1,297,451	53	1,925,111
34	375,674	44	1,483,887	54	1,842,082
35	469,663	45	1,678,651	55	1,760,601
36	587,294	46	1,772,204	56	1,844,332
37	659,557	47	1,870,960	57	1,910,798
38	714,904	48	1,853,715	58	1,932,861
39	729,802	49	1,717,262	59	705,120
40	916,247	50	1,764,835		
41	1,067,798	51	1,650,335		
計					36,081,096

年々増加していることはわかる。32(1957)年に比べ40(1965)年は4倍に増えている。自動車の普及が背景にあろう。ちなみに日本全体の乗用車とバスの合計台数を昭和30(1955)年と較べてみると昭和40年では12.4倍にふえている。[10]

第4節　本章のまとめ

これまでいろは坂の交通の状況を見てきた。

日光市の観光統計にある交通機関別入り込み客数によると昭和22(1947)年から30年までは圧倒的に国鉄や東武鉄道の利用者が多い。車の利用者を見ると昭和30年は全体の2割だが翌31(1956)年には5割となる。車時代の幕開けと見てよい。

その実相をいろは坂通行車輌から見てみる（表3-4-6）。

昭和28(1953)年の乗用車をカウントしたデータはない。一方県の文書には20パーセントがバス利用と書かれている。31年と42(1967)、43(1968)、44(1969)年はデータが残っている。それらを分析整理したのが（表3-4-6）である。

乗用車を見ると31年から42年までの11年間に11倍に増えている。乗用車時代の到来である。44年を見ると42年より14万台も増えている。バスを見ると31年から42年の間に約2割の増加はあるものの以降はあまり変わらない。

表3-4-6 いろは坂通行車輌車種別台数及び輸送人数

	乗用車		バス		バス輸送の詳細		
	台数	輸送人数	台数	輸送人数	台数割合%	バス人数割合%	観光バス台数
昭和28年						20	9,319
昭和31年	30,885	89,329	38,143	1,716,435	55	95	21,285
昭和42年	336,660	984,225	45,300	2,038,500	12	67	28,442
昭和43年	388,750	1,136,605	48,640	2,188,800	11	66	31,782
昭和44年	477,330	1,394,800	46,260	2,081,700	9	60	29,402

註・昭和28年の観光バス台数は昭和29年千家観光課長作成の栃木県有料駐車場計画にある「昭和28年度の日光来訪者の20%はバス利用，その人数は419,360人」から計算，バス1台45人と想定し419,360を45で除した数字，28年度の数値だが28年のいろは坂数値として援用
・昭和31年の数値はいろは坂有料道路管理事務所の上り車線カウント数値を利用，乗用車は小型乗用車と軽自動車の合計輸送人員は小型乗用車1台3人，軽乗用車1台2.5人で計算
・昭和42〜44年の数値は，日本道路公団カウントいろは坂のぼり車線の数値，輸送人員は昭和31年と同様に計算
・バスの台数割合は全車両数に対するバスの割合
・バス人数割合は全車両輸送数に対するバス輸送者数の割合
・観光バス台数は昭和31年の路線バスの台数16858を不変と捉え，それをバスの総数から引いた値
・二輪車など乗用車・バス以外での来訪もあるが全体に占める割合が少ないので省略

　一方車種別輸送量を見るとバスの車輌数は全体の55パーセントだが，輸送量は95パーセントを占める。以降もバスは車輌台数に比べ輸送量が多い。40年代の観光バスの台数を見ると3万台を中心に，あまり変わらない。このように見ると，少なくとも昭和40年代前半の日光は乗用車つまりはマイカーとバス輸送の時代と総括できよう。

第5章　マイカー普及以降

自動車利用の増大に伴い道路の整備が進む。本章ではそれを見ていく。

第1項　第二いろは坂・金精道路
　いろは坂は改良され大型バスの通行が可能となった。ただし問題は残っていた。以下，日本道路公団東京第2管理局発刊の『いろは坂』から引用する。
　「第一いろは坂は，地形急峻部に道路を構築したこともあって，ヘアピンカーブの曲率半径と道路幅員が充分に取れなかったことにより供用開始後，屈曲部では上り車輌優先の交互交通を行ってきた。そのため，
①下りの車輌はいずれのカーブでもカーブ手前の内側に停車して，登坂してくる車の通過を待つ。このルールに違反する車が出れば，たちまち車が渋滞する
②急坂道路，急カーブの連続でフットブレーキの使いすぎによる故障や接触事故が多く発生し，これらの車による交通障害がしばしば生じた
③大型バスは1回でカーブを曲がりきれず，ハンドルの切り換が必要になり，不慣れと混雑が重なることが往々にして生じた」[1]
　上記のような現状にあっても車輌数は増加を続けた。また国民所得も自動車所有台数も増加を続ける。日光全体を見ても観光客は年々増加し，かつ自動車も増えた。昭和34（1959）年には車利用者が全体の50パーセントを超えた。[2]以降ますます増えると予測された。このような状況の中で上り専用道路「第二いろは坂」が計画され昭和40（1965）年10月完成を見た。起点はこれまでの「いろは坂」と同じだが，そこから道路を新設し旧東武鉄道ケーブル線（登山鉄道）の終点明智平で旧東武鉄道の自動車線を使い中宮祠に到達するものであった（図3-5-1）。ケーブルカー利用者の往復に使われていた道路が中宮祠への進入経路

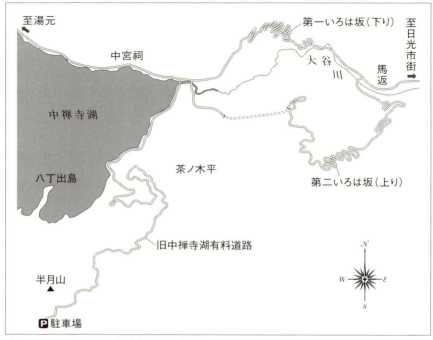

図3-5-1　いろは坂，旧中禅寺湖有料道路

となった。これまでの「いろは坂」は下り専用となり「第一いろは坂」と名称が変わった。動線がかわったのである。

　また第二いろは坂と同時に群馬県に続く金精道路が開通した。アクセスが増えた，と同時に日光を縦貫して他県の観光地への連絡が可能になった。広域観光，つまりは自動車による県を超えた複数の観光地訪問の基盤が整った。

第2項　旧中禅寺湖有料道路（現栃木県道中宮祠足尾線）

　旧中禅寺湖有料道路は，中禅寺湖畔の歌ケ浜から半月山頂付近までの約7,500mの観光道路である（図3-5-1）。昭和47（1972）年に供用開始された。現在は，県道中宮祠足尾線の一部だが，行き止まりの道路である。途中にある駐車場からは，男体山や中禅寺湖が眺望できる。また終点の駐車場から徒歩

600mの場所に設置された半月山展望台からも同様の風景が楽しめる（口絵　図3-5-2）。

　日光には，多くの視点場がある。ただし，眼下に中禅寺湖の俯瞰景を楽しめるのは茶の木平の展望台だけであった。中宮祠からロープウェイで登る。中禅寺湖を俯瞰し，対岸に男体山を仰ぐことができた。ロープウェイは，平成15（2003）年廃業となった。中禅寺湖有料道路沿線の駐車場と半月山展望台からは，かつての茶の木平展望台から俯瞰する景観より身近に中禅寺湖を楽しむことができる。茶の木平展望台があった地点までは標高差320mを徒歩で登らなければならない。そのような現実を考えると，旧中禅寺湖有料道路沿線駐車場とそれに付帯する半月山展望台は，中禅寺湖の俯瞰景を楽しむことができる唯一の視点場と位置づけられる。

　中禅寺湖有料道路は足尾への連絡が期待されていた。その構想もあった。いろは坂を経由せず奥日光へ至る新たなアクセスである。当然いろは坂の渋滞の緩和にも寄与する。しかしながら，事業の効果に対する疑問などの理由で半月山付近を終点とし事業は終わった。道路法で規定する第3種山地部の道路規格が採用された。全幅員7.5mの道路であった。天女が舞い降りたと言われる中禅寺湖随一の景勝地歌ケ浜が起点である。渚が美しい。その湖畔に接する幅員2mほどの道路を全幅7mの道路に拡幅する事業であった。渚に構造物が設置されることとなる。

　地域にとっても利用者にとっても道路は利便そのものだがそれだけでは完成とは言えない。特に観光地では駐車スペースがなければ道路の目的は達成できない。往々にして駐車場は風景観賞の場としての機能も備える。視点場の役割も兼ねるのである。風景資源の配置から駐車場の位置を検討すると歌ケ浜がベストポイントであった。道路と同時に国立公園の事業で湖水を埋め立てて駐車場が造成された。

　観光客の滞留を図る意味でも駐車場の果たす役割は大きい。しかしながら利便は時として犠牲を伴う。道路や駐車場の構造規格は安全で快適な利用を確保するためにある。その規格を満足するため障害になる現地の状況は改変を余儀

なくされる。利便の向上と風致の保全の間にはトレードオフの関係が生ずる。天女が舞い降りた渚は道路と駐車場という利便の代償として姿を消した。

第3項　旧霧降高原有料道路（現栃木県道青柳日光線）

　旧霧降高原有料道路（図3-5-3）は，霧降の滝に近い日光市所野から霧降高原を経て栗山村大笹峠に至る全長16,300mの延長を持つ公園計画道路である。昭和51（1976）年に完成を見た。

　戦前霧降には県が国立公園の新規拠点の計画を持っていた[3]。国はその計画を，そのまま集団施設地区計画としたいと言っていた。戦後昭和24（1949）年に，集団施設地区に位置づけられた。当然アクセスの道路が必要である。日光市内と霧降そして栗山を結ぶ道路が，集団施設地区計画と同時に計画決定された。集団施設地区と道路は一体のものであった。しかし，後に自然保護上の理由で集団施設地区が公園計画から削除された。利用拠点の計画がなくなったが道路計画は残り，土木行政が栗山まで延伸して整備を行った。県道23号線と結ばれた。県道23号線は川治で国道121号と連絡する。日光から霧降高原を経由して川治・鬼怒川温泉と回遊が可能となった。

　霧降高原では，日光でも有数の俯瞰景を楽しむことができる。日光国立公園に連なる今市扇状地とその先の関東平野まで一望できるのである。第1部で見てきたが昭和13（1938）年にまとめられた「霧降高原公園計画方針案」には，当時ゴルフ場の計画を担当した宮内省匠寮舘技手のコメントが載っている。そこには，「クラブハウスは白樺とヤマツツジに包まれ，バルコンからはコースの全貌を手にとるが如く，近くは日光の杉並木を越えて，遠く鬼怒川の清流を望む，広茫幾千里下野の平野を一眸の下におさめる眺望と鷹揚なる無砂障害のコースの品位は到底他のコースに求めるべくもあらざる」と記されている。

　霧降高原を南北に縦貫するこの道路は日光でも屈指の眺望を楽しむことができる。新たな魅力の誕生である。それだけではなかった。日光では昭和30年代中葉には過飽和と見られる状態が散見されるようになり，以降その状況は加速する[4]。霧降高原を愉しみ，そして温泉地鬼怒川と連絡するこの道路は新たな観

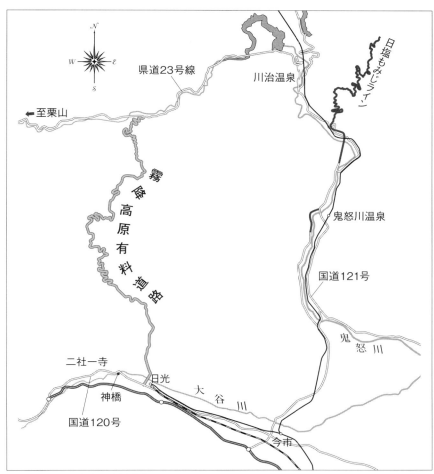

図3-5-3　霧降高原有料道路

光ルートである。ここからは過飽和の分散という狙いを感じ取ることができる。

第4項　日光宇都宮有料道路

　日光宇都宮道路（図3-5-4）は，東北自動車道宇都宮ICから日光まで30.7kmの自動車専用道路である。宇都宮と日光を結ぶ国道119号のバイパスになる。昭

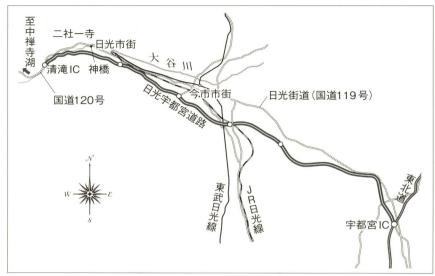

図3-5-4　日光宇都宮道路

和51(1976)年に日光まで開通し，それに接続して56(1981)年にはバイパスが清滝まで開通した。市街地を通らずに奥日光へ直結する道路ができたのである。

　日光宇都宮道路開通以前の状況を見てみる。昭和45(1970)年の県議会での知事答弁は，

　「国道119号，120号の自動車交通量は年々増加しておりまして昨年の秋における一日の最大交通量は，日光市内において2万4千台に達しております。随所に交通渋滞を生じておるのでございます。特に日光市内から今市市に至る区間については交通麻痺状態を呈しております」と渋滞の現状に触れ，続けて「これら交通状態に加えて今後レクリエーション人口の増加，モータリゼーションの普及等の交通需要から見まして，日光─宇都宮にバイパス道路を建設するため鋭意努力してきた」と県の努力を述べ「ようやく45年度の予算において認められた[6]」

と締めくくっている。日光宇都宮道路は渋滞の解決策として期待されていた。

　このような状況下に，昭和47(1972)年，首都圏と東北地方を結ぶ大動脈東

北自動車道の岩槻―宇都宮92.5kmが開通した。首都圏と宇都宮が直結したのである。当然ながら，日光を訪れる自家用車が増えた。国道119，120号の渋滞には拍車がかかった。

　日光宇都宮道路は単に「日光へのアクセス」だけでなく「楽しいドライブ」の機能を備えていた。一つは，正面に日光連山が見えるように路線が設定されている。向かう方向に目的地の山塊の全容が見えるのである。期待感は高まる。二つは，道路法面にサクラなどの樹木が植栽されていることである。そのため，並木道を走行する感があり，快適なドライブが楽しめる。利便性だけでなく，アクセスの楽しみが加味されているのである。

　並木道路は以前にもあった。宇都宮と日光を結ぶ日光街道である。日光宇都宮道路と並行して走る日光街道の宇都宮市上戸祭から日光市大沢間15.6kmは，桜並木で名高い（口絵　図3-5-5）。

　日光宇都宮道路は，この桜並木の影響を受けていると見て間違いないだろう。日光街道は，既存の道路の沿線に桜を植えた[5]。道路の姿が変わった。現状を改良したのである。一方，日光宇都宮道路は，計画の時点から，植栽が考えられていた。当初から，楽しいドライブを目的に整備されたのである。アメリカのパークウェーは沿線が造園処理され，そのためドライブを楽しむことができると聞く。日光宇都宮道路もパークウェーと評価することができよう。

第6章　交通運輸のまとめ

　交通運輸の状況から日光を見てきた。それは以下にまとめられる。

　明治23(1890)年日光まで鉄道が開通した。以降観光客は増加の一途を辿る。大正2(1913)年には鉄道終点日光駅と馬返が電気軌道で結ばれた。乗り換えはあるものの，東京から奥日光入り口まで，交通機関に身を任せた状態で到達できるようになった。ただし奥日光までの交通機関はなかった。大正の末期にいろは坂を車が通れるようになる。昭和の初期には湯元まで車輌が進入するようになった。車時代の幕開けである。貸し切りの乗用車だけでなく乗り合いの大型車も現れた。定まった路線上の運行が行われるようになったのである。ただし自動車は観光客には利便そのものだが，地元にとっては課題を残した。車を前提とした地域の整備はされてなく，また運行のルールも未確立であったことから生じるものであった。

　いろは坂を車で登攀できるようになったとはいうものの，車種や時間に制限があった。この不便解消のため昭和7(1932)年馬返から中禅寺入り口の明智平まで登山電車が開設された。明智平から湖畔まではバスの輸送だが冬も運行した。スキー客など冬季の利用者の便は改善された。

　戦後の復興も一段落した昭和29(1954)年にいろは坂が改良された。大型バスの通行ができるようになった。バス時代の到来である。多くの観光客が奥日光を訪れるようになった。それは新規の拠点整備を誘発するものであった。

　昭和40年代中期に乗用車の普及はピークを迎える。マイカーによる旅行が増加した。到達の利便だけでなくドライブの楽しみを求めた。その結果日光では過飽和の状態が出現した。ドライブの需要に応え，かつ過飽和の分散を図るため観光道路の整備が進んだ。

[補注,引用・参考文献]

第3部　交通運輸

第1章　交通機関整備以前
(1) 栃木県立博物館(平成5年):行楽・観光・レジャー(第42回企画展図録),26-27
(2) アーネスト・サトウ(明治8年):A Guide Book to Nikkô, Japan Mail
(3) ERNEST MASON SATOW AND A. G. S. HAWS(1881): A HANDBOOK FOR TRAVELLERS IN CENTRAL & NORTHERN JAPAN: KELLY & Co., 339

第2章　鉄道開設以降
(1) 明治19年度栃木県通常県会日誌仁,明治18(1885)年,50
(2) 前掲(1),168
(3) 保晃会第6回大会記事,明治19年9月
(4) 手嶋潤一(平成18年):日光の風景地計画とその変遷,随想舎,46
(5) 宇都宮ヨリ今市マテ汽車小鉄道敷設願,明治19年6月
(6) 下野新聞,明治23年8月2日～6日
(7) 明治25年栃木県統計書
(8) 明治9年6月　太政官達　第60号
(9) 山下重民(大正元年):日光大観,風俗画報第436号,4
(10) 天皇が父母の喪に服する期間,1年と定められている
(11) 手嶋潤一(平成18年):日光の風景地計画とその変遷,随想舎,169-173
(12) 栃木県(昭和24年):栃木県観光総合計画,3
(13) 第2部　国際観光　第4章　戦中・戦後・経済成長期の日光に見る国際観光,226
(14) 手嶋潤一(平成18年):日光の風景地計画とその変遷,随想舎,170
(15) 日光市(昭和54年):日光市史,下巻,915

第3章　自動車輸送開始以降
(1) 日光市(昭和54年):日光市史,下巻,474
(2) 大正15年の明治工業史編集資料を作成した栃木県内務部土木課の調査で館野技手が「(栃木県における)自動車運転開始ノ時大正3年8月27日,明治年間ニ於ケル自動車運転ナシ」と報告している。文書学事課資料
(3) 金谷眞一(昭和29年):ホテルと共に75年,金谷ホテル株式会社,58
(4) 前掲(1),474
(5) 府県制施行第25回栃木県通常県会々議日誌,156
(6) 前掲(5),167-168
(7) 前掲(3),59

(8) 大正11年9月30日付の県から内務省土木局への報告
(9) 中宮祠登攀道が通る狭い尾根，その先急坂が続く
(10) 栃木県告示第394号，昭和2年8月5日
(11) 日本自動車工業会 (昭和63年)：日本自動車産業史，24
(12) 栃木県訓令甲第14号
(13) 前掲 (3)，57-58
(14) 昭和5年度町会会議録，日光市
(15) 日光市街地は日光山の門前町として発展してきた。神橋以東の大谷川右岸の街道の両側の町を東町，山内西南部の大谷川左岸を東西に走る中禅寺に通じる道路の両側の碁盤の目型の町場を西町という
(16) 昭和13年5月31日付の中宮祠旅館組合長から日光町長への陳情書
(17) 菅沼辰太郎 (昭和9年)：日光の新ハイキングコース，國立公園　昭和9年10月号，21
(18) 「我慢する」の意
(19) 「国民全体が一致し同じ態度をとること」の意
(20) 「忠誠を尽くして国恩に報いる」の意
(21) 昭和12年から国が行った政策で「自分を犠牲にして国に尽くす精神」を推進した運動
(22) 手嶋潤一 (平成18年)：日光の風景地計画とその変遷，随想舎，326
(23) 昭和29年に千家が作成した「有料駐車場計画」に記載されている
(24) 前掲 (17)

第4章　戦後復興からマイカー普及期 (昭和20～45年)

(1) 日光軌道 (株) 第33回営業報告書，5-7
(2) 第5部　風景地計画家の足跡　第3章　千家啓麿，422-424
(3) いろは坂は昭和27年の (旧) 道路整備特別措置法の適用を受けて整備された。旧法による有料道路としては，伊勢神宮道路とともに最も初期のものである
(4) 昭和21年栃木県会会議日誌，52-53
(5) 栃木県 (昭和23年)：交通総合計画，2
(6) 本田善康 (昭和30年)：有料道路「いろは坂」について，國立公園　63・64号，9-11
(7) 前掲 (6)，11
(8) 経済企画庁 (昭和31年)：昭和31年経済白書，11
(9) 手嶋潤一 (平成18年)：日光の風景地計画とその変遷，随想舎，353-359
(10) 道路行政59年版 (全国自動車利用者会議発刊) の自動車保有台数 (29ページ) にある昭和30年と40年の乗用車とバスの合計台数を比較すると12.4倍になる

第5章　マイカー普及以降

(1) 日本道路公団東京第2管理局 (昭和62年)：いろは坂，46
(2) 日光市 (昭和54年)：日光市史下，920-921

(3) 手嶋潤一（平成18年）：日光の風景地計画とその変遷，随想舎，199
(4) 厚生省文書，昭和35年7月19日「日光国立公園の一部新規決定及び廃止」
(5) 京谷昭，国道119号宇都宮〜今市間の桜並木の空間的特徴とその成立過程に関する研究，平成15年度日本造園学会全国大会研究論文集，21
(6) 昭和45年度第129回栃木県議会会議録，169

■第4部■

地元の熱意

日光は資源に恵まれた観光地である。しかしながら資源だけで観光地が成立するものではない。また利便が整っていても，訪れる人がいてもそれだけでは成り立たない。そこには地元の人々の存在が不可欠である。
　「日光を見ずして結構と言うなかれ」と言われた建造物と自然の織りなす風景が多くの観光客を引きつけてきた。一方地元では風景地日光を支えるさまざまな活動が行われてきた。そのモチベーションは日光を誇る気持ちにあった。風景の保護だけでなく観光の取り組みもあった。それらの中で斬新かつ先駆的，対象の層の厚さ範囲の広さなどから見て他に例がない「保晃会の活動」と国立公園誕生の動機と位置づけられる「日光山ヲ大日本帝国公園ト為スノ請願」の二つを取り上げ，それらを分析整理してそこから地元の熱意を見てみる。

第1章　保晃会の活動

　保晃会については，日光市史にも詳しく[1]，また研究事例も多い[2]。その実態は明らかにされていると言ってよい。

　保晃会の会則には「本会ハ日光山祠堂ノ壮観及ヒ名勝ヲ永世ニ保存セン」とある。日光市史はその設立の背景と活動を具体的にまとめている。そこには「明治維新の変革によって幕府の保護を離れたあとの東照宮を支援して社殿を修繕し，また東照宮のほか二荒山神社，満願寺（輪王寺）などの日光の諸堂宇および名勝を保存する目的で，明治初年に設立された。同会の目的を達成するために広く会員を募って資金を集め，これを保晃金と名づけた。保晃金は，はじめ20万円募集の予定であったが，後に40万円に増額された。一方保晃金を集めると同時に，日光町より寄付された山などに植林，田畑を購入して会の財産の確実な増殖を図った。同会の主な事業は，諸堂宇の修理保存と山内道路の改修であり，東照宮石鳥居前から二荒山神社，大猷廟に通じる杉並木道の改修を行った」[3]と記されている。ここでは山内の建造物および名勝の保護を目的に設置された団体とまとめているが，名勝の具体は書かれていない。建造物と自然が渾然一体をなす山内の風致のことであろう。

　ここで見るように，保晃会の活動は保護が目的である。ただし，「観光地日光」の姿を明らかにしようと試みる本書では，観光の視点で保晃会の活動を分析し，その役割と意義を考えてみたい。

第1節　保晃会

　保晃会とその活動を明らかにするため，設立を願う文書および総会での報告ならびに議事録を見てみる。設立を願う文書は内務卿に提出したものである。

そこから保晃会の考え方がよくわかる。総会での報告は設立経緯やそれまでの活動の概況をまとめたものである。議事録は議事の内容が記されている。

第1項　設立までの経緯

保晃会は明治12(1879)年に設立の許可を得た。その経緯について明治16(1883)年6月1日に開催された第3回大会で副会長安生順四郎が報告を行っている（図4-1-1）。

安生は「本会ハ明治八年萌芽シ爾後有志者会合スル数回ニシテ明治十二年七月米国来賓グランド氏登晃ノ際同行ナル伊藤内務卿ニ就キ政府ニ於テ保存法措置アランヘキ請願セントスルニ果サス」と述べている。

ここでは、

①二社一寺の建造物を荒廃から守ろうと発起したのは明治8(1875)年である

②以降同じ思いの者と会合を重ね

③明治12年グランド将軍の登晃の際同道の伊藤博文内務卿に「国による山内

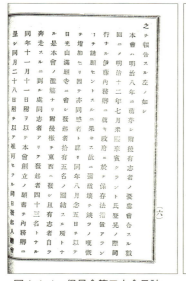

図4-1-1　保晃会第三大会日誌

社寺の保存」を請願したが果たせなかった

と言っている。続いて，8月に有志相計らい保晃会の設立を決心し，11月11日内務卿に42名の発起人連名で設立を願い，11月28日付で認められたと述べている。国がやらないので，やむなく保晃会を作ったと読める。彼らの決心を促したものは何であったのだろうか。内務卿に提出された「日光山神社仏閣保存ノ義ニ付願」から保晃会の考え方を探ってみたい。

第2項　日光に対する認識

「日光山神社仏閣保存ノ義ニ付願」は，「私共承リ候ニ，偉跡ヲ殊世ニ存シ，国光ヲ彼方ニ伝フル者ハ，国士義民ノ景慕スル所，古今ノ通義，万国ノ公論タリト」で始まる。ここでは「（先人の残した）偉大な事跡は国の威光を示すものであり，それを外国へ伝える者は憂国の士・愛国の士として敬慕される，それは昔も今も変わらない，そして世界にも通用する道理である，と聞いている」と言っている。いささか仰々しいが，自らの行為の大義を述べていると見てよい。次いで下記のように続く。

「日光山ハ，山水清秀，東照宮，二荒山神社等アリ。其社宇宏麗無双，世ニ鳴ル既ニ久シク，且東京ニ距ル甚ダ遠カラズ。元避暑ニ便ナリ，故ニ近来，外客ノ来航スル者モ亦，競フテ此勝地ヲ踏ミ，以テ郷国ニ齎ラスノ談柄トス。実ニ皇国ノ美観ニシテ，海外ニ誇輝スベク，所謂殊世ニ存スヘキ偉跡，彼方ヘ伝フベキノ国光ト奉存候。乍然，既往ヲ顧ミ将来ヲ慮リ候ニ，斯ノ如キ勝地ト雖ドモ，社宇ノ多キ，土地ノ狭カラザル，一旦保存忽緒ニ渉ル，破損多方ニ生ジ，修営漸ク容易ナラザルノミナラズ，廃壊座シテ俟ツベク，則チ偉遺ヲ微ニシ，国光ヲ滅ズル実ニ他邦ニ愧ズベキ処，思フテ此ニ至レバ，熱汗背ニ流ルルヲ覚エズ」

ここでは，
①日光は自然が清らかで美しく，建造物は広壮にしてすっきりと整っている
②それゆえ昔から世に知られている
③日本を訪れる外国人は我も我もと日光を訪れる

④彼らは日光の魅力を故郷への土産話に持ち帰る
　　⑤日光の神社仏閣は海外に誇るべき日本を代表する美観であり，日本の威厳を示すものであることは疑いない
と言っている。日光の建造物を国の威光を示すものと捉えている。続いて
　　①建物は多いが土地は狭く，放っておくとあちこちで破損が生じ，次第に補修が困難になる
　　②手をこまねいて破壊が進むに任せているのは，国の威光を減じることになり外国に対しても恥ずかしいことだ
　　③日光の現状を見ると，内心忸怩たるものがある
と書いている。その後に保晃会設立の願文が続く。

　明治日本は殖産興業を国是に掲げ先進諸国に追いつけがモットーであった。外国を賞賛する風潮が強かったと見てよいだろう。そのようななか，日本の伝統文化の体現とも言える日光の建造物を誇り，またその保護の無策を世界に恥じ，それを守ろうと志す自らを国士義民になぞらえるその矜持と気概は小気味好い。

　注目すべきは，外国人に関する記述である。安生は明治8（1875）年に発意したと言っている。翻って第2部を見ると，明治3（1870）年のパークスの登晃以降，訪れる外国人は増えていく。資料に残るだけでも明治6（1873）年には7人，7（1874）年には98人，8年には197人である。夏季に多い。資料がほとんど残っていない明治9（1876）と10（1877）年を見ると前者は15人，後者は8人で全員夏である。ただし，実態は8年の197人と同程度の人数であったと思われる。

　明治8年の発意から12（1879）年の設立願いまでの模索の期間にはすでに外国人が多く訪れていた。発起人は彼らの反応や評価から日光の真価を確認したに違いない。その確認が保護すべきであるという確信を導き，その確信が保晃会の設立の動機になったと見て間違いないだろう。明治12年11月の「日光山神社仏閣保存ノ義ニ付願」には，外国人の姿が具体的に書かれている。この時点から保晃会は日光を世界の中に位置づけて考えるようになったと見てよいだろう。

　以上まとめると保晃会は日光を国の威光を示す日本の誇りと捉えていた。そ

こには外国人の日光に対する評価が影響していると考えられる。

第2節　活動の内容

第1項　全国的な活動

　再び明治16（1883）年の第3回大会での安生の報告を見る。

　そこには「明治14年会旨ヲ全国ニ伝ウル委員トシテ発起人中特選13人ヲ各府県下ニ派出セシメ尤静岡神奈川新潟ノ3県下ハ委員ノ派出俟タスシテ該地方有志者ノ同盟醸金スルモノ無数四国中国九州ノ地方ハ第2回派出トシテ他日ニ譲レリ」とある。ここでは「会の趣旨を伝えるため，発起人の中から委員を全国に派遣した。中国四国九州地方は次回に派遣する」と言っている。その次回の委員派遣は翌15年に行われた。2年をかけて静岡，神奈川，新潟そして沖縄以外のすべての地域を網羅した募金運動が展開されたのである。

　派遣委員の役割は，会員を増やし募金を集めることに尽きる。当然説明の中では「宏麗無双」の神社仏閣は「世界ニ誇ルヘキ皇国ノ美観」であることが強調されたに違いない。「日光を見ずして結構と言うなかれ」の依拠する美観が熱く語られたことであろう。それが全国各地で行われた。美観の周知徹底が全国レベルで行われたと見てよい。見方を変えれば観光宣伝全国キャンペーンとも位置づけられよう。

　明治14（1881）年の全国募金行脚の結果をまとめると表4-1-1となる。

　以前から日光詣はあった。ただし鉄道は整備されていない状況下では自ずと限度があったろう。そのようななか使命感強い発起人が全国を訪れたのである。日光の姿と自らの思いを熱く伝えたことであろう。日光山の図会なども持参したに違いない。ここで初めて日光の具体的情報に触れた人も多かったと見てよい。

　かつて蝦夷地と呼ばれた北海道にも出かけた。日光の情報から遠い場所である。それでも370人の賛同者があった。その名簿の一葉を見てみる（図4-1-2）。

　名簿の右から3行目に「一金壹圓　同縣日高国新冠郡高江村　士族細野善之

表4-1-1　保晃会会員および賛同者数

府県名	人数	府県名	人数	府県名	人数
北海道	370	石川県	30	岡山県	—
青森県	107	福井県	28	広島県	—
岩手県	122	山梨県	11	山口県	—
宮城県	112	長野県	36	徳島県	—
秋田県	70	岐阜県	45	香川県	—
山形県	115	静岡県	35	愛媛県	—
福島県	83	愛知県	33	高知県	—
茨城県	65	三重県	31	福岡県	—
栃木県	—	滋賀県	4	佐賀県	—
群馬県	25	京都府	9	長崎県	—
埼玉県	37	大阪府	14	熊本県	—
千葉県	71	兵庫県	—	大分県	—
東京府	242	奈良県	—	宮城県	—
神奈川県	19	和歌山県	—	鹿児島県	—
新潟県	159	鳥取県	—	沖縄県	—
富山県	—	島根県	—	計	1,873

註：本表は，明示15年1月の日付の「保晃会会員並賛成者姓名概表」から作成．醵金が済んで会員になった人と会員申し込みは済んだが未だ醵金の済んでない人の府県別合計．ただし華族会員と栃木県の会員は除かれている

助」と記されている。同県とは札幌県のことである。新冠郡高江村は現在の新冠郡新冠町の市街地に位置する。そこを住所とする細野善之助が1円の寄付をした。善之助の父は彦根藩士で細野録之助という。明治政府は北海道経営のため，その多くの地域を領地石高の大きい藩や華族などに分領し統治を任せた。札幌県日高国沙流郡が彦根藩に割り当てられた。細野録之助を含む5人の藩士が100有余の彦根の住民を指揮し明治4（1871）年5月に入植した。しかし，8月に廃藩置県が断行されると分領支配地は返上を命じられ，入植者のほぼ全員彦根に戻った。ただし，細野録之助は残った。その後，新冠群高江村に移り新冠川河口付近で魚場の経営に当たるが明治13（1880）年に死亡，その録之助の長子が名簿に記載されている善之助である。録之助が没した翌明治14年に保晃会の発起人が訪れ，募金の勧誘を行った。家督を継いだといえ，弱冠8歳の少年である。事の判断はできなかったであろう。縁戚すらなき地である。事態を説明する人もいなかったに違いない。醵金は東京文京出身の母の判断であろう。

図4-1-2　北海道在住保晃会会員名簿

長ずるに及んで日光の話は聞かされたことであろうが，醵金の時点で日光は知らなかったと見てよい。

　ただし父録之助は日光の情報を持っていたと考えられる。嘉永6(1853)年3月彦根藩主井伊直弼が日光参詣の旅に出た。録之助の親族の1人が騎馬でのお供を仰せつかった。お供は総勢74名であった。3月16日江戸を出発，19から21日まで日光に宿泊した。3泊4日の滞在であった。当然自由な行動が許されたわけではないだろうが，それなりの見聞は可能であったろう。当時録之助は9歳であった。その後折に触れて日光の話を聞かされたと見て間違いないだろう。このように武士階級の人々は，藩主の参詣を通じて日光の様相が伝えられる機会はあったと見てよい。また幕府は日光参詣を早くから許可していたようで庶民の参詣人も多かったという。彼らは土産話を持って帰った。その結果「日光を見ずして結構と言うなかれ」という俚諺は日光を訪れたことのない人の間でも膾炙されたのだろう。ただし，あくまでも伝聞の範囲である。細野善之助の

例は極端かもしれないが，発起人の勧誘を通じて日光の詳細に接した人が多かったのではないだろうか。「日光を見ずして結構と言うなかれ」の実相に初めて触れた人もいたと見てよいだろう。

　保晃会の「会務報告」には，「（明治16（1883）年4月までの全国派出委員の報告によれば）沖縄県ヲ除クノ外全国府県僻遠ノ地ト雖モ巡廻普及スルニ至リ目下会員六千三百十人会員名簿ノ返還ナキ地方アルヤヲ以テ悉計スル由ナシ名簿返還ヲ得通計スル時ハ殆ト八千人ナラン」と記されている。全国隅々，僻遠の地まで巡廻し普及活動を行ったと言っている。明治10年代初期の高江村は「魚舎の各所に点在し人烟稀少の寂莫足る一寒魚浦にすぎず(7)」という状況であった。明治18（1885）年になっても高江村の戸数は10戸であった。高江村の先，静内郡には四国徳島藩稲田家中(8)の入植地があった。稲田家中は分領地返納後もこの地に残り開拓を進めたのである。明治14年には戸数467人，人口2,418人の集落になった。このように集落の形成されている場所もあった。ただし北海道全体は未開発の地であった。当時の様子は明治18年太政官大書記官参事院議官金子堅太郎が北海道各地を巡廻してまとめた意見書(9)の中で描かれている。その冒頭に「故郷墳墓ノ地ヲ去リ運輸通信ノ道未ダ開ケズ往来未ダ通ゼズ風土人情ヲ知ルニ由ナキ北海道荒撫ノ中ニ移住シテ最モ困難ナル農業ニ従事スル者，其初メ誰カ之ヲ心ニ快シトセンヤ」と記されている。ここでは「通信運輸設備も整っていない，風土人情の理解もままならない荒野である」と北海道を描写している。将軍の社参(10)，大名の参詣(11)，一般庶民の日光詣で賑わった日光から見ると「僻遠ノ地」であろう。このような地まで足を運んで勧誘に努めた発起人は，会員はほぼ8,000人になるだろう，と報告しているのである。勧誘の成果であろう。明治19（1886）年には1万1,229名を数えた(12)。

　もちろん勧誘を受けた全員が賛同したわけではない。何十倍か何百倍かはわからないが多くの人に勧誘を行った結果であろう。全国にわたって日光の情報が伝播したと見て間違いないだろう。日光は「見事なる佳景多き霊地なり坂東乃最佳境なるへし(13)」としてすでに知られていた。ただし今回は明治日本が範とした外国の人々も賛美する「海外に誇る宝」である。その評価も含めて社寺の壮

麗さを伝えたと見て間違いない。耳目を集めたことだろう。情報の伝達範囲は広く，またその内容は豊かであったと見てよい。結果的に見ると全国行脚は，日光の風景の秀逸さの伝搬とその周知を進める役割を果たしたと見てよいだろう。

第2項　外国人対象の活動

　前項で見たように日本全国から1万1,000人を超える賛同があった。それだけでなく外国人の賛同者もいた。明治14 (1881) 年発起人の1人がアーネスト・サトウを訪ね外国の「偉跡の保護」活動の事例について尋ねた。その後サトウの紹介で日本駐箚の外交官に勧誘を行い多くの賛同があったことは第2部で述べた。外国人の賛同を得ることができたのはもちろんサトウの協力もあるが保晃会の積極的な姿勢によるところが大きい。それは先に見たレジストリーや外国人の醵金に対する領収書（口絵　図4-1-3）を用意していたことでわかる。[14]

　領収書には，

　「〇〇様より下野国日光山諸堂保存費用としてのご寄付受領いたしました。本会の規則により銀行に預け，補修用の基金に加えます」と印刷されている。

　第2部第2章で見たレジストリーにある勧誘の文章には，日本に居住する外国人だけでなく旅行者にも協力して欲しいと述べている。一期一会とも思える旅行者も勧誘の対象に考えた。山内建造物の壮麗さに自信があり，その訴える力を確信していたのであろう。外国人賛同者を年別国別に整理した資料（図4-1-4）から全体をまとめると表4-1-2になる。

　アーネスト・サトウをはじめ西洋諸国の外交官の醵金は明治14年に行われた。ただしこの資料（図4-1-4）には明治14年の記載がない。理由はわからないが明治14年に行われた外交官16人の募金は明治15 (1882) 年度の総計22人に合算されていると見て間違いないだろう。明治42 (1909) 年度のアメリカの実業団は，明治43 (1910) 年1月と2月に2回に分かれて日光を訪れた総勢691人の観光団のことである。[15]年度で集計したのであろう。生産業に関係する団体の旅行であったようだ。資料には実業団と表記されている。これをまとめて1として

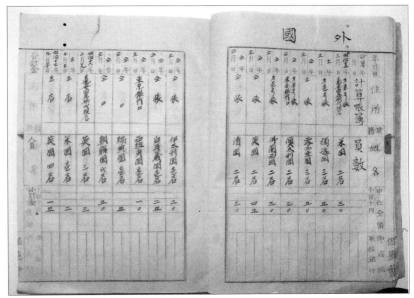

図4-1-4　国別醵金者数綴

計上すると合計269になる。29年間に269人の外国人が保晃会の趣旨に賛同し募金を行った。日光の現地でも勧誘が行われた結果であろう。個々の募金者の詳細はわからないが，外交官，御雇外国人，旅行者とさまざまであった。アメリカ人の団体の募金もあるが個人レベルで見ると英国人が多い。

　明治27(1894)年発刊の『A HANDBOOK FOR TRAVELLERS IN JAPAN』には「Guides are in attendance at the Hotels, and will arrange for the purchase of tickets of admittance to the Mausolea, Additional small charges are made at various points within the building. Membership of the Hokō-kwai, or Nikkō Preservation Society (弗5) confers the permanent privilege of admission to all the temples without further fees」と書いてある。

　ここでは，①ガイドはホテルで雇える，②彼らは霊廟への入場券を購入してくれる，③若干追加すると建物の内部も拝観することができる，④5ドル払って保晃会の会員になると，生涯入場料を払わずにすべての社寺に入場すること

表4-1-2　国別醵金者数

年	アメリカ	ドイツ	ロシア	オーストリア	フランス	英国	清国	ポルトガル
明治15年	2	3	3	2	2	2	2	
16年	1					3		
17年	3			1		4		
18年		1	1		2		2	
19年		1			2	1	1	
20年	4	1	1			4	1	
21年	6				2	6		
22年					2	4		
23年	1	3	1	1	1	12		
24年	3				2	21		
25年	10	4	2		1	12		
26年	3	3			1	23		
27年	1		1			5		
28年	2				1	3		
29年	4					3		
30年	2					3		
31年	1							
32年	1	6	1			1		
33年	1	2				6		
34年	4	1						
35年	4	1				2		
37年	1							
38年	3	1						
39年	2					1		
40年	2						1	
41年						1		
42年	1(実業団)				1		2	
43年	2							
計	64	27	10	4	17	117	9	

註：亜米利加の明治42年の欄にある「実業団」は団体旅行であろうが、人数の記載はないので1で計上

ができる、と言っている。

　しかし、日本駐箚の外交官や御雇外国人を除いては、生涯に何度も参拝することは想定しにくい。自ずと入会者は限られる。

　先に見たように募金の初年は外交官のみであった。ここにはアーネスト・サトウの紹介も大きく影響していると見てよい。しかしそれだけでなく、日光に

タリア	ベルギー	スペイン	スイス	朝鮮	オランダ	ブラジル	オーストラリア	計
1	1	1	1	2				22
								4
								8
				1				7
								6
2								13
								14
					1			7
								19
								26
1								30
							1	31
					2			9
			1					7
			1	2				10
								5
								1
								9
								9
								5
							1	8
								1
								4
1								4
								3
								1
								4
								2
5	1	1	3	5	3	1	1	269

対する敬愛の念を示す行為とも考えられよう。10数年前までは外交交渉の相手であった徳川幕府の創始者の霊廟である。儀礼上の気持ちもあったのかもしれない。

　明治23(1890)年を見ると二社一寺の外国人参拝者1,352名のうち，保晃会への入会者は19名であった。日光がいかに壮麗であろうと旅行先の見聞の場であ

る。入会者が少ないのは当然であろう。しかしそこには，明治19（1886）年にヘンリー・アダムス[17]，ラファージ[18]，フェノロサ[19]，ビゲロー[20]，明治23（1890）年にコンノート殿下[21]といった著名人の名がある。「国の光」の保護という保晃会の趣旨に賛同したのであろう。世界的な遺産と見ていたのかもしれない。一般の旅行者もそうではあろうが，特に募金を行った人々は，「国の光」日光を詳細に故国に伝えたと見て間違いないだろう。募金は日光の周知を進めたと見てよい。

第3節　本章のまとめ

　後に山内は日光国立公園山内特別保護地区に指定される。国の制度で保護が図られた。保晃会の志から70年後である。この間明治44（1911）年の「日光山ヲ大日本帝国公園ト為スノ請願」[22]，大正3（1914）年の「日光一帯の山水風景利用策」[23]，大正4（1915）年の「栃木県名勝地経営委員会」[24]，昭和15（1940）年の「日光國立公園一般計画」[25]など日光の風景保護を取り上げた請願，計画，検討が続く。それらに先立つ保晃会の活動は日光で初めての風景保護の実践でありその歴史的意義は大きい。それだけでなく，全国各地に出向いての勧誘と外国人に対する勧誘の二つを通じて内外に日光の周知を図ったことに意義がある。保晃会は「国の光」の保護システムを構築しただけでなく，日光に対する認知認識を広め，その「山水清秀，社宇宏麗無双」の評価の浸透を図る役割を果たしたと言えよう。

第2章　国立公園設置運動

　前章では，日光の風景保護の胚胎とも見ることができる保晃会を見てきた。本章では，明治44（1911）年に日光町長から提出された「日光山ヲ大日本帝國公園ト為スノ請願」およびそれに続く一連の請願並びにそれらに関連する資料を通じて地元の熱意を見ていきたい。

第1節　当時の日光

　まず「日光山ヲ大日本帝國公園ト為スノ請願」の背景となる明治35（1902）年の降雨災害の実態と栃木県と日光町の災害に対する取り組みからそれぞれの日光に対する考え方を探ってみる。

第1項　明治35年の降雨災害

　明治35年9月秋雨前線による雨が続いたところヘルソン島沖で発生した低気圧が前線を刺激し雨量が増えた。加えて，台風が東京湾から新潟へ抜ける形で日本を襲い28日足尾近くを通過した。24時間の足尾の雨量は262mmであったという。地形急峻の地日光の被害は大きく，特に河川の増水による被害は甚大であった。

　日光市史にはその状況が詳細に記されている。その主なものは，

①各河川の橋梁流出し日光から湯元までの間残っているのは中禅寺湖の大尻橋だけである。神橋も隣の仮橋も流出し，下流の護岸も崩壊した。大谷川以西は孤立した

②山内では，東照宮境内の石垣崩壊し西廊下倒壊，日枝神社不動堂倒壊，含満淵石像流出，等の被害が出た

③中宮祠二荒山中腹から幅18m長さ4kmにわたり土砂崩れが発生し，二荒山神社に被害を与え，妙見堂および観音堂を倒壊し，日光尋常高等小学校中宮祠分教場を押し流した。ほかに流失全壊家屋が多数あった

　以上が明治35年の降雨災害の概要だが，以降もほとんど毎年のように大谷川の水害は続いた，という。

第2項　日光に対する認識

　保晃会は「国の光」と誇ったが，日光の自然は苛酷で災害が多かったのである。その日光に対して県や町はどのような考えを持っていたか，それを見てみる。

　災害の復旧については当然ながら県も重大な関心を寄せた。第1部観光行政でも見たが，明治39（1906）年の県議会では大谷川・稲荷川とそこに架かる橋梁の復旧を内務大臣に願った意見書(1)が採択された。要約すると，

　①日光は山水明媚の地である
　②幕府は財力を尽くして人工の美を加えた
　③その結果，日光は東洋一の風景地と言われるようになった

と述べ，次いで，

　④明治以降国は何もしていない，古社寺保存法を設けて建物の一部を保護しているにすぎない
　⑤風景全体は，荒廃に任せているとしか思えない

と続く。その後に，

　⑥治水や治山工事に県が負担するのは承知しているが，日光は国家が経営すべきで県の力では一時姑息的な補修しかできない
　⑦河川や道路橋梁などは徳川時代と同様に国費で経営して欲しい

と意見を述べている。

　当時も災害の復旧には国庫補助の制度はあった。しかし，県の財源に限度があるので一時姑息的な対応しか出来ないと言っている。

　ここでは日光を「東洋一の風景地」と表現している。国を代表するのではなく

東洋を代表すると捉えている。一地方だけで経営するにはあまりにもその質は高く規模も大きい。だから国で経営してくれという文脈である。ただし，災害という緊急の時だけでなく，通常時にも国による経営を望んでいたと見て間違いないだろう。県議会の意見ではあるが，県全体としても同様の考え方であったに違いない。

以上が県の考え方だが，日光町ではどのようであったろうか。

先にも触れたが明治35年以降も水害が続いた。明治40（1907）年1月に日光町長から知事あてに嘆願書が(2)，提出される。要約すると，

① 県も町も大谷川稲荷川両河川や道路橋梁の災害についてはすぐさま対応してきた
② 完全な復旧工事に必要な経費は県と町の力を超える規模なのでこれまで応急的な工事しかできなかった
③ 徐々に荒廃が進んだ。このままでは県や町のみならず日本国の面目保持にも影響する
④ 手を加えれば，小京都と呼ばれることも可能だし，スイスに恥じぬ世界の楽園にもなれる
⑤ 日光の風景を保全するため，河川・道路の災害復旧を国費で対応するよう取り計らって欲しい

と嘆願している。

前述した県議会の意見書と目的は同じだが④の記述は興味深い。ここでは，歴史的建造物の存する地ということで京都を引用したと見てよい。小京都と位置づけているのは，社寺建造物の数の違いによるのであろう。山岳風景地スイスとの比較は目新しい。保晃会も県議会も「美観」と言っていた。ここでは「世界の楽園」と言っている。風景も環境も豊かで快適に過ごすことができるということであろう。日光町長の嘆願書からはこれまでの「国の光」といったナショナリズムや「日光詣」にある参拝とは異なり，「滞在を楽しむ場所」というコンセプトを感じ取ることができる。第2部でも触れたが，嘆願書が出された明治40年当時は中禅寺も日光市街も外国人の避暑地として定着していた。

第2節　日光山ヲ帝國公園ト為スノ請願

明治43（1910）年日光町長に就任した西山真平[3]は，翌明治44（1911）年帝国議会に請願を行う。請願名は「日光山ヲ帝國公園ト為スノ請願」であった。本文が残っているかどうかはわからないが，日光市に副本（図4-2-1）が残っているのでそれを見てみる。

前段には日光山の由来と現状が書かれ，後段では国営の公園にして欲しいという請願とその理由が述べられている。それを詳しく見てみる。まず前段では，

①多くの皇族殿下が毎年避暑のため来晃する
②日本駐箚の各国外交官や内外の貴顕紳士も避暑のため奥日光を訪れる
③一方春秋の行楽シーズンには日本人も外国人も団体で訪れている

と現状を分析し，「一大勝地ノミナラス東洋ノ公園又ハ世界ノ公園ト目セラレ」

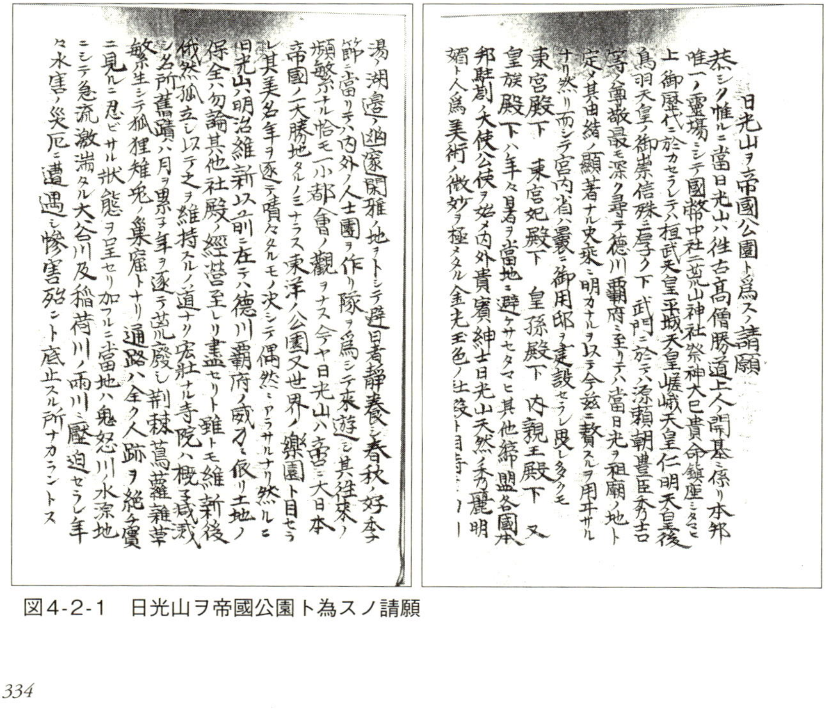

図4-2-1　日光山ヲ帝國公園ト為スノ請願

と結論づけている。日光は世界の公園と評価されていると言っている。そして，維新後徳川幕府の庇護を離れたので，建物や名所旧跡だけでなく通路も荒れ果てている，と現状を述べている。

後段では，
①毎年水害を受けている
②地元も復興に努力はしているが成果はない
②町も努力しているが，県費の補助だけではとても足りない
と水害の状況を述べ，その後このまま放っておけば，
③日光の不幸だけでなく，日本の面目が立たない
④加えて明治50年に大博覧が予定されている今，日光を欧米に遜色ない公園に仕上げることはまさに時宜を得ている
と意見陳述し，国による経営を願っている。

　西山は，「日光山ヲ帝國公園ト為シ欧米ニ於ケル公園ニ遜色ナカラシムル」と言っている。「日光山ヲ大日本帝國公園ト為ス」は，現に多くの人が参集しその風景を楽しんでいる日光を，国が経営管理する公園にして欲しいと言っていると見て間違いない。「欧米ニ於ケル公園ニ遜色ナカラシムル」は，興味深い。先に見た明治40(1907)年の日光町長の請願書には，世界の楽園はあったが，公園はなかった。西山が，「欧米ニ於ケル公園」にどんなイメージを持っていたかはわからない。しかし，公園は風景観賞や野外休養の視点で風景地を評価し，意図的に施策を行う対象である。名勝地や遊覧地とは異なる概念のものである。つまり，西山は，単に人が参集して風景を楽しむことができる場所ではなく，風景を楽しむため国が整備管理するエリアとして帝国公園を位置づけていた。保晃会も先の日光町長の陳情も建造物や河川道路という単一の対象を取り上げていた。明確には言ってないが，西山の請願にある帝国公園は山内の建造物や河川道路のみならず中宮祠や湯元も含んでいると見てよい。建造物の補修や災害の復旧を含んではいるがそれらを一体として公園としてくれと望んでいる[4]。ただし，西山には公園の具体的イメージはなかったようだ。というよりもまず国が管理経営する制度の確立が重要であって，公園の具体的内容はその次に来

ると考えたのだろう。それゆえ，ここには帝国公園の具体的内容は書かれていない。しかし日光全域を取り上げた初めての計画であり，そこにある世界的な風景は国が公園として経営すべきであるという提案は国立公園の概念形成の濫觴と位置づけられよう。後年，国立公園の父と敬称される田村剛が，著書『國立公園講話』[5]で，この西山の請願と大正9（1920）年の「明治記念大公園設置ノ請願」[6]の二つが，国立公園を検討する動機になったと述べている。

　昭和6（1931）年国立公園制度が成立した。日光は，昭和9（1934）年指定を受け，その後整備が進む。観光地として充実を見たのである。西山の請願は観光地日光が充実してゆく遠因の一つと見ることができる。

第3節　その他の請願

　国立公園は昭和の時代になって実現した。それまでの間地元日光では西山と同じ趣旨の請願が考えられていたようである。実際に請願が行われたかどうかはわからないが，日光市にはそれぞれ年月日が異なる請願文の副本と見られるものが残っている。表題はいずれも，日光を帝国公園にして欲しいというものであった。請願の目的は同じだが，記載内容には差異がある。請願時点での状況や町当局の考えによるのであろう。それらを見てみる（表4-2-1）。

　明治45（1912）年1月の日付の文書は，前年同様西山の名前でまとめられたものだが公園の具体的内容が記されている。①では建造物の修復は10年計画を希望している。荒廃の激しさを思わせる一文である。②は日光までは汽車，日光と馬返の中間までは電車の便があったが，その奥は不便であったからであろう，③と併せて読めば奥日光への誘客を期待していたことがわかる。④は景勝地ではあるがそれを楽しむための整備がされていないと述べているのだろう。これらを解決するために国の公園にして欲しいと言っている。

　大正3（1914）年2月付の陳情文は，より具体的である。①の観光団は明治43（1910）年に総勢693名訪れたアメリカの観光団のことであろう。②以降は，日光の現実を述べている。それらは外国人観光客の行動，名所旧跡の荒廃，避暑

表4-2-1　請願副本一覧

年月日	請願名	請願者	宛先	記載内容（要約）
明治45年1月	日光山ヲ帝國公園ト為スノ請願	日光町長西山真平	貴族院議長公爵徳川家達	①10年で社堂名所旧跡修理 ②交通機関の整備 ③中宮祠および湯元の景観保全 ④内外各国人が利用する遊覧所整備 以上により帝国公園としての名声が上がるのは明白
大正3年2月	日光山ヲ帝國公園ト為スノ請願	記載無	貴族院議長公爵徳川家達衆議院議長大岡育三	①外国の貴顕紳士，観光団年々増加 ②彼らの行動はまず二社一寺，次いで風景探勝だが名所旧跡は荒廃 ③夏期の避暑以外は1ないし2日の滞在 ④中禅寺湯元への交通機関未整備 ⑤清遊を楽しむ施設少ない 以上満足した滞在を提供できる状況になし，また国賓貴賓が泊まるにふさわしい施設もない今の状況では日本の恥である
大正6年1月	日光山ヲ帝國公園ト為スノ請願	日光町長氏名無記載	内閣総理大臣伯爵寺内正毅内務大臣男爵後藤新平	①昨年登見外国人は2万人を超えたが ②交通機関未整備，道路の荒廃未修復ゆえに絶景佳景の地も人が訪れていない開発し復興を進めることは外国人のみならず日本人のためでもある
大正6年12月	日光山ヲ帝國公園ト為スノ請願	日光町長石井信敬	無記載	①国が経営し帝国の美観を永久に保全すべき ②国家的かつ世界的遊園の地である，中禅寺湖畔の外国人別荘がそれを証明している
大正7年2月	日光山ヲ帝國公園ト為スノ請願	日光町長石井信敬	内務大臣男爵後藤新平	上記と同内容
大正11年2月	日光山ヲ帝國公園ト為スノ請願	日光・足尾・鹿沼・今市各町長	衆議院議長奥繁三郎	上記と同内容

客の滞在状況，奥日光への交通機関の未整備，清遊を楽しむ施設の欠落である。要するに受け入れ態勢が未整備と言っているのである。これまでの請願文は山内建造物の補修や災害の復旧が中心であった。対してこの請願文からは観光の視点を強く感じ取ることができる。前年の大正2（1913）年に日光電気軌道が馬返まで延びた。汽車から電車への乗り継ぎはあるが東京から奥日光入り口

まで直結したのである。観光振興の期待が高まったと見て間違いないだろう。
　大正6(1917)年1月の請願文は、大正3年と同様と見てよいが、ここでは交通機関未整備かつ道路未修理なので、絶景佳景の地も人が訪れていないと言っている。この時期奥日光までの交通手段は徒歩、人力車もしくは駕篭であった。①の大正5(1916)年に外国人登晃者が2万人を超えたという記述は興味深い。日帰りは想定しにくい。大方は宿泊者であろう。この年のデータはないが明治45年の外国人の宿泊者数はわかる。1万9,248人[7]であった。日本人の宿泊者は15万8,533人である。宿泊者数だけ比べると11パーセントが外国人になる。西洋人と見てよいだろう。ちなみに昭和61(1986)年の外国人宿泊者数は2万1,000人であった。戦争と占領下を除けば明治末から昭和末までの外国人の宿泊数には大きな差はないと見てよいだろう。
　大正6年12月の請願文は、これまでのものをまとめた感があるが、ここでは世界的な遊園の地の証しとして中禅寺湖畔の外国人別荘群を挙げている。

第4節　本章のまとめ

　先にも述べたがこれら請願文は実際に提出されたかどうかはわからない。ただし、日光では大正7(1918)年まで請願を考えていたと見てよい。内務省が国立公園を構想し、その具体化に向けて実地調査を行うのは大正10(1921)年からである。日光は同年9月に内務省嘱託田村剛が調査を行っている。12月の県議会でこの調査が取り上げられた。「国立公園の調査の結果は如何であったか」との質問に県当局は、「其技師の意見としても勿論発表致しませぬものでありますが、決して本県の国立公園が見込みがないと云うようなことは云っておりませぬので、唯希望と致しましては尚十分宿屋の施設とか遊戯場の設備とか、相当それに対する所の観客を引くとか外人を誘致する、快く此方に杖を曳かせるような設備に就いても相当の考慮をしたらどうかと云うような事も述べていかれて」と答弁している[8]。
　田村の言葉を援用したこの答弁からは、国立公園には宿屋や遊戯場などの施

設が必要であり，また外人誘致も視野に入れたものだと読むことができる。これまでの請願文と同様の趣旨と言えよう。これら一連の請願文に見る日光町の考え方は，国の国立公園の発想を先取りするものと見てよいだろう。

第3章　地元の熱意のまとめ

　地元の熱意を体現する出来事として保晃会の活動，そして西山町長の請願とそれに続く請願文を見てきた。

　保晃会の活動は日光で初めての風景保護の実践でありその歴史的意義は大きい。それだけでなく，全国各地に出向いての勧誘と外国人に対する勧誘の二つを通じて内外に日光の周知を図ったことに意義がある。保晃会は「国の光」の保護システムを構築しただけでなく，日光に対する認知認識を広め，その「山水清秀，社宇宏麗無双」の評価の浸透を図る役割を果たしたと言えよう。

　もう一方の請願だが，実際に行われた西山町長の請願は国立公園検討の動機になったという歴史的意味を持つ。西山町長と同じ趣旨の以降の請願文は地元の持続する熱意の表れである。これらの熱意の背後にはいずれも日光の風景に対する自信と誇りがある。そしてその自信は訪れる外国人によってより確かになった。

［補注，引用・参考文献］

第4部　地元の熱意

第1章　保晃会の活動
　(1) 日光市（昭和54年）：日光市史下巻，285-307
　(2) ①永嶋正信（平成元年）：日光地域の野外レクリエーション利用の変遷に関する研究，（財）東京農業大学出版会，48-49
　　　②福田知美（平成7年）：日光避暑地物語，平凡社，44-66
　(3) 前掲(1)，103-104
　(4) 当時北海道は函館県，札幌県，釧路県の三つの県に分割されていた
　(5) 田沼町（昭和58）：田沼町史，第4巻資料編3近世，95
　(6) 日光街道ルネッサンス21推進委員会（平成15年）：栃木の日光街道，261～269

(7) 新冠町（平成8年）：続新冠町史，210
(8) 稲田家1万4,000石は徳島藩洲本城城代の家柄である。主家である徳島蜂須賀家とさまざまな確執があった。明治3年の庚午事変の始末として北海道静内と色丹島へ移住開拓を命じられた
(9) 門別町（昭和36年）：門別町史，379-381
(10) 将軍が東照宮や大猷院に参拝すること
(11) 大名が東照宮や大猷院にお参りに行くこと
(12) 別格官幣社東照宮社務所（昭和2年）：東照宮史，412
(13) 貝原益軒（正徳4年）：日光名勝記，柳枝軒，12
(14) 第2部　国際観光　第2章　避暑地中禅寺が外国人に認知・認識されてゆく過程，176
(15) 永嶋正信：日光地域の野外レクリエーション利用の変遷に関する研究，東京農業大学出版会（平成元年），76-77
(16) 手嶋潤一（平成18年）：日光の風景地計画のその変遷，随想舎，46
(17) アメリカ合衆国の作家，ピューリッツァー賞受賞者
(18) John LaFageアメリカ合衆国の画家，日本美術論，日本滞在記を著す。アメリカにおけるジャポニズムの火付け役
(19) アーネスト・フェノロサ，米国の東洋美術家，御雇外国人東京大学教師
(20) ウイリアム・スターゲス・ビゲロー，米国の医師，日本美術の研究家・収集家，仏教研究家
(21) Prince Arther, Duke of Connaugt and Stratheam，英国の王族，後のカナダ総督
(22) 前掲(16)，54-63
(23) 前掲(16)，69-87
(24) 前掲(16)，88-94
(25) 前掲(16)，214-230

第2章　国立公園設置運動

(1) 明治39年度栃木県通常県会会議日誌，151-152
(2) 明治40年1月30日付の日光町長藤沼傳郎から栃木県知事中山己代蔵あての請願書
(3) 明治11年元老院書記官，24年貴族院書記官，日光駅馬返間の電気軌道敷設に努力，明治43年日光町長
(4) 手嶋潤一（平成18年）：日光の風景地計画とその変遷，随想舎，56-57
(5) 田村剛（昭和23年）：國立公園講話，明治書院，49
(6) 富士山を国立公園にしてほしいという請願
(7) 山下重民（大正元年）：日光大観，東陽堂，5-6
(8) 大正10年県議会議事録，362-363

■ 第 5 部 ■

風景地計画家の足跡
日光を舞台に活躍した風景地計画家の系譜

観光地を構成するさまざまな要素の中では風景が最も重要であろう。風景なくして観光地は成立しない。風景は時に連れ移ろう。そこでは一期一会の感動や共感そして満足が生まれる。そのためにはさまざまなサービスが必要となる。それゆえに生業も成り立つ。それらサービスの役割は「感動と満足」のサポートと言ってよい。地元の生業の集合体である観光産業は「心の満足」の提供を目的に置くと見ることができる。現地では，これらサービスも含めて魅力の保護や利便の向上を図る施策が検討され，そして事業が実施されてきた。

　魅力の維持向上のためには風景の保全と開発の技術が不可欠である。優れた風景地計画家たちがその卓越した業績を日光に残している。観光への理解や風景の保全開発の技術，そしてそれらを支える制度も整っている現時点から見ると「過去の事例」として位置づけられるだけかもしれない。しかし，理解も制度も乏しい状況でありながら観光やレクリエーションを介して感動や自己充実，地域振興，国際観光を達成するため努力した人々である。風景を開発し観光を振興して国民生活の充実を図ろうとした「志高き人々」である。「風景に帰属する人々」と言ってよい。栃木県ではこれら「志高き人々」の業績を踏まえて観光や風景の計画設計技術が磨かれ今に伝えられた。風景保護や観光開発の優れた技術が伝統となったのである。

　第1部の観光行政で見たが，最近では小田代原への自家用車乗り入れ規制と低公害バス運行，散策休憩・風景観賞・親水などの空間を整えた中禅寺湖畔の事業，湖畔の風景に刻まれた外国人避暑生活とその歴史の発掘公開などの事業が具体化されている。その背景には，これら先輩諸氏の業績に基を置きながら，その後の経験を通じて磨かれた計画設計の思想と技術があった。

　これからの「観光地日光」を考えるうえでもこれら「志高き人々」の業績への理解は不可欠である。それらを再確認しておきたい。ここでは3人の風景地計画家を取り上げる。観光の手法が未確立であった大正初期に日光の観光計画を練り上げた本多静六，日光国立公園誕生の中心人物である田村剛，戦後復興・経済振興の手段として観光を県の行政に位置づけた千家啓麿の3人である。

第1章　本多靜六

　第1部で見てきたが，明治期の日光では，いろは坂の改良などの利便を図る施策だけでなく，観光関連業の適正営業，享楽環境の排除，風致の維持といった聖地日光の品位を保つ施策が取り上げられてきた。それらは案内業取締規則，駕籠昇取締規則，芸妓営業者の居住禁止，広告物取締規則である。また民間では鉄道による到達利便の改善も計られた。ただしいずれも対症療法的な単発の事業で，観光地日光全体のあるべき姿を示したものではない。

　大正2(1913)年に日光電気軌道が馬返まで延伸された。奥日光への到達性はさらなる改善を見た。この年日光町を擁する上都賀の郡長は，「(日光の)地元は観光客を呼び込むための施設の計画を検討中である」と県に報告している。地元でも観光計画をつくろうという機運が生まれた。ただし成案とはならなかったようである。翌大正3(1914)年2月には知事が国際観光の計画をまとめた。外貨獲得が目的であった。塩原と日光を一体的に開発する内容だが，整備すべき施設の名称と計画地名が載っているだけで構想と呼ぶべき内容であった。

　同年6月本多靜六が「日光一帯の山水風景利用策」をまとめた。風景の保護と利用が中心課題だが，観光に基軸を置いた計画である。本多靜六は，東京帝国大学の教授で「公園の父」と敬称される公園設計の第一人者である。北海道大沼公園，松島公園，厳島，箱根，明治神宮など多くの公園の設計を手がけた。本多は日光東照宮300年記念事業の神苑の設計を依頼され日光を訪れた。その折に独自に調査を行い「日光一帯の山水風景利用策」をまとめたと言っている。その理由について，まず「スイス，オーストリア，ドイツ，フランス，イタリアでは，国民が自然の中で楽しく時間を過ごしている。それだけでなく自然の風景の利用開発を進めた結果海外からの観光客が訪れ利益を上げている。それを見て私は日本では，まず日光と箱根を第一に開発すべきだと考えた。その後関

係者とは話をしているが未だ実行される機運にまで至ってない」と言っている。日光と箱根を取り上げている。外国人を誘致することができる資源性の高さを評価したからであろう。保晃会の「世界ニ誇ルベキ皇国ノ美観」と通じるものがある。ただし，保晃会は「皇国ノ美観」の保護であったが，この本多の記述を見るかぎりでは，「皇国ノ美観」の利用である。スタンスが異なるように見える。しかし，「日光一帯の山水風景利用策」を読み進めるとわかるが，利用と同時に保護がある。その保護の手法も具体的に書かれている。

続いて「松島は整備が終わり，厳島や箱根も計画が完了した。それにもかかわらず本来一番に利用されなければならない日光が遅れてしまった。大変遺憾に思い今回の機会を捉え，本案を作成した」(12)と述べている。本多はまず日光が多くの人に利用されるべきであると考えていた。その魅力を高く評価したからであろう。

本多が考える利用策を見てみる。

第1節　日光一帯の山水風景利用策

　本多は，大正3(1914)年5月から6月にかけての数日間日光の調査を行い最終日の6月23日に3時間ほどの講演を行った。その講演録が『日光一帯の山水風景利用策』(B5判30ページ)(図5-1-1)である。

第1項　全体の構成
講演録は下記の目次ごとに整理されている。

　　総論
　第1　日光廟及び神苑付近
　第2　日光，中禅寺間(裏見滝を含む)
　第3　中禅寺付近
　第4　菖蒲ケ浜湯本間付釣堀
　第5　湯本付近

図5-1-1　日光一帯の山水風景利用策

　　第6　乗合自動車並びに回遊汽船会社
　　第7　霧降滝及び外山
　　第8　日光の案内料の改定
　　第9　日光町の娯楽場
　　第10　日光一帯の保勝会
　　第11　雑

　第1から第5および第7並びに第9は地区ごとの整備計画，第6は交通計画，8，10，11は観光地「日光」の経営計画である。

第2項　地区の整備計画

　本多の講演録の標題は『日光一帯の山水風景利用策』である。風景の利用方策の提案と読める。利用の充実を図るための魅力や利便の向上策を内容とした計画のように見える。ただし，ここでは保護も主題の一つに取り上げられている。

利用と同時に保護がある。地区ごとの主要な計画を保護と利用の観点から整理すると，表5-1-1となる

保護計画の対象は観賞対象資源，視対象，場の風致の三つに整理される。一つ目の観賞対象資源では，まず二社一寺の修繕を挙げている。「日光を見ずして結構と言うなかれ」が依拠する建造物の壮麗さの保護である。明治32（1899）年に県の日光社寺大修繕事務所が設置されたが修繕は十分でなかったのかもしれない。次からが個別の地点の計画だが，当時は明治35（1902）年の水害の爪あとがまだ残っていた。霊比閣・化地蔵は含満淵にあった休憩舎と地蔵群の復元，裏見の滝は水害で破壊された滝口を復元しようとするものである。それと同時

表5-1-1　日光一帯の山水風景利用策の内容

計画対象	保護					利用					計画意図
	観賞対象資源			視対象	場の風致	魅力向上				利便性向上	
手法	保全		魅力向上	保全	保全	風景観賞の充実	興味対象の充実			施設の充実	利便の充実	手法
	原状回復	現状保全	現状改良	原状回復	現状保全							
計画内容	工作物修繕（二社一寺）／工作物復元・霊比閣・化地蔵／河川復旧（大谷川）／滝口復元（裏見滝）	後継樹植栽（杉並木）／保安林指定（裏見滝周辺）	人為的加工（竜頭滝）	緑化（鳴虫山の崩壊地）	神橋以奥工作物設置・森林施業規制／中宮祠菖蒲ヶ浜間の湖畔建築規制	風景観賞施設（展望台・遊覧船）	怡楽施設（競馬場・自転車競争場）／娯楽施設（ドンチャン場・釣堀）／野外スポーツ施設（テニスコート・運動場）／集客施設（鹿園・植物園・果樹園・花卉園）			交通運輸施設（車道・歩道）	施設種及施設

に周辺の森林を保安林に指定し滝景観の保全を図っている。大谷川は河川景観の原状回復，また後継樹植栽は杉並木の現状を保全するものである。このようにさまざまな手法で観賞対象資源の保護を取り上げている。それだけでなく竜頭滝の魅力向上を図るため水流を変え大岩に奔流させて大瀑布に見せようとしている。そのために「自然風に」と説明はされているが，人工を加えることを提案している。

二つ目の視対象だが，大谷川を挟んで山内の対岸に位置する鳴虫山の崩壊地の緑化を取り上げている。山内から見晴らす対岸の風景の原状回復であろう。

これまでは個別の風景の保護である。最後に日光一帯の場の風致を保護するため建築や森林施業などの行為の規制を提案している。

利用の計画は，魅力向上と利便性向上に整理される。

まず魅力向上だが，滝見や眺望の地点に展望台や休憩舎などの展望施設を落とし，また湖上からの展望を楽しむために遊覧船を配置して風景観賞の充実を図っている。それだけでなく興味対象となる怡楽や娯楽そして野外運動の施設を配し，さらに集客のためのさまざまな施設を取り上げ魅力向上を図っている。

次に利便性向上だが，ここでは車道と歩道が取り上げられている。計画地は山内および霧降である。山内の車道は二社一寺境内地区回遊道路並びに地区外周を廻る道路および境内回遊道路を連絡する車道と興味地点を結ぶ歩道を配置している（第1部第1章28ページ，図1-2-2）。霧降は滝見地点までの歩道である。

以上を見ると，風景の利用策と言ってはいるが保護と利用の双方を提案している。「利用」という概念の中に「保護」が入っていると見てよい。保護と利用を一体的に考えていたのであろう。ここでは後の国立公園思想の萌芽を見ることができる。

第3項　交通運輸計画

第3部で見たが，大正15（1926）年に県がまとめた「明治工業史編纂資料」には大正3（1914）年8月27日が県内で初めて自動車が走行した日と記載されてい

る。それによると『日光一帯の山水風景利用策』がまとめられた時点では県内での自動車走行の実績はない。道路も自動車を想定しての整備はされていなかった。

　そのような状況の中で，馬返湯元間の乗合自動車事業を提案している。馬返までは日光電気軌道がある。その先である。当然道路も整備しなければならない。本多のアイデアは，県もしくは民間会社が道路を整備し，そこでの運輸事業を一定期間特定の会社に独占させるというものであった。通行料金を徴収して道路建設費を償還しようというアイデアである。有料道路と言ってよい。

　「日光遊覧は自動車に頼るべき」と考えていた本多は自動車事業については，「極めて大略のもの」と断りを入れてはいるが事業化の検討も行っている。資本金15万円で会社を設立し，道路の整備を行う。10人乗り自動車12台を購入し，馬返から湯元間で運輸事業を行う。会社の名称は「日光自動車会社」であった。

第4項　風景地管理

　本多は，保勝会の設置を提案している。具体的には，「（技術者に嘱託し）風景設備に関することは一切其専門技術員の立案により本会の議決を経て実行すること」と述べ，その具体的内容を下記のようにまとめている。

①建築条例をつくり日光橋（神橋の隣の橋）以奥の一切の建物は建築委員の許可と指揮を受ける
②道路並びに風景に影響のある樹木の植伐手入れも技術員の許可と指揮を受ける
③技術員は毎年1回以上日光一帯を巡視し意見を述べる

　保勝会を設置し，専門的技術員を置く，風景に関する事柄は技術員が立案し，それを保勝会で議決する。また保勝会の委員および技術員には許可と指揮の権限を与え風景の管理を担当させる，と提案しているのである。ここでは，国立公園の許認可制度の萌芽を見ることができる。

第2節 『日光一帯の山水風景利用策』が日光に与えた影響

　『日光一帯の山水風景利用策』をまとめた本多は，大正3(1914)年6月23日日光で3時間ほどの講演を行った。出席者は，日光町助役，警察署長，小学校校長，二社一寺関係者など町の有志50余名，他に県庁から担当の属官，新聞記者4名が参加した。町の有志50余名の中にはホテルや旅館の経営者そして日光電気軌道（株）などの事業者も名を連ねていたことであろう。町や県，地元の有志は直接本多の考えに触れることができたのである。公園設計の権威の話として地元に浸透したと見て間違いないだろう。

　翌大正4(1915)年には含満淵の復旧，大正5(1916)年には霧降道路開設，裏見滝口復旧が町の事業で実施された。[13]地元は本多提案を実行した。このような速やかな対応は，観光振興に対する熱意の証左と見てよい。本多の講演が地元の熱意を喚起したのだろう。

　大正5年に日光自動車（株）が設立された。社長は金谷ホテル社長金谷真一である。民間人の出席者の記録は残っていないので金谷が本多の講演会に出席したかどうかはわからない。しかしながら金谷の地位や立場を考えると聴講したと見るのが自然であろう。聴講していなかったにしろ，「日光遊覧は自動車に頼るべき」という本多の考えは伝えられたと見て間違いないだろう。本多はシンガポールの事例を引いて自動車事業の可能性を述べている。説得力ある話として伝わったに違いない。講演が金谷の自動車会社設立にどのような影響を与えたかは明らかではない。本多が講演で例示した自動車会社の名称は「日光自動車会社」であった。金谷の「日光自動車株式会社」と同名と言ってよい。日光では誰が命名しても同様の名称になるのかもしれない。しかし，偶然を証明する資料も見当たらない。

　金谷真一の著書『ホテルと共に七拾五年』には自動車会社設立の経緯が書かれている。そこには，

　①大正3(1914)年8月のある日所用で横浜を訪れた時中古のフォードを1台購入した

②日光に運び客の送迎や日光付近の見物用に使った
　③結果がよかったのでさらに2台購入し自動車営業を始めた
と言っている。そして自動車は時代の要求に合致していたと、本多と同様の考えを述べている。フォードを購入した大正3年8月は本多の講演から2か月後である。まだ記憶に新しいと言ってよいだろう。講演が自動車の購入を促したと推断するには資料不足である。とはいうもののいかにもタイムリーである。影響があったのではないかと推量したくなる。
　またこの本には気になる記述もある。「当時日光に来る客の車をいたずらして運転の基礎知識は身につけていた」と金谷は書いている。フォード購入の8月以前に日光へ車で来る客がいた、と言っているのである。前述の「明治工業史編纂資料」にある大正3年8月27日が県内で初めて車が走行した日と矛盾する。しかしながら「明治工業史編纂資料」は国の『明治工業史』編集のために県が調査した資料である。その性格から見て、外来の車ではなく県内で所有する車が初めて走行した日を記載してあると理解するのが順当なのかもしれない。
　その後の経緯を見ると、大正14(1925)から15(1926)年にかけて日光自動車(株)から工事費の寄付があり馬返湯元間道路の狭隘部分が改良され自動車の走行が可能となり、同社が自動車事業を開始した。[14] 本多提案の乗合自動車事業が約10年後に実現したのである。
　以上が本多講演後の地元の動きだが、県にも動きがあった。大正4(915)年に「栃木県名勝地経営委員会」が設置された。名勝地の保存と開発の方策を調査する組織である。委員には、中央の有識者が委嘱された。[15] 本多提案の「保勝会」と同様の組織と言ってよい。本多は技術分野の委員を考えていたがここでは歴史・法学も含め幅広い。また風景管理だけでなく「遊覧客の招致」といった地域振興の視点も持っていた。風景地に関する施策検討の組織だが本多提案の保勝会の実現と言ってよい。「名勝地経営委員会」の具体的な成果を示す資料はほとんど残っていない。大正10(1921)年に行われた日光と塩原を一体とした公園の調査以外の詳細はわからない。またこの委員会がいつまで存続していたかもわからない。本多の自書『本多靜六自伝体験八拾五年』[17] には昭和8(1933)年2月に「栃

木県名勝地経営調査委員会」委員に委嘱されたと記してある。「栃木県名勝地経営委員会」が「栃木県名勝地経営調査委員会」と名称が変わったのであろう。国立公園指定が議論された時期である。調査に重きが置かれたと見てよいだろう。「栃木県名勝地経営委員会」が設立された大正4（1915）年から昭和19（1944）年まで名勝地経営調査費が支出されている。詳細はわからないがなんらかの調査活動が行われていたのだろう。しかし，本多提案の保勝会という風景管理システムはその内容を調査中心に変えながらも実行されたと見てよい。

第3節　本章のまとめ

　本多は風景地日光の利用と保護の方策を示した。当時地元は観光客誘致の具体策を模索していた。そのような折本多によって初めて風景利用の方策が明らかになったのである。なすべきことのアウトラインが見えたと言ってよい。これまでに利用の構想はあったが具体的計画はなかった。一方保護は保晃会に見られるがその対象が限られている。日光全域を取り上げた本多の提案は日光の利用と保護の計画の起端となるものである。地元への影響も大きかったに違いない。日光町の施策や地元の自動車事業がその証左と言えよう。それだけでなく県の観光施策の端緒と位置づけられる「名勝地経営委員会」設置の動機となったと見ることができる。タイムラグがあるので直接的に国立公園との脈絡は考えにくい。しかし，本多提案の保勝会は国立公園制度に影響を与えたのではないかと推断したくなる。後に国立公園検討の当初から委員会の委員として活躍した本多ならではと考えたくなる。日光での研究結果を国立公園に援用したのではないかと勘繰りたくなる。

第2章　田村剛

　田村剛は，国立公園制度の確立とその発展に尽力した造園家である。国立公園の父と敬称される。日光町長西山真平の「日光ヲ帝国公園ト為ナスノ請願」に始まる国立公園の設置運動は大正に入るとその気運に高まりを見せる。大正10（1921）年には富士山地域を対象に「明治記念日本大公園国立ノ請願」が帝国議会に提出された。内務省も国立公園制度の検討に着手し，大正10年から調査を始めた。本多静六はその経緯を以下のように述べている。

　「大正10年第44議会において野本恭八郎氏により，明治記念日本大公園国立の請願が提出され採択された。政府においても国立公園の施設は国民保健教化上並びに国民経済上重要なるものなることを認め，内務省衛生局においても大正10年より，一つは国民保健の見地より，また他方には史蹟名勝天然記念物保存の立場よりして，全国における主なる候補地につき基礎調査を行うこととなった。その主な候補地は上高地，白馬山，日光，温泉岳，阿蘇山，富士山，大台ケ原，磐梯山，阿寒湖，霧島山，小豆島および屋島，伯耆大山，十和田湖，立山，大沼公園，登別温泉の16である[1]」

　このように始まった国立公園だが，さまざまな検討を経て昭和9（1934）年に七つの地域が指定された。日光は昭和9年12月7日に指定を受けた。日光国立公園の誕生である。ここではその成立とそれ以降に時代区分し日光と田村の関わり合いを見てゆく。

第1節　日光国立公園誕生

第1項　国立公園法制定まで

国立公園法制定までの間における田村と日光の直接的な関わりは大正10年に

行われた国立公園候補地の調査だけである。国立公園を検討するにあたり候補地の情報は不可欠である。この調査で田村は日光のアウトラインを理解したと見てよい。本項では国立公園法制定に至るまでの田村とその周辺を見てゆく。日光単独ではなく国立公園全体の話だが、当然日光にも関係する。

田村剛は大正9（1920）年に内務省衛生局事務取扱を嘱託された。国立公園制度創設要員であろう。田村はその経緯を「湯沢三千男（後の内務大臣）が大正9年内務省に公園関係の法律の設定の必要性を行政上の大きな課題の一つとして考え、その設定のために、たまたま当時千葉高等園芸学校（後の千葉大学園芸学部）の講師をしていた私を指名して衛生局嘱託として採用し日本の公園法制の構想に着手することになったのではあるまいか」と語っている。

国立公園の現地調査は大正10（1921）年に始まる。その大正10年に田村が日光の調査を行った。地元の関心は高かった。注目を浴びたのであろう。県議会で調査の結果について質問があった。県は、田村の意見として「国立公園には観光客を引きつける施設が必要、そして外人誘致も視野に入れている」ことを伝えた。さかのぼるが大正3（1914）年に設置された「栃木県名勝地経営委員会」の調査項目の一つに「遊覧客の招致の方法」があった。当時から地元は観光振興を望んでいた。田村の「観光客を誘致する」という発言は注目を集めたことであろう。地元は強い関心を持つと同時に意を強くしたに違いない。この出来事が国立公園を介した田村と日光との関係の端緒となるものである。

地元の観光振興への期待感は高まったと見てよいだろう。しかしその後の道のりは平坦ではなかった。環境庁自然保護局発刊の『自然保護行政のあゆみ』には、「大正11年当時第一次世界大戦後の世界的不況と大正12年の関東大震災により政府の国立公園に関する関心も下火になり、調査も大正14（1925）年に一時打ち切られた」と記されている。田村は大正14年以降国立公園から離れざるを得ない状況にあったと見てよい。大正13（1924）年には農商務省から森林の調査を委嘱され、大正14年7月からは宇都宮高等農林学校の講師に就任している。

『自然保護行政のあゆみ』から、その後の国立公園を取り巻く状況を見てみる。まず「昭和2（1927）年に田中内閣は不況打開を図るため経済審議会を設置した。

そこでは外国人誘致のため名勝保存，ホテル増設，その他観光視察に便宜となる諸般の施設の完備を図ること」という答申があり，国際観光の見地から観光地を開発する気運が高まった，とある。続いて同年実施された日本八景の一般投票に予想以上の参加があり風景に対する国民の関心は高いことが明らかになった，と記されている。この時点で内務省に動きがある。昭和2(1927)年7月31日けで再び田村に内務省衛生局事務取扱を委嘱した。実質的な国立公園調査作業の再開であろう。一方民間サイドでも動きがあった。12月には「国立公園思想の普及，国立公園の設置および発達」を目的に置いた「国立公園協会」が設立された。国立公園を支援する組織が作られたのである。発起人には官界・財界・学会の有識者が名を連ねていた。役員の選出，趣意書および会則の整理，事業の具体的準備等に時間を要したが昭和4(1929)年1月には会の内容が固まる。その設立趣意書を見ると，

①日本は世界有数の風景国である
②日本人は昔から自然を愛好する気持ちが強く，老若男女の別なく登山，探勝，参詣，湯治などを通じて天然の風景地に親しむ風尚を養ってきた

と日本および日本人の特徴に触れ，次いで，

③精神より物質の豊かさを求める近年の多忙な生活の反動として，野外休養の必要性が強くなっている
④それゆえ民衆の大休養地，国民の大運動場として国立公園を設置することは国民保健上緊要のことである
⑤大自然に接し国民の剛健の気風を養成するのに国立公園は極めて適切なものである

と国立公園の意義を述べている。ここまでは保健休養の観点から国立公園を見ている。次いで，

「風景を資源とする国立公園は外客誘致の効果が大きく国家経済上重大なる意味を持つ」

と記されている。ここでは外客誘致，つまりは国際観光の観点からの意義を述べている。

趣意書を読むかぎりでは，保健剛健と国際観光の間に優劣は感じられない。二つの意義が等しくあるという認識であろう。先に見た経済不況打開のための審議会の答申など，当時は国際観光に対する期待は大きかった。国立公園設置運動は，このような期待を一つの弾みとして活発になったと見てよい。

　国立公園協会は，機関誌『國立公園』の発刊など国立公園の普及啓発に努力する。役員を見ると，会長に貴族院議員侯爵細川護立，副会長に内務次官潮恵之輔，林学博士本多静六の2名，理事18名，常務理事7名の構成であった。発起人同様官界・財界・学会の有識者が名を連ねている。田村は常務理事であった。

　このようにして国立公園協会は設立を見たが，ほぼ時を同じくして不況対策として外貨獲得が議論されるようになる。昭和4(1929)年には外客誘致を進めるための組織の設置に関する建議が採択された[6]。また日本商工会議所会頭から内務大臣あて「外客誘致施策に関する建議」と題する建議もあった。そこには全国に外客誘致を行う組織の設置，海外に宣伝業務を行う組織の設置，ホテルの新設，国民の接遇能力向上などの意見とともに「国立公園ヲ設置シ外客ノ遊覧ニ便セシムコト」の項目が入っていた。国立公園を設置して遊覧の便を整え，外国人誘致と滞在日数の延長を図ろうという趣旨であろう。一方，内閣は国際貸借改善に関する審議会を設置し，「我国特有の文物天然風光の保存，遊覧地の開発改善」[7]という答申を得て，昭和5(1930)年に鉄道省に外客誘致に目的を置く国際観光委員会を設置した。このような観光を取り巻く状況を見て内務省は国立公園制度制定の機は熟したと判断した[8]。政府も国立公園を設ける方針を定め，昭和5年1月閣議決定をもって，内務省に「国立公園調査会」を設置した。国立公園は国策として位置づけられたのである。

　では国立公園調査会の為すべきことは何であったろうか。その設置規程の第1条に「国立公園に関する制度，計画，施設その他の重要なる事項を調査審議する」と定めている。国立公園の全容を明らかにするのが目的であった。内務大臣が会長を務め，内務省衛生局，鉄道省国際観光局，帝室林野局，農林省山林局，大蔵省管財局，文部省，商工省，内閣法制局の行政官，学者，経済人から

なる総勢35名の構成であった。幹事には衛生局長以下保健課の職員が委嘱された。田村は委員と幹事双方を委嘱され，委員会での審議と委員会への諮問の資料作成事務も担当した。ここに国立公園実現に向けての具体的作業が開始されたのである。以降日光が指定を受けるまでを時系列に追ってみる。

　内務省は国立公園調査会でまとめられた国立公園法要綱を基に法案を作成し，第59帝国議会に提案した。『自然保護行政のあゆみ』では提案理由を「国立公園ヲ設定シ我ガ国天与ノ大風景ヲ保護開発シ一般ノ利用ニ供スルハ国民ノ保健休養上緊要ナル時務ニシテ且外客誘致ニ資スル所アリト認ム是本案ヲ提出スル所以ナリ」とまとめている。「国民の保健休養」と「外客誘致」のため「我国を代表するに足る自然の大風景地の保護開発を図る」と読み取れる。

　一方，国立公園，国定公園そして都道府県立自然公園をも含む戦後の自然公園法では，「国民の保健，休養，教化に資する」ため「自然の風景地を保護し利用の増進を図る」と記されている。国立公園には「我国を代表する」という文言はある。しかし，直接的に外客誘致を思わせる文言は見当たらない。日光は開国直後から多くの外国人に愛されてきた。昭和初期には世界的遊覧地，国際的遊覧地と呼称されるようになる。風景の傑出さゆえである。その風景ゆえの国立公園であろう。現在の日光国立公園にも外国に誇る文言が何か欲しくなる。

　国立公園法案は，昭和6（1931）年2月2日衆議院本会議に上程され，特別委員会に付託審議されることとなった。2月9日委員長から可決すべきものと議決したとの報告を受け，3月10日の本会議で委員長報告どおり可決された。議決前に委員長から審議の経過と結果の報告があった。まず「日本の富める大自然を区画して，国家が之を公園として経営を為し，世界各国に其美を宣揚する，また国民の心身の健康を進め，更に此雄大なる自然に憧れて来たるべき外人を誘致すると云うことは，国家の為に種々なる点に於て大なる効果が現れると云うことから，此法案が提出された次第です」と提案理由を噛み砕いて述べ，次いで，関係する他の行政の大臣や政府委員の意見を十分聴き，慎重審議をかさね満場一致で可決したと報告している。法案は即日貴族院送付，3月11日貴族院本会議に上程され，特別委員会の議決を経て3月23日本会議で全員一致のう

え議決された。このような経緯を経て昭和6(1931)年4月1日国立公園法が公布された。施行日は10月1日であった。そこでは「国立公園は国立公園委員会の意見を聴き区域を定め主務大臣之を指定す」と定められた。内務大臣は、国立公園委員会の答申を受けて、公園ごとに区域を定めて、指定するということである。法が施行される3日前の9月29日には最終回となる国立公園調査会が開催された。そこでは「国立公園の選定に関する方針」が決定され内務大臣に答申された。それをもって国立調査委員会の任務は終了した。

「国立公園の選定に関する方針」を詳しく見てみよう。審議を付託された国立公園選定に関する特別委員会の委員長は、「国立公園は一定の標準に照らして厳選し濫設を戒むべきは勿論なりと雖も拘も国立公園としての条件を具備する箇所に付いては仮令財政等の都合に依り直に其公園施設に着手し難き事情ある場合に在りても尚之が指定を為し先ず以って其風景の保護に遺憾なきを期すると共に須く其の公園計画を樹てて官民の拠るべき所の要あり其の選定条件は左の如く之を定め必要条件を具備する箇所にて成る可く多分に副次条件を満足せしむるものを採択するを以って適当なりと認む」と述べている。

ここでは、
①一定の標準により厳選すべき
②条件を満たすところは、たとえ公園としての整備が遅れることがあっても風景の保護のため指定すべき
③保護開発の拠り所を示すため国立公園計画を早く立てることが必要
④そのために選定条件を示す
⑤必要条件を満足しかつ副次条件を多く備えているところが望ましい
と言っている。

方針は二つに分けて述べられている。一つは「必要条件」、これは絶対的条件である。他の一つは「副次条件」、これはできるだけ多く備えていることが望ましい条件と言ってよい。必要条件では「我国の風景を代表するに足る自然の大風景地」であることと規定し、それは「国民的興味を繋ぎ得て探勝者に対しては日常体験し難き感激を与えるが如き傑出したる大風景地にして海外に対しても

誇示するに足り世界の観光客を誘致するの魅力を有するもの」と説明している。さらに下記の三つに該当するものと規定している。一つは「同一形式の風景を代表して傑出している」、二つは「自然的風景地で区域が広大である」、最後は「地形地貌が雄大であるか、または風景が変化に富んで美しい」であった。

　副次条件には六つが述べられている。一つは「自然の環境が保健的で多くの人の登山、探勝、散策、釣魚、温泉浴、野営、宿泊に適している」、二つは「神社仏閣、史跡、伝説などが多くあり、そして稀有な種類の植物動物などや珍しい自然現象がある」、三つは「官有地や社寺有地が多い」、四つは「交通が便利で、全国的に見て偏りがない」、五つは「発電、農林水産牧畜業など他産業と抵触しない」、最後が「既存の施設が指定後も公園計画上有効に利用されること、また将来の開発も容易であること」である。ここに述べられている方針の内容は、田村が「私見の発表ではあるが」と断って、雑誌『國立公園』の昭和4（1929）年10月号に発表した「国立公園の条件より見たる我が候補地大観」で述べている「国立公園に必要なる条件」と大差ない。より詳しく丁寧に整理したものと言ってよい。「国立公園選定の方針」には田村の考え方が取り込まれている。田村の立案と見て間違いないだろう。日光の調査等を踏まえて検討されたものであろう。日光はこの方針に適合する。地元の人は、日光なくして国立公園はないという自信を持ったのではないだろうか。

第2項　国立公園法制定以降

　国立公園法には「国立公園計画及国立公園事業は国立公園委員会の意見を聴き主務大臣之を決定す」[14]と定めている。法の施行日の10月1日に国立公園委員会が設置された。衛生局保健課長は「国立公園の指定、国立公園計画及国立公園事業の決定の様な国立公園に関する重要な事項に付いては其の関係する所広汎であり利害の影響するところ重大であるに鑑み、広く其の関係官庁の官吏及学識経験家を網羅する権威ある委員会の意見を聴いて慎重に之を決定するを以て適当と認めたからである」[15]と委員会の性格を説明している。地域性ゆえ「利害が影響するところ重大」であった。その調整のための委員会とも読める。先の

国立公園調査会の委員がそのまま委嘱された。田村は委員そして幹事の立場での参画であった。第1回の国立公園委員会は11月24日に開催された。そこでは以下の二つが決定された。

①国立公園調査会が決定した「国立公園選定に関する方針」はそのまま踏襲する

②候補地を選定し決定するための特別委員会を設置する

委員会では，大正10（1921）年来の調査の結果が資料として提出された。国立公園調査会で選定された候補地は16か所であったが，ここでは上高地，白山，立山の3か所を日本アルプスという名称で一括し，また小豆島および屋島は備讃瀬戸まで広げ瀬戸内海と改めて14か所にまとめている。ここで提出された資料は永嶋正信氏の学位論文『日光地域の野外レクリエーション利用の変遷に関する研究』にある「昭和6年11月調」と記された内務省衛生局作成の資料であろう。昭和5（1930）年には小坂立夫[17]，黒田新平[18]，昭和6（1931）年には千家啓麿[19]，加藤誠平[20]が採用された。昭和6年11月に作成されたこれら内務省衛生局の資料は田村の下で彼ら新進気鋭の造園家によってまとめられた。[21]

地域性ゆえ自然的風致を有する土地のみを括ることは現実的には難しい。非自然的地域も包含せざるを得ない。内務省の資料には各公園の自然的風致を有する地域の面積が載っている。ここでは「自然的風致を有する地域」を「岩石地，高山植物帯，森林施業に制限のある森林，水面，湿原」としている。日光は80％以上が自然的風致を有する土地であった。[22]土地の所有別を見ると1万3,100町歩（全体5万3,500町歩の22パーセント）は帝室林野局所管の御料林である。[23]それらは二社一寺の背景となる山地や中禅寺湖湖畔から湯の湖一帯に至る風景の核心地に位置している（図5-2-1）。

帝室林野局は奥日光一帯の森林に対して風致保存のため禁伐か弱度の抜伐作業を採用してきた。[24]このように日光の風致の保存は図られてきたのである。全体の広がりは特段に大きいわけではないが，まさに「自然の大風景地」であった。

これらの中に興味深い分析が載っている資料がある。各候補地の利用に関す

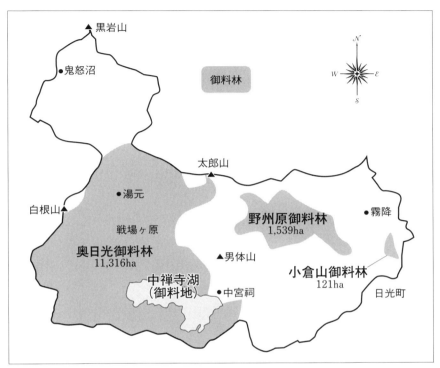

図5-2-1　日光国立公園内御料林位置図(栃木県地内)

る分析である(図5-2-2)。

　ここにある利用形式は「国立公園の選定方針」の副次条件にある「自然の環境が保健的で多くの人の登山，探勝，散策，釣魚，温泉浴，野営，宿泊に適している」に該当する。ここでは先ず各候補地をその利用のタイプから湖沼渓流型，自然研究型，保養地型，冬季スポーツ型，名所型，山岳型，海岸型，原野型の八つのタイプに分類して候補地の性格を明らかにし，そして航行または自動車廻遊，登山，野営，水泳船遊，釣魚，療養，冬季スポーツ，自然研究，史跡社寺巡礼，ゴルフ散歩乗馬ハイキングといった10種類の利用の種別ごとにA, B, C三段階の評価を行っている。候補地の資源性の評価であろう。候補地の中で日光と富士が最高点でかつ同点である。ただし日光が1aで富士が1bと順位づ

内務省衛生局
(昭和六年十一月調)

候補地名	利用型式	航行又ハ自動車遊遊	登山	野営	水泳船遊	釣魚	療養	冬季スポーツ	自然研究	史蹟社寺巡禮	ゴルフ散歩乗馬ハイキング	A	B	C	計	順位
阿寒	湖沼渓流型 自然研究型	A	B	B	A	A	A	B	A	—	A	6	3	0	9	2a
登別	保養地型	C	B	—	B	B	A	C	B	・	C	1	4	3	8	6
大沼	湖沼渓流型	B	B	B	A	A	C	B	B	—	B	2	6	1	9	5a
十和田	湖沼渓流型 冬季スポーツ型	A	B	A	A	B	A	A	A	—	A	6	3	0	9	2b
磐梯及吾妻	湖沼渓流型 冬季スポーツ型	B	B	B	B	B	A	A	B	—	B	2	7	0	9	4
日光	湖沼渓流型 名所型 冬季スポーツ型	A	B	A	A	A	A	A	A	A	A	8	2	0	10	1a
富士	山岳型 湖沼渓流型 名所型 自然研究型	A	A	A	A	A	A	A	A	A	A	8	2	0	10	1b
日本アルプス	山岳型 自然研究型 冬季スポーツ型	—	A	A	C	B	A	A	A	C	A	5	2	2	9	3
大臺ヶ原及大峯山	名所型 自然研究型	—	B	—	—	—	—	B	A	B	C	1	2	1	4	11
大山	山岳型 (風野型) 冬季スポーツ型	B	B	B	—	—	B	B	B	B	E	0	7	0	7	9
瀬戸内海	海岸型 名所型	A	C	—	A	A	—	—	B	A	B	4	2	1	7	7
阿蘇	原野型 (山岳型)	—	—	—	—	—	A	—	B	B	A	3	3	0	6	10
雲仙	原野型 保養地型	B	B	—	B	B	—	—	B	A	B	2	4	1	7	8
霧島	名所型 保養地型	B	B	B	B	C	A	B	B	—	B	2	6	1	9	5b

図5-2-2　国立公園候補地の利用形式(『日光地域の野外レクリエーション利用の変遷に関する研究』より)

けられている。この違いはわからないが両者とも利用のタイプも豊かで資源性も高い。もちろん候補地はそれぞれに日本の風景を代表するもので優劣はつけられないが、日光と富士を最右翼の候補地として評価していたと見て間違いないだろう。

　正式な候補地を選定するための最初の委員会は昭和6(1931)年12月8日に開催された。委員のメンバーは表5-2-1であった。

　　委員の構成は、国会議員2名、行政官4名、学者4名そして田村であった。行

表5-2-1　国立公園の選定に関する特別委員会委員

	氏　名	役職・身分等
委員長	藤村義朗	貴族院議員，男爵
委　員	三矢宮松	帝室林野局長官
	赤木朝治	内務省衛生局長
	平熊友明	農林省山林局長
	荒井堯爾	鉄道省国際観光局長
	正木直彦	東京美術学校校長
	三好学	東京帝国大学教授，植物学
	本多静六	東京帝国大学教授，林学
	脇水鉄五郎	東京帝国大学教授，地質学
	岡部長景	貴族院議員，子爵
	田村剛	内務省嘱託

政官が4名入っているが衛生局長は所管局長ゆえ当然であろうが，帝室林野局長官，林野庁山林局長，鉄道省国際観光局長の3人も国立公園と大きく関係する行政の責任者である。日光に限って見ても候補地5万3,500町歩の22パーセントは帝室林野局所管の御料林である。その他38パーセントが農林省山林局所管の国有林であった。国立公園法施行規則には，「国有林野中国立公園の施設の敷地及其の付属地を包含する集団施設地区並に国立公園事業上必要なる自動車道路の敷地」は「内務大臣の管理に移すべし」と定められていた。国立公園内の特定の国有林は国立公園所管の大臣の管理に移す，ということである。

「海外に対しても誇示するに足り世界の観光客を誘致するの魅力を有する」とその選定方針に定められた国立公園は，国際観光の観点からも当然看過できない。鉄道省国際観光局長も名を連ねている。3人の東京帝国大学教授と東京美術学校校長はそれぞれの専門で国立公園との関連が深い。国立公園の選定は国策の具体的検討である。国会議員の委員就任も当然であろう。以上見た4人の局長は人事で変更はあるものの，このようなメンバーで選定業務が行われた。

委員会の議事録を見ると，委員会開催前に懇談会と称してフリートーキングの時間があったようである。第1回の特別委員会の懇談会では，「十和田，日光は及第」(本多委員)，「1等は日本アルプス，富士，日光の三つである」(三矢委員)，「日光は東照宮を入れたい」(岡部委員)といった発言はあったが，委員会は候補地の説明と以降の議事の進め方を決めて終了した。その中で興味深い発言があった。藤森委員長が「人文的国立公園即日光とか奈良とかいうものを国

立公園にするという意見もあるくらいであるが，国立公園は自然的なものであることが必要条件であるから，これは論議のほかにしましょう」と述べている。確かに「国立公園の選定方針」では「自然の大風景地」を必要条件としている。しかし，副次条件に「神社仏閣，史跡，天然記念物，自然現象等教化上の資料に豊富なること」が挙げられている。人文的風景を排除してはいない。それどころかなるべく副次条件を多く満たすものと言っている。内務省の昭和6（1931）年の資料(26)にも利用の具体として「史蹟社寺巡礼」を挙げている。この委員長の発言に対して，選定方針の策定に大きく関与したであろう田村委員も，「東照宮は入れたい」と発言した岡部委員も反論も発言もしていない。議事録を見るかぎり反応を示していない。黙認とも受け取れる。当時の国立公園に対する国民の関心の高さに照らして見ると，藤森委員長の発言は，候補地に挙がっていない地域の希望やさまざまな意見を排除する意図があった，つまり政治的なものであったと見るのが順当なのかもしれない。

　第2回の委員会から個々の候補地の審議が行われた。大雪山も新たに候補地として取り上げられた。委員会での説明はすべて田村が行った。日光は3月3日の第4回特別委員会で審議された。調査の結果が事務局で説明された後，田村は①塩原，那須，赤城，榛名を含めて欲しいという地元の要求はあるが，国立公園のまとまりとして広すぎる，②中禅寺湖および尾瀬沼並びに尾瀬ヶ原を利用した発電計画があると述べ，選定方針にある「各種産業と風致の抵触少なきこと」の観点から若干の危惧を述べている。特別委員会は，その後も審議を重ね9月24日に，阿寒，大雪山，十和田，日光，富士，日本アルプス，瀬戸内海，阿蘇，霧島，吉野熊野，瀬戸内海，大山の12か所の選定作業が終わり，10月8日の国立公園委員会総会で決定を見た。

　当然ながら，区域が明らかでなければ指定はできない。昭和8（1933）年になると区域決定のための調査が行われた。他の産業との抵触など問題の少ない箇所が先になった。2月には瀬戸内海，雲仙，霧島の3か所，日光の調査は7月17日から8月2日にかけて行われた。この間昭和8年7月1日に田村は内務技師に任ぜられ高等官3等に叙された。田村を中心とする国立公園の作業態勢はより

確かなものになったと見て間違いないだろう。

国立公園選定に関する特別委員会と同様に区域決定に関する特別委員会が設けられた。委員の構成を見る（表5-2-2）。

逓信省電気局長や内務省土木局長が就任している。道路の計画や電力事業との調整など現実的問題を踏まえて審議を深めようという狙いであろう。区域の決定には地域の現実を無視することはできない。

表5-2-2　区域決定に関する特別委員会
昭和9年8月23日開催

役職	名前	役職身分等
特別委員長	細川護立	貴族院議員
	田村　剛	内務省嘱託
	本多靜六	東大教授
	三好　学	東大教授　植物学
	脇水鉄五郎	東大教授，地質学
	岡部長景	貴族院議員
	大島辰次郎	内務省衛生局長
	三矢宮松	帝室林野庁長官
	村上龍太郎	農林省山林局長
	広瀬久忠	内務省土木局長
	清水順治	逓信省電気局長

第2回の委員会では，雲仙，霧島，瀬戸内海の三つの審議が行われた。

そこでは指定の順番に関する議論があった。本多委員から，

①3か所を他より先に指定するのは事務上の問題であるのだろうが情において忍びない

②また国立公園の円満な発達を妨げる恐れがある

③一時に決定しない時は，区域の取り方に最初は厳しく最後は緩くなるといった恐れもある

④本委員会では今回諮問の3か所は仮決議とし全体を比較研究して決めるか，もしくは他の方法で全部ないしは大部分を一度に決めたい

という趣旨の発言があった。

それに対して内務省衛生局長の大島委員は「一括して指定するか調査の済んだところから指定するかは内務省に一任せられたい。本委員会は3か所について諮問されているのですから御答申がなく仮決議というのでは困ります」と応じている。その後事務的な必要時間に対する質問があった。幹事の衛生局保健課長は，

①1か月ないし2か月の実地調査をし，腹案を作り関係各省と協議をする
②今回の3か所が遅れたのは協議が遅れたからである
③調査は12か所すべて終わっている
④現在整理中だができたものから関係各省と協議をする
⑤協議の済んだものから委員会に4，5か所かけたい
⑥委員会で決定したものは告示するが，それには準備が必要である
⑦告示には図面を付けなければならないが，原図は内務省に置き，関係県に写しを配布し縦覧に供するので準備に1か月くらい必要である

と実状を述べている。

この説明の後三好委員の「指定は官報に告示するのでありましょうが，それだけですと世間では国立公園に順位があるように誤解されやすいから告示の外に順位はないということをなんらかの方法で一般に知らせるようにされたい」という発言があり，大島衛生局長は「是非そういうことにしたいと思います」と述べている。

本多委員の発言は，順番つまりは優劣があるという誤解を生む恐れのあるやり方はいかがか，という疑問であろう。特に九州の三つの選定地は気候も地形も似ているので比較しやすいから同時に指定した方がよい，と言っている。これに対して，誤解が生じないように手を尽くすという衛生局長の発言であり，この質疑は終了した。このような経緯を経て昭和9（1934）年3月16日雲仙，霧島，瀬戸内海の三つの国立公園が指定を受ける。日光が一番という思いがあったのだろう図5-2-3に見るように地元の新聞には雲仙，霧島，瀬戸内海に先を越されたという思いを感じ取ることができる標題の記事が掲載された。お国自慢の域を超えた風景地としてのオーソライズである。期待するところは大きかったのだろう。しかし記事を読むと，尾瀬の発電の問題など調整に手間取るので初回には間に合わなかった，と事実を冷静に伝えている。

国は日光の指定に自信を持っていた。指定前でありながら次の作業に入る。6月22日から9月9日まで日光の調査を行っている。調査員の1人池ノ上容は[27]，湯元地区の周囲測量を行ったと述べている。調査は国立公園計画策定のためで

あった。国立公園計画作業のマニュアルとも言うべき「国立公園計画標準」が決定するのは昭和12 (1937) 年だが，その大要はそれ以前からまとまっていたのだろう。昭和6 (1931) 年の国立公園法施行令には「集団施設地区」という言葉が出てくる。しかしその内容の説明はない。説明はないが，集団施設地区の概念は共通認識として持たれていたと見てよい。

図5-2-3　国立公園の指定を伝える下野新聞

　昭和14 (1939) 年6月3日付で厚生省体育局長から栃木県知事に「湯元集団施設地区計画案をまとめたので意見があれば述べて欲しい」という文書が入る。そこには集団施設地区の図面 (図5-2-4) が添付されている。この図面が昭和9年に行われた調査の成果であろう。

　昭和9年8月9日の第5回国立公園委員会に阿蘇，阿寒，大雪山，日光，日本アルプスの区域の決定に関する諮問があり衛生局長が内容の説明を行った。日光の説明を見ると，
　①区域は新潟，群馬，栃木，福島の4県に跨る
　②種類豊富な落葉広葉樹林，針葉樹林，高山植物，特殊の湿原植物等に覆われており，山岳，湖沼，湿原，渓流，瀑布，森林等各種の風景上の要素を集めて頗る変化に富む風景を構成している
　③これら自然の風景に加えて人工美の粋を集めている東照宮も包含した
　④尾瀬は水力発電の問題もあるが他の国立公園にはない原始的風景なので区域に編入した

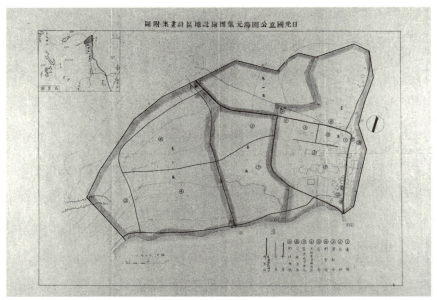

図5-2-4　日光国立公園湯元集団施設地区計画案付図

という内容である。

　この衛生局長の説明は，昭和8(1933)年2月号の『國立公園』に掲載された田村の「國立公園を語る(1)日光」をまとめたものと言ってよい。諮問は特別委員会に付託され8月23日に決定を見た。日光は12月4日に指定を受ける。日光国立公園の誕生である。

　このような経緯を経たのであるが，国立公園が当時どのように受け止められていたかを物語るような事件もあった。当時日光湯元には電話線が通っていなかった。旅客や営業者の利便を図るため東京電信局は，昭和8年中宮祠から湯元までの国有電話線の設置を計画した。図面を添えて内務省衛生局にそのルートおよび工法の是非を照会している。一部地下ケーブルの採用など風致維持の配慮は図られていたが，東京電信局は現地での立会いを希望した。内務省からは，田村が出向き調査を行い，若干の修正希望のうえ了解している。ルートは中禅寺湖北岸，竜頭滝付近，戦場ヶ原，湯川湯滝付近，湯ノ湖湖畔といった風

致上重要な地域に計画されていた。逓信局は現地を見たうえでの判断を求めたのだろう。[29]

日光は昭和7（1932）年に国立公園の候補地に挙がっていた。東京電信局のルートや工法に対する配慮は当然のことではあろう。それゆえに風致維持に注意が払われている。それにもかかわらず現場での立会いを希望するその姿勢からは、国立公園が国の極めて重要な政策であるという東京電信局の認識が伝わってこよう。

第2節　日光国立公園誕生以降

以上が国立公園の指定までの田村の足跡である。そこからは田村の日光に対する評価を垣間見ることができる。田村は国立公園にふさわしい風景地と考えていた。

それは先にも触れた昭和8年2月号の『國立公園』に掲載された田村の「國立公園を語る（1）日光」からも窺い知ることができる。

田村は「日光が他の国立公園に比べまして、いかなる特色を持って居るかということを話題と致しまして、日光を礼賛しようと思います」で始める。そして「日光は斯く複雑な地形でありまして、山岳、湖水、湿原、瀑布、渓谷等有（ママ）ゆる風景要素を集めていると云ってよいのであります」と述べ、それを受けて「日光の風景要素は地形に於きまして変化に富んでいる計り（ママ）でなく植物に於きましても同様な特色が認められます」と繋ぐ。そして「日光の植物はその群落の変化に富んで美しい上に植物の種類がすこぶる豊富であります」と結んでいる。

以上は自然について述べたものだが、次に「（日光は）ドライブ、乗馬、散策、キャンプ、登山、ゴルフ、舟遊び、釣魚、温泉、自然探勝、社寺巡礼等実に有ゆる利用方法に適するのであります。恐らく国立公園として利用方法の多方面なる点でも、日光は全国立公園中に於きまして一二を争うほどであろうと思います」と述べ、最後に「自然研究のためにも日光ほど理想的な公園はないと思い

ます」で結んでいる。
　振り返ってみると，田村は大正10 (1921) 年に日光の調査を行った。その際の田村のコメントは県議会でも取り上げられた。田村は可能性を否定していない。可能性を高めるための発言をしている。この発言は国立公園に対する地元の期待を確かなものにしたと言ってよいだろう。このような経緯もあり地元にとって田村は周知の人であったのではないだろうか。当然田村に注目し，そして頼ったに違いない。日光は東京に近い。調査もし易い。田村にとっても日光は身近に感じる国立公園であったのではないだろうか。
　この時期田村と日光を繋ぐ事件が二つある。
　一つは中禅寺湖畔の別荘の改築移転計画である。第1部で触れた西六番別荘の管理人から昭和10 (1935) 年5月に改築移転の申請がでた。別荘を隣接地に移転したいと言っている。この申請を受けた栃木県嘱託日光国立公園管理員島田隆次郎は現地調査を行った。そして内務省と協議しその結果を申請者に手紙で伝えている。
　そこには，
　①移転改築工事は当面見合わせるよう先に連絡した
　②その後内務省と協議を進めた
　③その結果，今回の計画地は国立公園計画上枢要な場所であるので慎重に審議のうえ回答することとなった
　④結論が出てその文書が届くまで工事は留保されたい
と書かれ最後に次の一行が続く。
　「尚近日中ニ内務省ヨリ田村技師ノ実地調査モ有之可候条申添候」
　この件で田村技師が調査に来ると言っている。国立公園計画上枢要な土地であるがゆえであろう。重要な案件には田村技師の判断が欠かせなかった。
　もう一つは集団施設地区の調査である (図5-2-5)。
　集団施設地区候補地湯元の現地調査は昭和9 (1934) 年に実施済みである。そこで区域は決まった。今回は詳細計画策定の調査である。これまでにも候補地，区域決定，公園計画などさまざまな調査が行われた。先にも触れたが日光の最

初の調査は田村が行った。国立公園発想の頃である。そこで田村は日光の指定の可能性についてコメントを残している。それが県議会で取り上げられる。要するに国立公園の概念が定まる前から地元は田村を知っていた。この二つの事件に見るように指定後も田村と日光との関わりは続いた。地元は田村に親しみとも呼べるような気持ちを持っていたのではなかろうか。

ただし，別荘移転の調査も集団施設地区の調査も予定はしたものの田村は出かけられなかったようである。12か所の国立公園のうち9か所は指定作業を完了した。まだ4か所ある。区域決定のためには林業，水産，牧畜等各種開発との調整作業が残っている。現地調査の時間を割けなかったのであろう。別荘移転については後日栃木県知事から申請者に通達がある。国立公

図5-2-5 地元の新聞が伝えた田村博士の調査（昭和10年7月下野新聞）

園計画が決定するまで留保されたい，という内容であった。田村の判断であろう。

ではその後日光の計画はどのように進展したのであろうか，それを見てみる。先にも触れたが，昭和9（1934）年に公園計画策定のための日光の調査が実施され，湯元は集団施設地区候補地であったらしく境界決定のための周囲測量が行われた。国立公園計画の概念とその内容を国が具体的に示すのは昭和12（1937）年と見てよい。内務省と印字された事務用箋に「國立公園計畫標準　昭和12年12月内務省衛生局決定」と印刷された資料（図5-2-6）が残っている。

そこには保護のための地域区分や利用に関する施設の説明が載っている。集団施設地区については，「集団施設地区ト称スルハ一定ノ地区ヲ割シ特定ノ地割計画ノモトニ地区内ヲ統制シ交通運輸，宿泊，保健教化等ノ施設ニ供スル地区ヲ謂ウ」とある。利用施設中心の地区である。

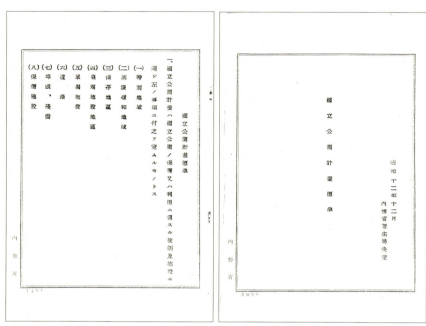

図5-2-6 国立公園計画標準

　その計画は，①区域を定め，②利用目的ごとに地割をし，③必要施設を配置する，となろう。湯元について言えば，先にも触れたが昭和9 (1934) 年に区域を決定し，その後地割や施設も検討された。もちろん中宮祠も調査が行われたであろう。湯元は昭和14 (1939) 年には成案となって栃木県知事に意見を照会している。[30]次いで翌昭和15 (1950) 年には日光国立公園計画の全体が栃木県に照会された。[31]残念なことに戦時体制に向かう中，それ以上進捗せず決定までは至らなかった。戦後になって正式決定されるが，計画案作成の中心人物は田村であった。

　戦後の日光にも，田村の足跡は残る。第1部で見たが，観光を県是と位置づける契機となった「栃木県観光総合計画」策定専門委員会の委員長を務めた。県は戦争による疲弊からの復興，そして県勢の振興を図るため総合計画の樹立を目指す。計画は「栃木県経済振興総合計画」という標題でまとめられた。その全

体は，大枠を示す三つの計画と9の部門計画からなる。三つは未利用資源の開発計画である「山岳地帯開発総合計画」，人口の見通しと産業配置計画の「産業人口配置計画」，そして食生活の再編成を目指した「食生活安定総合計画」である。それを受けて農業，開拓，林業，工業，商業，観光，水政，交通，金融の9部門の具体的計画が策定された。田村は計画全体を検討する栃木県経済振興綜合計画委員会と山岳地帯開発計画委員会の委員，そして観光総合計画の専門委員に委嘱された。観光総合計画専門委員会では委員長として計画を取りまとめた。観光振興のバイブルとも言うべき「栃木県観光総合計画」は，田村委員長の下でまとめられたのである。

　このように戦後も日光と田村を結ぶ絆は強い。他にもある。占領軍はさまざまな施設を接収した。それだけでなくさまざまなサービスを要求した。調達要求書（PD）によってである。その窓口は終戦連絡事務局であった。米軍は昭和21（1946）年に日光観光ホテルを接収し保養施設として使っていた。同年ホテル隣接地に水上レクリエーションの拠点となるボートハウスの建設要求があった。先に見た昭和10（1935）年の別荘移築申請地と同じ湖畔である。国立公園計画上枢要の地であることは変わりない。しかし，当時観光課長であった千家はボートハウスに観光行政は関与していないと述べている。米軍と終戦連絡事務局の間で完結したと言っている。設計は昭和15（1940）年竣工の日光観光ホテルと同じく清水組設計部であった。ボートハウスは昭和22（1947）年竣工した（図5-2-7）。

　竣工前後と思われる写真（図5-2-8）が残っている。

　左から2人目が国立公園協会理事長田村剛，右端が栃木県観光課長千家啓麿である。千家は観光行政の関わりはないと言った。確かに建前はそのようであったろう。しかし，設計の過程でアメリカの公立公園に

図5-2-7　ボートハウス（『天空の湖と近代遺産』飯野達央より）

詳しい田村になんらかのアドバイスを求めたことは想像に難くない。日光観光ホテルを共に仕上げた千家と清水組は旧知の間柄である。千家のサジェッションもあったのかもしれない。そのように考えるとこの写真の存在も納得できる。

図5-2-8　ボートハウスのテラスにて。左から2人目田村剛、右端千家哲麿

以降も田村と日光の関係は続く、それを見てみる。

　湯元には温泉の湧出があり、そのため温泉客も多かった。一方中宮祠に温泉はなかった。「中禅寺の営業は以前から春と秋とが稼ぎどきであり、小中学校修学旅行の場として学生が客の大半を占め、夏は夏枯れと言われていた。冬は11月から3月まで休業に近かったし、4月に開業準備をして5月から10月の半年営業を毎年繰り返してきた（中略）温泉化を熱望する地元の気持ちも極めて根強い長年の宿願となっていた」(32)という状況であった。そのような状況を打開するため地元では湯元から中宮祠までの引湯事業を計画、昭和26（1951）年事業が完成し中禅寺温泉が誕生した。その後未開発地の光徳までの引湯事業を構想した地元は、国立公園協会理事長の田村に現地の調査を依頼した。田村の賛同を得た。事業を実施し光徳温泉が誕生した。時を同じくして昭和29（1954）年にいろは坂が改良され奥日光への観光客は増えた。それを受け入れる新たな拠点が求められた。国は集団施設地区候補地として光徳に着目し、昭和31（1956）年には光徳集団施設地区の具体的方針を盛り込んだ「日光光徳集団施設地区整備要綱」をまとめ、昭和36（1961）年には光徳集団施設地区の計画が決定された。(33)「日光光徳集団施設地区整備要綱」には「昭和29年いろは坂開通とともに中宮祠から奥の利用性が高まり、利用が激増したため奥日光一帯の施設の増強は緊急を要

するものと認められるところであり，既に一応整備された湯元集団施設地区のほかに，特に光徳一帯の施設整備が最も望ましいものと考えられ，さらに湯元温泉源の開発によって光徳へ引湯が可能となったため，急速に開発されることが予想されるので，ここに新しく光徳集団施設地区計画を立て，厚生省，栃木県，民間特許会社の3社が緊密な協力によって国立公園集団施設地区のモデルとして，また指定保養温泉地として理想的な整備運営を図ろうとするものである」と述べている。民間より先に国立公園にふさわしい開発を行おうということであろう。田村の賛同が光徳への引湯事業を後押しした。折よくいろは坂が開通し，利用者が増えた。それらが特許会社形式の理想的な集団施設地区を発意させたと見てよいだろう。

第3節　本章のまとめ

　日光から見る田村の最大の業績は日光国立公園の誕生にある。もちろん国立公園全体に言えることだが，選定から指定そして計画までの一連の作業は田村の指導のもとに行われた。日光を国立公園としてオーソライズし，そしてそのあるべき姿を示したのである。それだけなく，日光の具体的な整備計画をまとめ上げた。日光国立公園に中心を置く観光の進むべき方向を示したのである。その後田村がまとめた計画に基づき日光の整備は進む。田村は観光栃木発展の具体的方向とその具体策を示した。

第3章　千家啓磨

　千家啓磨は,「ミスター国立公園」と敬称される造園の技術者である。昭和6(1931)年から14(1939)年まで内務省衛生局, 昭和14年から29(1954)年まで栃木県, その後厚生省国立公園部, 財団法人国立公園協会とその一生は国立公園とともにあった。内務省では国立公園の選定・指定および計画の策定, 栃木県では日光国立公園に中心を置いた観光の事業に従事した。国立公園の計画は風景の保護と利用の観点から, 国土のあるべき姿を図上に示したにすぎない。栃木県ではそのあるべき姿に現地を整えるのが千家の仕事であった。特に昭和21(1946)年から29(1954)年まで観光課長として活躍, 多くの足跡を残した。国でも県でも一貫して国立公園の仕事であった。草創期には制度の定着, そしてその後も国立公園の理想の実現に一生を捧げた千家は, 正統派の国立公園人と言えよう。栃木県でのさまざまな業績は内務省の時代あってこそと考えられるので, 内務省時代の千家も見てみる。

第1節　内務省時代

　千家は東京大学卒業までに16か所の国立公園候補地のほとんどを訪れたという[1]。山岳スキー部に所属し, スキーの名手であった。卒業後, 昭和6(1931)年9月10日内務省衛生局に嘱託として採用された。入省直後の9月22日に「国立公園選定に関する方針」が決定された。11月に第1回国立公園委員会が開催された。そこで選定特別委員会の設置が決まり書記に任命された。委員会の議事録の作成が仕事であった。選定の議論の場に身を置いたのである。特別委員会での選定作業は11月から開始され昭和7(1932)年9月に終了する。そして選定, 指定, 計画の具体的作業が始まり, 日光の計画案がほぼまとまる昭和14(1939)[2]

年までその担当部局に身を置いた。日光国立公園の青写真が出来上がり，それを確認してから栃木県に赴任したと言ってよい。

　内務省時代の足跡で注目したいものに雑誌『國立公園』の昭和6 (1931) 年12月号に寄稿した「国立公園における運動施設」がある。国立公園法では，道路，広場，苑地，運動場，宿舎を公園に必要な施設と定めていた。ただし，運動場の具体は明記されていない。国立公園法を読んだだけでは，運動場の具体的姿をイメージできない。千家は，この寄稿文でそれを明らかにしている。

　まず，「天然の風景地を割してその自然の状態を保護し進んで之を開発して国民の保健，休養，教化に資し併せて外客をも誘致しようとするもの」と国立公園を簡明に説明し，その目的を「風景の維持開発によって一般国民に天然の風景を探勝させ，且その自然の中に都会地に於いては味わうことの出来ない自然生活を味わい，休養を求めさせる」とまとめている。次いで国立公園の開発の特殊性を述べている。「天然の地貌を破壊する様な施設は一切許されないのであって凡ての施設は天然の風景とよく調和するものでなければならない」と述べ，「運動施設にあっても天然の地貌をそのまま利用し得る様なものが望ましい」と言っている。

　具体的には，
　①河川，湖沼等を利用したボート・水泳・スケート・釣魚
　②山岳，森林を利用した登山・スキーが最も適当である
　③そして長期の滞在者に，一般に普及していて大面積を必要としないテニス　　そして地貌を破壊することなく利用できるゴルフが望ましい
と述べ，
　④フットボール，ランニング，ベースボールのように勝敗を目的とし，かつ　　広大な面積と人工的施設を必要とするものはふさわしくない
と断じている。

　そのうえで，最も望ましいのは自然の地形をそのまま利用できる登山，次いでスキーであると言いきっている。後に全日本スキー連盟の技術員として活躍するほどの技量の持ち主である千家の身びいきの記述との誤解を招きかねない

かもしれない。しかし，当時大型土木機械はまだ存在しない。スキーは，ゴルフと同様に若干の立木の伐採だけで地形の改変を伴わない施設であるという千家の評価はそのとおりである。千家のこの一文によって国立公園の利用の姿が具体的に理解されたと見ていいだろう。

　先に見たとおり昭和7（1932）年12か所の国立公園が選定され，次いで指定のための調査が実施された。千家は，中部山岳，吉野熊野，箱根，霧島の四つを担当したという。調査の終わったところから国立公園委員会に諮問し特別委員会の審議を経て指定に至るわけだが，日光は昭和9（1934）年12月4日に指定を受けた。日光国立公園が誕生したのである。誕生草創期の日光国立公園と千家はさらに関係を深める。内務省の業務を通じてではなく得意とするスキーを介しての関係であった。

　日光湯元では大正期からスキーは楽しまれていたがスキー場としては昭和5（1936）年がデビューの年という。[3]昭和8（1933）年2月国立公園協会発刊の『國立公園案内』は，12か所の候補地の案内書だが，そこでは湯元のスキーについて「ゲレンデが狭いのでスキーヤーは少ないが，玄人による奥地一帯の山々の冬期スキー登山は可なり賑やかである。湯元温泉附近はその風光日本のスイスの趣がある。積雪1米以上に達し冬期営業をしている旅館も数軒ある」と紹介されている。ここからは昭和8年当時はスキー場として十分には整えられてはいなかったことがわかる。

　昭和10（1935）年1月号の『國立公園』には，千家の投稿文が載っている。[4]湯元スキー場について「一部の階級のものだけでなく大衆の滑れるところでなければ意味が無い」と書いている。昭和10年当時は大衆的スキー場ではなかったのだろう。しかし，この年に湯元スキー場が注目を浴びる出来事があった。2月9日から11日まで「国立公園スキーを楽しむ会」（図5-3-1）が開催されたのである。

　国立公園協会とその栃木県支部の共催であった。[5]「家庭的な団欒の下適切な指導を行い，厳粛にして壮美なる冬の大自然に接して，聊か明朗闊達なる精神と健康の増進に資する」とその目的を述べている。スポーツスキーとは異なる国

立公園のスキーを楽しもうという趣旨であろう。

指導員は内務省の加藤誠平，千家啓磨，菅沼達太郎の3人と栃木県観光協会の山口誠一郎の4人である。いずれもスキー技術に習熟していたという。80人の参加があった。初心者，婦人子供，ツアー（山歩き）の3

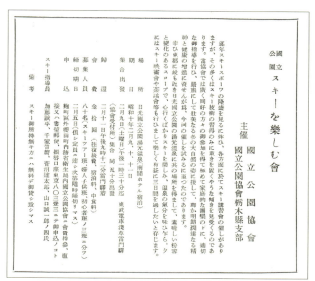

図5-3-1 『國立公園』（昭和10年1月号）掲載の「スキーを楽しむ会」の告知文

班に分かれて指導が行われた。ツアー班は千家の指導のもと山歩きを楽しんだという。参加した初心者の一人は「景色の美しい湯元のゲレンデで，楽しく滑れたことは例えようもなく嬉しゅうございました。宿に帰っては温泉につかり，のんびりと疲れを休めることのできたのはありがたく思いました。また夜の茶話会や映画も誠に面白い思い出です。来年もこんな催しがあったらと思います」と喜びを述べている。(6)この例だけでは推断はできないが，国民は保健休養の施設を求めていたと見てよいのかもしれない。国立公園は時代が求めていたと断定したくなる。

翌昭和11（1936）年にも開催された。昨年大好評を博したので今年も企画したと主催者は言っている。87人の参加があったという。今回は7名の内務省職員が引率しスキーの指導を行った。主催は国立公園協会だが直接指導するのは内務省の職員であった。国立公園という保健休養のフィールドが誕生した。内務省はこのフィールドの楽しみ方の普及を図ったと見ることができよう。そこで

は東大山岳スキー部出身の千家がその中心人物であったようだ。

　日光で開催されたのは，交通の利便，雪質そして風景などの秀逸さによるのだろう。しかしそれだけでなく日光が注目を浴びる理由が他にもあった。東京オリンピック冬季大会である。第1部でも見たが，その開催地を札幌と日光が争った。スケート連盟は日光を，スキー連盟は札幌を推した。折も折千家は「この時に当たり，第4回開催地ガルミッシュ-パルテンキルヘンの概略を述べることは決して無駄なことではないだろう」と述べ，2月にドイツのガルミッシュ-パルテンキルヘンで開催される第4回冬季オリンピック競技大会のスキーコース，ジャンプ台，滑降コース，スラロームコース，フィギャー・スピードのスケート場，そしてアイスホッケー場競技施設の概要を『國立公園』に紹介している。日光は刺激を受けたに違いない。もちろん県もオリンピック誘致には積極的であった。このような経緯もあって湯元のスキー場は注目されていたと見てよい。昭和12(1937)年県は帝室林野局から御料地3万632㎡を借り受け，積雪より高く生えている熊笹の刈り払いや貴賓室を備えた休憩舎（図5-3-2）など湯元スキー場の整備を行った。オリンピック誘致運動が整備に弾みをつけたと見てよい。

　この年千家は，バッジテストや指導者検定を行う全日本スキー連盟技術員となる。その千家が昭和13(1938)年，日光のスキー場を「雪質がよく，環境が美しい，初心者から上級者まで向く各種の斜面と興味多い登山，ツアーコースがある。その上交通の便がよい」と紹介している。そのうえで「日光の真価は此の

図5-3-2　檜平休憩舎

382

山岳地帯の粉雪を蹴っての滑降にある」とまとめている。このように見ると，国立公園誕生後の千家は国立公園では最も望ましい活動であるというスキーの普及にその多くのエネルギーを注いだと見てよいだろう。昭和14（1939）年には全日本スキー連盟出版の教本『一般スキー術要綱』の原稿を作成，出版後好評を博したという。もちろん千家はスキーの普及だけではなく，本来の国立公園計画の策定業務も進めていた。

　計画もまとまりかけた頃，その根幹にも影響するような事件が起る。昭和13（1938）年1月11日厚生省が設置された。その目的は「国民保健の向上，国民福祉の増進」だが，背景は「戦力増強という時局の要請」であった。昭和12（1937）年に勃発した支那事変（日中戦争）を戦うために体力を備えた人的資源が必要であった。その養成が厚生省の第一の目的であったと言ってよい。当時国民精神の高揚，体力向上を目的とした活動を健民運動と位置づけその普及が図られた。体操登山，水泳，相撲，武道などが奨励された。

　厚生省設置と同時に国立公園は体力局施設課の所管に移された。体力向上施設としての役割を押しつけられたのである。徒歩旅行やスキーなどは体力向上のための健民修練として位置づけられた。大自然の中の活動そのことには変わりはない。ただし，個人の自由な楽しみに，団体行動の規律性・統一性が加味され，そして鍛錬の側面が強く打ち出された。戦争を向いた時代にあって感動や昂然の気を養う場としての国立公園の本義が薄れていく。国立公園は個々の感性で風景を楽しむ場であり，没個性の団体活動による規律や肉体の強化は馴染みにくい。国立公園技術者にとって暗い時代の到来と言ってよい。

　日光の状況を見ると，昭和10（1935）年1月に島田隆次郎が国費支弁の国立公園管理員として赴任，昭和13（1938）年には田中通夫に交代する。第1部でも見たが両者は霧降高原公園計画の作成に努力した。霧降高原公園計画は，県が霧降高原に買収と地上権設定で510haの土地の権利を得て国立公園にふさわしい休養基地を造ろうとするものであった。遊覧地日光に保健休養の場を加える計画であり，それは軽井沢をイメージできる計画内容であった。この計画も時局に逆らうことはできず内容の変更を余儀なくされる。国立公園を内務省が所

第5部　風景地計画家の足跡　　383

管していた昭和12(1937)年の計画では「これまでの利用の形態である春夏期の学生団体と秋の観楓者だけでなく避暑滞在者，自然研究者，登山者，ハイカー，冬期運動者など新しき層を吸収する国立公園施設」が目的であったが，厚生省設置後の昭和14(1939)年になってから再検討され「青少年の心身の鍛錬に資する野外施設」が目的となった。確かに国立公園の諸活動には，結果として心身の鍛錬機能はある。しかしそれを第一義に置くのは国立公園の精神になじまない。確かに国民精神総動員の時代ではある。しかし文化施設と呼ぶにふさわしい国立公園を戦争遂行のための肉体・精神の練成の場に変える施策には公園関係者は戸惑いを感じたであろう。その時に千家は現地日光へ身を移した。順風とは言えない時ではある。だが，その後の活躍からは，このような時であっても国立公園を日光に根づかせたいという決意を強く持っていたと見ることができる。

第2節　栃木県時代

第1項　戦前経済部土木課

千家は，昭和14(1939)年土木技師として栃木県経済部土木課勤務を命ぜられた。土木課の所管事務は，土木および水利，砂防，道路，鉄道軌道，公有地・公有水面，土地収用，陸地測量標，都市計画，営繕，県営電気事業，公園であった。一つの課で土木のすべてを所掌していたのである。千家の担当は公園であった。具体的には日光国立公園である。

最初の仕事は，霧降高原公園の用地取得と日光観光ホテルの外構工事であったという。後に千家は「用地交渉は当主が出征中のため苦労が多かった」，また日光観光ホテルは「御料林の楢，天然唐松を使った素晴らしい建物であった」と述べている。霧降高原計画は「避暑，自然研究，登山，ハイキング」などの利用の促進を狙った利用拠点の計画である。国立公園指定直後に，満を持して県が進めたプロジェクトであった。しかし，戦争に向かう時代の中では時機を得ず日光高原歩道(図5-3-3)のみが紀元2600年記念事業[13]に位置づけられ整備された。

図5-3-3 日光高原歩道。雑誌『國立公園』,昭和16年5・6月号より

　日光高原歩道は霧降から赤薙,女峰,大真名子,男体の山腹を横断し戦場ヶ原に至る延長27.3km正味9時間の行程の歩道であった。長距離ゆえ本線だけでなく途中から山麓に降りる案内も必要であった。千家はこの歩道で標識のデザインの統一を試みた。山岳スキー部出身の千家は,以前から標識に関心を持ち研究していたようである。昭和8(1933)年の『造園研究』第7輯に「風景地における標識」という一文を投稿している。そこでは標識を「自然風景を十分に保護すると同時に,訪問客が愉快に利用,享受するための施設」と捉えている。しかし,現実には「(風景地の)標識は雑然として不統一であり,軽視されている」と評価し,そして私論と断りながら指導標,里程標,標高標,指名標,危険防止標,告示標の六つに分類しそれぞれの機能と事例を示している。設置する場所は多数の人々の集散する地点即ち風景地や施設の入り口とし,また風景の添景物となるので周囲の風景と調和しなければならない,と述べている。最後に「各地における標識が統一せられ,風致的に取り扱われることを望んでやまない」と結んでいる。
　この結びは,自ら日光高原歩道で実践することになる。ここでは指導標62か

第5部　風景地計画家の足跡　　385

図5-3-4 指導標

図5-3-5 指導標

図5-3-6 指導標

所(図5-3-4, 5, 6), 腰掛27か所(図5-3-7), 野外卓9か所(図5-3-8), 図表(案内板)4か所(図5-3-9), 制札8か所(図5-3-10), 植物名札95か所(図5-3-11), ごみ箱9か所が整備された。それだけでなく, 別事業ではあるが沿線に30

図5-3-7 腰掛

図5-3-8 野外卓

図5-3-9 図表(案内板)

図5-3-10 制札

図5-3-11 植物名札

図5-3-12 女峰小屋

人収容の山小屋（女峰小屋）（図5-3-12）も建設された。

　昭和16（1941）年完成直後に千家が撮影したこの一枚（図5-3-4）は，暗い時代に突入する直前の国立公園らしい最後のスナップかもしれない。国立公園は練成の場と位置づけられた。なかでも日光高原歩道は長距離ゆえに肉体・精神鍛錬上の期待が大きかった。その日光高原歩道で千家は若き女性ハイカーの笑顔を撮った。草創期から国立公園に身を置きその制度の確立と定着に努力した千家の思いをこの一枚は語っている。

　これまで日光高原歩道の標識類を見てきたが，千家は他にも標識の整備を行う（図5-3-13，14，15）。

これらのデザインは日光国立公園の標識の標準となり継承されて日光らしさを象徴する施設として今に続く。

　千家の述懐を見る。

「どうせ作るなら施設もよいものを作ろうということで，指導標やら避難小屋やら当時としては立派なものを作りました。それが新聞に取

図5-3-13　指導標

図5-3-14　標識（施設名）

図5-3-15　門柱（施設名）

り上げられて評判がよかったので，以降そのデザインで統一しようということになりました。ところが当時は単価表も何もありませんから，釘が何本必要で費用はいくらかなんて，まるでわかりません。しょうがないので宇都宮の町を歩いて看板屋を見て回り，これと思った店でいろいろ教えてもらいました」[14]，設計図から設計書そして単価表に至るまでゼロの状態からのスタートであった。その後の千家の仕事の多くはゼロから始まる作業が多い。公園観光の分野でのパイオニアであった。

　千家のもう一つの活躍の場は湯元スキー場にあった。昭和18(1943)年に開催された明治神宮国民練成大会スキー大会[15]の運営である。大正4(1915)年に始まる明治神宮競技大会はその後明治神宮体育大会，明治神宮国民体育大会，明治神宮国民練成大会と名称を変えながら，秋季と冬季に競技会が開催された。主催団体は明治神宮体育会であったが昭和14(1939)年に厚生省に代わる。体育局が担当であった。千家は，昭和18年のスキー大会の湯元での開催は，県の働きかけの結果決定したと言っている[16]。がしかし，湯元開催決定には千家の働きが大きく影響したと見て間違いない。

　千家は，赴任直後からスラロームバーンや滑降コースの整備を進める。そして昭和15(1940)年2月に土木課内にその事務局を置いた栃木県観光協会と日光町の共催による第1回日光国立公園大回転競技会を開催した。全国から104人，20団体の申し込みがあったという。

　翌16(1941)年には湯元のスキー場で二つのイベントが開催された。一つは，「日光国立公園　冬山とスキー鍛錬会」，一つは「第2回日光国立公園大回転競技会」である。「日光国立公園　冬山とスキー鍛錬会」は，千家のアイデアであった[17]。前年の昭和15年は皇紀2600年にあたりその記念事業として湯元に山の家（図5-3-16，17）が建てられた。

　東武鉄道（株）からの寄付と土地所有者の帝室林野局の予算で造られた。国立公園協会が設計を担当した。木造2階建，100人収容の建物で青年宿泊所という位置づけであった。銃後青年の体位向上と，厚生保健が目的の施設であったが，寝室にはベッドが置かれ温泉も引き込む設計になっていた。山のホテルと呼べ

第5部　風景地計画家の足跡　　389

図5-3-16　日光湯元山の家外観

図5-3-17　日光湯元山の家内部

る建物であったという。千家は，工事中からこの建物にふさわしい利用を考えていた。それが「冬山とスキー鍛錬会」であった。「この催しは観光協会の催しとしてはあるいは行きすぎかもしれない」としながらも，「時局下の観光事業は銃後国民の心身鍛錬または厚生運動に寄与しなければならない」と述べ，「いたずらにいわゆる観光客の誘客に専心すべきでないと信じ，幸い本邦第一と目される『日光湯元山の家』が竣工したので，ここを道場として規律ある生活の下に冬山とスキーの喜びを通じて心身の鍛錬を図り併せて比較的知られていない日光の冬の山岳地帯を紹介しようとするものである」と述べている。ここでは，銃後国民の心身鍛錬と言っている。しかし，その裏には冬山とスキーの醍醐味を伝え，そして日光を知ってもらいたいという本音が隠れ見える。

　それだけでなく「冬の登山の安全と快適を図り，頻発する冬山遭難を防止するため，スキーヤーには登山の知識と技術，登山家にはスキー技術を習得せしめる」ともう一つの狙いを述べている。この機会に冬山の楽しみ方の周知を図ろうということであろう。講師陣が選りすぐりと言ってよい。日本山岳連盟理事長冠松次郎，日本山岳会理事西堀栄三郎，日本山岳連盟理事の吉沢一郎と海野治良，そして全日本スキー連盟技術員の千家啓麿であった。その他講師補助として栃木県スキー連盟技術員2人がついた。

その告知文が雑誌『國立公園』に掲載されている(図5-3-18)。

ここには,「スキーは享楽的スポーツとして取り上げられたことが少なくない,それは過去のことであり,時局下にあっては心身鍛錬のスキーこそ我々に与えられたスキーの使命である」と述べ,「山岳界並びにスキー界の権威を指導者として厳格なる規律の下に団体生活を営み,寒気を衝いて正しきスキー術

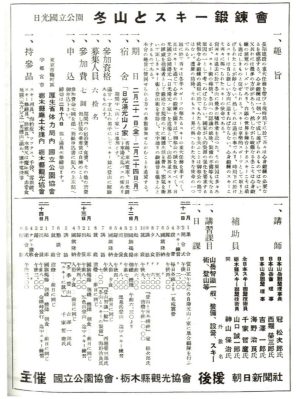

図5-3-18 「冬山とスキー鍛錬会」の告知文

と登山術を会得し,文字通りの鍛錬会を催さんとするものである」と結んでいる。昭和10(1935)年に国立公園協会が主催した「国立公園スキーを楽しむ会」の開催趣旨は「家庭的な団欒の下適切な指導を行い,厳粛にして壮美なる冬の大自然に接して,聊か明朗闊達なる精神と健康の増進に資する」であった。これだけ見ると6年の間に「国民の保健休養」が「軍事的教練」に様変わりしたと見ることができる。本音はともかく,建前はそのようであった。したがって,三泊四日の日課に見るように国旗の掲揚降納,入浴,食事,就寝の時間も厳格に定められていて団体生活での規律が重んじられたようだ。しかし,発案者千

家の真の目的は,先に見たとおり「冬山の楽しみ方と日光の宣伝」であることは間違いない。

二つ目のイベントの「第2回日光国立公園大回転競技会」(図5-3-19)は,好評を博した第1回に引き続き湯元で開催された。

図5-3-19 「第2回日光国立公園大回転競技会」告知文

温泉岳中腹から延長2.5km標高差520mの斜面で行われた。伐採無のコースであったという。時局が影響したのだろう参加者は第1回の方が多かった。とはいうものの北海道,秋田,長野から著名選手の参加があり競技の内容は優れたものであったという。団体優勝は小樽高商であった[18]。地元も健闘し那須天狗会が2位,男体山スキークラブが3位に入賞した。

この2回にわたる大回転競技会の成功は,昭和18(1943)年の第13回明治神宮記念スキー大会の開催地決定に大きく影響したという。当時全国的なスキー大会は全日本選手権競技大会と明治神宮スキー大会の二つであった。全日本選手権競技大会は個人競技,明治神宮スキー大会は県単位の団体競技である。参加者は後者の方が多かった。千家はこの明治神宮スキー大会を湯元で開催したいと考えた。全日本スキー連盟に知己が多い。連盟本部の役員など関係者の意向を聞き日光は有望との感触を得た。技術委員長に湯元を視察してもらい,コース設定など技術面の指導を受ける。地元の賛同も得る。県のスキー連盟理事会で湯元開催を決定,昭和16(1941)年7月2日には県も正式に承認。次いで全日

本スキー連盟代表委員会で第13回明治神宮スキー大会の湯元開催が決定した。千家の努力が実を結んだのである。ここから千家の奮闘が始まる。湯元は，競技を行えるほど整備されたスキー場ではなかった。2年間で会場，滑降，回転，ジャンプ台の整備を完了させた。具体的には，飛躍距離75，50，30mのジャンプ台（図5-3-20），延長40km幅員2mの距離競走コース（図5-3-21），延長4km幅員20mの滑降競技コース，延長3km幅員20mの大回転競技コース，延長1km幅員20mの回転競技コース（図5-3-22）である。

そのほかに大会総裁朝香宮殿下の御座所，審判席，記者席など大会準備の一切を担当した。『日本スキー発達史』[19]には「これらの施設や事業上の一切は栃木県観光課の千家啓麿君[20]の努力によって完成したものであった」と記されている。大会は2月4日から7日までの4日間であったが稀に見る大雪で一部のジャンプ競技の中止をやむなくされた。一般のスキー競技だけでな

図5-3-20　ジャンプ台から

図5-3-21　距離競技

図5-3-22　回転競技

く，陸軍による伝令競争・斥候競争の種目もあったという。直接競技とは関係ないが後に冬季オリンピックの回転競技で日本人初の銀メダルに輝く猪谷千春氏が小学生でありながら回転のオープン競技の前走者として出場し，強豪選手を抑えて好タイムを出し話題を呼んだという[21]。

千家は大会の終了直後の2月20，21日に満州国道化市南山スキー場で開催された満州国建国10年慶祝東亜競技大会冬季大会スキー競技に日本スキー団の監督として参加した。戦前における千家らしい最後の活躍と言ってよい。12月には栃木県小山都市建設事務所所長兼務の辞令が出る。軍需工場疎開のための区画整理事業であったという。すべてが戦争に傾注された。観光地日光は休眠状態に陥った。

第2項　戦後経済部土木課

昭和20（1945）年8月15日戦争は終わった。千家は，昭和21（1946）年3月31日小山都市建設事務所長を免ぜられ4月1日土木課技師に戻る。担当は，戦前同様に国立公園と観光であった。千家の活躍がここから始まる。第2部で見たように，日光観光ホテル，金谷ホテル，レークサイドホテル，スキー場休憩舎，中禅寺湖のボートなどが占領軍兵士の休養施設として接収された。そこでは毎日数百人の兵士がレクリエーションに明け暮れていたという。日光観光ホテルとスキー場は千家の管轄である。それらに出入りをするなかで，上下の隔てなく個人的にダンス，映画，ボート等に興ずる米軍兵士の姿をつぶさに見た[22]。ただし当時は物資窮乏の状態でレクリエーションどころか食べ物にも事欠く状況であった。しかし，千家は日本人が日光を楽しむ時代がすぐ来る，つまり国立公園も観光も立ち直りは早いと見た。そして県経済の復興は観光に頼るべきであると考えた。観光立県を目指すべきであると考えたのである。そのため「日光國立公園施設計画概要書」[23]，「霧降高原開発計画」，「観光地開発計画」など観光振興の計画を立案し目標となる姿を描いた。

その実現のため公園課，もしくは観光課の設置を訴えた。千家は「幸い観光地，世論の支持を得，全国で初めての観光課が誕生し課長に任ぜられた」[24]と簡

潔に述べている。実際の千家の行動は戦略的であった。まず地元国会議員を説得し賛同と応援を得た。次いで県会議員に日光を見せた。日光観光ホテルに宿泊し，アメリカ軍将兵のレクリエーションを楽しむ姿も見せた。議員諸氏は千家の話を理解するだけでなく，戦後復興の諸問題解決には土木行政の充実が必要であるという認識を持つようになり，独自に行動を起こす。昭和21(1946)年9月28日，県議会議長名の「土木部設置に関する意見書」[25]を内務大臣と知事あて提出し県議会の考えを示した。そこには「多種多様な内容の土木事業は，1課では対応できない。部制とし管理，河川，砂防，道路，都市計画，建築，観光等の諸課を設けて所管事務に邁進せしめてこそこの難局に処し得る」と述べ，土木部の設置を要望している。千家の熱意が土木部設置運動の契機となったと見てよい。

　国土荒廃という現実の中で戦後経済の復興を果たすには貿易の振興が第一の策と考えられた。しかし資源窮乏と産業施設の荒廃という現状では叶わぬ策であった。代わって注目されたのが観光であった。時代の脚光を浴びたと言ってもよい。全国的な観光の組織もできた。栃木県でも，昭和21年10月10日観光協会の設立を見た[26]。栃木県観光協会は昭和11(1936)年に誕生しているが，戦時中の空白時代を経て有名無実の組織になっていた。ここに戦前の組織を改組して新たな観光協会が生まれたのである。観光協会の設立の中心人物は，土木課技師千家であった。観光が脚光を浴びたとはいうものの，観光協会の再建を許す雰囲気であったかどうかはわからない。千家は観光が注目され始めた状況を見て，再建ができると踏んだのだろう。それにしてもいまだ国民生活の安定が不確かな状況にあるこの時に，観光協会の設立を進めた意欲は敬服に値する。

　もちろん，千家個人の功績ではない。終戦直後と言ってよい昭和20(1945)年12月の県議会では「観光事業の推進を図るべし」という質問[27]があった。県は「最善の努力をしたい」と答弁している。また，国立公園から外れている鬼怒川，塩原，那須に県立公園を設置すべきであるという意見書[28]も提出された。敗戦後の呆然自失感はまだ払拭されていない。しかしながらこれら県議会の動きからは復興への強い思いを感じ取ることができる。千家の思いと一致するものであっ

た。千家は勇気づけられたに違いない。

第3項　土木部観光課

　戦前国立公園は土木課が所管していた。観光客の誘致宣伝は土木課内の観光協会が僅かながら行っていた。観光担当の独立した組織はなかったのである。観光は県行政の中ではマイナーであったと見てよい。昭和21（1946）年12月24日，土木部が誕生し観光課が設置された。観光が県の行政に位置づけられた。観光という明るい事象の肯定と観光振興に対する意欲を示したのである。戦争は終わった。しかし，まだ明るい時代への移行がはっきりとは見えていない。そのような状況下にあって観光課が設置されたことは県民に明るい希望を与えたと見てよいだろう。栃木県の出来事ではあるものの，敗戦で打ちひしがれた人々の心に明るい灯をともしたに違いない。

　千家が観光課長に任ぜられた。職員は僅か5人であった。所掌事務は，日光国立公園，観光，日光観光ホテルの三つだが課題は多かった。以降千家の足跡を時系列に追って見る。

(1) 昭和22（1947）年
1）第1回関東地区スキー大会開催

　昭和22（1947）年2月「第1回関東地区スキー大会」が湯元スキー場で開催された。関東地区スキー連盟の主催だが栃木県スキー連盟の常務理事でもあった千家が企画牽引するものであった。スキーロッジは米軍に接収されている。ゲレンデにはスキーを楽しむ米兵の姿もあったろう。しかし戦前の第13回明治神宮国民練成大会とは異なり，軍事色はない。終戦から1年半で混乱がどの程度収まったかはわからないが明るい時代の到来を象徴する出来事と言ってよい。

2）県営キャンプ場開設

　7月，湯元にキャンプ場を開設した。観光課直営であった。当時県の商工課が戦時物資の処分を行った。その中からテントや毛布を無償で譲り受けての運営であった。戦争の抑圧から開放されたのである。自然に飢えていた人達で賑

わった。旅館は，寝具，衣類などを供出したため資材が不足していた，また燃料不足のため休館する旅館が多かった。観光地日光の実質的収容力が低下していたのである。そのような状況下での野営場のオープンであった。戦後の日光国立公園はその保健休養の役割を，まず野営場を介して提供したと言ってよい。荒廃混乱が収まりきっていない時にあっても国民の野外レクリエーションに対する欲求は大きかった。観光課の設置は時宜を得たものであった。このような時にこそ観光の意義は大きいと千家は考えたに違いない。

3）御用邸の経営

もう一つの特出すべき事件に御用邸の経営がある。日光は東京からの到達性がよく，自然の環境が優れている，そのうえ冷涼の地でもある。遊覧のみならず静養の人も多く訪れた。避暑滞在の別荘も多かった。明治23（1890）年には日光山内御用邸が明治31（1898）年には田母沢御用邸が造営された。大正天皇は皇太子そして天皇即位後も毎年のように日光で夏を過ごされた。また昭和17（1942）年には昭和天皇，皇后陛下，内親王宮も夏を過ごされ，昭和19（1944）年には学習院が日光に疎開したため皇太子が滞在された。このように皇族方の来晃も多かった。

昭和20（1945）年の敗戦を契機に日本の社会は大きく変化した。日光も例外ではなかった。GHQの指令により昭和21（1946）年10月12日に財産税法が公布され，20日に施行された。所有している動産・不動産の合計が10万円以上の個人が課税の対象とされた。皇室財産も例外ではなかった。税率も累進率も高率であった。物納も認められていた。皇室財産の9割以上が物納されたという。田母沢御用邸・付属邸および日光山内御用邸も物納され昭和22（1947）年7月に国有財産として大蔵省所管に移る。最終的には県が大蔵省より借り受けるのだがそこにはある経緯があったようだ。

興味深い文章がある。千家は「これら御用邸はいずれも廃止せられることとなったので，県は直ちに宮内省に対しこれらの借用方も願い出たところ，昭和21年10月1日付を以って許可された」と言っている。「廃止されることになった」というのは宮内省では維持できなくなったという意味であろう。借用の許

可は財産税法が公布された10月12日より前である。宮内省も千家も事前に情報を知っていたので法施行以前に無償貸付という事実を作ったのであろう。

しかし一方，昭和21(1946)年12月11日県議会で知事は下記のように答弁している。

「終戦後本県の御用邸御下賜に相成りまして，そのうち二つは県に御下賜に相成りましたことは誠に感激に堪えないところでございます。県といたしましては日光の田母沢御用邸は文化会館として使用していきたい。また山内の御用邸は美術者の研究施設小博物館，美術館といったようなものとして使用させていただきたいということをお願いいたしまして聴許を得た次第であります(31)」。

知事は，
①終戦後，田母沢御用邸と日光御用邸は県に下賜された
②田母沢御用邸は文化会館，山内の御用邸は美術者の研究施設小博物館，美術館，具体的には日本美術工芸指導所として利用するということで宮内省も承諾している

と言っている。

知事の発言記録が誤記とも考えられる。「貸下」を「下賜」と誤記したのかもしれない。しかし，昭和21年12月11日のこの知事の発言は昭和21年10月1日の無償貸付以降である。また，「終戦後」という表現もしっくりこない。ここでの「終戦後」は昭和20年8月15日以降のしばらくの間と読むのが順当であろう。

一方，「会計検査院の昭和23年度決算検査報告」には以下の記述がある。

「東京財務局で，栃木県日光町所在の元皇室財産である田母沢御用邸および付属邸(土地1万4,550坪，建物2,449坪)並びに日光御用邸(土地1万2,933坪，建物567坪)を正規の手続きもとらず栃木県に使用させているものがある。右は，昭和21年10月宮内省が栃木県に無償貸付したものを，大蔵省が昭和22(1947)年7月国有財産として引継ぎを受けたものであるから，速やかに正規の手続きを取らなければならないのに，その後2年余を経過しながらそのままにしているものである」

田母沢御用邸および付属邸並びに日光御用邸について栃木県知事は「下賜さ

れた」と言い，会計検査院は「無償貸付」と言っている。千家も「無償貸付」と言っている。ただし昭和21年10月1日からである。終戦から1年2か月の経過がある。知事の「終戦後下賜」という発言の証拠となる文書は不明である。終戦後の混乱の中，文書による手続きの省略があったことも考えられる。

図5-3-23　旧日光田母沢御用邸の概略

　もう一つの資料がある。昭和22(1947)年10月30日に栃木県観光協会から発刊された『旧日光田母澤御用邸の概略』(図5-3-23)がそれである。

　当時一般公開していた田母沢御用邸の概要を千家がまとめたものである。そこには「此の由緒ある御用邸は昭和20(1945)年終戦と共に，文化会館として利用するため，畏くも栃木県に対して御貸下げになったのであります。県に於いては，御貸下げの御趣旨にもとづき，建物の保存に万全を期すると共に，完全なる利用を計るため，目下慎重検討中でありますが，之が文化会館としての実現は尚相当の日時を要するものと考へられます。一方御貸下げと共に，此の御由緒ある建物を参観致したいとの一般の方々の希望もありますので，県では文化会館実現までの暫定的措置として此度公開されることになったのであります。敗戦の厳しい現実が，かつては思いもよらなかった御用邸の参観が出来ることとなり，更にこの御用邸が想像もつかぬ程御質素であることは，誠に感慨深いものがあります」と記されている。

　千家は，
　①終戦直後に御貸下げになった
　②目的は文化会館としての利用であった
　③ただし貸下げの趣旨は建物の保全である

と述べている。昭和22(1947)年10月30日のこの千家の文章では「下賜」ではなく「貸下げ」と言っている。それも「終戦と共に」である。しかし実際の貸付けは昭和21(1946)年10月であった。終戦から1年以上経過している。千家の言う終戦直後の時点での「貸下げ」は県側の要請ではなかったのかも知れない。宮内省は御用邸の姿を残す形で県が利用・管理するのが望ましいと考えたのかもしれない。敗戦という現実の中で国のあり様が危惧されたなか、御用邸の建物の保全を重要視したのであろう。敗戦国日本がどのような難題に向き合うか予想もつかなかったが、間違いなく変革を要求してくると思われた。GHQの意向が明らかになる前に御用邸の保全を図ろうとする措置であったのかもしれない。それゆえの「下賜」であったのかもしれない。書類が発見されてないことを考えると口答でのやり取りであったことも想像できる。その後GHQの指令が出た。GHQは皇室財産も財産税の課税対象にするという。皇室財産の国有化はGHQの方針であった。仮に「御下賜」の書類があったとしても反古となったに違いない。関係者の思いなどとは関係なく、昭和21年10月には会計検査院の言う「無償貸付」、千家の書く「貸下げ」が現実となったのかもしれない。その後昭和22年7月に二つの御用邸は大蔵省所管の国有財産となり、大蔵省で一般財産として管理された、と見るのが当時の状況からは自然なのかもしれない。

　大蔵省所管替えとほぼ同時に東京国税局から千家に御用邸の活用を考えて欲しい旨の依頼があった。県でなんとかしてくれ、ということであろう。県に一任した形である。この依頼は大蔵省も御用邸の建物を残したいと考えていた証左と見てよいだろう。御用邸の存在は地元の誇りであったのだから順当な依頼とも言えよう。

　千家は、
　①田母沢御用邸本邸は博物館
　②田母沢御用邸付属邸は国民宿舎
　③日光山内御用邸はホテル
という案を立てた。昭和21年12月の知事答弁では「山内御用邸(日光御用邸のこと)は美術者の研究施設小博物館、美術館といったようなもの」と述べてい

た。具体的には美術工芸指導所である。その後貿易再開が始まり、多くのバイヤーの来日が予想されるようになった。日光にも多くのバイヤーが訪れると期待された。しかし主なホテルは接収中である。数の不足が懸念された。このような状況下、千家は貿易庁から「バイヤー用宿舎の確保」の要請を受けた。千家は日光山内御用邸を美術工芸指導所からホテルへ変えることで知事と県議会の承認をとった。同時に田母沢御用邸を文化会館とする案を中止し、現状のまま一般公開することとした。山内御用邸は貿易再開の昭和22年8月15日より若干遅れたが、日光パレスホテルという名称で10月15日オープンした。20室40人収容のホテルであった。

田母沢御用邸は10月1日オープンだが11月31日までに3万8,562人、翌昭和23(1948)年4月から11月の間に2万2,863人の入館者があった。戦前最大と言われた昭和15(1940)年は100万人ほどの観光客が日光を訪れたと言われている。昭和23、4年当時の観光客数はわからない。ただし、山内から2km離れた立地を考えるとこの入館者数は大きな数字である。簡素そのものではあるものの御用邸は魅力的な観光資源であった。一方パレスホテルは金谷ホテルに経営を委託された。利用者数などはわからない。

昭和23年1月の千家の文章には「三つの旧御用邸は払下げ決定をみたが払下げ価格未定」とある。払下げは決定したが価格は決まっていない。つまりこの時点で払下げは行われなかった。その後県は二つの御用邸の無償貸付を大蔵省に申請するが、国は是としなかった。県は購入を決意し、その予算化の議案を昭和24(1949)年12月の県議会に上程予定であった。しかし26日早朝今市地震が発生し、甚大な被害が生じた。上程を諦め、借用を続けることとなった。時に恵まれなかったと言うべきだろう。このような経緯で保全が図られた御用邸だが、後に千家は「由緒深き御用邸は以上のような変遷を辿ったのであるが、しかし常に奥床しい空気に包まれ、人々になごやかな感懐を与えつつ親しまれるのであった」と述懐している。時間は経過するが平成8(1996)年に、御用邸本邸を県が購入整備し、日光田母沢御用邸記念公園(口絵 図5-3-24)として一般に公開された。所有も管理も県が行うという千家の思いは57年ぶりに実現し

た。

4) 栃木県観光協会の運営

先に触れたが，昭和21 (1946) 年10月御用邸の借用とほぼ同時にこれまでの観光協会(36)が改組され新たな栃木県観光協会が誕生した。昭和23年1月に千家がまとめた「栃木県の観光事業概要」(図5-3-25)には，「栃木県観光協会は本県を代表する協会として全日本観光連盟(37)に加入している。昭和21年9月改組して会長は船田中氏(元代議士)，名誉会長小平重吉氏(知事)，副会長土木部長，金谷眞一氏(金谷ホテル)，高瀬伝氏(代議士，元運輸省国際観光局事務官)，常務理事に観光課長となっており，理事，評議員，顧問，参与を置く。四大観光地(日光，鬼怒川，塩原，那須)(筆者注)に支部を置くほか，会員は旅館，売店，交通業者，社寺，寺院，興業業者，町村，商工会議所，治山治水協会，観光美術協会などよりなっている。協会には専任職員として主事1名を置くほかは，観光課全員が之を補助している。事務所は栃木県庁観光課内にある」，続けて「観光協会と観光課の関係は密接不離であるが，大体に於て施設の実施，総合計画の樹立，調査，法律に基づく事務等は観光課。宣伝紹介，パンフレット絵葉書の作成，キャンプ村，御用邸の公開事務，日光パレスホテルの経営等金銭収入に関係あるものは協会で行うこととしている。県に於ては団体補助を出さない方針であるので，観光協会も補助を受けていないが，県有施設の利用によって補助に相当する金銭収入を得ている」と記されている。

栃木県観光協会は，昭和11 (1936) 年に誕生した。その後専属の職員も置かれた。国立公園協会や日光町と共催して全国的なスキー競技会開催の実績もある。昭和15 (1940) 年に商工課から土木課にその所管を変

図5-3-25　栃木県の観光事業概要

えた。戦時下となり自ずと会員もその活動も限られた。観光協会の改組は御用邸の借用と時を同じくする。千家は御用邸やキャンプ場など県の施設の運営を担う組織としても考えていた。そのため協会の内容を充実させたと見てよい。ただし法人格は持たなかった。

  5) 日光国立公園の充実

　昭和22(1947)年12月県議会は農林・大蔵両大臣および経済安定本部長あての意見書の提出を決議した。それは奥日光の旧御料地および養魚場・山の家など旧帝室林野局の財産と中禅寺湖水面の県への委譲を願うものであった。日光国立公園の核心をなす地域である。同時にその運動費として50万円の予算を議決した。これらの決議は，①風致維持，②国立公園開発，③温泉利用，④養魚場および山の家の公園的利用促進，を一層確実なものにし日光国立公園の充実を図りたいという思いの現れと見てよい。この運動は観光課の所管であった。シナリオライターは千家と見て間違いない。日光国立公園の核心をなす地域の土地と施設を直接管理したいという意欲の現れであろう。ただし，施設の種類は多様でかつその経営には専門的知識が求められる。管理運営の組織が必要であると千家は考えた。当面二つの御用邸の経営が課題であった。

　千家は慎重に取り組んだ。各方面の意見を聴くため，昭和22年7月19日有識者関係者からなる協議会を開催した。出席者の日本ホテル協会理事長高久甚之助などから御用邸の経営については観光会社を設立し，そこに任せるのがよいという積極的意見もあった。

　ここでの結論を踏まえて，県は，
　①将来は三つの旧御用邸の経営を担う観光会社を設立
　②旧日光山内御用邸はバイヤー用のホテル，旧田母沢御用邸は一般公開
　③それらの経費は当面栃木県観光協会が負担し，その資金として県は協会に対して150万円貸し付ける
ことを決めた。

(2) 昭和23(1948)年
1) 日光国立公園観光株式会社設立
　第1部と重複するが日光国立公園株式会社(以下「日光観光(株)」という)を詳しく見てみる。先に見たように観光会社の設立が決まった。観光協会会長船田中を中心に会社設立の準備が始まった。当初の県の構想は壮大なものであった。

　①まず，三つの御用邸，キャンプ場，湯元山の家，旧帝室林野局所管の養魚
　　場の経営
　②次に，日光観光ホテルの経営，電車・バス・ケーブルカー・エレベーター・
　　ボートなど交通機関の買収と経営，ゴルフ場の建設
　③さらに，湯元と那須に観光ホテルの建設経営，霧降高原の開発

などが構想された。要は日光を丸ごと経営しようということである。国土が焦土と化してから2年，復興どころか日々の生活の安定が課題であったろう。そのような状況下での観光会社の設立は，観光の振興に向けて元気よく頑張ろう，という決意の表明と見ることもできる。

　とは言うものの，交通機関の買収および新規事業の着手は財政的にも無理がある。まず御用邸の経営を第一の目的として昭和23(1948)年6月に資本金1,000万円の日光観光(株)が設立された。当面の目的は御用邸だが，初期の志は捨てていない。定款には，「日光国立公園(日光，鬼怒川，川治，藤原，塩原，那須，庚申山などを含む区域)地内に於けるホテル，旅館，その他観光客斡旋及観光施設の経営」および「自動車運輸事業の経営」そして「それらに関する一切の業務」を営むことを目的とする，と謳われている。観光地の風景管理以外の一切を行うということであろう。もちろん風景管理は行政の仕事である。知事は「観光地の施策は日光観光(株)をしてこれに充らしめるという考えで，これに400万円出費しております」[40]と述べている。資本金1,000万円のうち400万を県が出費した。いわゆる第三セクターである。県の観光施策を実行する会社と言ってよい。全国で初めての事例であった。その後これに倣う会社が各地

に設立される。⁽⁴¹⁾

設立直後に，文化会館（旧田母沢御用邸本邸），田母沢会館（旧田母沢御用邸付属邸）およびパレスホテル（旧日光御用邸）の経営を観光協会から引き継ぎ，さらに湯元，霧降のキャンプ場，湯元のスキーロッジの経営を行う。また山内の別荘（現明治の館，図5-3-26）をパレスホテルの別邸として経営した。ローズマンションという名称の外国人用宿舎であった。そこには占領軍将兵のためのSilver Foxというバーも設置されていた。

図5-3-26　現明治の館

翌昭和24 (1949) 年には千手ケ浜と光徳に野営場を開業，昭和25 (1950) 年には西参道駐車場を駐留軍用のモータープールとして営業，昭和26 (1951) 年には田母沢スケート場を開業，昭和27 (1952) 年には湯元山の家の営業，昭和29 (1954) 年にはバンガロー15棟を建設し湯元野営場の整備を図る。昭和30 (1955) 年には田母沢御用邸内の日光国立公園博物館の経営を受託した。後に千家は「日光国立公園の再生は御用邸から始まったと言えそうだ」と述懐している。戦後の復興の見通しも立っていない時にありながら，終戦翌年に観光課そして観光協会，昭和23 (1948) 年に日光観光（株）など観光振興の施策が生まれた背景には「観光地日光」の復権に対する確信があったからであろう。その確信を支えるうえで御用邸の存在は大きかった。

2) 観光栃木の指針策定

観光課が創設された。組織は整った。しかしその具体的な仕事は既存県有施設の管理に中心が置かれていた。「観光地日光」の復権のためにはさまざまな施策が必要であるが具体的には決まっていなかった。千家は観光の計画を策定し，それを県の計画に位置づけることが急務と考えた。後に「観光課での初仕事」と

位置づけている「栃木県観光総合計画」の策定である。第1部でも触れたが千家はその必要性を上層部に訴えた。その過程で戦後の復興を果たすためには観光だけでなくすべての分野の計画が必要であるという結論に達した。経済産業の各部門を網羅した「栃木県経済振興総合計画」の策定が決定したのである。

　策定の趣旨は、「海外の領土と資源を失った日本が、今後国内に充満する8,000万国民を養い、その文化国家たるに相応しい生活水準と教養水準を保っていく為には、先ず以って、終戦後根本的変化を見た諸条件に立脚する新しい目で、隈なく国内を見直し、残された資源の保全並びにその高度利用、生産技術及び経営方法の徹底的改革、資本利用の効率化及び労働生産性向上、消費生活合理化並びにこれらの事項の基盤たる国民の認識の向上並びに復興精神の作興の諸問題に付き優れた科学技術を応用し透徹した洞察力を以って徹底的な調査研究を遂げ、総合的且実効性ある計画を樹立しなければならない」[45]であった。国の計画もかくやと思うほどに格調高い。当時の県の意欲が伝わってくる。

　続いて「このことは勿論日本全土にとっても必要なばかりでなく、わが栃木県にとっても緊要な課題であって、その結果に期待すべきところは大きい。素よりある地方計画は、国全体の計画の一環となり得るようなものでなければならないが、必ずしも国の計画が出来上がるのを俟ち、その実施として行われなければならぬ必要はなく、地方の実状に立脚した独自の分野を開拓し、進んで国の計画に寄与するような価値をもつものたらしめたい」と結んでいる。

　全国総合計画の根拠となる国土総合開発法は昭和25(1950)年になって制定される。栃木県経済総合振興計画策定時には、国の計画は無かった。上位計画は無かったのである。県の計画策定の趣旨からは、国に先んずるだけではなく栃木県ならではの独自性を持ち、かつ国の参考になるような計画を目指すという気概を感じ取ることができる。

　審議会が設置された。昭和23(1948)年7月5日、「終戦後の国状に照らし県内資源の保全及び高度利用開発等により県勢の振興及び民生の安定を図り、進んで我国の経済復興及び国民生活の安定に寄与するため必要な総合計画につき其の会の具体的意見を問う」と知事から諮問があった。

表5-3-1 観光総合計画専門委員・幹事一覧

種　別	職　位	氏　名
委員長		田村剛
委　員	栃木県観光協会長	船田中
	金谷ホテル社長	金谷眞一
	関東自動車株式会社社長	保坂正七
	関東信越観光連盟会長	高橋蔵司
	全日本観光連盟事務局長	林健一
	東武鉄道	矢島市朗
	日本体育会理事	小川勝次
	日光町長	伊藤敬次郎
	藤原観光協会長	金谷正生
	塩原町長	坂門司郎
	那須観光協会長	箭内源典
	東大植物園長	松村義敬
	栃木県名勝天然記念物調査員	田代善吉
	高崎鉄道管理局宇都宮管理部長	富岡要
	前橋営林局計画課長	石井勇
	東武鉄道運輸部長	柴田稔
	東野鉄道自動車部長	矢野秀夫
幹　事	道路課長	梅沢景秀
	公衆保健課長	富永慶順
	商工課長	柳田孔斯老
	観光課長	千家哲麿

　農業，交通，観光など九つの分野の専門委員会が設けられた。観光専門委員会の委員および幹事は表5-3-1であった。

　観光に関わる各分野の専門家を網羅している。それだけでなく道路，公衆保健，商工の各課長が参加している。県を挙げての体制と言ってよい。4回の現地調査と6回の委員会を経て成案がまとまり，昭和24年3月に印刷発刊された。

　計画の内容については，第1部「観光行政」でも述べた。しかし章の名称の記述だけでその詳細には触れていない。ここでは章を構成する節も見てみる。

第1章　総説
　第1節　観光事業の重要性
　第2節　栃木県観光地の占める位置

第3節　観光事業の本県経済に及ぼす影響

　第4節　観光事業総合開発計画樹立の趣旨

第2章　観光事業総合開発計画基本方針

　第1節　基本方針

　第2節　観光事業施行対象地

　第3節　国立公園区域の拡張

第3章　風致維持並に保存計画

　第1節　国立公園

　第2節　観光地

　第3節　観光都市

　第4節　史蹟名勝天然記念物及国宝

　第5節　鳥獣の保護

　第6節　観光道路沿線の風致維持

　第7節　産業との調整

第4章　観光施設計画

　第1節　国立公園

　　1. 観光系統

　　2. 鉄道

　　3. 電車

　　4. 観光道路

　　5. ケーブルカー

　　6. 華厳エレベーター

　　7. 空中ケーブル

　　8. バス

　第2節　宿泊施設

　第3節　野外休養施設

　第4節　教育施設

　第5節　衛生施設

第6節　医療施設
　　第7節　娯楽施設
　　第8節　特殊観光業務の取締
　第6章　観光地の調査宣伝紹介
　　第1節　観光地の調査
　　第2節　宣伝紹介
　　第3節　観光統計
　第7章　観光産業の促進
　　第1節　食料
　　第2節　土産品
　　第3節　その他の産業
　第8章　観光産業推進機構
　　第1節　観光行政機構の整備
　　第2節　民間団体の機構の整備
　　第3節　観光事業運営委員会の設置
　第9章　開発計画実施方針
　　第1節　施行区分
　　第2節　資金計画
　　第3節　隘路の打開

　ここには観光の意義，観光栃木の全国的位置づけ，基本方針，観光資源の保護，施設，接遇，宣伝，観光産業，運営組織のあり方，そして事業の進め方までである。観光振興のすべての分野を取り上げている。[46]
　これまでにも観光を目的に置いた計画はあった。それらは日光と塩原の施設の構想，[47] 日光の風景保護と利用の方策，[48] 霧降や湯元といった限られた地区の計画，[49] 日光国立公園の保護と施設の計画である。[50] いずれも観光の1ないし2分野だけで全分野を総合的に取り上げたものではなかった。ここで初めて観光の総合計画がまとめられた。観光を県是に掲げる背景となり，かつ観光栃木の方向性

第5部　風景地計画家の足跡　　409

を定めた計画であった。そこでは県経済に及ぼす影響などが具体的に示されている。千家は復興も緒についたばかりの戦後の混乱期にあって、観光の計画を示すことにより復興へ向けての明るい未来の展望を描いたと言ってよい。

(3) 昭和24(1949)年

栃木県観光総合計画には「観光地の調査宣伝紹介」という章を設けている。そこでは「宣伝なきところに観光客なし」というフランスの観光標語を引用し、宣伝の重要性を説いている。「観光事業は、施設の充実と宣伝紹介と相俟って初めて成り立つ」と述べ、続いて「本県には日光、鬼怒川、川治、塩原、那須等の著名な観光地が多いが第二次大戦による観光事業の空白時代のため、これら観光地すら一般によく知られていない傾向にある」と現状を分析している。ここでは宣伝紹介は間断なく続けられなければその効果は低減し観光地は忘れ去られてしまう、また宣伝紹介は新たに情報を与えるだけでなくこれまでに蓄積された情報の忘却を防ぐと言っている。そのような認識のもと、千家は単独で観光展を主催するだけでなく、他県との共同展へも参加し積極的に宣伝活動に取り組んだ。その主なものを見てみる(表5-3-2)。

昭和24(1949)年には東京で県単独主催の「観光と物産展」を開催した。9月23日から28日まで日本橋白木屋、9月28日から10月8日まで新宿三越で「観光と物産展」、10月10日から20日まで五反田白木屋で「観光展」、10月20日から11月1日まで渋谷東横百貨店で「観光写真展」を開催した。デパートを会場とした県単独の観光展の端緒と言えるものであった。以降各県がこれを見習うことになる。これら四つの催事は「栃木県観光祭」の名称のもと集中的に行われた。同時に東照宮武者行列の銀座行進などを併催し都民の耳目を集めたという。千家は「栃木県観光総合計画」で取り上げた観光宣伝を自らが実行したのである。種々の統制が緩和されるなど漸次国内の混乱も収まり、物資も出回り始めたものの復興にはいまだ遠い時であった。千家が企画実行したこれらの催事は、忘れていた旅行の記憶の呼び覚ましや日光をはじめ県内観光地への認識を深めるなど多くの効果があったに違いない。宣伝は、他に先んじ繰り返し行うことが

表5-3-2　県が参加した観光展覧会の主なもの

年月日	場所	展覧会名	主催	備考
昭和23年10月	上野松坂屋	中央日本観光協議会共同展	中央日本観光協議会	戦後初の観光展
昭和24年3～6月	横浜市	日本貿易博覧会	日本貿易博覧会事務局	
昭和24年4～5月	長野市	長野平和博覧会	長野県・長野商工会議所	
昭和24年9月	日本橋白木屋	栃木県観光祭観光と物産展	栃木県	全国初の県単独の観光および物産展
昭和24年9～10月	新宿三越	栃木県観光祭観光と物産展	〃	〃
昭和24年10月	五反田白木屋	栃木県観光祭観光展	〃	〃
昭和25年3月	神戸市	日本貿易産業博覧会	兵庫県・神戸市	ミス栃木が宣伝，好評を得た
昭和25年5月	銀座三越	新緑とハイキング展	栃木県	
昭和25年9月	銀座三越	日光国立公園展	〃	
昭和25年9月	新宿三越	観光と物産展	〃	
昭和25年9月	渋谷東横	観光写真展	〃	
昭和25年10月	東京日本劇場	秋祭りに参加		日光鬼怒川塩原那須を舞台としたショー
昭和26年7月	名古屋松坂屋	栃木県観光展	栃木県	東照宮の全模型出品
昭和27年5月	大阪三越	日光名宝展	〃	二社一寺の宝物
昭和27年8月	日本橋三越	日光名宝展	〃	〃
昭和27年10月	高松三越	日光名宝展	〃	〃
昭和29年4月	福岡玉屋百貨店	日光展	〃	〃
昭和29年4月	熊本大洋百貨店	日光展	〃	〃

註：中央日本観光協議会は，関東甲信越地区各都県で構成

重要であると千家は理解していた。その効果はもちろんのことだが，復興の姿がはっきりとは見えていないこの時期に観光宣伝という明るい出来事が実行されたことの意味も大きかったと見てよい。

　この観光展の期間中地元では観光地短歌大会，俳句大会，川柳大会，観光写真の懸賞募集，ゴルフ大会が併催された。千家は後に「各観光地は，それぞれ多彩な催しを計画し，宿泊料も協定してサービスに努め，その後の観光客誘致

に大きな基礎をつくったのである。なおこの催事による観光客の増加は，各観光地へ多大の刺激となり，道路，ケーブルカー，バス，旅館等の改良の必要は痛感され，観光事業の重要性を強く認識させることとなり，各種施設の一大改善が実現される動機となったのである」と振り返っている。これら観光展覧会は結果として地元の意識を高めた。宣伝を通じてそれにふさわしい地域づくりの機運が生まれたのである。

　昭和26（1951）年7月に名古屋松坂屋で開催された栃木県観光展には東照宮の全模型を出展した。また著名画家による栃木県観光地絵画展を併催し錦上花を添えたという。戦後最大の展覧会と言われただけに連日多くの観衆を集めた。そこで提供されたさまざまな情報は，後に名古屋地方からの誘客の一大原動力になったと言われている。以降四国，九州でも観光展を開催し，昭和23年から29年までの開催数は62回に及んだ。千家は日光の魅力を全国に紹介するため，その宣伝紹介に努めたのである。

　それは海外でも行われた。「昭和26年に運輸省観光部内に海外観光宣伝協会が創設されるやただちにその会員となり，海外宣伝にも積極的に乗り出すこととなった。即ち，昭和26年の米国シアトル市における貿易博には陽明門，五重塔の模型を出品して会場の人気を奪い，27年には同市をはじめ各地の博覧会に参加し，さらにニューヨーク・ヘラルド・トリビューン紙の別冊旅行案内には1ページにわたる広告を掲載し世界各地に呼びかけたのであった。次いで昭和28年6月には，アメリカサンフランシスコにおける世界観光貿易博覧会に参加し五重塔模型，写真の展示，天然色映画『日光』の映写を行った」と千家は書いている。昭和28（1953）年の世界観光貿易博には小平重吉栃木県知事が日本代表として出席し，千家も展覧会係として現地の交渉，案内等にあたったという。

(4) 昭和25（1950）年
1) 日光国立公園博物館の開設
　先に述べたように田母沢御用邸は昭和22（1947）年に一般公開された。多くの人が訪れその簡素清浄さに感銘を受けてきた。日本式木造銅葺の建物で，一部

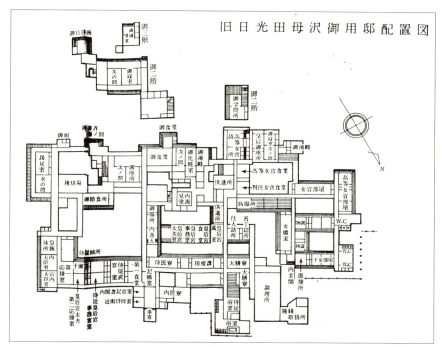

図5-3-27　旧田母沢御用邸配置図

が2階および3階になっているが大部分が平屋造りであった。建坪は1,359坪，部屋数は106室あった(図5-3-27)。

日光市の統計資料を見ると昭和24(1949)年度に日光を訪れた観光客は120万近い。戦前のピークを超えている。それに対して地元の準備は十分には整ってはいなかったと見てよい。情報の提供も電車，バス，二社一寺，売店，旅館などの個々の場面で時々に応じたものはあったに違いない。日光全体を体系的そして具体的に伝える情報提供の施設はなかった。

千家は旧田母沢御用邸の一部を日光国立公園博物館として整備し4月に一般に公開した。主な施設は日光全域をカバーしたジオラマであった。日光全体を俯瞰し，それぞれの位置関係とアクセス手法を知ることができた。日光で初めての情報提供施設と言ってよい。昆虫，植物そして岩石の標本を使って展示す

るコーナーも整備された。後に触れるが，昭和29(1954)年に県が独自に設置したレンジャーのステーションとしても使われた。そこでは地形の模型や標本を使って利用指導や自然の解説も行われた。ビジターセンターの機能を持つ施設であった。経営は栃木県観光協会が行い，後に日光観光(株)に委託された。平成3(1991)年に中宮祠に設置された日光自然博物館に代表されるビジターセンターの起端と位置づけられる施設であった。

  2) 日光国立公園の拡張

　第1部観光行政でも触れたが昭和5(1930)年内務省に「国立公園調査会」が設けられ，国立公園設置を目指した国の方針が明確となった。同年地元栃木では「栃木県国立公園協会」が設立された。目的は「日光を中心とする国立公園の実現並その後における内容の充実」であった。「日光を中心とする」と言ってはいるが，日光だけでなく那須，塩原，鬼怒川，栗山，奥鬼怒，足尾，庚申山，尾瀬，丸沼，赤城，榛名を含んでいた。「栃木県国立公園協会」は栃木県，日光・藤原・塩原・那須など地元関係町村，および東武鉄道(株)・日光自動車(株)など地元事業者で構成されていた。赤城，榛名まで取り込んだ理由はわからないが，地元では日光だけでなく鬼怒川・塩原・那須・足尾も国立公園の指定を受けたいと強く願っていた。(53)

　しかしながら指定を受けたのは日光と尾瀬だけであった。地元の失望を今に伝える資料は見当たらないが，未練の気持ちが残ったと見て間違いない。昭和21(1946)年に千家は県議会議員諸氏を日光に案内し観光事業の重要性を説いた。その際日光国立公園を拡張し鬼怒川・塩原・那須・足尾を取り込むことが必要だと説いたに違いない。昭和22(1947)年12月22日の日付で県議会議長から厚生大臣あて「国立公園拡張意見書」が提出された。そこには「日光国立公園を拡張し鬼怒川・塩原・那須・足尾を取り込んで欲しい」という意見が述べられている。加えて「県は拡張を希望し，政府も一度は了承したが延期になった」，だから意見書を提出するのだと言っている。千家は事務ベースで拡張の希望を国に伝え，国も了承した。理由はわからないがそれが延期になった。それゆえ県議会の力を借りたのだろう。

昭和24(1948)年3月に印刷発刊された『栃木県観光総合計画』では，「日光国立公園は，人工美と自然美に恵まれる，吾が国第一の国立公園である。しかるところ，本公園は面積比較的狭小にして雄大なる景観に乏しく，優に一日二日を以って殆どその全貌を知る事ができるのである。従って今後日光が国際的観光地として発展するためには少なくとも三，四日の滞在を必要とする規模と，変化に富む景観を併せ持つことを必要とする」と述べている。そして日光国立公園の拡張を取り上げている。そこに添付された図面には後に編入される区域とほぼ同じと言ってよい区域が拡張予定地として印刷されている（口絵　図5-3-28）。

　「予定地」と記載されているが，この時までに再度拡張の内約が取れたのだろう。昭和25(1950)年9月に那須，塩原，鬼怒川，足尾が編入された。栃木県の主要な観光地が国立公園，つまりは国を代表する風景地として認められたのである。千家がまとめた「日光国立公園の区域拡張計画趣旨」には次のような記載がある。

　①日光国立公園は面積狭小かつ規模も比較的小さく僅か一，二日で全容を見ることができる
　②小区域内に多種多様の自然景観を有するのは日光の一大特徴である。しかし雄大なる風景に乏しく，ことに河川の渓谷美，広大なる高原と展望，豊富な温泉に欠ける
　③区域を拡大し現日光国立公園に乏しい魅力を補い，完全なる国立公園および国際観光地に仕上げる

　そして最後は，
「本県が4地区の区域編入を希望するのは決して国立公園の看板を欲するのではなく，すぐれた景観を国立公園法により永久に維持保存し，併せて国立公園法に基づいて正しい開発を行い，以って本地区をして国民のレクリエーション及自然科学研究の地となし，更に国際的観光地として観光国策の一端を分担いたしたいのによるものである」
と結んでいる。

3）湯元集団施設地区の整備

　日光国立公園拡張の願いは成就した。同時に湯元集団施設地区の整備も決まった。昭和12（1937）年決定の「國立公園計劃標準」では集団施設地区について「一定ノ地区ヲ劃シ特定ノ地割計画ノモトニ地区内ヲ統制シ交通運輸，宿泊，保健，教化等ノ施設ニ供スル地区ヲ謂ウ」と定めている。昭和9（1934）年日光を調査した内務省衛生局の職員は，湯元地区の周囲測量を行っている。地区を限って詳細な計画を立てようとしたのであろう。その後作業が進んだのであろう。昭和14（1939）年には国の計画案を示し県の意見を照会している。[54] 県は回答した。しかし間もなく戦時となりその後の進展はなかった。以上のことは先に述べた。

　戦争が終わっても国立公園の事業に大きな進展はなかった。昭和25（1950）年に初めて公共事業費の予算がついた。その予算で湯元集団施設地区の整備が決定した。当時集団施設地区は全国で60か所あった。整備の優先順位を決めるのに国では下記のような考え方がとられた。

①国際的にも，国内的にも四季を通じて相当に利用される場所であり将来もますます利用度の高くなる見通しのものであり，自然的環境が多数を収容できる場所であること

②現在までに，相当の施設があり，ある程度の施設をすることによって，一通り整備の段階になること

③地元民が極めて協力的であり，かつ都道府県・市町村等の諸団体が有形あるいは無形の，協力を惜しまないものであること

④整備にあたって，地上権・借地権などの権利関係が錯綜していなくて，またこれらの権利関係も実体的にはうまく処理できるもの

　以上四つの観点から検討が加えられ「湯元」が優先順位1位に選ばれた。戦後初めての公共事業費での整備である。補助事業であった。千家は国と打ち合わせていたので県費も予算化されていた。国の作業と地元の準備が同時に行われたのである。優先順位の決定や予算獲得作業は地元県との情報交換がなければ完成しない。国の決定には千家の存在は欠かせないものであったに違いない。

4）戦場ヶ原の保護

　湯元集団施設地区の整備が決まった。利用拠点が整えられるのである。一方日光の風景は一つの危機を迎えた。未開墾地の開拓である。終戦を外地で迎えた日本人は軍人・軍属そして一般人を含め660万人に及んだと言われる。外地からの帰還兵および一般引揚者の居住地の確保と食料増産のため農地の転用が喫緊の課題であった。GHQの命令で全国の国有地を対象にその開拓地化が検討され、昭和20（1945）年11月9日には「緊急開拓事業実施要領」が閣議決定された。その目的は「終戦後ノ食糧事情及復員ニ伴フ新農村建設ノ要請ニ即応シ大規模ナル開墾、干拓及土地改良事業ヲ実施シ以テ食糧ノ自給化ヲ図ルト共ニ離職セル工員、軍人其ノ他ノ者ノ帰農ヲ促進セントス」と書かれている。5年間で100万戸帰農、155万町歩の開墾、米換算で1,600万石の生産をあげようとするものであった。

　「緊急開拓事業実施要領」の閣議決定とほぼ同時に戦場ヶ原が高冷地開拓地に指定された。翌21（1946）年5月に栃木県農業会議が事業主体となり種馬鈴薯の自給を目的に20名の農民が入植し40haの土地が開拓された。特別地域戦場ヶ原に開墾の手が入り40haが農地と化した。翌昭和21（1946）年8月1日には、戦場ヶ原126町歩の開拓を目的とした帰農組合の設立承認申請書が提出された。さらなる開拓が予定されたのである。この年12月24日に観光課が誕生し、千家が課長に就任した。

　早速千家は、

①戦場ヶ原の既開墾地40haのうち三本松に近い12haは風致上問題があるので国に返還すること

②住宅は道路（国道120号）から見えないところに建てること

の指示を出し実行させた。なお返納分の12haは場所を替えて開墾することとした。
(55)

　翌昭和22（1947）年9月19日には県の農務部長から大田原営林署長あて「9月18日開催の県開拓委員会で国有未開墾地の開発適地を諮問したら戦場ヶ原606町歩は適地と判断されたので承知されたい」旨の文書が出されている。戦場ヶ

原は大田原営林署にとっては所管外の地だが，国有林側へ等しく状況を報告したのであろう。県は戦場ヶ原を開拓適地と判断したのである。引き続き翌昭和23年には，日光の小倉山40町歩，光徳沼250町歩，キノミ平250町歩の国有林が開発適地と判断された。いずれも国立公園地内である。観光課長千家は栃木県開拓委員会適地調査部員に名を列ねていた。食糧増産という国家的課題を踏まえながらの委員会で千家がどのように対応したか示す資料は残っていないが，小倉山，光徳沼，キノミ平にいずれも開拓の手が入っていない。千家は風景保護のためさらに努力を重ねることとなる。先に触れた戦場ヶ原開拓地の国への返還や以下に述べる戦場ヶ原農地化反対がそれである。戦場ヶ原一帯が開拓の候補地となった。平坦地の少ない日光では有力候補地であったという。千家は，日光国立公園を代表する風景地なので手をつけるべきでないと反対した。しかし，国からの割り当て面積もあり一応は候補地として提出することとし，GHQ係官の現地調査の結果に委ねることとなった。視察には観光課長も同行せよと知事の命令が出た。千家は係官が開拓を強行しようとするなら「アメリカの国立公園ならとても許されないだろう」と反論する決意であったという。GHQに逆らうわけである。首をかける覚悟であったという。当日暴風雨となり，戦場ヶ原は水浸しとなり車を走らせることも困難であった。開拓不適と判断された。暴風雨は天佑と言ってよいだろう。特別地域戦場ヶ原は守られた。千家は英語を話す。現地調査後の懇談会で，GHQ係官と和やかに懇談したという。それを知事が見ていた。

　筆者の千家からの直聞にも同様の話がある。当時GHQは，ゴルフ場適地をさがしていた。那須ゴルフ場は接収されていたが，日光にも欲しかったのだろう。調達要求で作ろうとしたに違いない。GHQ係官の現地調査には千家も同行した。その平坦性ゆえに適地と判断されるであろう戦場ヶ原は当日雨のため水びたしの状態であったという。雨で水没するようなゴルフ場ではかなわんと思ったのだろう。候補地から外されたという。昭和24(1949)年に策定された「日光国立公園計画」には小田代原にゴルフ場の計画が落ちている。当時ゴルフ場の造成は，すべて人力施行であり自然の改変は極端に少ない。自然に馴染んだ形

で作られる。まして小田代原は主要道路から望見できない。それゆえに計画が落とされたのだろう。この計画が印刷物になって世に出るのは昭和25年になってからである。GHQ係官の調査の日時はわからないが、千家は国立公園計画には触れなかったに違いない。もちろん小田代原までの案内もしなかった。雨の戦場ヶ原だけを見せた。GHQ係官も国道沿線の戦場ヶ原に興味があったのだろう。この調査も無事終わった。ただし、この出来事は千家が残した文章には出てこない。農地開拓の方が強く印象に残ったのかもしれない。

5) 修学旅行の復活

千家の英語力はこれまでも発揮されてきた。GHQ係官との交渉は、千家の独壇場であったようだ。GHQの国家神道追放の方針に基づいて、昭和23(1948)年文部省は、学生・生徒団体の社寺参拝禁止を発表した。「修学旅行の社寺参拝禁止」がそれである。学生・生徒が日光へ来ても二社一寺の神社仏閣には立ち入れないのである。修学旅行の激減が予想された。当時GHQが日本政府に出した指令や勧告が実際に機能しているかどうかを監視するため各地に軍政部隊が駐屯していた。宇都宮にも軍政部隊の民生部が置かれていた。県庁の各課は毎週報告に行ったという。土木担当の係官は日本文化に関心を持つ民間人であった。英語でコミュニケーションのとれる千家には、特に好意的に接してくれた。千家は文部省と連絡のうえ、この係官を通じてGHQに、禁止令の解除を要請した。その理由は「修学旅行は、宗教的参拝に来るのではなく、日本文化を学びに来る」であった。幸い理解を得て学生・生徒の出入りが認められた。修学旅行の社寺仏閣鑑賞が他県に先駆けて復活した。千家の「時機を得た処置であった」という謙虚な述懐が残っている。[58]

(5) 昭和26(1951)年

湯元集団施設地区は昭和25(1950)、26(1951)両年で道路、広場、セントラルロッジ、上下水道といった基盤的施設が整備された。集団施設地区のモデルと評価された。国も集団施設地区の具体例を示したかった。県も湯元を整備したかった。この二つの願いを千家が実現した。

第5部　風景地計画家の足跡　419

同時に千家は，湯元集団施設地区に連絡する湯ノ湖湖畔の1,200mの歩道を整備した。ヒカリ苔など沿線に生育する植物の解説板を設置し「原始歩道」と名付けた。昭和15 (1940) 年に千家が整備した「日光高原歩道」では体力増強が目的に置かれたが，今回の「原始歩道」は自然との触れあいの施設である。自然研究路の起端と位置づけることができよう。

第4項　土木行政から商工労働行政への移行

(1) 昭和28 (1953) 年

昭和27 (1952) 年4月28日サンフランシスコ講話条約が発効し，日本が独立を回復した。そして翌昭和28年の6月からサンフランシスコで世界貿易観光展が開催された。この観光展に栃木県知事小平重吉が日本側代表として参加した。随員に千家が選ばれた。通訳代わりであったのだろう。同時に米国およびカナダの国立公園の視察を命じられた。70日間の出張である。多くの国立公園を視察することができたという。イエローストーン，ヨセミテなど米国の国立公園の視察は知事と同行であった。知事は博物館，ビジターセンターなどの施設やレンジャーが行う自然解説や案内指導などに感銘を受けたという。千家と知事は日光に作ろうと話し合ったに違いない。レンジャー制度は翌29 (1954) 年に創設され，博物館は当初田母沢御用邸内に設けられた。その施設は31 (1956) 年に旧パレスホテルの建物内で再整備される[59]。

(2) 昭和29 (1954) 年

千家にとってレンジャーは宿願であった。昭和15 (1940) 年の『國立公園』11, 12月号の「国立公園に望む」という一文で，

①地元の接遇の改善

②利用者指導

③自然美化

の三つが国立公園の重要課題であると述べている。ここでは利用者指導の重要性を訴えている。

また昭和21（1946）年に千家がまとめた『日光國立公園施設計画概要書』には「日光国立公園管理事務所ヲ設置シ，国立公園法ニ基ク管理事務，開発計画ノ調査，立案及実施，各種施設ノ維持，管理，園内ノ清掃，利用者ノ指導等ヲ行フ」とある。この時点で「利用者の指導」を考えていた。昭和29（1954）年4月に発刊された『修学旅行』[60]には千家の思いを伝える一文が載っている。そこには，
「日光にレンジャーを，これは私の長い間の夢であった。日光には毎年たくさんの学生が来る。一様に疲れ果てて，次から次へと移り続け，何もつかまずに，見物箇所の名すらわからずに帰ってゆくものさえある。こうした修学旅行を見ていると，何とかしなければならない，可哀想だと思うのである。ささやかながら国立公園博物館を作ったり，科学的な説明板を建てたり，植物名利を付けたのも，「日光の地形と地質」，「東照宮の話」といった案内書を作ったのも，その一つの表れである。しかしこうしたことより，レンジャーを置いて，直接口から耳への案内をして善導したいと思い続けてきたのである」
と書かれている。
　千家の夢は叶う。前年アメリカで見たレンジャーの活躍が知事を動かした。レンジャーの設置が決定された。千家は，「日光のレンジャーは全国最初であり，まず4人置くことにした。たまたま厚生省でもその計画があるので，制服は一定のものにすることにしている」と述べている。[61] 県のレンジャーは国立公園指導員と呼ばれた。
　6名の職員を採用した。最初に採用されたのが田母沢御用邸に併設されていた日光国立公園博物館館長の矢島市郎であった。日光国立公園レンジャーの第1号であり，そのチーフでもあった。山仲間からは「日光の山の神様」と呼ばれた人物である。昭和11（1936）年に発刊された『日光国立公園』[62]（図5-3-28）の共著者である。
　そこで矢島は「日光国立公園の人工美と自然美の調和された表日光には興味尽きない魅力がある，一歩奥日光に足を踏み入れると，深林に囲まれた山湖眠り，湿原横たわり，あくまで自然のままである。奥日光こそハイカーの求める桃源郷である」と日光国立公園の魅力を総括し，そのうえで「本書はこの新しく

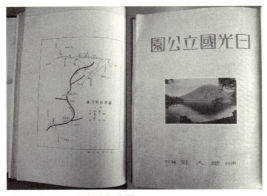

図5-3-28 日光国立公園

生まれた日光国立公園の全般に亘っての案内書たらん事を期し，文面を2部に分かち，第1部総説偏を綱島，第2部を矢島が，各分担起草したものである」と述べている。第2部は登山編であった。実地踏査による40の登山コースが記され，また9葉の登山用地図も添付されていた。このように日光の山に詳しい矢島はレンジャーの最適任者であった。その矢島はレンジャーの仕事を「今までのいわゆる日光見物からさらに進んで科学的にも歴史的にも国民の保健と体位の向上の目的に明確なレクリエーションとしての登山・ハイキング・自然研究等の線を指導して」とまとめている。

矢島に続いて5人が採用された。日光，中宮祠，湯元にレンジャーステーションが置かれた。そこを拠点に自然解説や利用指導を行ったという。このようにレンジャー制度が発足した。間もなく9月15日千家は厚生省国立公園部計画課長に転出する。初めての試みが定着する前に牽引する人を失ったのである。県のレンジャー制度は，やがて消滅してしまう。後に千家は「(消滅)してしまったのはかえすがえすも残念である。今日最も望まれている自然解説も受け入れられるに少し早すぎたようである」と振り返っている。(63)

千家は以前から利用指導の重要性は認識していたが，県のレンジャーは米国の事例に刺激を受けて事業化されたものである。一方，千家独自のアイデアもあった。6月にまとめられた「日光有料駐車場計画」(図5-3-29)である。

冒頭千家は，「増えるであろう自動車を収容するため駐車場を作ってきた。また今後も作る計画である。しかし新設整備にも維持管理にも経費がかかる。一方日光を楽しんでもらうためには施設を整えるだけでは不十分で観光客の利用

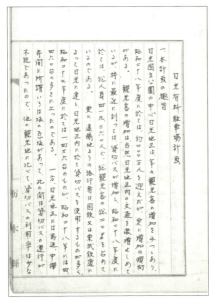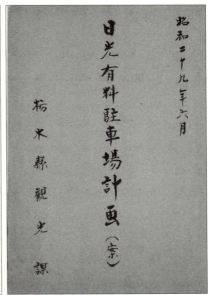

図5-3-29　日光有料自動車計画

指導も必要である。それにも経費を必要とする」と述べている。「有料駐車場計画」は駐車場の整備だけでなくその維持管理，そして国立公園指導員や標識，ベンチ等簡易の施設の経費を確保するための計画であった。日光国立公園の経営のための財源の計画と見てよい。この「有料駐車場計画」は突然誕生したものではない。これに先立つ昭和27（1952）年に千家は「有料駐車場網計画」を樹立した（表5-3-3）。

　拠点に有料駐車場を配置するもので，駐車場のネットワークと言えよう。千家の言う「増えるであろう自動車」は，
　①昭和29（1954）年9月にはいろは坂の改良が終わり，バスの奥日光乗り入れが可能になる
　②宇都宮日光間の国道も29年に舗装が完了する
という道路の整備状況とバス利用の増加という現状に基づくものである。その現状を見ると，

表5-3-3 有料駐車場網計画

番号	名　　称	面　積㎡	収容台数	建設年	付属施設
1	日光駐車場	3,660	大型30，小型15	昭和15年	洗車場，待合場，ガソリンスタンド
2	中宮祠第1	13,700	90（小型換算）	昭和25.28（註）	休憩舎，便所（水洗式）
3	立木観音前	2,100	20（小型換算）	昭和28年	休憩舎（便所付）
4	二荒山神社前	836	15（小型換算）	昭和29年（予定）	便所
5	中宮祠第2	13,500	100（小型換算）	昭和30年（予定）	便所
6	菖蒲ケ浜	5,200	50（小型換算）	昭和31年以降	
7	竜頭滝	2,240	20（小型換算）	昭和31年以降	
8	三本松	5,200	50（小型換算）	昭和31年以降	
9	湯滝	3,644	12（小型換算）	昭和29年（予定）	休憩舎，便所
10	湯元	4,307	40（小型換算）	昭和25年	セントラルロッジ

註・日光駐車場は現西参道駐車場，中宮祠第1は現華厳駐車場，中宮祠第2は現湖畔駐車場
　・中宮祠第1は，昭和25年に4,500㎡の駐車場が新設され，昭和28年に9,200㎡が増設された

①昭和28（1953）年度は，来訪者200万の20パーセントの貸切バス利用である
②鉄道で来た人も日光で貸切バスを使用する人が多い
③それは27（1952）年には1,436台であったが28年には4,460台に増えているという現実であった。

　この「有料駐車場網計画」に基づきこれまで駐車場をつくってきた。ただし有料の具体的内容は決まっていなかった。いろは坂の完成を契機にこれら駐車場の経営の目標を示す「有料駐車場計画」をつくった，と千家は述べている。表紙に（案）と書いてあるとおり，いわば千家の私案でありこれからの検討を経て，県の計画としてオーソライズされる段階のものであった。

　千家は，有料駐車場と同時に交通上の問題の解決も目論んでいた。関係方面と協議し下記の措置を取る，と述べている。

①山内への車輌乗り入れ禁止
②中禅寺湖畔大尻橋より二荒山神社までの湖畔沿いの区間を車輌交通並びに駐車禁止とし，奥日光への車輌は湖畔を離れ男体山側に位置する都市計画道路を通行させる

③大尻橋立木観音間は通行を認める
④湯元は駐車場以外の駐車を禁じる

　いずれも戦前から続く課題である。日光は自動車の利用を想定した地域整備はなされていない。昭和6（1931）年および11（1936）年の陳情に見るように，自動車の進入とともに問題が顕在化した。

①は，山内の静謐な環境の保護のためである
②は，湖畔の風致の維持を狙ったものであろう
③は，路上駐車を排除するため昭和28年に立木観音近傍に駐車場を整備したうえで，車の通行を認めている
④は，昭和25（1950）年に整備した駐車場で収容可能であると考え，路上駐車を禁じたのだろう。路上駐車のない地区にしたかったのだろう

　千家は有料駐車場という新しい制度の導入とともにこれまでの課題の解決を図ろうとした。地域の交通問題解決の契機と捉えていたと見てよい。ここに「日光有料駐車場」の狙いの一つがあると見て間違いない。料金については，県条例を設けて定めるとしながらも，

①各駐車場共通とし，貸切バス1日100円，2日間通用150円，乗用車1日50円，2日間通用80円とする
②1か所で使用料を支払ったものは，自由に他の駐車場を利用できる

としている。

　管理については，日光，馬返，中禅寺，湯元に管理および使用料徴収のため事務所を設けるとし，職員の必要数，給料額，その他必要経費を計画している。その上で昭和30（1955）年の収支の予測を行っている。「有料駐車場」の実現可能性を検討するための基本的資料は網羅されていると見てよい。

　来年度からの実現に向けて検討が始まろうとする9月15日，千家は厚生省に転出する。「日光有料駐車場計画」は新規の施策である。当然ながら解決しなければならない問題は多い。多くの努力が求められる。やり遂げようという決意が問われる。「日光有料駐車場計画」は，観光課長千家の発意によるものであり，その作成も千家の手になるものであった。事務レベルでの十分な検討はされて

いない。計画は成熟まで至っていなかった。このような状況下での課題解決には強いリーダーシップが必要となろう。そのような時期に課長が替わったのである。残念ながら「日光有料駐車場計画」は潰えてしまう。

　この千家の計画は，有料駐車場の財源で自然公園の美化清掃・維持管理を行う目的で昭和54（1979）年に創設された「財団法人美化管理財団」に先行する公園管理のアイデアと位置づけられる。

第3節　本章のまとめ

　これまで，ミスター国立公園と敬称される千家啓麿の業績を見てきた。内務省時代はスキーを通じて冬の日光の大自然の楽しみ方の普及，栃木県赴任後は戦時という時代のなかで活躍の場は限られるものの標識類のデザインの統一，そして第13回明治神宮スキー大会の開催に尽力した。大会の誘致から会場の整備，そして運営まで辣腕をふるったのである。千家なくして第13回明治神宮スキー大会はない，と言ってよい。

　戦後の最大の実績は，観光課を誕生させたことである。全国に先駆けて観光を県行政に位置づけた。観光課長の時代の業績には目を見張るものがある。観光栃木の方向性を決めた計画の策定，全国に先駆ける宣伝事業の展開と観光会社の設置，観光協会の開設，御用邸の開放，得意の英語を駆使したGHQとの交渉，県レンジャーの設置，そして国立公園運営財源の計画など枚挙にいとまがない。

　千家はいう「私はなんでも楽しくやりました。苦労という思いはありませんでした」[66]。ただしその業績を見ると新たに開拓した仕事ばかりである。苦労は当然あったが苦労と思わなかった。「当時は，課長の権限は大きかった。それに知事は観光に対する理解が大きかったのでずいぶんと仕事がしやすかったですよ。よく我儘を通させてもらいました。ですから楽しい思い出ばかりです。周囲の人にも恵まれたということでしょう」[67]とも言っている。確かにそのとおりであろうが，それだけではないだろう。国立公園は自ら望んだ道である。少なくと

もここで見る限り，その足跡からは志高い堂々たる仕事ぶりが垣間見える。風景と人間を結びつけるさまざまなアイデアの実践からは，おのれを信じそれに邁進し「一つを貫いた」技術者の姿が浮かび上がる。栃木県での16年は国立公園法の上程理由にいう「自然の大風景地を保護開発して，一般世人をして容易に之に親しましむるの方途を講じまして，国民の保健休養乃至教化に資すんとするためであります」を体現したものであった。千家は「自然公園初期の人たち，自然が好きで，大変な情熱を持っていました。今日は時代も，社会環境も全く違いますけれど，自然公園にたずさわる人は，自然に対する情熱を持ち続け，燃やし続けて欲しいのです」とも言っている。晩年の言葉である。ここでの「自然公園」は「観光」と読み替えても支障ない。

　戦前戦中そして戦後の復興期を通じて，直面する課題はもちろん将来を見据えた計画や事業の実績，そして「私はなんでも楽しくやりました」と言いきるおのれを信じる姿勢からは，ミスター国立公園千家哲麿は観光栃木の歴史の中に燦然と輝く星という思いを強く持つ。

第4章　風景地計画家の足跡のまとめ

　日光に大きく足跡を残した風景地計画家は本多静六，田村剛，千家啓磨の三人である。

　明治末期から大正にかけて県行政に内在する課題は日光の経営の方法であった。いずれは表面化する課題である。本多はこのような時期に日光の開発計画を提示した。賛否の議論があった。それは県の観光行政誕生の誘因となるもであった。それだけでなく日光町や地元の企業家に新たな事業のインセンチブを与えるものでもあった。県の観光行政は本多の提案を背景に誕生したと言ってよい。

　次に田村だが，最大の業績は日光国立公園の誕生にある。田村は日光を国立公園としてオーソライズした。日本を代表する風景地としての自信と誇りを地元に与えたのである。そして，公園計画をまとめそのあるべき姿を示した。その後の観光行政が展開する舞台を整えたのである。それだけなく日光国立公園に中心を置く県の観光計画をまとめ上げた。観光の枠組みを示したのである。それを踏まえて観光が県是として位置づけられた。田村は観光栃木発展の基盤を整えた。

　最後に千家を見る。千家の足跡は，戦前にも見られる。しかしなんといっても，戦後9年間にわたる観光課長の時代に凝縮されている。最初の足跡は，観光課を誕生させたことである。観光を県行政に位置づけた。その後は，観光栃木の方向性を示す計画の策定，全国に先駆ける宣伝事業の展開と観光会社の創設，観光協会の再建，御用邸の開放，戦場ヶ原の保全や修学旅行の復活，国より早いレンジャーの設置，そして国立公園運営財源の計画など全国的に見ても他の模範と位置づけられる仕事が多い。その後の栃木県の観光は，千家の業績の延長線上で展開された。

［補注，引用・参考文献］

第5部　風景地計画家の足跡

第1章　本多靜六
(1) 明治33年栃木県臨時県会議案，9，一等里道日光より中宮祠道，道路修繕切拡3,240間，2,822円
(2) 東照大権現家康の永眠の地
(3) 栃木県令第14号，案内業者取締規則，明治36年2月13日
(4) 栃木県令第41号，駕籠舁営業取締規則，明治37年5月3日
(5) 栃木県令第71号，上都賀郡日光町における芸妓営業者は左記の地域に居住することを禁ず，明治37年12月20日
(6) 栃木県令第51号，広告物取締法施行規則，明治44年6月30日
(7) 明治23年日光鉄道開通，大正2年日光電気軌道開通
(8) 第1部　観光行政　第2章　大正期，24
(9) 手嶋潤一（平成18年）：日光の風景地計画とその変遷，随想舎，62-68
(10) 手嶋潤一（平成6年）：「日光一帯の山水風景利用策」（大正3年）における本多靜六の風景地計画に関する研究，第29回日本都市計画学会学術研究論文，343-347
(11) 前掲(10)，343
(12) 前掲(10)，343
(13) 前掲(10)，347
(14) 第3部　交通運輸　第3章　自動車輸送開始以降，272
(15) 前掲(9)，88
(16) 下野新聞，大正10年6月28日
(17) 本多靜六（昭和27年）：本多靜六自伝体験八拾五年，（株）大日本雄弁会講談社，240
(18) 前掲(9)，62-68

第2章　田村剛
(1) 本多靜六（昭和3年）：天然公園，雄山閣，127-137
(2) 田村剛（昭和52年）：国立公園秘話1，國立公園No.327／328：7
(3) 府県制施行第25回栃木県通常県会々議日誌，362-363
(4) 環境庁自然保護局（昭和56年）：自然保護行政の歩み，54
(5) 大阪毎日新聞，東京日日新聞主催，鉄道省後援
(6) 前掲(4)，54
(7) 浜口内閣，「国際貸借審議会」昭和4年11月25日答申
(8) 前掲(4)，54

(9) 高橋信夫（昭和3年）：日光案内，温泉の日本社，18
(10) 山中貞雄（昭和9年）：日光の付近の地誌，古今書院，自序
(11) 国立公園法第1条
(12) 国立公園ノ選定ニ関スル方針
　　国立公園ハ一定ノ標準ニ照ラシテ厳選シ務メテ其ノ濫設戒ムベキハ勿論ナリト雖苟モ国立公園トシテノ条件ヲ具備スル箇所ニ付キテハ仮令財政等ノ都合ニ依リ直チニ其ノ公園施設ニ着手シ難キ事情アル場合ニ在リテモ尚之ガ指定ヲ為シ先ヅ以テ其ノ風景ノ保護ニ遺憾ナキヲ期スルト共ニ須ク其ノ公園計画ヲ樹テテ官民ノ拠ルベキ所ヲ示スノ要アリ其ノ選定標準ハ左ノ如ク之ヲ定メ必要条件ヲ具備スル箇所ニシテ成ル可ク多分ニ副次条件ヲ満足セシメルモノヲ採択スルヲ以テ適当ナリト認ム
　　第1，必要条件
　　　　我ガ国ノ風景ヲ代表スルニ足ル自然ノ大風景地タルコト
　　　　即チ国民的興味ヲ繋ギ得テ探勝者ニ対シハ日常体験シ難キ感激ヲ与フルガ如キ傑出シタル大風景ニシテ海外ニ対シテモ誇示スルニ足リ世界ノ観光客ヲ誘致スル魅力ヲ有スルモノタルベシ
　　（1）同一形式ノ風景ヲ代表シテ傑出セルコト
　　（2）自然的風景地ニシテ其ノ区域広大ナルコト
　　（3）地形地貌ガ雄大ナルカ或ハ風景ガ変化ニ富ミテ美ナルコト
　　第2，副次条件
　　（1）自然ノ素質ガ保健的ニシテ多数人ノ利用ニ適スルモノナルコト
　　　　即チ空気，日光，気候，土地，水等自然ノ素質ガ保健的ニシテ多数人ノ登山，探勝，散策，釣魚，温泉浴，野営，宿泊等ノ利用ニ適スルコト
　　（2）神社仏閣，史跡，天然記念物，自然現象等教化上ノ資料ニ豊富ナルコト
　　　　即チ神社仏閣，史跡，伝説等豊ニシテ地質，植物，動物，気象等自然物又ハ自然現象ニ関シテ稀有ナル種類又ハ珍奇ナル現象ニ富メルコト
　　（3）土地所有関係ガ公園設置ニ便宜ナルコト
　　　　即チ区域内ノ土地ハ御料地，国有地，公有地，社寺有地等ヲ主トシ私有地ヲ包含スル場合ニ在リテハ成ル可ク土地所有者ガ国立公園ニ対シ理解ヲ有シ其ノ設置ニ付便益多キコト
　　（4）位置ガ公衆ノ利用上有利ナルコト
　　　　即チ成ル可ク交通便利ニシテ且全国ノ分布ノ当ヲ得タル位置ニ存スルコト
　　（5）水力電気，農業，林業，牧畜，水産，鉱業等各種産業ト風致トノ抵触少キコト
　　（6）既設ノ公園施設ガ国立公園計画上有効ニ利用セラルルモノナルト共ニ将来ノ開発容易ニシテ国立公園事業ノ執行上便益多キコト
(13) 國立公園，昭和6年8月号，30
(14) 国立公園法第3条
(15) 國立公園，昭和6年8月号，19-20

(16) 永嶋正信(平成元年)：日光地域の野外レクリエーション利用の変遷に関する研究，東京農業大学出版会，177-180
(17) 大正15年東京帝国大学林学科卒，昭和5年内務省衛生局，昭和26年東京都西部公園緑地事務所長
(18) 東京帝国大学農学科実家卒，昭和5年内務省衛生局
(19) 昭和6年東京帝国大学林学科卒，同年内務省衛生局，昭和21年栃木県観光課長，昭和40年国立公園協会理事長
(20) 昭和4年東京帝国大学林学科卒，昭和5年内務省衛生局，昭和25年東京大学教授
(21) 外に大正10年の国立公園調査から田村と行動を共にした中越延豊(大正6年東大林学卒)がいるが昭和6年に死亡されている。田村は氏が国立公園制度の基礎を築いたと言っている(註)。この内務省衛生局の資料も氏によるところが大きいのかも知れない。
註：田村剛(昭和6年)：中越延豊君の記憶，國立公園，10月号，34
(22) 前掲(16)，162
(23) 前掲(16)，161
(24) 御料林日光事業区施業案説明書，昭和6年調べ，東京支局
(25) 国立公園法施行令第14条
(26) 前掲(16)，177
(27) 昭和8年東京大学林学科卒，同年内務省衛生局，昭和54年国立公園協会副会長兼理事長
(28) 手嶋潤一(平成18年)：日光の風景地計画とその変遷，随想舎，204-213
(29) 國立公園，昭和8年7月号，18-19
(30) 前掲(28)，204
(31) 前掲(28)，215
(32) 高松三郎：温泉が欲しい(中禅寺温泉由来記)，48
(33) 前掲(28)，353-356

第3章　千家啓麿

(1) 内務省が調査対象に取り上げた16の候補地
阿寒湖，登別温泉，大沼公園，十和田湖，磐梯山，日光，富士山，立山，白馬岳，上高地，大台ケ原，伯耆大山，小豆島および屋島，阿蘇山，雲仙岳，霧島山
(2) 手嶋潤一(平成18年)：日光の風景地計画とその変遷，随想舎，214
(3) 鈴木林治(昭和50年)：小林愛之助と湯元，小林資夫，120
(4) 國立公園(昭和10年1月号)：國立公園のスキー場を語る，17
(5) 昭和5年「栃木県における国立公園の実現とその充実」を目的に設立された栃木県国立公園協会は日光国立公園の指定後に国立公園協会栃木支部と名称が変わる
(6) 國立公園，昭和10年3月号，15
(7) 昭和11(1936)年IOCは，昭和15(1940)年のオリンピックの開催地を東京に決定する。

その冬季会場を札幌と日光が争った
(8) 千家哲麿(昭和11年):第4回オリンピック冬季競技場概略,國立公園1月号,10-14
(9) 千家哲麿(昭和13年):国立公園のスキー場,國立公園11月号,27-28
(10) 昭和8年東京帝国大学林学科卒業,9年内務省衛生局,12年日光国立公園管理に関する事務を嘱託(栃木県),神奈川県観光課長
(11) 昭和9年東京帝国大学農学部農業土木科卒業,同年内務省衛生局,13年日光国立公園管理に関する事務を嘱託(栃木県)
(12) 田村剛(昭和15年):紀元二千六百年と各地の國立公園事業,國立公園3・4月号,2
(13) 昭和15年は神武天皇即位から2600年目にあたるため,それを記念する事業が計画された
(14) J. JILA 49 (3) (昭和61年):千家哲麿氏に聞く,215
(15) 戦前における全国規模の総合体育大会,明治神宮体育大会と呼ばれた。大正13年から昭和18年まで14回開催された。昭和17年から明治神宮国民錬成大会と名称を変えた
(16) 千家哲麿(昭和59年):日光国立公園と16年,國立公園12月号,421号,7
(17) 千家哲麿(昭和16年):冬山とスキー鍛錬会の記,國立公園3・4月号,30-31
(18) 正式名は小樽高等商業学校,明治43年に小樽に設立された旧制専門学校
(19) 小川勝二(昭和31年):日本スキー発達史,朋文堂,305
(20) 大会開催時は土木課在籍であったが,戦後の文章ゆえ昭和29年まで在籍した観光課となっている
(21) 千家哲麿(昭和59年):日光国立公園と16年,國立公園12月号,421号,7
(22) 前掲(21),7-8
(23) 前掲(2),284-299
(24) 前掲(21),8
(25) 府県制施行第38回昭和21年栃木県臨時県会々議日誌,52-53
(26) 昭和21年4月26日関東信越観光連盟結成,同年6月22日全日本観光連盟発足
(27) 栃木県会議日誌,昭和20年12月3日,100
(28) 府県制施行第49回栃木県通常県会々議日誌,239
(29) 前掲(21),8
(30) 栃木県(昭和31年):栃木県県政史,712
(31) 前掲(25),147
(32) 前掲(30),昭和22年8月15日貿易再開,712
(33) 占領下統制状態に置かれた日本の貿易を一元的に取り扱うため昭和20年設置された商工省の外局
(34) 昭和24年12月26日今市市(現在の日光市)鶏頂山付近を震源とする直下型地震,栃木県内で死者10人,負傷者163人,全壊家屋290戸,半壊家屋2,994戸の被害が出た。ただし家屋被害数については他説ある
(35) 前掲(30),713

(36) 昭和11年商工課内に設置, 15年土木課に移る
(37) 昭和21年6月22日発足した全国の観光事業関係団体の連絡調整機関, (社)日本観光協会の前身
(38) 昭和22年度栃木県議会会議日誌(2), 399
(39) 明治41年東京外国語大学卒業, 鉄道省入省, 昭和3年JTB幹事
(40) 昭和23年度栃木県議会会議日誌会議録(1), 225
(41) 前掲(30), 714
(42) 米国人実業家F・W・ホーンが建てた別荘, 日光石で積み上げたアメリカンスタイルの建物, 昭和52年「西洋料理 明治の館」としてオープン
(43) 前掲(21), 8
(44) 前掲(21), 8
(45) 栃木県経済振興総合計画樹立に関する要綱, 昭和23年6月12日
(46) 前掲(2), 300-325
(47) 前掲(2), 62-68
(48) 前掲(2), 69-87
(49) 前掲(2), 185-203, 204-213
(50) 前掲(2), 214-230, 284-299
(51) 前掲(30), 720-721
(52) 前掲(30), 719
(53) 手嶋潤一(平成4年):日光国立公園―その成立に関する一考察―, 國立公園No.503／MAY, 2-3
(54) 前掲(2), 204-213
(55) 戦場ヶ原開拓30周年記念事業委員会(昭和51年):戦場ヶ原開拓誌, 45
(56) 千家哲麿(昭和59年):日光国立公園と16年, 國立公園421号, 9
(57) 占領下連合軍の必要とする施設とサービスは調達要求という形で日本政府に示され日本政府がそれを用意した。それをPD(Procure Demand)と言った
(58) 栃木県(昭和31年):栃木県政史:723
(59) 江山正美(昭和34年):日光博物館, 國立公園 昭和34年1・2月号110・111号, 14-15
(60) 千家哲麿(昭和29年):日本に初設置のレインジャーの話―学生諸君の利用を期待―, 修学旅行, 第7号, 4-7
(61) 前掲(60)
(62) 綱島定治・矢島市郎(昭和11年):日光國立公園, 地人社
(63) 千家哲麿(昭和59年):日光国立公園と16年, 國立公園 昭和59年12月号, 421号, 10
(64) 第3部 交通運輸 第3章 自動車輸送開始以降, 282
(65) 前掲(64), 284-285
(66) 前掲(14), 216
(67) 前掲(66)

第5部 風景地計画家の足跡

(68) 衆議院議事速記録第18号　国立公園法案　第1読会　440
(69) 前掲(66)

■ 第 6 部 ■

本書のまとめ

ここでは，まず各部のまとめを整理する。次に，「観光地」のさらなる充実の観点から筆者の所感を述べる。

第1章　本書のまとめ

「観光地日光」の歴史を明らかにするため日光に関わるさまざまな事件を「観光行政」，「交通運輸」，「国際観光」，「地元の熱意」，「風景地計画家の足跡」の五つの分野に整理して分析考察を加えてきた。ここではそれらをまとめる。

1. 観光行政の流れを見る

江戸期にも二社一寺の参拝者はいた。日光詣である。観光客と言ってもよい。ただしその実態はわからない。幕府は日光詣を認めていたが観光行政と呼ばれるような施策はなかった。

明治期には多くの観光客が訪れるようになる。交通機関の利便に連れてその数は増えてゆく。外国人も多かった。観光の実態はあった。しかし体系的な観光行政はまだない。日光の品位保持と歩道改修など2, 3の対症療法的施策がとられたのみであった。

大正期に台頭の時を迎える。ただし「具体策」の模索の時であった。ではあるものの観光に対する意識に目覚め，そして高まった時であることは間違いない。

昭和戦前，県は観光に極めて積極的に取り組んだ。日光国立公園指定を契機に観光協会の設立，県独自の公園計画の検討，新規拠点計画の策定とその事業の準備，施設整備基金の設立，そしてスキー場・駐車場・歩道の事業が実施された。ここからは当時の行政の熱意を感じ取ることができる。しかし戦争とともにそのすべてが雲散霧消と化した。

戦時中，観光のすべてが休眠状態に陥る。そして敗戦を迎える。荒廃の中にありながらも，時を置かずに観光行政はスタートした。まず観光課を設置し行政組織の中に観光を明確に位置づけた。次に計画を策定し目指すべき姿を明らかにした。そして観光を県是として取り上げたのである。本格的スタートの時

であった。そこには観光を介して戦後経済の復興を果たそうという県の思いがあった。戦後復興の間、その思いは持続された。そして計画実行の努力は続けられた。観光栃木の基盤を整えた時であった。

　経済成長期の主要課題は道路にあった。増加する自家用車対策と見てよい。広域観光が重視され移動に中心を置いた施策が展開された。

　安定成長期には、これまでにはなかった課題に直面する。渋滞対策、生活意識の変化への対応、そして新たな視点での国際観光の地域づくりがそれである。いくつかの施策が取り上げられたがいずれも実効性は低かった。これらの課題は観光行政単独では解決できない。安定成長期は観光行政の限界を確認した時と見てよい。

　平成の観光行政は頗る積極的である。日光を「国際観光地」と位置づけた。計画が策定された。計画に沿って奥日光でさまざまな事業が実施された。国際的避暑地中禅寺の復権を目指したのである。観光行政の範囲を超えたさまざまな事業が必要であった。土木行政と一体に事業が進められた。観光地は、多くの行政に支えられて輝くという事実を体現した時であった。

2. 国際観光の実相を見る

　外国人の日光訪問は明治3(1870)年の英国公使パークス一行の旅行を嚆矢とする。明治7(1874)年に内地旅行の制度が定められるが、それ以前そしてそれ以降もしばらくの間日光を訪れた外国人は外交官や御雇外国人など日本在住者が中心であった。中禅寺では明治22(1889)年に初めて西洋人外交官の避暑滞在があった。明治24(1891)年には夏場旅館で洋食が提供された。外国人避暑客のためであろう。外国人避暑地として整ってきたのである。明治20年代初期が西洋人避暑地中禅寺の幕開けの時であった。

　日光の詳しい情報はアーネスト・サトウによって伝えられる。明治5(1872)年に横浜の新聞、明治8(1875)年にガイドブックで詳細に紹介された。中禅寺が避暑地に適しているという情報も、明治17(1884)年にサトウによって西洋社会に伝えられた。その後大正2(1913)年まで9版続くチェンバレンのガイドブッ

クにより日光の情報は西洋人社会に浸透した。

中禅寺では，明治の中期に西洋諸国の外交官の別荘が点在するようになる。30年代には多くの国の外国人が夏を過ごす。国際的避暑地と呼ばれるにふさわしい実態があった。戦前までは外交官を中心とする西洋諸国の人々が集う避暑地であった。避暑客は70人程度で，避暑活動の中心はセイリングにあった。

戦時中国際観光はない。戦後の日光は占領軍将兵の保養だけと言ってよい。その後オリンピック東京開催決定を契機に外国人観光客は増加する。日光の国際観光は大衆化の時を迎え，日帰り客が多くなる。

3. 交通運輸の状況を見る

明治23(1890)年日光まで鉄道が開通した。以降観光客は増加の一途を辿る。大正2(1913)年には鉄道終点日光駅と馬返が電気軌道で結ばれた。乗り換えはあるものの，東京から奥日光入り口まで，交通機関に身を任せたままで到達できるようになった。ただし奥日光までの交通機関はなかった。大正の末期にいろは坂を車が通れるようになる。昭和の初期には湯元まで車輛が進入するようになった。車時代の幕開けである。貸し切りの乗用車だけでなく乗り合いの大型車も現れた。定まった路線上の運行が行われるようになったのである。ただし自動車は観光客には利便そのものだが，地元にとっては課題を残した。車を前提とした地域の整備はされてなく，また運行のルールも未確立であったことから生じるものであった。

いろは坂を車で登攀はできるようになったとはいうものの，車種や時間に制限があった。この不便解消のため昭和7(1932)年馬返から中禅寺入り口の明智平まで登山電車が開設された。明智平から湖畔まではバスの輸送だが冬も運行した。スキー客など冬季の利用者の便は改善された。

戦後の復興も一段落した昭和29(1954)年にいろは坂が改良された。大型バスの通行ができるようになった。バス時代の到来である。多くの観光客が奥日光を訪れるようになった。それは新規の拠点整備を誘発するものであった。

昭和40年代中期に乗用車の普及はピークを迎える。マイカーによる旅行が増

加した。到達の利便だけでなくドライブの楽しみを求めた。その結果日光では過飽和の状態が出現した。ドライブの需要に応え，かつ過飽和の分散を図るため観光道路の整備が進んだ。

4. 地元の熱意を見る

　地元の熱意を体現する出来事に，保晃会の活動と明治44（1911）年の西山町長とそれに続く請願文がある。前者は日光の保全資金の確保，後者は保全開発のための制度の創設を求めるものであった。いずれも日光を世界に誇る風景と見ている。保晃会に見られる日光を誇る気持ちは，風景に対する自讃だけでなく訪れた外国人の賞賛に依拠するものであった。そこから日光の秀麗さに確信を持った。また西山の請願には日光の風景は国が公園として経営するのにふさわしいという自信が垣間見える。国の公園と言っている。国を代表するという意識であろう。つまり世界を意識している。地元は，世界の中で日光を見ていた。このような地元の活動を見てくると，風景はその地域の誇りと同意語と理解したくなる。

5. 風景地計画家の足跡をたどる

　日光に大きく足跡を残した風景地計画家は本多静六，田村剛，千家啓磨の3人である。

　本多静六は風景地日光の経営の具体策の提示，田村剛は国立公園日光の誕生とその計画の策定，千家は観光を担う組織の創設と観光の具体的計画を作り上げた。

　まず本多が風景地日光の課題解決のための方向性を示し，次に田村が日光を国立公園という制度でオーソライズし，そして進むべき道を示した。最後に千家が組織を用意し事業のプログラムを作り上げたのである。その後の栃木県観光はこの3人の業績の延長上にあると言ってよい。

第2章　筆者の所感

　ここでは分野ごとに筆者の所感を述べる。新規なものはない。これまでに指摘されていることである。しかしたとえ二番煎じであろうとも「観光地日光」の歴史の現実を学んだ後でたどり着いた結論である。

1. 観光行政

　成果を挙げた行政を見るとそこには意志と熱意を備えた人々の姿が見える。行政の歴史はそれら人々の歴史と見ることもできる。

　雑誌『國立公園』昭和34（1959）年118号に，「地方観光行政のあり方」と題する座談会の記事が載っている。出席者は群馬，栃木，三重，神奈川の観光課長経験者5人である。いずれも地方の観光行政草創期の昭和20年代から30年代初頭に活躍した方々である。60年近く昔ではある。現在とはすべての面で違いがある。観光は社会の状況に敏感に反応する。観光行政も時々の社会の状況の中であるべき施策が展開される。したがって60年前の観光行政は現在とは無縁のものと考えられるかもしれない。しかし座談会の発言をよく読むと現在にも通じる指摘が多い。筆者も本書をまとめる過程で同じような思いを持った。それを見てみる。

　ここでは観光を総合行政と位置づけている。その発言を見ると「商工部の観光課で国立公園もやったし宣伝もやった。もっと広げていくとやはり下水から上水から衛生施設から，衛生部だって大いに力を入れてくれなければならぬ。農務部だって野菜の生産から果物の生産だってやってくれなければならぬ。つまりは県全体でやらねばならぬ。観光課は関係の各部と関係を持って折衝を進めていかなければならぬ」という発言がある。

　当時は社会基盤が未整備の時代と言ってよい。観光地の充実には他行政との協働が現在以上に必要であった。対して現在は社会基盤の整備も進んでいる。とはいえ総合行政という位置づけは変わらない。観光行政が独立的にあるのではなく，他行政と相俟って地域の魅力をより高めるという事実に今も変わりは

ない。全分野にわたる行政の成果に支えられて観光地は輝くという事実は変わらないのである。共通して掲げる目標を明確に示す観光の計画が必要であろう。

座談会では観光行政担当職員についても興味深い発言がある。「昨日は農政をやっていた。明日は学校をやり，あさっては渉外をやるというように転々と変わるようなことではいけない。それから知的水準が高くなければ観光行政はできない」。誤解を招きかねない発言だが正鵠を得ている。

前段ではエキスパートが必要だと言っている。観光の仕事は多種多様である。法律条例規則の文言の理解だけでは処理できない事例が多い。そこには経験で磨かれる知識知見と判断力が必要となる。

一方その全体を見ると，観光行政の意図するところは地域づくりと言い換えることもできる。施策の効果が出るまでには時間がかかる。試行錯誤もある。地元の住民や業界・団体を巻き込んだ作業が多い。行政の立場はコーディネーターと言ってよい。そのような仕事の中で第一に必要なのは信頼関係の構築であろう。当然長期にわたるぶれない指導が不可欠である。2，3年のローテーションの人事異動は通り過ぎて行く人という印象を与えかねない。たとえ信頼の構築には十分であっても信頼後の時間が短い。地域づくりには時間がかかるのが現実である。とはいうものの当然組織全体のルールがあろう。専門職の設置がキーワードであろうか。観光専門官もしくは観光計画官といったポストを設け，通常の任期より長期間，例えばプロジェクト完了まで在籍といったシステムも考えられる。

後段に言う「知的水準」は「感性」もしくは「勉強」と置き換えるとわかりやすい。美しいものを求めて観光客は来る。そして感動を期待する。観光客は国籍も年齢も多種多様である。それぞれに求めるものも異なる。一方現地では「資源の保全と利用のバランス」が原則となる。魅力は何かといった初歩的な判断だけでなく，風景にどのような手の入れ方をするか，施設のデザインはどうあるべきか，そして繰り返すことで浸透する宣伝業務の中できらりと光るフレーズをどうするか等など，日々新しい課題に立ち向かわなければならない。ルーチンは期待できない。前例はあっても参考にならない。もちろんマニュアルも

ない。課題は常に新規の体験と思ってよい。当然「勉強」が必要となる。感性は磨けば光るし勉強も努力すれば身につく。「知的水準」は「意欲を持って努力する」ということであろう。筆者も同じような感想を持つ。「知的水準」は「失敗を恐れずトライする勇気」と置き換えてもよい。

　観光行政は他とは若干異なる。成果の確認が難しい。ファジーと言ってよい。「見たい，見せたい，見られたい」と言う自己採点型の行為であろうから価値基準が多様である。多様なだけでなく，そもそもの欲求が折々異なる。気まぐれと言ってよい。そのような課題に対しては行政上の権限は武器にならない。観光は多くの分野の集合で成り立つ。その計画は行政の仕事であろう。ただし業界・団体，住民そして他の行政に委ねられる事業が多い。観光行政はそれらのコーディネートが中心的業務となる。そこでは権限より信頼が重要視される。権限だけでは何もできないと言ってよい。

2. 国際観光

　時代背景は異なる。しかしリゾート先進国である西欧諸国の人々が集うかつての避暑地中禅寺からは学ぶべきことが多い。それらは中禅寺の魅力を再認識するうえでも，また良質なリゾート地形成のための知見を得るうえでも重要である。

　サトウの日記にある湖周辺の散策やボーティング，また男体山ヨット倶楽部のレースの記録が語る日光の風を満帆に受けたセイリングなどのさまざまな活動とそこでの充実した時間は，風景の真価の享受と言っていいだろう。風景は移ろう。その時々に感動がある。朝焼けに映える男体山，夕映えの中禅寺湖などの折々の風景に抱かれ一体となる感覚は滞在なくしては味わえない。滞在は時間だけではなく心の余裕も生む。自ずと感受性も鋭敏になるだろう。風景の真価に迫ることも可能となろう。滞在の意味はここにある。今後の中禅寺を考えるうえでキーワードと位置づけられよう。

3. 交通運輸

交通機関が観光地日光の発展に大きく寄与したことは間違いない。到達利便の向上があって，日光は開放されたと言ってよい。アーネスト・サトウは4日を要した。今ではほぼ1日で日光の主要部分を見ることができる。

　特に自動車の普及は日光を大きく変えた。渋滞という現象を派生はしたものの，便利なツールであることは間違いない。特に乗用車の利便性の高さは他に類がない。ただし，交通利便のみの追求は地域の混乱を招く。もちろん観光地には賑わいが必要である。反面静謐静寂な雰囲気も欠かせない。特に自動車は興味対象への近接性が高い。興味地点周辺の過剰な車は風致を破壊し風景の鑑賞を阻害する。それにドライブだけの風景観賞で終わるのはあまりにももったいない。車道や駐車場といった車の専用空間から離れ，徒歩で風景を楽しむ。そこでは自然の大風景ならではの霊感にも触れることもできよう。笹の葉に落ちる雨音を聞くこともできる。自然と一体になれるのである。

　これからの交通運輸を考える時，栃木県が実践した小田代原の低公害バス事業は示唆に富む。パークアンドライドシステムを採用し車の過近接を排除した。「歩行」に中心を置いた地域交通システムを構築したのである。ただし観光地のそれぞれのスポットはそれぞれに条件が異なる。小田代原方式がベストとは限らない。それぞれのスポットで交通運輸を地域の計画の中で再検討する必要があると考える。

4．地元の熱意

　行政と業界のみが観光地を盛り上げているのではない。住民の地域を誇る気持ちと地域を愛する気持ちが観光地を強く支え，そして磨き上げる。風景は地域の誇りと同意語なのである。

　そのように考えると保晃会の活動は地元の誇りの誇示と言ってよい。全国行脚といい，外国人へのアプローチといい，ともかくそのエネルギーは驚嘆に値する。山内保全のためのやむにやまれぬ気持ちからではあろう。いかに日光を誇る気持ちが強かったかと思わずにはいられない。

　保晃会に続く西山真平の請願も山内の荒廃を看過できないというやむにやま

れぬ思いであろう。そこからも，国の公園に位置づけたいという日光を誇る強い気持ちを感じ取ることができる。明治も大正も日光を誇る気持ちは強かった。交通機関の整備の状況とこれら地元の活動を見ると，地元が観光をリードしてきたと言ってよい。当然昭和も日光を誇った。日光国立公園指定前後のさまざまな出来事はそれを物語っている。

　日光は地元住民にとっては生まれ育った土地であり日常の生活空間である。そこには日光の風景を背景とした生活の歴史がある。観光関係者の目線ではなく地元生活者の目線のみが認識し，そして享受できる魅力があるだろう。伝えるべきメッセージには事欠かないのではないだろうか。外来の観光客にとって新鮮な魅力と言ってよい。ドライブによる一瞥の観光では知り得ない魅力があるはずだ。住民全員が伝達者，つまり地域全員解説者という意識の醸成が望ましい。その魅力はあまりにも日常的すぎるという思いもあろう。でも観光客は主要興味地点以外何も知らない。住民全員伝達者の姿勢は，保晃会や西山真平の思いと通底するものであろう。

　たとえ国際的観光地であろうとも，その風景は観光客のものではない。第一義的には地元のものである。その風景に育てられた人々のものである。それゆえに地元はその風景を誇る。

5. 風景地計画家の足跡

　風景地計画家の足跡をたどると，それは新規課題へのチャレンジの歴史である。3人は新規課題に果敢に取り組んだ。確かに蓄積のない時代である。それゆえに果敢に取り組まなければならなかった。今はさまざまな蓄積がある。ゆえに観光の仕事もルーチンであろうという反論があるかもしれない。

　たとえ経験済みの課題であっても取り巻く環境は異なる。交通や経済の状況など社会の環境も，そして観光客の嗜好も変化する。同じような課題であってもその内容は異なる。敢えて同じと捉えた方が楽であろう。前例通りにやればよい。チャレンジは必要ない。このような姿勢からは新たな課題の発掘はない。

　対して風景に帰属するこれら3人の足跡を見ると，課題の発掘と解決のため

のチャレンジがすべてである。ルーチンのように見えても内実は異なるという事例の多い観光の仕事ではチャレンジの姿勢は欠かせない。それは風景を愛する気持ちから生まれるのかも知れない。

　千家は下記のメッセージを残している。「自然公園初期の人たちは，自然が好きで，大変な情熱を持っていました。今日は時代も，社会環境も全く違いますけれど，自然公園にたずさわる人は，自然に対する情熱を持ち続け，燃やし続けて欲しいのです」とも言っている。ここでの「自然公園」は「観光」と読み替えることができる。千家は続ける。「私はなんでも楽しくやりました。苦労という思いはありませんでした」。

　以上所感を述べた。課題と言ってもよい。
　これまで「心の満足」に目的を置く観光に特効薬はない，と考えてきた。必要なのは地道な息の長い努力だけだ，と思ってきた。その過程の折々に，訪れる人も迎える人もその魅力に謙虚に向き合い，そこで感動と共感が生まれればそれでよいと考えてきた。本書をまとめるにあたって改めてその思いを強くする。もう一つ感じたことがある。技術の継承の重要性である。観光・公園の技術は基礎に土木建築や森林の技術を置き，そのうえで景観・風致・調和・快適など様々な要求に答えなければならない。幅広く深い。長い経験と研鑽の結果身につくものである。それら技術の継承は観光地の更なる充実にとって不可欠であろう。

あとがき

　北海道に生まれた。本州を内地と呼んでいた。曽祖父は彦根の人と聞いた。明治4年彦根住民141人が日高国沙流郡に移住した。明治政府の北海道分領政策に因ってである。彦根藩士の曽祖父は移住団の幹部の一人であった。入植の年に廃藩置県があり分領制度は廃止となった。移住者は故郷に帰った。曽祖父は戻らなかった。

　少禄とは言え家督を継ぐ身でありながら、誕生の地とは異なる風景に身を沈めたのである。故郷を捨てたとも見える。心境は判らない。維新の折の様々と侍の居場所の不確かさ、加えて明治政府の朝令暮改など社会の急激な変化の受け入れを拒否したのかも知れない。曽祖父の思いは想像すべくもないが彼を育てた風景は気になった。

　後年勉学の場を内地に求めた。内地の「風」は馴染みにくかったが「風景」は心に触れた。風景の背後に「人の思い」を見た。進むべき道を確信した。風景の仕事に従事することができた。魅力的な仕事が多かった。奮い立って挑んだ。確かな手ごたえが多かった。悔いは残らなかった。充実した時であった。為すべき事は為したと思い、そう言い聞かせた。

　時と共に記憶は遠のいた。これまでのことをまとめたいと思うようになった。自分の経験だけでなく「観光地日光」の歴史を整理したいと思った。書こうと決心した。分を超えた決意であった。

　野心と言って良い。作業を始めてその巨さに意欲が萎えた。諦めようとしたその時、ある文書に出会った。偶然である。そこには一族の間に伝聞する名前が載っていた。保晃会の醵金者名簿（324頁）にある士族細野善之助は筆者の大伯父に当たる。曽祖父である彦根藩士細野録之助の長子になる。曽祖父は早世であった。函館で客死した。遺品その他一切ない。大伯父も伝聞だけである。断念しようとしていた時の邂逅であった。「意味ある偶然」と捉えた。エールと

受けとめた。背を押されたのである。意欲が戻った。最後まで辿り着けた。
　しかし全ての資料を読み込んだわけではない。偏っていることは否めない。考察が不十分であることも否定しない。完成形には遠いことは承知だが、出版を決意した。「意味ある偶然」に応えたかったのである。

謝辞
　本書をまとめるにあたって日光東照宮、日光二荒山神社、東武博物館そして日光の郷土史家小島喜美男、安生信夫の両氏から貴重な資料の提供を受けた。心からの感謝を申し上げたい。
　国立公文書館、外交史料館、横浜開港資料館，栃木県立文書館の所蔵資料を使用させていただいた。栃木県立図書館の方々には未読の資料の発見や資料の取り寄せに尽力いただいた。心から感謝を申し上げる。
　随想舎の小川修二・黒崎香代子の両氏には出版までの全ての作業でお世話になった。両氏なくしてここまではまとまらなかった。御礼を申し上げる。
　　平成28年3月吉日

　　　　　　　　　　　　　　　　　　　　　　　　　　手嶋　潤一

[著者紹介]

手嶋　潤一（てしま　じゅんいち）

　昭和15年　北海道生
　昭和39年～平成13年　栃木県庁
　平成15年～平成25年　（財）国立公園協会評議員

　技術士，博士（工学）
　平成12年　田村賞（日光に関する一連の研究が対象）
　平成22年　第3回日本観光研究学会「学会賞観光著作賞」（『日光の風景地計画とその変遷』が対象）

観光地日光その整備充実の歴史

2016年4月21日　第1刷発行

著　者 ● 手　嶋　潤　一
発　行 ● 有限会社　随　想　舎
　　　　〒320-0033　栃木県宇都宮市本町10-3 TSビル
　　　　TEL 028-616-6605　FAX 028-616-6607
　　　　振替 00360-0-36984
　　　　URL http://www.zuisousha.co.jp/
　　　　E-Mail info@zuisousha.co.jp
印　刷 ● 互恵印刷株式会社

装丁 ● 栄舞工房

定価はカバーに表示してあります／乱丁・落丁はお取りかえいたします
© Teshima Jyunichi 2016 Printed in Japan　ISBN978-4-88748-323-1